国家哲学社会科学成果文库

NATIONAL ACHIEVEMENTS LIBRARY
OF PHILOSOPHY AND SOCIAL SCIENCES

为了人的共生共在

张康之 著

人民出版社

作者简介

张康之　男,1957 年生,江苏铜山人。南京大学服务型政府研究所所长、教授,中国人民大学公共管理学院教授、博士生导师,教育部长江学者特聘教授,国务院政府特殊津贴享受者。

曾受学于南京大学哲学系、中国人民大学马列所、中国人民大学哲学系,获学士、硕士、博士学位。博士学位论文获首届全国优秀博士学位论文奖。先后任教于西北政法学院理论系、中国人民大学马列所、中国人民大学行政学系、中国人民大学公共管理学院、南京大学政府管理学院,主要从事马克思主义理论、管理学、行政伦理学的教学工作,主要研究领域为行政哲学与文化,出版学术著作、教材等 20 多部,发表学术论文 500 多篇。研究成果多次获教育部、北京市、江苏省优秀成果奖以及其他奖励。

《国家哲学社会科学成果文库》
出版说明

为充分发挥哲学社会科学研究优秀成果和优秀人才的示范带动作用，促进我国哲学社会科学繁荣发展，全国哲学社会科学规划领导小组决定自2010年始，设立《国家哲学社会科学成果文库》，每年评审一次。入选成果经过了同行专家严格评审，代表当前相关领域学术研究的前沿水平，体现我国哲学社会科学界的学术创造力，按照"统一标识、统一封面、统一版式、统一标准"的总体要求组织出版。

全国哲学社会科学规划办公室
2011年3月

目　　录

CONTENTS

导论：合作行动的方针

我们的社会中存在着各种各样的问题，但是，在所有的问题中，人的共生共在是一个最为基本的社会主题。在全球化、后工业化进程中，我们的社会呈现出了高度复杂性和高度不确定性，正是这种高度复杂性和高度不确定性与人类既有的社会治理模式和行为模式间的矛盾和冲突，把人类带入了风险社会，让我们面临着危机事件频发的遭遇。其实，我们所面对的所有问题归结到一点，就是如何在社会的高度复杂性和高度不确定性条件下开展行动的问题。我们既有的社会治理模式和行为模式是在工业社会的低度复杂性和低度不确定性条件下建构起来的，虽然在近代数百年中取得了辉煌业绩，却不能适应高度复杂性和高度不确定性条件下的社会行动的要求。从社会建构的角度看，近代以来的社会建构是在同一性、普遍性的原则下进行的，是在形而上学的思考中确立了社会建构的起点——抽象的、原子化的个人。其实，社会并不是独立于人之外的存在，而是包含在人的生活和活动之中的。社会的高度复杂性和高度不确定性就是包含在人的生活和活动之中的社会特性，对人所提出的是人的共生共在的要求。基于人的共生共在的社会建构将会在理论上实现对个人主义和集体主义、利己主义和利他主义的超越，也将在社会实践中从根本上终结旁观者与行动者的区分。只要我们紧紧抓住人的共生共在的主题，就能够把每一个人都集结到行动过程中来，开展合作行动并在合作行动中实现全新的社会建构。

一、全球化、后工业化

种种迹象表明，20世纪80年代以来，人类前行的脚步已经迈入了全球化、后工业化的进程中。回顾工业化进程，在世界上的几乎每一个地区，人类都是通过暴力开辟前进道路的，是踏着血腥的泥土进入了工业社会的。在全球化、后工业化的进程中，人类是否依然要用鲜血染红前进的道路？这是一个不能不去思考的问题。如果我们不提出这个问题的话，那么，人类历史就仍然会表现为一个"自然历史"进程，就必然会复制那段从农业社会向工业社会转型的历史过程。果若如此，人类的前景将是难以设想的。因为，在人类所建构起来的工业文明中，包含着先进的大规模杀伤性武器，它们可以在顷刻之间毁灭人类。那样的话，人类走向后工业社会的步伐也就停歇了。如果人类历史就此止步的话，也就没有什么后工业社会了。我们提出这个问题，目的是要探寻一条不同于工业化进程的后工业化道路，唯有保证这条道路是和平的和吉祥的，人类才会走进后工业社会。

就我们正处在全球化、后工业化时代而言，显然这个社会会有着不同于以往的诸多新特征，事实上，在这样一场人类历史上的又一次伟大社会转型运动中，伴随着社会的高度复杂性和高度不确定性。正是人类社会的这一高度复杂性和高度不确定性特征，表明这一次历史性的社会转型比以往任何一场社会转型运动都包含着更多的风险。因而，我们必须认真地思考人在高度复杂性和高度不确定性条件下的行动，需要为人的行动确立原则和制定方针，以求人类能够平稳地度过这一社会转型期。

我们看到，在20世纪，由于后现代主义的出现，人们开始把近代以来的科学研究和社会实践笼统地归于"现代性"的名下，以至于形成了现代性与后现代性两种观察视角。或者说，学者们是通过现代性和后现代性去对社会存在进行分类的。关于现代性的特征，鲍曼所做出的描述是："现代性力图消除偶然事件和随机事件。……这种意图在意外事件和偶然事件出现的地方添加规定；这种意图使模棱两可的事物变得一清二白，使不透明的事物变得透明，使不能预测的事物变得可以预测，使不确定的事物变得可以确定；这种意图把公认的目的插入到事物中去，并因而使它们努力实现那一目的。"① 其实，我们没有必要去使用"现代性"抑或"后现代性"的标识，在我们的视野里，所看到的是可以依据复杂性和不确定性去划分的人类历史

---

① ［英］齐格蒙特·鲍曼：《被围困的社会》，郇建立译，江苏人民出版社2006年版，第6页。

的不同阶段。近代以来的社会所呈现给我们的是低度复杂性和低度不确定性，而在全球化、后工业化进程中，我们的社会则呈现出了高度复杂性和高度不确定性的特征。这决定了人们在开展行动的时候，必须根据社会的复杂性和不确定性状况去选择行动策略，而不是在既有的行为模式惯性中去开展行动。

在社会的低度复杂性和低度不确定性条件下，鲍曼所说的这种透过偶然事件和随机事件去发现必然性的做法是可行的，也确实取得了巨大成功。可以肯定地说，人类在工业社会的历史阶段中所取得的几乎所有伟大成就，都应当归功于这个历史阶段中所拥有的这种透过偶然事件和随机事件去发现必然性的思维方式。正是这种思维方式，让人们在纷繁的表象背后去发现抽象的、普遍性的存在，从不确定性中去发现确定性，打通了已知与未知之间的逻辑通道，赋予了人们以极大的征服自然和驾驭社会的能力。但是，在高度复杂性和高度不确定性的条件下，这种思维方式陷入了困窘状态。也就是说，这种思维方式已经不再能够赋予人以能力，反而使人的能力受到了削弱，让人在瞬息万变和无法分解的事件面前变得无比迟钝和呆板。特别是人们在这种情况下又表现出了一种强烈的维护既有思维方式的愿望，不愿意卸下已经背负在肩上的各种各样的包袱，从而使人的一切行动都显得非常被动。比如，在危机事件频发的状态下，人们不是按照应对危机事件的思路去寻求行动策略，而是在传统的管理模式中去寻求所谓危机管理的行动策略，试图去预测危机事件，甚至不无荒唐地去制作所谓危机预案。这说明，人类在喜好必然性方面中毒甚深，不愿意接受高度复杂性和高度不确定性推展出来的偶然性，更不愿意用随机的行动策略去应对那些无法回避的现实问题。这显然是一种掩耳盗铃的做法，甚至可以说是一种懦弱的表现。在高度复杂性和高度不确定性条件下，承认偶然性是开展行动的必要前提，只有在承认偶然性的前提下，才能走向寻求正确应对策略的方向。

高度复杂性和高度不确定性是全球化、后工业化时代的两个面相，从社会治理的角度看，长期以来，人们所寻求的是确定性。虽然人的意识是不确定的，但当人面对自然的时候，却更倾向于寻求确定性，而且，已经凝固为一种模式化的思维方式，并施行于社会、人与人的关系以及整个社会治理。昂格尔说，"由于人在自然中并没有被预先确定的地位，他就必须为自己在其中找到一席之地。在这样做时，他并不满足于将自然世界看作是实现其目的的方式的来源。他希望将自己看作是这样的一个人，他属于一种自然秩序，拜意识所赐，他被这种秩序抛弃了。作为自然之整体的一部分的感觉，正如它与自然分离的经验一样，也深深地植根于自我之中。"① 因此，谋求确定性也就成了一种似乎是恒定的追求。

当自然以及社会的不确定性都达到了很高程度的时候，一切谋求确定性的追求都变得枉然无功，以至于不确定性相对于人而言，成了深陷其中的困境。所以，我们总是看到这样一幅图景："所有人类的行为都意味着去改造世界，并且的确改造了世界，哪怕实际所获得的改变与原打算做出的改变并不一样。由于自我的不确定性与有意识性，人的世界并非已经被完整构建了的，并且他的每一个行为都将其形式向前推进一步。"② 可是，当自然与社会以高度复杂性和高度不确定性呈现给人时，人的行为的形式化也可以宣告说走到了终点，不再有进一步强化的空间了。所以，如何在高度复杂性和高度不确定性条件下开展行动，对人提出的是完全不同的要求。可以相信，在高度复杂性和高度不确定性条件下，人们将在行动中反对一切形式上的同一性、普遍性，转而致力于具体的回应性和适应性，而且，这将成为人的行动模式建构的基本原则。

全球化、后工业化进程中的社会高度复杂性和高度不确定性也以社会构成因素的多元化这一形式表现了出来，并让我们看到了一个差异化的社会正在生成的客观趋势。于此之中，我们还看到自己的任务，那就是需要按照这一多元化和差异化的现实去做出社会以及社会治理的安排。但是，在我们形成多元化的思想观点时，无疑是以工业社会的同一性追求为参照系的。在工业社会同一性、普遍性的追求中，是天然地包含着否认差异和拒绝多元化的内涵的，现在，当我们关注到了差异和多元化的时候，首先想到的就是对同一性和普遍性追求的怀疑。不过，我们也应看到，一旦一个差异化的社会已成现实，那么，多元化的概念也将失去意义。反过来说，也正是 20 世纪后

---

① ［美］罗伯托·曼戈拉·昂格尔：《知识与政治》，支振峰译，中国政法大学出版社 2009 年版，第 291 页。
② ［美］罗伯托·曼戈拉·昂格尔：《知识与政治》，支振峰译，中国政法大学出版社 2009 年版，第 292 页。

期出现了多元化的追求，才使工业社会的同一性追求所具有的那种专横面目暴露了出来。"只有在多元性的声音中，理性的同一性才是可以理解的——从一种语言转化成另一种语言在原则上是可能的，尽管具有很大的偶然性，但终究可以理解。这种相互理解的可能性在程序上得到了保障，在现实中则比较短暂。它构成了现实当中相互遭遇者的多元性背景——即使他们彼此不相理解，同样也是如此。"①

既然近代以来的社会建构都是在对同一性的追求中进行的，以至于同一性成为一个默认的原则。因而，在面对差异的时候，就会表现出一种自然而然地趋向于同一性的行为选择。除了少数哲学家（如黑格尔）去自觉地探讨同一性以及同一性是如何表现为普遍性的问题，一般说来，人们都是把同一性追求作为自然而然的事情接受了下来。或者说，默认了同一性追求是一切行动赖以展开的前提。然而，当多元化的声音开始回荡时，人们却发现，同一性追求构成了无法打破的话语霸权，成了一种思维定式，甚至在全球化的进程中也去按照同一性的思维定式追求全球在制度以及社会治理上的同一性。即使社会的高度复杂性和高度不确定性已经明确地证明这种同一性追求的做法是无法做到的和不可能带来秩序的，也依然抱定同一性追求的思维定势而不愿意丝毫放松。正是由于这个原因，将人类引入了风险社会，使人类遭遇了危机事件频发的困扰。现在，到了必须正视多元化要求的时候了，必须根据多元化的理念去重构我们的社会。只有在多元化的理念得到实现的时候，多元化的概念才会失去意义和不再被人们提起。这个逻辑亦如马克思所说的那样：无产阶级只有首先消灭了自己，才能从根本上终结资本的压迫和统治。

福克斯和米勒描绘了我们时代中的政治学境遇："政治学现在是个庇护词，像高速公路的转弯符号，指引大家去别具特色的各种汽车旅店，在那里，许多零散的群体逐渐相聚在一起。部门的扩散，同样还有各种人文学科的增加，都是这方面的证据。另类的杂志开始提供不同的特色、方法论甚至意识形态。在学科碎片化的状况下，已不可能有人再获得全国性的声誉了……"② 也许正是由于这个原因，一些政治学家们抱着那些普遍性的东西

① ［德］尤尔根·哈贝马斯：《后形而上学思想》，曹卫东等译，译林出版社2001年版，第139页。
② ［美］查尔斯·J. 福克斯·休·T. 米勒：《后现代公共行政——话语指向》，楚艳红译，中国人民大学出版社2002年版，第60页。

不放，甚至宣称存在着什么普世价值，目的其实只是想去夺取或保住自己的"全国性声誉"。而在后发展国家中，一些人这样做也许是为了在对发达国家的话语依附中去捞取好处。事实上，一个多元化的、多样性的世界正在把人们的视线引向各种各样的具体问题，去关注面对每一个具体问题的行动策略，至于抽象的、普遍性的原理，谁也不会在意。

诚如福克斯和米勒所说的，"学科分支的发展并不必然地是库恩所描写的不可克服的范式的不相容性的证据。更确切的标签是准不可通约。分离的、部落化的话语社会由于漠视或文人相轻以及在基本的认识论层面范式的不一致而彼此分离。个人的认同越是与亚文化的碎片联系在一起，这一认同就越易被更为精密的社会构型所取代⋯⋯"① 在这种条件下，任何谋求话语霸权和依附话语霸权的追求都是不切实际的，反而会让人看起来是一种疯疯癫癫的状态，或活脱脱地就是愤青。在具体情境中的具体行动高于一切的时代，每一个人对共同体的存在所能做出的贡献就在于切实地融入到具体行动之中去，用具体的行动去表达对人的共生共在的关注。

福柯说："想到人只是一个近来的发明，一个尚未具有 200 年历史的任务，一个人类知识中的简单褶痕，想到一旦人类知识发现一种新的形式，人就会消失，这是令人鼓舞的，并且是深切安慰的。"② 虽然福柯的思想所凝练成的这一显然夸张的表述让人不愿意接受，但作为社会化了的和更少自然属性的人，确如福柯所说的那样，是在现代化过程中降生的。是科学的发展用知识武装了人，让人有了思想和愿意了解各种思想，去比较各种理论并从中做出选择。正是这种人，有了根源于自身的成长动力而不是由外在性的因素促使其进化。最为重要的是，在现代化进程中降生的人能够投入到改造世界的行动之中，尽管每个人的思想、言语和行动都显得那么微不足道，却能够汇成一种巨大的推力。每个人在知识的获得和思想的不断矫正中都实现着对自己的否定，所汇聚的力量则实现了对社会以及社会治理的既存状态的否定，并一步步地逼近一种全新的构型。

---

① ［美］查尔斯·J. 福克斯、休·T. 米勒：《后现代公共行政——话语指向》，楚艳红译，中国人民大学出版社 2002 年版，第 61 页。

② ［法］米歇尔·福柯：《词与物——人文科学考古学》，莫伟民译，上海三联书店 2001 年版，"前言"第 13 页。

　　福柯是在20世纪60年代做出上述判断的，而到了20世纪80年代，当人类进入全球化、后工业化的进程时，很快就显现出了人的消失。此时的人，更多关注的是制度模式、社会治理体系以及全新的社会构成要素，而对人的关照似乎被忘记了。这显然是一种极不正常的现象，在全球化、后工业化进程中，我们恰恰要呼唤人，让人复苏，而不是把视线过多地投向制度模式、社会结构以及那些非人的社会构成要素。不过，我们相信，这种人的消失很快就会显现为人的实现，必将把全部的社会空间都改造成适应于和从属于人的自由、自觉和自主的生活框架。福柯所说的"人的消失"，是指那种有了自我意识从而发现受制于各种各样外在性因素的人将走向消失，而"新人"将再次降生。

　　在全球化、后工业化进程中所表现出来的对制度等社会设置的过多关注并不合乎现实的要求。这是因为，我们在全球化、后工业化进程中所遇到的是高度复杂性和高度不确定性，它不仅不成为人的消失的条件，反而意味着完整的人的回归。其实，也只有完整的人才能成为高度复杂性和高度不确定性条件下的行动者。显然，只有完整的人，才能够深深地感受和理解人的需要，才会把他人与自我的共在看作最高原则，并能够基于这一原则去做出行为选择。因此，在社会治理的过程中，我们必须认识到，"困难、复杂性和矛盾的增加和多样化，几乎从逻辑上源于个人和集体行动者的自由和自治的增加。不能将它们进行彻底的更改，也不能通过一根魔棒来用控制的方法加以解决，而应通过集体建构的整体加强和有意识的整合才能奏效，使所有领域的社会行动在各方面井然有序，并在事实上成为可能。"①

二、认识到人的共生共在

　　福克斯和米勒指出，在社群主义看来，"个体不是生活在真空中的。……没有语境的话，个体将会是不可想象的——无所谓相貌、无所谓性情、无所谓性格、也无所谓个性的闪现。情境的这一切换的重要意义在于，它将社会提升到，尽管不是绝对的第一性，至少也是同等的因果第一性的位置。"② 尽

---

　　① ［法］米歇尔·克罗齐耶、埃哈尔·费埃德伯格：《行动者与系统——集体行动的政治学》，张月等译，上海人民出版社2007年版，第18页。
　　② ［美］查尔斯·J.福克斯、休·T.米勒：《后现代公共行政——话语指向》，楚艳红译，中国人民大学出版社2002年版，第33—34页。

管这样评价社群主义是值得怀疑的，但是，就福克斯和米勒而言，显然是要表达一种对近代以来一直存在着的那种从抽象的人出发去提出社会建构方案的不满，而是要求在具体的情境中去把握人，进而从具体的人出发去构思社会建构方案。但是，这个具体情境中的人是什么样子，应当说，福克斯和米勒也是不清楚的。因为，他们所能给予的仅仅是，"社群主义者推荐的是亚里士多德的关于人是社会或政治的动物的观点，个人的全面发展只有在秩序良好的健全社会（城邦）中才能实现。这种精力更为充沛的自我身上留有过去经验的印记，它没有抽象的、原子化的、自主的个体所具有的绝对自由意志。"① 这说明，福克斯和米勒有着一种积极的重新界定人的追求。也说明，自20世纪后期起，由于重构社会的问题凸显了出来，学者们开始反思近代以来作为社会建构基础的"抽象的、原子化的"个人，并要求对人做出新的认识和理解，但是，我们相信，全球化、后工业化进程中的社会转型并不一定按照传统的逻辑去设计社会建构的路径。也就是说，并不一定必然要从对人的界定出发去设计社会建构的方案，而是需要从人的既存事实出发去构想人的行动。在社会的高度复杂性和高度不确定性条件下，我们所遭遇的最大现实就是人的共生共在。

我们看到，自从18世纪后期出现了"社会"这个概念之后，人们一直是把社会当作为一个实体性存在对待的。这其实是一个很大的问题，暴露出了我们近代以来在思维方式上的形而上学色彩，虽然从19世纪开始就对形而上学进行了深刻的批判，但我们一直未能走出形而上学思维方式为我们框定的那个世界。实际上，社会从来都不是一个实体性的存在，而是人的生活和活动空间，是包含在人的生活和活动之中的。正是因为人们把社会看成了一个实体性的存在，所以，一直希望为社会建构寻找到一个原初的起点，从而找到了抽象的、原子化的个人。如果我们把社会看作是包含在人的生活和活动之中的一种形态，那么，社会建构的逻辑就不需要寻求一个终极性的出发点了。特别是在全球化、后工业化进程中，我们发现，社会作为人的生活和活动空间形态的特性越来越显性为一个不得不承认的事实，或者说，让我

---

① ［美］查尔斯·J. 福克斯、休·T. 米勒：《后现代公共行政——话语指向》，楚艳红译，中国人民大学出版社2002年版，第33页。

们越来越清楚地看到，社会是包含在人的生活和活动之中的，而不是独立于人的生活和活动之外的存在。这样一来，我们所看到的社会所具有的是高度复杂性和高度不确定性的特性。一方面，人的生活和活动是在高度复杂性和高度不确定性条件下进行的；另一方面，社会的高度复杂性和高度不确定性其实就是包含在人的生活和活动之中的。结果，也就把我们的视线引向了人的行动。而人的行动在目的上，则是指向人的共生共在的。

以此来对照福克斯和米勒的论述，则可以发现，他们在把"抽象的、原子化的个人"改写成"具体的人"时，所反映出来的仍然是近代以来的社会建构逻辑。也就是说，他们依然是在把社会作为一个实体性存在的前提下去寻找社会建构的出发点的，而不属于全球化、后工业化时代的创新方案。从福克斯和米勒所指出的社群主义与近代以来的理论的不同点也可以看出，他们仅仅是在与近代以来的理论相对立的意义上提出了自己的社会建构思想。福克斯和米勒说，"如果说传统治理模式的主要问题在于假定了一个意志自主的个体和对处于实际境遇中的个体的抽象，社群主义与之平行的问题是假定社会是至善的或基本上完善。"① 这无疑是一种简单的颠倒。在全球化、后工业化进程中思考未来社会建构的问题时，仅仅做出这种简单的颠倒显然是不够的，而是需要从根本上抛弃近代以来的社会建构逻辑。也就是说，我们不能够再把社会看作是由人所构成的，而应当看作人的生活和活动空间，是永远处在一种不定型的状态之中的，是需要由人的行动去加以诠释的一种状态。所以，社会无非是人的行动的形式，而人的行动则是为了人的共生共在。至于人，是原子化的个人还是具体情境的综合体现，都不是理论必须去做出回答的问题。总之，人在这里是目的而不是出发点，而且，作为目的的人，只有在人的共生共在之中才具有现实性。

福克斯和米勒在揭示自由主义与社群主义之间的区别时指出，"现代自由主义以自我的理解假定了一个原子化的（资产阶级的）个体，这个个体能理性地将价值最大化，并将其附着于个体孤独的自我之上。"② 与自由主

① ［美］查尔斯·J. 福克斯、休·T. 米勒：《后现代公共行政——话语指向》，楚艳红译，中国人民大学出版社 2002 年版，第 34—35 页。
② ［美］查尔斯·J. 福克斯、休·T. 米勒：《后现代公共行政——话语指向》，楚艳红译，中国人民大学出版社 2002 年版，第 33 页。

义的传统不同，社群主义要求把个人置于社会整体的系统中来加以认识。在社群主义看来，自由主义所"假定的'自我'是完全不能实现的。这样一个空洞的自我，没有文化、没有历史、没有境遇。它不是具体的，而是一个抽象的自我，一个在笛卡儿的'我思故我在'中的'我思'之后流行的非具体的理论推导物"。① 的确，近代以来的整个社会是根据自由主义的方案建构起来的，指出社群主义与自由主义的不同甚至对立，显然是出于探求一种新的社会建构方案的追求。但是，如果说把新的社会建构方案寄托于社群主义的粗浅论述中，那显然是不可能成立的。

从 20 世纪后期以来的情况看，人们并未在这样一个改革的时代给予社群主义以关注，这本身就说明社群主义并未提供切实可行的社会改造方案，而且，它在理论上也很难说有什么独立的建树。正如我们已经指出的，社群主义理论在逻辑上依然是自由主义逻辑和社会建构思路的翻版，只不过在前提上稍稍作了一些改动，并不意味着一个全新的思路。自由主义理论不仅假定了抽象的、原子化的人，而且认为人的一切活动都是从属于利益追求的。在自由主义以及其后的几乎所有变种中，都包含着以个人利益追求为基本内核的思维路径。根据这种思维，也是可以推导出公平原则的，因为人们会将自己置于社会这个重复博弈场中，会理性地衡量公平，会理解适度的利他对于自我利益实现的意义。但是，这是一种在现实中十分脆弱的逻辑，往往会在博弈中变得失望，公平的追求总被非公平的现实所摧垮。尽管可以通过意识形态及其物化设置去保障公平，却也难以获得所期望的效果。

如果不是以个人利益为中心，而是在观念中填入他在性的原则，以他在性为行为取向，那么，情况就会完全不同。至少，在对效果的追求上，就不是期望通过予他人以公平而使个人利益在重复博弈中实现，而是在基于他在性原则的行为中得到了他者的公平回报。此时的公平才是真正的公平，也是利益最大化的状态。所以，在社会建构中不应以防止和压抑自我利益实现的要求去获得公平，而是需要着眼于他在性原则是否能得以贯彻。只要他在性原则能够得到遵守并贯彻于人的行为中，获得社会公平将是一种自然而然的

---

① ［美］查尔斯·J. 福克斯、休·T. 米勒：《后现代公共行政——话语指向》，楚艳红译，中国人民大学出版社 2002 年版，第 33 页。

事情。否则，如果把以个人利益为中心作为社会建构的前提，那么，不论怎样去追求公平，所获得的都是脆弱的公平。同样，从行动的角度看，如果是出于自利目的而去与他人开展共同行动的话，就必然会只看到他人的工具价值。也就是说，只看到共同行动者那个有利于共同行动即有利于达成自己目的的那一部分，而不会将共同行动者作为完整的人加以接受。与之不同，在合作行动中，合作者则是把共同行动者作为完整的人加以接受的。所以，会表现出对他人人格的尊重和对差异的包容。

当我们说工业社会中的个人利益追求是人们开展行动的先定目的时，其实是说，这个目的相对于所有人的共同性是个抽象。也就是说，作为行动目的而存在的利益在每一个人那里都是不同的，只是在抽象的意义上才是可以表述为共有的。然而，在社会进入高度复杂性和高度不确定性状态后，这种抽象将不再有意义。比如，高度复杂性和高度不确定性条件下的人的共生共在是人们共有的目的，却不是在抽象的过程中获得的目的，而是人们必须面对的实实在在的问题，是需要通过行动来加以解决的现实问题。当然，人的共生共在也必然会以意识或观念的形式出现，但这种意识和观念是形成并扎根于每一个人的心中的，而不是抽象的结果，也不是在逻辑推演中获得的结论，更不需要通过教育、宣示等方式去灌输给每一个社会成员。

在高度复杂性和高度不确定性的社会中，普遍与特殊、抽象与具体的区分不仅没有意义，而且也不再可能。高度复杂性和高度不确定性拒绝任何形式的抽象，也不会把任何普遍性的因素呈现给人们。任何事件以及存在物，都仅仅把随机性的和具体性的一面暴露于外，而普遍性的一面总是神秘莫测的。所以，如果按照近代以来认识论的思维方式去把握高度复杂性和高度不确定性的话，那只能说是一种迂腐的做法，更不用说按照这种思维方式去设计高度复杂性和高度不确定性条件下的行动方案了。

我们也承认，基于自私的考虑也会导向利他的行为选择，但是，这种利他行为要么是出于精明的计算，要么是因为外在性的社会约束的迫使。在这两个条件不具备时，就会消失。所以，利他行为是极其脆弱的，即使稳定地和持续地发生，也缺乏坚实的基础，即缺乏一种原生性的发生器。也就是说，只要利他行为不能同时导致利己的结果，不能实现互惠互利，就不可能再被期望。所以，在全球化、后工业化进程中，在高度复杂性和高度不确定性条件下，当人的共生共在的课题凸现出来，就必须超越利己还是利他的考量。进一步地说，就必须把个人从思考的中心驱逐出去。因为利己还是利他都是从个人的视角出发所看到的问题，一旦我们抛弃了个人的视角，转而从马克思所说的人的"类存在"出发，也就不会再受到利己与利他问题的纠缠。

就理论而言，一旦我们打破了工业社会的话语束缚，利他主义将像利己主义一样，也将变得非常有害。在高度复杂性和高度不确定性条件下，理论探讨必须充分考虑到这个现实背景，必须根据高度复杂性和高度不确定性的要求去重新审视利己主义与利他主义。我们认为，面对社会的高度复杂性和高度不确定性，理论的宗旨在于，既不为利己主义保留思想空间，也不为利他主义作论证。对于人的共生共在而言，利己主义和利他主义的主张是有着同等破坏力的，都是消极的。人的共生共在不允许任何利己的冲动引发破坏效应，也不赞成任何出于维护共同体的冲动而去刻意地让人做出贡献，特别是不允许一切非理性的所谓奉献。出于人的共生共在要求的理论建构，将致力于寻求适合于人的"类存在"的最佳机制，并根据这种机制去确定人与人的关系的科学体制，形成制度以及其他必要的社会设置。

三、构想合作行动

福克斯和米勒概述社群主义的观点说，"社群主义者认为，社会自身以及他人的存在是人类生活和幸福的前提。所以尊重他人、利他主义、忠诚、依附于社会以及其他的以群体为基础的情感并不仅仅是对自我中心的理性常规的奇怪偏离，而是人类社会的一部分。"[1] 但是，在工业社会的社会生活中，并不是每一个人都会参与到行动之中去，特别是对于政治生活以及社会治理而言，一部分人是行动者，而更多的人可能是旁观者。也许旁观者是被动的被治理者，是由他人去决定他的社会生活中的一切，他所遭遇的一切都不是他的也不取决于他的选择。这个社会的两面性就在于，在民主的意识形态中，每一个人都会被要求和鼓励进入政治生活以及社会治理过程中去，但

---

[1]　[美]查尔斯·J. 福克斯、休·T. 米勒：《后现代公共行政——话语指向》，楚艳红译，中国人民大学出版社 2002 年版，第 34 页。

在实际行动中，更多的人实际上是被限制甚至是被拒绝进入到政治生活和社会治理过程中来的。如果人们天真地相信自己是可以参与政治生活和社会治理活动的，那么，他立即就会发现他实际上受到了愚弄。这一点是社群主义没有认识到的，也是没有想到的。或者说，社群主义在工业社会的结构和既定社会生活条件下提出的"尊重他人、利他主义"的情景，以及社群主义所说的"人类社会的一部分"，并不是对每一个人都有意义的。因为，并不是每一个人都会在工业社会的条件下参与到社会生活中来。

既然工业社会把人们分成了旁观者和行动者，我们也就看到了旁观者与行动者是不同的。表面看来，人们所做出的旁观或行动的选择都是由他们自己自主决定的，实际情况却不是这样的，每一个行动者都会有着不得已而为之的经验，甚至会抱怨说自己是被迫而去这样做的，即被迫成为旁观者和行动者。就社会而言，即使道德会对具体情境中的旁观或行动表达赞成与否的意见，而法律却更愿意对旁观或行动表示旁观。如果依据法律而对行动者的责任过失做出制裁的话，那也是因为行动导致了侵害他人的后果。对于旁观者，法律是不可能去追究是否有责任的问题的。虽然在还原论的逻辑上总是能够推导出每一个人都是社会生活中的行动者，而在现实的社会生活中，则确定无疑地存在着旁观者和行动者。特别是在政治生活和社会治理活动中，旁观者与行动者之间的界限是非常清晰的。

我们说工业社会是法治社会，就法治是依据责任的确认而去开展社会治理来看，实际上是默认了旁观者与行动者的区分。如果认真地去理解被社群主义作为批判对象的自由主义理论及其个人主义哲学的话，也可以看到，在每一个人都以自我为中心去达成自利追求的判断中，并不包含着让每个人都成为行动者的必然性。或者说，考虑到每个人的自利追求都需要得到规范这样一个问题，就会把一部分人推到行动者的位置上，而把另一部分人限定在旁观者的位置上。如果做个旁观者能够使自己的利益得到更大程度的实现，或者，做个旁观者可以在行动者的利益遭受损失时而自己却不会遭受损失，那么，人们宁愿做个旁观者。如果一个社会拥有一种"枪打出头鸟"的文化，那么，更多的人会乐意于做旁观者。正是工业社会把人们分成了旁观者和行动者，所以，才在所有的社会问题上都会有着不一致的意见，才会引发矛盾和冲突，才会把人类引入风险社会。

然而，当我们的思考和观察视角从人的共生共在出发时，情况就不同了。也就是说，在人的共生共在的主题下，旁观者丧失了可资为自己辩护的所有理由。人的共生共在的主题的破题，意味着不允许任何人处在旁观者的位置上，每一个人都必须投入到行动的过程中。如果说法律无法判定旁观者有罪的话，那只能说法律本身已经丧失了合理性，已经与人的共生共在这一主题的要求相冲突了。或者说，从人的共生共在出发，具有合理性的关于人的行为的规范，不仅需要对开展行动，而且也需要对不开展行动，都实现有效的制约。

全球化、后工业化进程中的社会高度复杂性和高度不确定性意味着人类必须把人的共生共在确立为基本主题，这是一切社会建构和一切行动都必须遵循的基本原则。也就是说，人类社会已经走到了这样一个不得已的时代，要求以往人类社会发展中曾经存在过的无论是以个人的形式还是以群体的形式出现的那种为了自我利益实现而去剥夺他人利益的做法都会导致人类无法承受的后果。而且，任何为了自我利益实现而把他人当作工具的做法，也不再可行了，而是需要把人的共生共在放在首位。也就是说，在高度复杂性和高度不确定性的条件下，一切存在都应不以消灭其他存在为行动目标，而是需要在"他存在"中获得自我存在的支持因素。

我们看到，此前人类的一切从属于利益追求的行动都具有征服的内容，总是在对他人的征服中直接地使自我利益得到实现。在对他人的征服变得困难的时候，在对他人的征服受到广泛诟病或受到限制的时候，人们发现了协作模式，并通过协作模式而以人与人联起手来的方式去共同征服自然界。在对自然界的征服中，科学技术得到了发展，人的物质生活水平得到了提升，也因此而让人陶醉于所谓精神文明和物质文明的巨大进步之中。可是，人们却在不经意间突然发现，此前人类的征服行动已经将来自于自然界的能源和资源消耗到了某个临界点了，已经无法持续地从自然界中去索取那些能够支持人类自身斗争和冲突的能源和资源了。毋宁说人类已经无法再将自身行为的消极后果不加考虑地转嫁给自然界了。因为，自然界已经失去了接受人类转嫁过来的破坏性后果的承受力。在自然界已经不再能够接受人的各种各样的行动的后果的情况下，人只有依赖于同他人的合作去解决人的共生共在的问题。也就是说，在这样的条件下，人们所能做的就是，必须把他人的存在作为自我存在的前提和基础，再也不能以自我为中心去为了自我的利益而把他人作为工具对待。总之，人的共生共在已经成了人们自我存在和开展行动时无可选择的现实要求，社会的高度复杂性和高度不确定性要求人们必须把人的共生共在作为一种基础性的理念建立起来。唯有确立起了这一理念，才能使人立足于这个多样性的世界，才能在行动中找到自己合适的位置和行动方式。

从人类社会发展的总趋势来看，以自然生命形式出现的人在生存能力方面呈现出的是下降的趋势。在农业社会，个人在不求助于社会和他人的情况下也可以延续自然生命。如果说在农业社会的历史阶段中已经出现了人的社会生命，那么，人的这种社会生命则是极其微弱的，对于人的存在而言，自然生命所占的比重是较大的。也就是说，与人的自然存在相比，人的社会存在是微不足道的。到了工业社会，人的社会生命得以发育、成长，形成了人的自然生命与社会生命并立和相互依存的状态。可以说，人的社会生命已经成为人的存在的最为重要的部分。相应地，人的自然生命如果脱离了社会生命的话，存在下去的可能性也会大为降低，即表现出了人的自然生命存续能力下降的状况。所以，我们看到，在工业社会中，避世隐居的人往往是较少的。即便如一些田野调查所发现的那样，在中国的终南山存在着避世隐居的人群，他们也需要到集市上去购物以便补给他们延续自然生命的必需品。

可以相信，全球化、后工业化不仅不会改变人类社会演进的这一趋势，反而会使其得到增强。这样的话，对于人的存在而言，其社会生命的重要性肯定会进一步地得到增强，而人的自然生命的重要性则会呈现出相应下降的状况。而且，在高度复杂性和高度不确定性条件下，人的自然生命的维系也会更加表现出对其社会生命的依赖。从人的自然生命与社会生命在人的存在中的这种变化来看，也指示了人的共生共在是人的发展方向这样一条不可逆转的路径。虽然人的自然生命是属于个人的，但人的社会生命则是社会的。事实上，人的社会生命是通过人的行动去加以诠释的，是在人的社会生活和活动中而成为现实的。人的自然生命不仅不能像在农业社会那样可以脱离人的社会而存在下去，反而会表现出对人的社会生命的依赖。正是因为人的自然生命表现出了对人的社会生命的依赖，决定了我们需要从人的社会生命的角度去看人的行动。

　　其实，在人的社会生命中是包含着人的共生共在的内容的，只不过工业社会的所有理论都没有认识到这一点而已。一旦我们认识到了这一点，也就意味着我们可以去寻求一种从属于也服务于人的社会生命存续要求的行动模式——合作行动。人的社会生命将会赋予合作行动以无限的来自于个人的动力，而且，人也必须在合作行动中去诠释自己的社会生命，进而使自己的自然生命得以维系。于此之中，人的共生共在也就是自然而然的事情了。哈贝马斯的一个观点是富有启发意义的，"无论是作为自律的存在，还是作为个体的存在，实践的自我关系中的自我都不能通过直接的自我联系，而只能通过其他人的观点来进行自我确证。在这种情况下，我所依赖的不是他人对我的判断和行动的认同，而是他们对我的独特性和不可替代性要求的承认。"①也就是说，人生活于和行动于社会之中，而社会并不是人之外的存在，相反，恰恰是包含在人的生活和活动之中的。

　　作为个体的人的生活和活动包含和反映了完整的社会，个人只有在他人的承认中才能发现自我，才能作为合理的共同行动的参与者而存在。在高度复杂性和高度不确定性条件下，这一点将变得更加明显，而且会要求我们从根本上去把那些营造人的同一性和使人格式化的社会设置搬除，以使人的独特性和不可替代性显现出来，进而布设起承认差异的整体氛围。承认差异也就是承认个体的独特性和不可替代性，这本身就是合作理性的体现，而合作行动也正是在承认差异的整体氛围中进行的。合作行动将表现出哈贝马斯所说的，"对独特性和不可替代性的无限要求，"在这里，"个性要求得到保障，这种保障是我根据人们极端重视的个体生活计划，有意识地为我的生活历史的连续性所接受过来的……每个人都能够接受其他人的观点，并且可以相互承认，这种生活方式的理想化设想使个体的存在能够共同体化……"②也许我们会认为哈贝马斯的这一设想过于理想化了，实际上却是非常现实的，因为，在高度复杂性和高度不确定性条件下，人们只能在合作行动中去证明自己的现实性。

　　在合作行动中，人们可以"通过自我批判来掌握我的生活历史，并通

①　［德］尤尔根·哈贝马斯：《后形而上学思想》，曹卫东等译，译林出版社 2001 年版，第 207 页。
②　［德］尤尔根·哈贝马斯：《后形而上学思想》，曹卫东等译，译林出版社 2001 年版，第 207 页。

过反思来延续我的生活历史。只要我不能在众人眼前，即在无限的交往共同体的论坛上与自己相通，这就永远都是一种没有约束力的观念，甚至是一种不确定的观念"。① 一旦我们能够实现与自己相通，也就找到了根源于自身的规范力量，也就不再会在合作行动中表现出对那些外在于人的规范力量的刻意追求。那样的话，合作行动将会是马克思所构想的那种人的自由自觉的活动，人在合作行动中不仅通过他人的承认而在合作者之间建立起了共识，而且在共识以及基于共识的行动中时时都是与自己相遇的；合作行动中的自我也就是达成共识中的自我，自我也是以一个整体的形式出现的，始终在合作行动中在场，再也没有旁观者与行动者的区别。

合作行动将不再会出现任何对人的制度化排除，反而是在合作行动中去建构制度。或者说，制度就是存在于合作行动之中的，一切置身于合作行动中的人，都获得了制度化在场的资格，因而不会缺席。每个人相对于他人的"没有约束力的观念"，或者说，每个人的"不确定的观念"，都是相互承认的弹性空间，通过相互承认而在场并共同行动。如果说承认本身也存在着差异的话，那只是反映在为了某一项具体的合作行动去选择领导者方面，是作为这种选择的依据出现的，而不会导致不承认的问题。高度复杂性和高度不确定性条件下的人比以往任何时代中的人都更具有差异性，但这种差异不会像黑格尔"逻辑学"中所指示的那样，走向矛盾和冲突，反而会在人的相互承认中转化为合作行动的动能，会在人的合作行动中发挥着优化行动系统及其一切构成要素的功能。一旦我们建构起这种合作行动模式，人的共生共在的主题也得到了诠释。

---

① ［德］尤尔根·哈贝马斯：《后形而上学思想》，曹卫东等译，译林出版社 2001 年版，第 207 页。

第 一 章

从世界化到全球化

　　始于 20 世纪后期的全球化运动正在把人类引向后工业社会，它是人类历史上的一场全新的社会变革运动。也许从形式上看，全球化与近代社会早期的资本主义世界化有某些相似的特征，实际上它们是完全不同的社会变革运动。资本主义世界化是一场民族国家对世界征服的运动，其结果是导致了民族国家的普遍建立，而全球化的使命恰恰是要终结民族国家。在全球化进程中，我们已经可以看到许多明显的迹象，那就是与民族国家关联在一起的几乎所有社会设置都受到了挑战和冲击。在全球化、后工业化进程中，由于既有的生活方式和行为模式受到了社会高度复杂性和高度不确定性的冲击，使人们陷入了深深的焦虑之中。其实，在 20 世纪 80 年代以来世界范围的改革中，是包含着解除焦虑的追求的。可是，由于人们囿于工业社会的思路去开展社会建构，不仅未能开拓出创造幸福生活的道路，反而使人们的社会生活陷入更为紧张的状态，加深了人们的焦虑感。在这一条件下，我们需要在为了人的共生共在的合作行动中去消除焦虑。全球化意味着一个合作社会的生成，意味着一种新的社会治理模式的建立，也意味着一切在工业社会对人做出先验性规定的制度等的废止。在合作社会中，每一个人都可以通过自己的行动去选择自己的身份和角色。因而，也就不会产生焦虑。

第一节　资本主义世界化

一、世界化进程结束了

在后工业化的问题上，也许还存在着诸多争议，因为，一些学者依然认为 20 世纪后期出现的新的社会变动是工业社会的延续。诸如 "XX 次工业革命" 的提法，都包含着对后工业化拒绝承认的潜台词。不过，在全球化的问题上已经取得了共识，可以说已经没有人再对全球化表示怀疑了。全球化已经是我们这个时代的现实，从政治到经济到社会发展都显现出了明显的全球化迹象，而且，我们可以明显地感受到全球化带来的冲击。所以，我们的每一项切实可行的策略都需要充分考虑全球化的因素。如果缺乏全球化的视角，我们就无法真正理解现实中所发生的各种各样的事件，更不用说采取正确的应对策略了。

在全球化的事实已经得到了普遍承认的条件下，学术界也出现了某种 "泛全球化" 的观点，即把航海技术的应用、新大陆的发现等都归入全球化的范畴，甚至有的学者追溯到更加遥远的历史时期，把人类社会早期的迁徙和流动也说成是全球化的开端。其实，这是一个错误的认识，不仅前工业时代的从游牧民的流动到后来因灾荒、疾病等因素而导致的迁徙不是全球化的原始形式，即便是在近代早期所发生的海外市场和殖民地的开辟，也都不能被视作为全球化的起点。在近代早期所发生的是一场资本主义世界化运动，它是由率先建立起民族国家的地区对世界的征服，表现为海外市场的开拓、殖民地的建立等。在此过程中，也建立起了世界的中心—边缘结构，形成了一个制度化的中心对边缘实施经济剥削、政治压迫和武力支配的机制。那些率先建立起民族国家的地区稳固地站立在世界的中心，而更多继后建立起来的国家则被打入边缘。而且，中心国家并不满足于对既有边缘国家的控制，而是不断地把外围国家引入到世界体系之中，使那些被纳入到边缘中的国家成为中心国家可以有效控制的地区，以便源源不断地从边缘国家中获取财富。

如果不是把全球化看作当下正在进行着的一场运动，或者说，如果不是把全球化看作为工业社会社会发展后期的一场运动，具体地说，如果不是在20世纪80年代这个时间点上去准确地认识全球化的起点，而是把全球化看作是起源于人类社会更早的历史时期的一场在人类社会发展过程中持续展开的运动，就会把资本主义世界化进程中所造就的世界中心—边缘结构看作是不可改变的，就会认为既有的剥削、压迫和支配机制不会发生改变。这显然与全球化已经显示出来的诸种"去中心化"迹象不相符合。如果这种错误认识凝固成一种观念的话，就会对实践产生消极影响，就会在资本主义世界化的逻辑中开展行动。从现实来看，这已经是一个非常严重的问题了，它极有可能扭曲全球化运动的性质。所以，我们必须指出，全球化是一场在根本性质上不同于资本主义世界化的社会变革运动。

如果我们承认人类在20世纪后期进入了后工业化进程，就会认为全球化是与人类社会的后工业化联系在一起的，也就会清楚地看到资本主义世界化其实是与人类社会的工业化相联系的，而全球化和资本主义世界化则是发生在人类历史不同时期的两场性质完全不同的社会变革运动。资本主义世界化其实是发生在工业化、城市化进程中的，或者说，工业化、城市化伴随着资本主义世界化运动。当我们说工业化、城市化的时候，是把视线放在了一个地区（这些地区后来都以国家的形式出现了）所看到的景象，当我们说资本主义世界化的时候，则是指这些地区在工业化、城市化的进程中也同时对外部采取了行动，特别是当这些地区后来以民族国家的形式出现后，更是以经过国家整合的力量向外部扩张，造就了资本主义世界化的世界格局。

美国新左派作家安德森认为南北美洲是民族主义的发源地，在他看来，正是美洲人的反抗殖民运动促使了民族主义的生成，然后扩散到了世界各地，从而有了民族主义这一意识形态现象。如果说"民族主义"一词所指的仅仅是这种反抗外部侵略行动中的民族意识，那么安德森或许所说无虚。而且我们在现实中也能够深深地感受到这一点，那就是经历过被侵略和受奴役历史的国家都往往有着强烈的民族主义意识。这种民族主义意识既能够凝聚起爱国主义热情，并迫使发达国家在准备在这些国家获取超额经济和政治利益时不得不采取一些较为隐蔽的方式。比如，在这些国家的政界和知识界寻求代理人，或者直接地声言某些价值观具有普世性，将其灌输给这些国家的国民，以便这些价值观与民族主义间实现了嫁接后而方便他们采取行动，去获得所期望的经济和政治利益。另一方面，民族主义意识也会表现出对其国家和社会发展的直接破坏性，妨碍和阻止着其国家走向开放，非理性的仇外心理甚至会引发诸多无谓的冲突，在失控的条件下甚至会引发战争。

但是，如果说"民族主义"包含着一系列现代性观念的话，可能还是传统的理解更为靠谱一些。因为，美洲所遭受的侵略和殖民恰是来自于民族国家的行动，是因为欧洲在此前已经建立起了民族国家。而且，这些国家已经有了资本和市场经济，有了向外扩张的冲动，才在航海大发现中找到了人力和物质资源的供给地以及市场。也就是说，在殖民地人民开始反抗侵略之前，侵略者已经拥有了民族意识。在某种意义上，可能正是侵略者把民族主义输入到了美洲，尽管这是一种无意识的输出。事实上，民族主义是发源于西欧的，应当视作为现代化的产物，是在民族国家建立的过程中生成的，或者说是民族国家的意识形态，是民族国家兴亡的一项标志。在这里，我们也看到，安德森所说的"民族主义"其实是一种狭义的民族主义，是在当代西方国家比较流行的"民族主义"概念，包含着贬义。

在此我们也看到，虽然安德森长期生活在东南亚这些边缘地区，而且对这些地区有着浓厚的感情，也试图通过其著述去揭露以美国为中心的西方发达国家对其他国家进行经济剥削和政治压迫背后的奥秘，但他一旦使用某些概念去表述思想时，就会陷入既有的语境之中。关于"民族主义"一词的使用，就反映出了这一点。这可以说是当今人文社会科学的悲哀，几乎所有的学者和思想家都无法摆脱既有语境的支配。其实，在共同体的视角中，民族国家是一种族阈共同体，是工业社会的人群集合形态。在前现代或前工业社会中，所存在的是家元共同体。现代化观念中的所谓农业社会的"民族"，其实是应准确地理解成"家"的。或者说，"族"与"家"只不过是规模上和人口数量上的区别，至多也只是血缘链条上的不同状态。就性质而言，是相同的。所以，家元共同体实际上就是一个在规模上被高度放大了的"家"，这个"家"中的所有人都有着"同根"的情结，具有自然属性的"血"，是把人们紧紧地联结在一起的纽带。也许在现代视角中会将家元共同体说成民族，认为在那里也存在着民族主义，但那是错误的理解。这正如人们从动物的行为中解读出了爱、恨、情、仇一样，显然是似是而非的。

所以，美洲的民族主义也是一种现代历史现象，是在现代化进程中生成的，只不过它与欧洲原生地的民族主义有所不同而已。欧洲的民族主义以及与之相伴的民族国家是在历史演进的逻辑中生成的，而美洲的民族主义则是在民族国家的征服下产生的，而且，这种民族主义也必然会指向民族国家建立的要求。不过，安德森是在研究亚洲地区（主要是东南亚）的民族主义时追踪溯源而发现了美洲民族主义的生成在时间上要更早一些。这是合乎实情的，美洲的民族主义确实与亚洲、非洲等广大地区后来兴起的民族主义走了同一路径。也就是说，兴起于美洲的民族主义是作为资本主义世界化的对抗性因素出现的，所证明的是近代历史的一种矛盾特征。亚洲以及非洲是与美洲国家的民族主义生成路径基本相同的，也是在对抗资本主义世界化的进程中生成了民族主义。

在资本主义世界化的过程中，海外市场的开拓以及殖民地的建立都是以征服的方式进行的，而且，这种征服并不仅是工业品和资本的征服，而是伴随着暴力。正是因为这种征服总是以暴力的方式进行，所以，激起了殖民地人们的反抗。原先，在这些地区存在的是分散的家元共同体，缺乏凝聚共识和动员集体行动的思想和理论。当资本主义世界化把暴力施加于这些地区时，为了在适当的范围内动员起反抗力量，为了团结那些分散的人们（群），出现了民族主义的思想甚至理论。实际上，这种情况依然在发生，在萨义德的思想中，我们就可以看到这一点。所以，我们认为，与美洲相同的各地区民族主义兴起是有着共同原因的。从亚洲、非洲和拉丁美洲来看，这些地区的民族主义有着基本相同的特征和性质，在表现形式上也是基本相同的，甚至在行为取向上，也有着极大的相似性。就这些地区的不同国家发展状况来看，如果一个国家的政府在一个时期采取了合适的政策控制或引导了民族主义，往往就赢得了空前的发展机遇。但是，它们所取得的成功往往都是暂时的，当其引导和控制民族主义的政策变得僵化时，民族主义就会再度呈现出破坏作用，并将其国家引向衰败的方向。

如上所述，在近代社会的早期，由于地理大发现，也由于资本主义的海外扩张，出现了资本主义世界化运动。在20世纪后期，当人类进入了全球化、后工业化进程时，人们却没有意识到全球化是一场与后工业化相伴随的历史运动，而是去为它寻找遥远的源头，甚至有很多学者是把近代早期的这种资本主义世界化误读为全球化的初始形态的。也不排除一些为西方国家既有社会治理模式以及国际关系策略作辩护或宣传的学者有意识地曲解全球化，即通过对全球化的曲解而去达成某种意识形态控制，让人们相信西方国家既有的社会治理以及对发展中国家的经济剥削和政治压迫形式因为得到了历史的支持而具有浓厚的政治合法性。

在广大的发展中国家中，如我们已经指出，一直存在着西方发达国家的代理人，而且代理人的队伍是非常庞大的。在他们之中，有不自觉的知识依附，也有自觉的利益依附，而且，通过教育等方式源源不断地培养出了一批又一批年轻的政治家和学者，让他们在不自觉中去充当西方国家的代理人，协助西方发达国家去剥削和奴役他自己的族人和家人。当然，所有这些都是在某些冠冕堂皇的理由下进行的。就现实来看，无论是西方国家还是他们在发展中国家的政治或知识代理人，都是通过曲解"全球化"这个热词来维护既有的国际和国内利益格局的。那就是有意识地混淆全球化与资本主义世界化，让人们以为全球化是资本主义世界化的延续，而不是去打破资本主义世界所造就的这个世界。

总的说来，虽然民族主义产生于人类现代化的进程中，却不意味着它必然以现代形式出现。一般说来，民族主义在反抗殖民征服的过程中并不是以欧洲地区的民族主义那种形式出现的，而主要是一种较为粗糙的民族意识，所发挥的是聚集起反抗力量的作用。事实上，也能够在得到坚持并唤起了持续抗争、斗争的过程中赢得民族独立的结果。从美洲、亚洲、非洲等地的情况看，在获得了民族独立后，基本上都会对民族意识或狭义的民族主义进行改造和重塑，即建立起具有现代属性的民族主义，以使其适应新建立起来的民族国家运行的需要。所以，在反抗殖民统治过程中逐渐形成的民族主义基本上都是在民族解放的目标达成后而获得了现代属性的。

当然，也有少量的异例，那就是在民族独立后建立起了民族国家，却没有实现民族意识和民族主义的转型，以至于反抗斗争中的民族意识和民族主义因为缺乏现代性而成为促使新建立起来的民族国家走向封闭的力量。或者说，成了裹在民族国家外层的厚厚茧壳，从而把新兴的民族国家导入困境。其实，在亚洲、非洲、拉丁美洲各地，之所以于20世纪下半叶出现了一波民族国家的对外开放运动，在某种意义上，反映出了走出狭义（狭隘）民族主义阴影的努力。因为，这些地区的许多国家都长期受到狭隘民族意识的困扰，尝尽了自我封闭的苦果，从而希望通过对外开放的途径去对这种狭隘的民族意识进行改造，使之成为具有现代性的民族主义。不过，这项工作是极其艰难的。在这些地区，我们依然经常看到那种狭义的民族主义浮出水面，而且会经常性地导致非理性的盲动，甚至会在全球化、后工业化进程中逆历史潮流而动，即发挥着强化民族国家的作用，而且会把这种民族主义所强化了的民族国家导向封闭。

从 20 世纪后期的民族国家改革来看，许多国家在对外开放的过程中遇到了新的问题。那就是，在它们准备改造其自身的民族主义时，也就是说，在它们准备形塑出现代化的民族主义时，人类历史却开启了新的航程。这样一来，作为工业化代名词的现代化受到了质疑，前进道路上的路标都被拆除了，并出现了在哲学以及文化诸领域被称作为"后现代"的思想运动。虽然作为一种哲学和文化思潮的后现代主义与人类社会的后工业化运动之间并无可以得到认证的联系，但是，对工业社会及其思想、文化的态度却是相似甚至相同的。无论是在"批判"、"超越"、"解构"等诸多词语中选择了哪一个，都包含着扬弃工业社会的各种建构物的要求。不过，如果后现代主义者能够自觉地在后工业化进程中去完成自己的叙事文本的话，我们相信，在作为一种思潮的后现代主义与作为一场社会运动的后工业化进程之间是可以建立起实质性的联系的，也许可以建构起像工业化与现代化之间的那种"形"与"神"的关系。那样的话，后工业化就是反映在历史表象上的社会转型形式，而后现代主义将成为一种包含在后工业化运动之中的"神髓"。当然，这仅仅是一种设想，到目前为止，我们并未发现两者之间有什么求亲的举动。

如果说作为一种哲学和文化思潮的后现代主义与作为社会运动的后工业化之间并无直接的联系，那么，全球化与后工业化之间则是密切联系在一起的。我们已经指出，全球化是与后工业化相伴随的，事实上，我们应当将它们看作同一场社会运动的不同表现形式。首先，全球化发生在后工业化进程中；其次，后工业化是通过全球化去开辟道路的；第三，全球化是后工业化的空间形态，而后工业化则是全球化所指向的目标。在人类历史上，这是一场新的历史性社会转型运动。如果说工业化和资本主义世界化意味着农业社会的解体和工业社会的生成，那么，全球化和后工业化则把人类引向一个更为高级的历史阶段。其实，后工业社会正在向我们招手。

吉登斯在工业化运动中看到了"脱域化"，即指出了工业化运动是人们走出千年生活地域的行动。其实，脱域化的另一面也就是来自一个地域的力量对另一个地域的征服。总之，是走出了原先的地域。从历史上看，在"脱域化"的过程中，人类找到了或者说发明了民族国家。有了民族国家这种形式，也就把陌生人结成了共同体，实现了对原先由熟人结成的家元共同体的替代。在实现了新的共同体的建立后，不仅使人们不因家元共同体的解体而焦虑和恐慌，反而在民族国家的框架下创建起了新的社会生活方式。在全球化的进程中，民族国家的边界正在受到侵蚀，我们甚至可以断言，在不远的将来走向消失已在所难免。无论是通过主动的方式去自觉消解民族国家的边界，还是因为不可预测的移民抑或难民去踏平民族国家的边界，都将对民族国家造成一次比一次更为猛烈的冲击，直至民族国家的边界消失为止。这是否意味着人在社会生活方式方面需要做出新的选择呢？答案是肯定的。因为，这将是共同体再造的新机遇。

鲍曼在谈到民族国家的问题时说，"拥有民族—国家这种资源的'社会'可以权衡利弊，并为需要实施他们自由的社会成员提供保障。然而，在我们快速全球化的世界中，情况不再是这样，因为权力正在脱离政治，并且，影响个体生活条件的最为关键的因素，不再仅仅受控于现代民主历史上被发现或被发明的担当集体行动的机构。"[1] 也许人们还会在一个较长的时期内乐意于探讨近代以来的社会生活方式和社会治理方式，并在各种方案中围绕选定其中的哪一种而争执不下。比如，人们会围绕着民主还是集权而慷慨激昂地阐述一大堆道理，一些国家可能会为了推行某种价值观而去颠覆另一国家政府，或者动用武力去强行征服，然后再去为之建立一个新政府，往往并不考虑也不顾忌这样做可能带来的消极后果。但是，社会自身已经出现了新的变动，某些因素或某些力量正在人们的视线之外行进着，宣告着当前人们的许多无谓争执和行动是没有意义的。如果未来一段时间的历史进程果真在主观追求与客观进程渐行渐远之中展开的话，人类的境遇将是不堪设想的。所以，像鲍曼那样努力捕捉我们社会中所出现的新变动的踪迹，并提醒

---

① [英] 齐格蒙特·鲍曼：《被围困的社会》，郇建立译，江苏人民出版社 2006 年版，第 29 页。

人们予以关注，是非常有意义的做法。

我们相信鲍曼所描述的情况，那就是，在全球化运动中，"把希望和努力放在传统的、完全地域性的共同行动上，这似乎是白白浪费时间和精力。他最好移动行动发生的地方：这种新地方的名字就是不存在的地方，不存在的土地，不存在的领土。如果说传统的主权世界是有着固定边防线的民族国家的世界，那么，新的跨国的全球空间是'完整而统一的'，换言之，它没有明显的边界，它充满了不固定的流动的意义，并徒然地寻求固定的位置。新的力量恰恰存在于这样的世界。"① 这样一来，在民族国家的框架下所建立起来的制度、体制以及运行机制都需要得到重新审视，而不是简单粗暴地宣布某种既存的是"好的"或"坏的"。全球化意味着一个新时代的开启，或者干脆说，人类在全球化运动中将走向后工业社会。我们当前的任务就是要为后工业社会的到来做出积极准备，要运用我们的创造力去为新的制度安排做出各种各样的大胆构想。一旦我们为自己确立了这样一项任务，就会回过头来看历史，即努力去从近代以来的历史上去发现任何一项可以借鉴的经验。

二、民族国家的命运

民族国家的建立是与资本主义世界化同步的。从逻辑上看，首先是因为一些民族国家建立了起来，然后实施了海外殖民和掠夺的战争，走上了资本主义世界化之路。但是，从历史上看，这个过程则是：一些率先建立起来的民族国家成了后来国家建设的模板，特别是在 20 世纪民族解放运动中得以在全球范围的推广。如果我们将民族解放运动也归入到资本主义世界化的话（当然，在二战后的民族解放运动中，一些民族国家为自己起了不同于资本主义的名称，或者说，宣布自己不建立资本主义，也确实经历了一个短暂的非资本主义过程，实际上在很大程度上沿用了前现代性的社会以及社会治理体制），那么，我们也就看到了资本主义世界化有着多种路径。海外市场的开拓和殖民地的建立只是早期的路径，后来则发展出了许多路径。其中，意

---

① ［英］齐格蒙特·鲍曼：《被围困的社会》，郇建立译，江苏人民出版社 2006 年版，第 225—226 页。

识形态以及话语权在资本主义世界化中发挥着非常重要的作用。

总的说来，民族国家的建立并不能视作为资本主义世界化运动之外或之前的另一场独立的民族化运动，而是与工业化、现代化联系在一起的。民族主义就是现代化的产物，而资本主义世界化则是民族主义的催化剂。表面看来，资本主义世界化是要把整个世界纳入到一个体系之中，而民族国家则表现为一种离心的力量，两者之间是矛盾的，实际上，它们却是相互促进并且相互以对方的存在为前提的。民族国家的建立与资本主义世界化运动之间的关系对于理解 20 世纪后期的全球化运动是有启发意义的。根据我们的判断，并不能单纯地把民族国家的去势看作是全球化的结果，相反，我们恰恰应当在全球意识的生成、经济以及文化和其他方面的社会交往跨界活动的日益增长和互动中去认识民族国家的去势。也就是说，在全球化、后工业化进程中，我们并不主张强行压制民族国家的任何做法。我们认为，在全球化、后工业化进程中，任何盲目削弱民族国家的举动都不能视作为积极的行动，反而极有可能不利于全球化。一切任由全球化肆意践踏民族国家的边界的做法都是不合适的，因为，那只能在当前的人文背景下增强民族意识，从而阻挠全球化的顺利进行。从近些年来国际社会关于气候问题的争论来看，所反映出的就是资本主义世界观念与民族主义间的冲突。

民族国家构成了族阈共同体的基本形式，也是现代性的基本标志。就民族国家的产生来看，起源于中世纪后期。在欧洲中世纪后期的王权与神权冲突中，王室出于摆脱罗马教廷控制的要求，有意识地去激发治下臣民的民族意识，从而使欧洲形成了以地理割据为特征的不同区域，并出现了民族的雏形。在走出中世纪后，近代国家的建立将此作为既成的事实接受了下来，从而使资产阶级革命的成果以民族国家的确立为标志。在随后的岁月中，每当阶级矛盾出现激化的迹象时，各国的治理者往往都通过强化民族主义的方式而把国民的注意力引向外部。在此过程中，却不自觉地强化了民族国家意识及其民族主义。近代民族国家的这一发展路径在后发展国家的民族解放运动中得到了复制。一方面，欧洲建立起了民族国家榜样，使后发展国家可以效仿；另一方面，欧洲率先成长起来的民族国家在海外征服运动中促成了广大后发展地区的民族意识觉醒，要求在民族意识的确立中聚集起抗击力量。由于这两个方面的原因，后发展地区也建立起了属于自己的民族国家。

在全球化、后工业化的过程中，对民族国家意识的强化已经显现出了消极效应，事实上也妨碍了全球性合作体系的确立，甚至行为意义上的跨界合作都会受到民族国家意识的干扰。但是，在后发展国家中，指出这一点是需要勇气的。因为，后发展国家中弥漫着感性化的民族主义情绪，而且这种情绪总是能够积聚起制造非理性暴力冲突的力量。在这种情况下，如果有人对民族主义情绪表达了不认同的主张，其生存权利甚至都会受到威胁。一方面，是存在于公众中的民族主义情绪与日俱增；另一方面，则是治理者所掌握的利用民族主义情绪的技巧变得更加娴熟，可以纵容民族主义并保证其有利于自己对整个社会的驾驭。实际上，一些治理者往往借用民族主义去实现它所代理的西方发达国家利益，往往成功地让民族主义成为他所代理的西方发达国家利益实现的工具。当然，我们不能说一些发展中国家的治理者在主观上愿意这样做，而是因为他们为了自己的地位和利益而必须这样做。因为，这可以获得来自于西方国家的支持和保护，也可以得到知识界的呼应。但是，对于全球化运动而言，所有这些都是有害的，必将对全球化运动形成极大的制约，会阻碍全球化、后工业化的脚步。

当民族主义变成了西方发达国家可以利用的工具时，就会在他们对世界的控制中充分利用其在发展中国家的代理人去利用民族主义，从而阻碍了全球化进程。从国际关系的角度看，在资本主义世界化的模式依然主导着人们的思维时，全球化也许会被用于增强某种既有的霸权，因为，"支配一个地区并不需要领土入侵，也不需要派兵占领和监管被征服的领土，以及设置永久性驻军和设立行政办公室。与可用的新方法相比，所有这些策略似乎都是笨拙、麻烦、令人讨厌和代价高昂的。如今，真正的强国有能力避免这种过时的策略。"① 在既有的世界中心—边缘结构不变的情况下，当全球化被中心国家所利用的时候，就可能使国家本身变成一个廉价商标。虽然边缘国家、弱小国家等可以在强国、中心国家面前申明自己的主权，而在实际上，它的主权已经沦落为"股权"，甚至有可能不是控股权。从主权的完整性角度看，这不能不说是一种悲哀，是受制于强国和受制于霸权的结果。

---

① ［英］齐格蒙特·鲍曼：《被围困的社会》，郇建立译，江苏人民出版社2006年版，第62—63页。

然而，在这之中却包含着某种哲学内涵，那就是国家与主权的分离，这将意味着近代以来致力于民族国家建构的运动发生了逆转，民族国家得以成立的主权正在脱离它。这一趋势指向的方向肯定是国家主权将受到淡化的趋势。虽然国家的主权在强国那里能够得到较好的维护，但强国在干预和扰乱他国主权的同时，却极有可能持有一种淡化主权的态度。比如，当一些国家把人权放置在高于国家主权的地位上的时候，它们在何种意义上还拥有主权的观念？这可能就是一个需要认真考察才能做出回答的问题。我们认为，这类做法都会实现对主权意识的侵蚀，会一步步地将民族国家的主权从人们的意识中消解掉，并最终使支配与依附的两极都失去主权意识。这构成了全球化运动对民族国家主权的另一种冲击，造成了主权与国家分离的景象。随着主权与国家分离的进程渐行渐远的时候，主权也就失去了依托和承载物，并最终从人们的记忆中消失。

今天，虽然资本主义世界模式的观念和思维定势依然支配着人们的行动，但是，可以相信，随着全球化运动的持续展开，其客观结果必将是抛弃既有的世界体系观。那样的话，在资本主义世界化进程中所建构起来的这个世界，也将被否定。当然，从现实的社会发展进程看，也许国家在失去主权时还会继续存在下去，但它已经不再是现代性意义上的民族国家，而是我们正准备接受或不得不接受的新型社会治理框架。这种国家会因为主权的淡化而变得开放。事实上，在对外的向度中，由于抽象的主权已经为具体的利益所替代，也就不会再频繁地出现我们曾经的和不断出现的各种各样空洞无谓的争执。即使出现了矛盾和冲突，也将会主要反映在具体利益方面的争执上，是一些解决起来较为容易的问题。

在对内的向度中，由于主权的淡化甚至消失，使得与民族国家相关联的公民权从人们的视野中移除了出去。结果，国家变得具有包容性。至少，不再用公民权的标准把国民区分为不同的人群和加以区别对待，即不会把生活和工作在这个国度的人区分为公民、持绿卡的人和"墨西哥人"。因而，也就不会有针对特定人群的歧视。进而，政治也就会变得更加开放。即使我们做出最低限度的估计，也不难想象，由于国家不再对居住在一国中的人们或群体做出区分和排除，也就使建立在这些区分和排除基础上的既有政治和社会生活程序丧失了意义。比如，这个时候，我们将会看到，因为公民的消失，选举不仅不再可能，而且也没有必要了。那样的话，我们为何不干脆放弃选举呢？当然，如果你喜好选举和坚持选举的话，那就让所有人都参与到这项游戏中来吧！而不是在甄别出公民之后而去决定谁有选举权和谁应当被排除在选举游戏之外。

也许在一个很长的历史时期内，来自于工业社会历史阶段的各种游戏以及游戏场所都会继续存在，似乎也在发挥着作用。但是，全球化已经表现出一个明显的社会发展趋势，那就是使既有的游戏以及与这种游戏相关的一切都变得越来越显得虚幻，或者说正变得虚化。可以相信，总有一天，所有这些都会最终移出我们的视野，而且这将是不可避免的。如果说我们还会看到今天的游戏场所，那也是作为历史遗迹而供观览。总的说来，虽然全球化的影响尚未得到人们的普遍承认，或者说民族国家的外在形象并没有发生改变，但在实际上，经济全球化已经使绝大多数国家受控于商业资本家。至少，在许多领域中，我们原来所信奉的那些民族国家主权原则已经不见了。比如，在一些发展中国家，曾经把教育作为一项重要主权来看待的，而在今天，几乎所有国家都放弃了这一方面的主权，而且表现出了急切地出卖这方面主权的迫切心情。

我们一直坚信，民族国家的主权是完整的和不可分割的，这些主权包括经济的、军事的、文化的独立自主，也被表述为民族的自决和自治。然而，"近段时间以来，几乎没有民族—国家可以说是自治的，更不必说是自我维持和自给自足了——不管是经济上，还是军事上或者文化上，莫不如此。几乎没有现存国家能经得起严格的国家地位的考验。"① 尽管人们陶醉于商业利益以及这些利益带来的繁荣，但在不知不觉之中已经放弃了对主权完整性的捍卫。的确，主权完整性是一种已明显过时了的陈旧观念，人们也没有必要纠缠不放。但人们需要自觉的是，当放弃了这一旧观念时，应当代之以什么样的新观念来迎接全球化和适应全球化？这在今天看来是一个明显飘移不定的问题。也正是由于这个原因，在人类进入新世纪后，才会出现那么多从任何角度看都缺乏逻辑性的、相互矛盾的行动，无论是在依然屹立的民族国家的内部还是在国际社会中，都遍布着盲目的行动。走出这种状态的唯一可

---

① ［英］齐格蒙特·鲍曼：《被围困的社会》，郇建立译，江苏人民出版社 2006 年版，第 61 页。

行的道路，无疑是正视全球化的现实。

既然全球化已经在实质的方面肢解了民族国家，那么，承认事实比什么都重要。也只有承认这一事实，才能使人们摆脱旧观念的束缚，才能避免各种各样无谓的冲突。当然，我们今天还处在全球化运动的初期，民族国家的开放性不足构成了人与物等流动的障碍。或者说，国家选择了一些人，让他们有权流动，而更多的人的流动权利则受到限制。我们能够明显地感受到，"追求利润的旅行受到了鼓励，而追求生存的旅行受到了谴责。"① 因而，存在着所谓"非法移民"的问题。当西方国家运用武力干涉一些国家而制造了难民的时候，既不反省自己的行为，也不愿意接受由他们一手制造出来的难民。国家边界上的障碍成了走私分子、"蛇头"获利的设置，或者说，国家边界已经变成专门为了让走私分子、"蛇头"获利而设的。当"非法移民"窒息船舱里或溺死于大洋中时，人们就开始谴责组织偷渡的"蛇头"，可是，人们为什么不想一想，是什么因素派生了"蛇头"？那些让"蛇头"获利的设置难道不应当首先受到谴责吗？如果全球化不是让国家边界向有限的和被选择的人开放，而是让一切特权都消失，那就应当把公平的尺度交给每一个人。特别是对于那些仅仅出于谋求生存机会的人，更应当获得必要的方便。

也许一个国家会考虑自己的承载能力，会宣称这种流动会使它的富裕生活受到破坏。对此，我们不禁要问，你的富裕生活是怎么创造出来的？如果是在资本主义世界化过程中通过掠夺他国、他地区的财富而建立起了今天的富裕生活，那样的话，在那些国家和地区的人们遇到了生存问题时，有什么理由不为他们提供生存机会呢？也许一个国家是通过自身良好的治理、国民的勤奋而创造了富裕生活，那么，在世界上的其他地区存在着如此众多的为获得生存机会而挣扎的人的情况下，为什么不去把那些人纳入到自己的良好治理之中，让他们在人人都懂得勤奋的氛围中学会勤奋？

事实上，如果我们把视线投向难民身上，就可以看到，一些国家正是凭借着自己的富裕和强大国力去颠覆弱小国家的政府的，并亲手制造了难民。一旦难民出现了，为什么这些国家又不去接受自己行为的后果呢？我们认

---

① ［英］齐格蒙特·鲍曼：《被围困的社会》，郇建立译，江苏人民出版社 2006 年版，第 65 页。

为，全球化决不应是特权和歧视的再生产，而应是一场走向全面开放社会的运动。正如鲍曼所指出的，"对全球化的有效反应只能是全球性的。并且，这种反应的命运取决于全球政治舞台（它有别于'国际舞台'）的出现和巩固。眼下最缺少的正是这样的舞台。现存的全球性选手不愿意搭建这样的舞台。它们明确的或潜在的对手似乎既没有所需的能力，也没有必要的资源去做这样的事情，因为这些人使用的外交手段越来越陈旧，越来越无效。我们需要一种新的力量来重建和复兴同全球化时代相适应的公共舞台，而且，这种公共舞台的搭建必须绕过上述两种类型的选手。"① 这显然是一个迫切需要回答的问题。但是，旧的民族国家观念却束缚了人们的手脚，让人无法通过行动去回答这一问题。

20世纪后期以来，虽然在经济全球化方面已经取得了积极进展，而且各国的政治首脑也变得开明多了，愿意给予经济以更多的自由。但是，在全球政治方面，大国主导的国际政治格局并没有改变，一些较有实力的国家反而是把全球化理解成强化国际霸权的机遇，牢牢地控制着国际舞台，而且在层层加码。这显然是与政治全球化相背离的，是反全球化的行动。正如鲍曼所指出的，"世界正在忙着把民族等同于国家，把国家等同于主权，把主权等同于严格控制的边界……200年来，世界似乎致力于把控制人类运动视为国家力量的唯一特权，致力于建立各种关卡来防止其他的——不受控制的——人类运动，并在这些关卡配备了警惕的、装备良好的哨兵。护照、签证、海关和移民控制，——所有这些都是现代政府的发明。"② 而全球化恰恰是要打破这些控制，因而也就把冲突推到了前沿地带。

在全球化的背景下，"内与外之间的神圣区分再也不存在了，尽管它曾经绘出了生存保障的领域，为日后的超越指明了路线。我们都在'内部'，没有什么被保留在了外面。确切地说，过去在'外面的'在没有打招呼的情况下进入了内部；而且，他们在没有获得准许的情况下就定居在那里。全球问题的区域性解决方案受到了怀疑，区域隔离的欺骗性被揭示了出来。"③

---

① ［英］齐格蒙特·鲍曼：《被围困的社会》，郇建立译，江苏人民出版社2006年版，第66—67页。

② ［英］齐格蒙特·鲍曼：《被围困的社会》，郇建立译，江苏人民出版社2006年版，第90页。

③ ［英］齐格蒙特·鲍曼：《被围困的社会》，郇建立译，江苏人民出版社2006年版，第92页。

然而，"我们没有意识到生存条件的改变，犹如我们没有为变化本身做好准备。"① 相反，我们在遇到所有新的问题时，总是在近代构筑起来的工具库中去进行选择，即使我们希望对工具加以改进，也只是使那些工具变长变短，或者满足于使其变得更加锋利、更加顺手一些。至于根本上的改变，却不愿意去做出尝试。比如，在海关那里，努力加以改进的只是手续更为简便、通关更为方便等，关于海关能否拆除的问题，从来也没有人想过。再如，当经济主体越过了民族国家的边界，解决方案总是集中在利润汇出汇入或避免双重征税等问题上，至于跨国经营与那些在国内经营的企业间的性质不同，则被有意地忽略了。

在这里，我们想就跨国经营提出一个设想，既然企业已经走出了国界线，我们是否可以将其归入全球性企业的类别中？如果答案是肯定的，我们可否将课税纳入到比如一项全球和平与发展基金中，用来解决那些全球性的问题。在我们看来，这恰是一个可行的方案，因为民族国家尚存，而全球化运动业已兴起，以至于地球上的事务和问题可以分成全球性的、地域性的和国内的，是可以根据这种区分去对不同类别的事务加以分类解决的。其中，在解决不同类型的问题和处理不同类型的事务时，所需的资金和资源支持也就可以由不同类型的经济主体来加以提供。这样的话，大国、强国也就应当承担起对全球事务的责任。然而，恰恰在这一点上，肯定会首先遭到大国、强国的反对。因为，近代以来，在资本主义世界化中形成的思维以及国家对国家的掠夺和剥削模式，决定了大国、强国宁愿接受全球风险和全球性的危机也不会愿意放弃跨国企业为它们带来的利益。所以，我们才会看到，即便是在中国采用一个极其保守的建立"亚投行"的做法，也会受到美国的反对甚至千方百计地阻挠。但是，如果我们撇开民族国家，把一切跨国企业现由国家征收的税金交由某个全球性的基金会来加以管理，用于世界和平与发展，从道义上说，是不应有哪个国家反对的。可是，以美国为首的大国、强国肯定会把它们所拥有的跨国公司视作它的所有，并凭借着其强权而表达反对。

---

① ［英］齐格蒙特·鲍曼：《被围困的社会》，郇建立译，江苏人民出版社 2006 年版，第 92 页。

三、合作治理的要求

近代以来的民族国家运动在 20 世纪 60 年代画上了一个句号，但是，民族与国家间能够相重合、相交叠的情况却很少，实际上，单一民族的国家在世界上只有少数几个。应当说，民族国家塑造了民族，而民族与国家之间又存在着区别。国家是通过地图来标识的，而民族则是用文化来标记自己的。国家需要根据地图去安排所有的管理事项，而民族则无需管理。民族也是作为共同体而存在的，它不是农业社会的那种家元共同体，但是，把一个民族成员连接在一起的则是文化的纽带，甚至许多民族还拥有共同的情感依皈——信仰。这些方面甚至有着与家元共同体的相似性，以至于人们往往误以为民族产生于农业社会较早的历史阶段。尽管民族与国家间有着这些不同，但它们共同的基础则是个体的人的生成。尽管在民族意识中会因共享同一文化、信仰、生活方式而有同类的情感，而个人利益的优先性作为行动的前提而得到考虑则往往被视作为理性的和明智的。

另外，人们也许会在民族与宗教之间寻找联系，但民族与宗教的区别要比民族与国家的区别更加明显。因为，既有的宗教基本上是在农业社会生成的，而民族则是现代造物。一般说来，世界各国所承认的宗教基本上都是在农业社会产生的。如果说在现代化的过程中也不断地生成新的宗教的话，往往都得不到广泛承认，因而，生命都是极其短暂的。虽然常有一些人试图创建新的宗教，而人们往往把其宣示的教义当作一种哲学，至于他们所制造的群体活动，在他人眼中只是一种类似于体育的修炼方式。但是，人们为什么会形成一种民族与宗教交缠在一起的印象，也许正是由于人们错误地把民族看作是生成于前现代的，以为它们有着相同的历史从而有着某种联系。在我们看来，不仅因为民族与宗教有着不同的历史而使它们相区别，而且，一切宗教都不具有民族性，在宗教所供奉的诸神眼中，所看到的只有人，神从来不对人做出民族或种族的区分。在上述的分析中，我们已经看到，民族主义是生成于民族国家之中的，它既有正向功能，也会引发诸多负面效应。这是就民族主义未与宗教建立起联系的情况下所看到的图景，如果民族主义与宗教联系在了一起，就不再会显现出任何正向的功能，反而会在得到了宗教情感的支持或蛊惑下而随时随地以非常激烈的行为展示民族主义。民族主义与宗教的结合是极其可怕的事情，能够干出任何一种难以想象的事，而且其破坏力是巨大的。

在一些多民族的国家中，我们时常看到同一民族的成员受到民族分离主义的煽动而奋不顾身地采取激烈的共同行动。这个时候，个人似乎融入了民族整体之中。然而，这一现象其实与民族国家的爱国主义表现是一致的，而且，就这些行动所欲达到的目标而言，也无非是要通过从某个民族国家中分离出来去再建一个民族国家。所以，在近代民族国家生成的过程中，民族国家是作为一个普世性的意识形态而为人们接受的，没有人可以逃避它，以至于所有民族运动都是出于建国的目标。这又说明，民族与国家实际上是不可分的，至于那些用来标记民族的文化、信仰以及生活方式等，在很大程度上，只能看作是非现代性的历史遗产。这些遗产往往被民族国家的治理者所利用，但若奢望得到他们的尊重，则是不可能的。

恰在这一问题上，存在着认识上的不一致，并引发了所谓民族矛盾。一般说来，出现了这种情况，如果耽于民族的表象，会使一切处理矛盾的行动都成为添乱的行为。唯有培育出个体的人，也就是说，唯有个体利益意识的觉醒，才是把民族国家整合为一个整体的最有效途径。所以，民族国家的实质不在于民族，而在于个人。这是民族国家概念中的悖论，却是真切的现实。也许人们以为，认识了这一现实，就有可能找到走出民族国家状态的道路，那就是消解个人，即把个人整合为集体。其实不然。因为，那样的话，就有可能出现一种民族国家的国民与宗教的教民相重合的状态，进而，会出现民族主义与宗教情感的合一。即使没有出现民族国家的国民与宗教的教民相重合的状态，或者说，在没有宗教在场的情况下，也会出现类似于宗教的统一的意识形态，那同样是一种非常可怕的现象。

所以，把民族国家建立在个人的基础上，延伸出来的是民族国家建立和完善的逻辑。将个人这个出发点改写成集体，则会出现民族国家的可怕变种，但它依然是民族国家。所以，在民族国家的实质或民族国家得以建立的出发点上去做文章，是没有意义的，并不能满足全球化、后工业化进程中的社会建构要求。在全球化、后工业化进程中，社会的高度复杂性和高度不确定性已经把人们如此紧密地捆绑在了一起，从而突出了人的共生共在的主题。个人在解决高度复杂性和高度不确定性条件下的几乎所有问题中都会显得无能为力，而集体只要包含着排斥性的内涵，只要是个相对封闭的体系，也无法在高度复杂性和高度不确定性条件下开展有效的行动。在高度复杂性和高度不确定性条件下，我们只有通过社会治理模式的变革去开拓出人的共生共在的空间，才能使曾经造就了民族国家的线性思维不再发挥阻碍全球化进程的作用。

但是，从20世纪后期以来的社会发展现实看，全球化不仅没有使民族国家的治理发生改变，没有使其控制方式和对人的流动的排斥丝毫放松，反而，所有这些方面都因为一些突发性的事件而得到强化。对此，鲍曼感叹道："我们并没有处理难民问题的新策略，换言之，我们缺少这样的策略，并希望避免因此而出现的政治麻烦。在这种条件下，'9·11'攻击是恐怖分子献给政治家的一份礼物。难民除了通常被指责降低了国家福利和盗窃了工作机会之外，他们现在还被指控扮演着'第五纵队'的角色——代表了全球恐怖分子网络。"① 结果，许多善良的、仅仅为了获取生存机会的移民受到监视，甚至不需要什么证据就受到搜查、监禁和驱逐。在民族国家当局眼中，每一个外国人都能引发恐怖分子的联想，"先是在美国，然后在英国，在'反恐怖主义运动'的旗帜下，外国人很快被剥夺了基本的人权，尽管自基本法和人身保护出现以来，这些权利已经受了历史变迁的考验。"②

鲍曼认为，在全球化的条件下，"国家从总体上丧失了大部分曾经拥有的各种主权；它经常处于'别无选择'的境地，而不是自由地实施政策选择；它受到了外部力量的攻击，而不是公民民主地表达出来的偏爱。总之，国家不再是可靠的、有利可图的投资场所，它几乎完全失去了这种吸引力。"③ 特别是在发展中国家那里，它的公民口口声声表白他是何等的爱国，然而，只要有机会，就会忙不迭地移居他国；它的官员不断地宣示誓言，说他将为国家和民族的事业鞠躬尽瘁，然而，他实际上大笔大笔地把国家财产窃为己有并急切地将其转移到海外。所以，在他们的心目中，"国家"、"民

---

① ［英］齐格蒙特·鲍曼：《被围困的社会》，郇建立译，江苏人民出版社2006年版，第94页。

② ［英］齐格蒙特·鲍曼：《被围困的社会》，郇建立译，江苏人民出版社2006年版，第94—95页。

③ ［英］齐格蒙特·鲍曼：《被围困的社会》，郇建立译，江苏人民出版社2006年版，"引言"第8页。

族"等字眼，只是在编织谎言时还可以利用一下的东西。虽然我们所谈到的只是一些消极的现象，但足以说明，那些在近代以来一直为国家提供有力支撑的因素是如何被抽空的，并最终使国家成为一个只有在字典和教科书里才能找得到的词语。这说明，民族国家已经在人们的观念中变得越来越淡了。

鲍曼回顾了康德的著作《从世界公民的角度看世界历史》，赞赏康德在200多年前就那样深刻地认识到，"我们居住的地球是一个天体……我们所有人一直在那一天体的表面上居住和移动，我们并没有别的去处，因而注定要永远生活在邻居和同伴的周围。"① 这就是说，人类是因为地球而决定了必须共生共在。当然，人类也一直在探索可以移民的其他天体，目前看来，大规模的地外移民依然在可行性方面还是可疑的。在这种情况下，"当这个人口稠密的地方拥挤不堪时，我们舒适的空闲空间就再也不存在了；这一天迟早会到来。因此，大自然命令我们要把相互友好视为我们需要——最终必须——信奉的超级信条；只有这样，我们才能终止一连串的试错、错误引起的灾难和灾难留下的衰败。"②

可是，正如我们一再指出的，近代社会的出发点是原子化的个人，是围绕着个人这一中心而拓展出来和建构起了我们既已拥有的这样一个生存空间。由于个人处于世界的中心，以至于这个世界的一切都必须围绕着个人旋转。结果是，为了个人的生存而去剥夺他人生存的权利和机会。这一点一直是近代以来的这个社会的基本原理，并被扩大到了组织和民族国家，从而导致了无穷无尽的冲突。在冲突中，每一个行动单元都努力增强自己的实力，并达到了某种恐怖平衡。实际上，这种平衡总是悬于一线，随着地球变得拥挤，也就不可避免地让人们陷入了风险。所以，康德所指出的那一基本事实对于我们的启示就是，必须从根本上改变近代以来社会建构的原理。在全球化、后工业化进程中去构思社会建构的方案，将不是从原子化的个人出发，而是从人的共生共在出发，也就是根据人的共生共在的要求去重新规划和建构我们的社会。

---

① ［英］齐格蒙特·鲍曼：《被围困的社会》，郇建立译，江苏人民出版社 2006 年版，第 89 页。
② ［英］齐格蒙特·鲍曼：《被围困的社会》，郇建立译，江苏人民出版社 2006 年版，第 90 页。

我们也看到，在全球化的时代，最为恐怖的事可能就是那些既有的社会控制方式以及与之相联系的思维惯性依然被人们所坚持。而它恰恰是阻碍全球化的力量，是与全球化运动相对立的，必然会直接地与全球化相冲突，并引发严重的后果。不过，我们也相信，虽然全球化遇到了民族国家极力阻止人口全球流动的问题，但随着经济、文化等各个方面的交往日益扩大，人口流动必然会呈现出日益增强的趋势。这样一来，人的混居以及每日与多种族来源的人们的交往，必然会带来人的观念、思维方式以及行为方式的变化。其中，学会与多元化的交往对象之间开展合作的技巧就会成为一种非常重要的生存乃至成功的资本。所以，人口的全球流动将成为改变这个世界的重要因素。随着全球化进程中的人口流动，将会在直接的意义上进一步强化国家与民族相分离的后果。

我们已经指出，现代国家也被称作为民族国家，国家与民族之间如果说不是重合的话，也有着千丝万缕的联系。在很大程度上，国家仰赖着民族的支撑，国家相对于外部的主权基本上是作为民族主义象征而存在的。一旦人口的流动改变了民族格局，甚至使民族走向消失，那么，民族国家在实际上也就被抽掉了民族这根支柱。我们看到，在现代民族国家中，事实上存在着许多由多民族构成的国家，长期受到内部多民族间的矛盾和冲突的困扰。也许人们会以为，促使这种民族格局的改变和导致民族走向消失的全球化趋势不啻是一个喜讯。其实并非如此。在民族与国家相分离的过程中，国家会依然显得非常强大，也许会努力采取行动阻止国家与民族的分离，甚至会在民族消失后的很长一段时间中屹立不倒。但是，随着民族这根支柱被抽掉后，国家的存在事实上已经不再具有合理性。所以，展望全球化的前景，要么国家走向消亡，要么国家转型为一种合作共同体。

在民族国家框架下，公民是权力的所有者。而且，在 20 世纪的公民参与运动中，公民也被认为是社会治理的主体。然而，如上所述，有种种迹象表明，公民有可能在全球化进程中逐步消失。公民是与现代国家同时产生的，它们之间构成了相辅相成的关系。正如鲍曼所指出的，"前现代的国家不知道有公民资格，更不会实践它。"① 既然在前现代的时期人们不知道有

---

① ［英］齐格蒙特·鲍曼：《被围困的社会》，郇建立译，江苏人民出版社 2006 年版，第 38 页。

公民资格，那么，当人类历史走出了现代，公民资格是否会被保留下来？这肯定是一个不再需要回答的问题。从全球化、后工业化中的人的全球流动来看，现代国家边界上的篱笆正在被不断地撕开一条又一条裂缝，人们从这些裂缝中进出，流动的人群使终生居住一地的公民变得不再安宁，进而加入到流动的人群中。这一趋势表明，必将有这样的一天：常住的居民将消失在流动的人群中。那样的话，我们将用什么方式去确认或定义公民资格？

与此相关联的另一个问题就是：在现代国家中所做出的那些为了公民权实现的所有设置是否依然有效？对此，我们也已经给出了否定的答案。对于民族国家而言，公民权显然是最为重要的问题，所以，我们需要重申这样一个事实，那就是，全球化正在稳步地把公民转化为公众，这是对民族国家做出的最为严峻的挑战。因为，从公民向公众的转变，赋予了一个国家中的居民以不同于以往的属性。原先，居民经过登记而被纳入到政治组织框架中之后，就天然地被视作为公民。现在，居民并不必然与公民身份联系在一起，而是生活在该地域的并对政府有着同公民基本相同要求的公众。这既是公民与居民的分离，也是政治与生活的分离。在下一步的社会发展中，如果政治不对这群公众给予充分关注的话，就意味着政治空间变得越来越狭窄，意味着政治家变得越来越狭隘，以至于政治的合法性会遇到严峻的考验。

我们还看到，在全球化运动所激发出的人的流动性面前，居民本身也获得了不确定性内涵。因为，人们离常住一地、安土重迁的生活模式越来越远，习惯于在不断的流动中去发现生存以及获得愉快人生的机会。每一个区域中，常住人口与流动人口的比例都在发生变化，以至于居民更多地是指那些临时居住一地的人口。因而，按照确认公民身份而参与政治生活的方式去诠释政治，变得不具有可操作性了。更为重要的一个新情况是，在互联网这个变得越来越重要的社会生活平台中，每一个行动者都只能被称作为网民，他们甚至不能在公众意义上来加以认识。如果说构成公众的每一个人都是有名有姓的，在需要的时候甚至可以亮出自己的名号，网民却是匿名的。尽管维护民族国家的管理也试图把网民形塑成公民，通过实名制等设置去强行地实现这种转化，但从网络的发展来看，那只是一种暂时性的措施，不可能长期存在下去。即使在暂时实施这些措施的时候，也不可能取得管理者所预期的效果。所以，公民身份必将失去往日的光彩，政治也将因此而发生根本性的变化。

　　显而易见，在公众已经取代了公民之后，政治就不应让公众处于旁观者的地位上，即不应像雅典城邦那样，让人口中的绝大多数处于政治体系之外，而是需要把他们纳入到政治活动之中。这样一来，原来由公民开展的各项政治活动也就不再具有合理性了。或者说，政治不再属于公民，反而属于公众。虽然公众并不一定是全球化展现给我们的政治活动主体，但对于公民而言，对于民族国家而言，则是毁灭性的因素。实际上，我们在全球化、后工业化进程中所看到的新的社会生活和活动主体不仅对公民的概念形成了否定，而且也不是公众的概念所能全部涵纳的。诸如我们所指出的网民，就是一种新的社会生活和活动的主体。从中国的情况看，近些年来，网民在政治生活中所发挥的作用是非常大的，以至于它已经进入了学者们的视野，成为学者们关注和研究的课题。所以，我们认为，全球化、后工业化意味着一个合作社会的出现，在合作的社会中，合作治理将是这个社会的基本治理特征。我们认为，合作的社会将承认人的行为和行动对人的身份以及社会角色的确认，而不是先验地规定人属于或应有什么样的身份和社会角色。

　　本来，农业社会才会对人做出先验性的规定。在工业社会中，随着人的身份分化为身份和社会角色两种因素的时候，身份只是人们参与社会活动的前提。特别是在政治生活中，身份发挥着重要作用，但只是作为前提而存在的。在社会生活、政治生活中，人在开展行动的时候，是人的社会角色或政治角色在发挥作用。也就是说，在从农业社会向工业社会的转变过程中，非地域化所造就的陌生人社会已经抛弃了那些先验地规定人的身份的传统因素。但是，当工业社会治理体系的控制冲动结构化为一整套操作系统的时候，又重新建立起了新的先验地规定人的身份的制度系统。比如，你可能生活在美国多年，一直积极地参与（那些允许你参与的）公共事务，你可能在你生活的社区中成为公认的优秀志愿者，但是，你不被承认为美国公民。相反，你若偶然出生在美国，或者，你父母双方中并不由你选择的某一方恰是美国公民，那么，你只要在某个时期的某个成人仪式上作个象征性的宣誓，你的美国公民身份就决不会受到任何质疑。所有这些，都是社会契约中的某些条款对你做出的先验性规定，而不是你通过你的行为和行动做出的选择。或者说，在这种先验性规定的结构系统中，你也不可能产生用自己的行为和行动去选择自己的身份的冲动。即使有了这种冲动，也还需"他人"去依据社会契约中的那些条款对你做出选择。

在农业社会中，人们既不能选择自己的身份也不能选择自己的角色，那是因为角色并未成为相对独立的社会性存在，而是附着在身份之上的，而且仅仅为少数身份群体的成员所拥有。与之相比，工业社会取得了巨大进步，一方面，由于角色成长为一种普遍性的社会存在；另一方面，角色有了相对于身份的独立性，从而使人有了自我选择的一些特征，即可以通过角色扮演去证明自己。总的说来，身份是先验性的，而角色则是由人选择的。但是，工业社会并未使身份与角色完全分离，相反，身份与角色是有着千丝万缕的联系的。在民族国家的框架下，你可能有着从事社会治理的才干，但是，你将会因为身份而被拒绝为一个国家的公务员，也就是说，你不能选择那个角色。在全球化、后工业化进程中，身份的先验性正在丧失合理性，因为，人不能通过人的行为和行动去证明、规定和确认自己的身份和社会角色，这在任何一种意义上都不能被视作为是合理的。然而，这个问题却很少受到学者们的严肃质问。这说明，近代以来的这个社会本身就存在着根源于农业社会的但变换了形式的不合理性因素，而且，人们普遍地接受或默认了这些不合理性因素。全球化、后工业化进程为我们描述的前景是，所有这些都将会发生根本性的改变，所有不合理而被普遍接受的东西都将被抛弃。人类社会正在发生一场根本性的变革，全球化、后工业化就是这一社会变革的途径。全球化、后工业化所指向的是后工业社会，而后工业社会将因其普遍性的合作行动而可以被称作为合作的社会。合作的社会不仅是在所有这些不合理性因素得到废除的前提下生成的，而且也彻底铲除了这些不合理因素再生的土壤。

合作的社会将重视人的行为和行动在确证人的身份和社会角色方面的价值，不再有任何对人做出先验性规定的因素存在，每个人都可以根据自己的行为和行动去理解和认识人们的身份和社会角色，每个人都通过自己的行为和行动去获得自己的身份和社会角色。在这种条件下，我们认为，身份将走出人们的视线。对于人而言，不再会有任何先验性的规定去定义人，一切都源于自我的选择。也就是说，人可以自主地选择自己的社会角色，并用自己的行动去证明他的社会角色。比如，就当下来看，志愿者已经做出了示范，他用自己的行动证明自己可以选择自己的社会角色，也确实用自己的行动证明了自己的社会角色。正是由于这个原因，我们认为，也许志愿者及其志愿服务预示着合作治理这一新型的社会治理模式的生成。或者说，志愿者将会成为新型社会治理中的积极行动者，而志愿服务也将成为新型社会治理的一项重要内容。

第二节　全球化中的焦虑

一、人们陷入焦虑之中

历史的进步就是这样无情，当它迈开脚步时，那些伟大的社会发明就会逐渐变得黯然失色。鲍曼认为，在工业社会建构起来的生产和生活模式受到冲击的时代，人们深深地陷入了某种焦虑之中，"自主游戏被逐出公共舞台之后，它把家庭生活变成了它的另一个战场。受到紧密监视的邻里关系也是这样，人们希望主宰'排除游戏'，而不是成为它不幸的目标。工作场所也是这样，它们很容易地从团结与协作的庇护所变成了残酷的竞争场所。"① 所有这些，反映到了人这里时，或者说，给人带来的，就是严重的焦虑不安。应当说人们也发起了向焦虑的斗争，但是，"解决由不确定性和无助产生的焦虑的备用手段，加深和强化了它们想抵制或消除的焦虑，而非减缓了这种焦虑。它们通常损坏或撕破了相互承诺的纽带，而这种纽带是协同行动的必要条件，如果没有它，焦虑的真正根源既不可能被找到，也不可能被改变。"②

这的确是我们面对的现实，学者们对这一现实的形成做出了各种各样的解释，也提出了诸多解决方案。比如，关于幸福指数的提出，就包含着解决这类问题的努力。然而，正如鲍曼所说的，"它们根本没有触及痛苦的真正原因"，"它们注定是徒劳的，因为大量深层的焦虑都无法回避真实的原因，都在迫切地寻求其他的出路。"③ 实际上，深深困扰着人们的焦虑是来自于

---

① ［英］齐格蒙特·鲍曼：《被围困的社会》，郇建立译，江苏人民出版社 2006 年版，第 57 页。
② ［英］齐格蒙特·鲍曼：《被围困的社会》，郇建立译，江苏人民出版社 2006 年版，第 57 页。
③ ［英］齐格蒙特·鲍曼：《被围困的社会》，郇建立译，江苏人民出版社 2006 年版，第 57 页。

社会转型的，是因为旧的生活模式已经变得不可依靠了，而新的生活模式尚未建立起来；是因为作为人的心灵依托的文化已经不像以往那样可以托付，文化的冲突和碰撞让人无所适从；是因为长期以来一直以领导我们的名义而对我们进行支配和控制的权威显得失力了，而我们在没人领导的情况下又不知道如何开展行动。所以，我们深深地感受到，那个曾经无比充实的世界现在变得空旷，那个曾经让我们闭上眼睛也知道每一个物件摆放在什么地方的世界变得瞬息万变，那个起先通过"占卜"后来通过"定量分析"就能准确预知未来的世界现在变得捉摸不定……总之，我们变得越来越手足无措，陷入了心灵焦虑之中。

诚如鲍曼所说，曾几何时，"普遍幸福的诺言，以及伴随着时间的推移将有更多幸福的诺言，使现代国家参与了某种社会协定。国家答应交付货物，公民期待接受它们。作为利益交换，公民答应忠诚于国家；作为对自身服务的交换，国家期望公民遵守它的命令。对幸福和更多幸福的期待，不仅逐渐变成了社会整合主要的合法方案，也逐渐变成了任何个体参与协作行为和共同事业的首要动因。而且，国家有能力证明，这种参与是值得的——它是划算的。"[1] 的确如此，自从近代早期搭建起了现代民族国家的基本框架后，这样一条追求幸福的道路就被开拓了出来。如果说在前现代的社会中人们把幸福的期望寄托于家庭或信仰，那么，随着现代国家的生成，人们则把这种期望寄托于国家了。而且，国家也向它的公民做出了这种承诺，接下来的问题就是发现获得幸福的路径。"那时，工业是人类获得幸福的主要手段。据希望，它能够结束匮乏、饥饿、痛苦和贫困。在技术和科学的支持下，它使生活更容易、更轻松和更安全。它总是想实现这个目标，但至今也'尚未实现'……既然人类的独立和自力更生已经被宣布，它的自足已经被假设，那么，人类的命运总是存在于未来……一旦被流放到了未来，它注定是永远停留在那里，幸福注定依旧是一个假设和一个期待：它的实现总是离现实有一定距离的那个诺言。事实上，恰恰是幸福的这个位置，敏锐地解释了'前'与'后'的现代区别，导致了对'所谓的'合法事物的责难和怨

---

① ［英］齐格蒙特·鲍曼：《被围困的社会》，郇建立译，江苏人民出版社 2006 年版，第 125—126 页。

恨，导致了对'未来'事物的兴趣。"①

应当承认，这种永远指向未来的幸福也为社会的发展提供了动力，避免了安于现状的懒惰。但是，就这种幸福只不过是一种永远无法兑现的诺言来看，又是社会治理者的梦魇，使社会治理者总是承载着沉重的期望之压力，不断地遭受因幸福期望与现实之间的落差而引发的埋怨。根据鲍曼的看法，"只要'幸福'和长期未被定义的'未来'纠缠在一起，不确定性（急剧的不确定性，无法改变的急剧的不确定性），就成了徘徊在社会中的最可怕的幽灵——如果这种社会凭借幸福权而被凝聚在一起，如果它围绕着对这种权利的追求被组织起来，如果其成员的忠诚取决于它答应的进步的实现。这使得对幸福的追求成为一种难以实现的、有时令人不安的、通常令人痛心的任务。它导致了永恒的风险。它涉及了抵押未来，承担了大量责任，并面临着为这种责任付出沉重代价的前景。"② 如果说在集权国家中描述一个美好前景是出于渡过某种暂时危机的需要，一旦风息浪歇，也就可以面对曾经许下的诺言而一笑置之，那么，在民主国家中，诺言无法兑现则被转换成了合法性流失的话题，除了在选票经营上需要调整策略之外，是不可能有什么办法的。

我们看到，20世纪60、70年代，费瑟斯通、鲍德里亚等人提出的"消费文化"、"消费社会"等概念立即引起了很大的反响，因为他们准确地揭示了这个时代人们的生活态度和行为特征，从而让人豁然开朗。此后，关于这一方面的探讨持续升温。这似乎暗示着通过社会建构去开拓追求幸福的道路已经成了一条断头路，而是需要在自我的消费中去体验幸福。所以，使社会获得了消费文化的特征，也就有了费瑟斯通和鲍德里亚等人所描述的消费社会。鲍曼在谈到这一问题时说，"在消费社会中，消费本身就是目的，因此它是自我推进的。传统心理学把'需要'界定为这样的一种紧张状态：一旦需要得以满足，这种紧张状态就会最终消失。在消费社会中，社会成员的需要恰恰相反，它即使在得以满足之后也不会消失——如果有可能的话，它将变得更加强烈。"③

---

① ［英］齐格蒙特·鲍曼：《被围困的社会》，郇建立译，江苏人民出版社2006年版，第126页。
② ［英］齐格蒙特·鲍曼：《被围困的社会》，郇建立译，江苏人民出版社2006年版，第127页。
③ ［英］齐格蒙特·鲍曼：《被围困的社会》，郇建立译，江苏人民出版社2006年版，第173页。

消费社会中的消费不满足于定位在需要的手段和途径上，而是要定位在人的生活和活动的目标的位置上，在这里，消费就是目标。"消费社会和消费主义不是关于需要满足的，甚至不是更崇高认同的需要，或适度的自信。消费活动的灵魂不是一系列言明的需要，更不是一系列固定的需要，而是一系列的欲望——这是一个更加易逝的和短命的、无法理解和反复无常的、本质上没有所指的现象；这是一个自我产生和自我永恒的动机，以至于它不需要找一个目标或原因来证明自身的合理性，或者进行辩解。尽管欲望是一系列连续而短命的物质对象，但它是'自恋的'：它把自身视为首要的目标；由于这个原因，它注定是永远无法满足的——不管其他的目标提升到什么样的高度。最重要的'生存'，不是消费者身体或社会认同的生存，而是欲望本身的生存：恰恰是欲望——消费消费的欲望——造就了消费者。"① 消费着的就是幸福的，不再是出于某个目的而消费，消费过程本身就是目的，消费证明了人的存在，消费也变成了人的存在的全部意义。

然而，在每一个人都把他人作为消费对象对待的时候，却发现世界变得那样的复杂，消费对象变得那样捉摸不定。在对符号的消费和对他人的消费中所实现的瞬间满足还未来得及回味就已经消失，然后陷入空寂的惆怅之中。更何况消费本身并不是为了使需要得到满足，而是为了制造需要，在无尽的需要中所形成的是欲望的层层叠加和无限增长，以至于人们成了欲望的奴隶。在这种情况下，怎么会收获幸福呢？正是认识到了这一点，鲍曼形象地用消费者与商品的关系描述了全球化、后工业化进程中人与人、人与物的关系，认为他（它）们间的联系与共在表现出了一种"轻轻地来匆匆地去"，"它们仅仅是不能、也不会被完全拥有的商品的样品。抽样活动从随机抽样中赢得而不是损失了利益。"② 这样一来，以占有为目的的全部社会活动都丧失了发生的基础，人们正是因为无法占有而陷入失落和变得焦虑不安。更为重要的是，"有效行动，特别是集体的有效行动，尤其是长期有效的集体行动的机构正在消失，而且，人们也无法找到一个明确的方式来复兴或重新培育它们。"③

---

① ［英］齐格蒙特·鲍曼：《被围困的社会》，郇建立译，江苏人民出版社2006年版，第173页。
② ［英］齐格蒙特·鲍曼：《被围困的社会》，郇建立译，江苏人民出版社2006年版，第25页。
③ ［英］齐格蒙特·鲍曼：《被围困的社会》，郇建立译，江苏人民出版社2006年版，第58页。

　　不过，鲍曼认为，这并不是坏事。鲍曼说，"集体行动的消失并不值得悲伤，因为不管是在过去还是在将来，它同个体福利和幸福的增加毫无关系，甚至还会成为增加个体福利和幸福的障碍。"① 但是，我们也看到，毕竟近代以来一直在努力塑造这种集体行动模式，一直在强化集体行动的领导机构。一旦通过近代以来数百年的努力而建立起来的这些领导机构陷入了功能失灵的状态，对人们心灵的撞击必然是沉重的，会难以避免地让人们陷入担忧和焦虑之中。事实上，这是因为传统平衡的打破而引发的极度不适应。对此，鲍曼所持的是一种乐观态度，认为现代性的集体行动模式被打破将是新的行动模式建立起来的机遇。如果我们能够像鲍曼一样乐观，将这些社会异动看作是社会重建的机遇，并切实地启动社会重建的步伐，那么，解除焦虑和谋求幸福的道路就不再是近代以来所走过的这条道路，焦虑与幸福之间的矛盾和悖论都将得到根本性的解决。

　　显而易见，在全球化、后工业化进程中，在社会的高度复杂性和高度不确定性条件下，一切既有的社会建构都不再能够满足社会生活和集体行动的要求。起于20世纪80年代的改革运动已经尝试过各种各样的对既定制度框架进行修补的方案，但是，引发人们焦虑的紧张状态不仅没有得到缓解，反而变得更加严重了。其实，综观世界各国的改革，其中深蕴着一种承继于工业社会的思维、行为和生活方式。受到这些思维、行为和生活惯性的支配，总是囿于既定的制度框架下去努力对制度的各个方面进行调整，以为制度的完善就是一切社会生活平衡的基础。可是，社会的高度复杂性和高度不确定性使优先完善制度然后采取行动的方式不再适用。认识到了这一原因，也就意味着我们可以有着不同于20世纪后期以来的行动方案，那就是需要去致力于社会重建。这一社会重建的重心就是放在行动上来，确立起行动优先的原则，让制度不再成为行动的先验性框架，而是成为从属于行动和支持行动的因素。也就是说，在高度复杂性和高度不确定性条件下，行动应当被放在优先于其他一切方面的考虑之中。在某种意义上，行动就是政治以及生活的全部内容。唯有行动，能够解决人们所遇到的各种各样的问题；唯有行动，能够使人们走出一切困境；也唯有行动，能够解除焦虑和开拓出幸福生活的

---

① ［英］齐格蒙特·鲍曼：《被围困的社会》，郇建立译，江苏人民出版社2006年版，第58页。

空间。

二、走向开放的进程

在现代化进程中，人们了解到古代也曾有过文明的多样性，如中国、东南亚、印度以及墨西哥的阿兹特克文明和秘鲁的印加文明等。其中，欧洲文明也算作是独立成类的后起之秀。但是，这只是在现代性的视角中所做出的解读。实际上，所有古代文明都是在封闭性的地域中独立成长起来的。由于它们并不相交，因而并不适于使用"多样性"和"多元化"等概念来描述。我们今天所谈论的文明多样性和文化多元化是在人们打破了地域界限并共处于同一共同体条件下的社会现实，在古代社会是不曾有过的。也就是说，现代化过程中出现的这种文明或文化的多样性和多元化在古代社会并不存在，我们是无法将其与古代那种互不相交的各地域性文化进行比较的。严格说来，在古代的每一个封闭地域中，只有一种文明和文化，没有所谓文明多样性和文化多元化的问题。文明多样性与文化多元化的问题作为需要关注和值得研究的问题，恰恰滥觞于近代以来的资本主义世界化进程。

之所以在20世纪后期开始的全球化、后工业化运动中关于对文明多样性和文化多元化问题的探讨出现了一波热潮，吸引了人文社会科学的几乎所有领域中的学者，那是因为，文明多样性和文化多元化在全球化进程中不仅表现出了激烈的冲突，而且也冲击着人们的生活和撞击着人们的心灵，引发了更多的焦虑，以至于必须去认真对待这个问题。不过，我们也承认，在我们今天所面对的文明多样性和文化多元化问题中，有一些的确是源于古代传统的，是在地域界限被打破后由不同的人群带入到一个交融互动的社会中来的。正是这些源于古代的文明和文化交会并碰撞后，产生了所谓文明冲突的问题。当人们对此给予了充分的关注后，才会出现学者们为了迎合听众、读众而对此做出了添油加醋的夸大描述的情况。

的确，这些文明冲突对于现实的政治过程——无论是国内的还是国际的——产生了直接影响，但是，我们却不认为它们是文明多样性和文化多元化概念中的最基本内涵。需要我们去把握的最为深刻的现实则是那些不断生发出来的文化以及文明因素促进了文明多样化和文化多元化。其实，在现代化的过程中，新的族群不断涌现，每一个新的族群都用自己的主张、行为以及生活方式去推动文明多样化和文化多元化。而且，这是发生在同一社会、同一共同体之中的文明多样化和文化多元化过程，也一直是一个处在发展中的并始终指向未来的过程。也正是因为文明的多样性和文化的多元化，形塑出了我们今天所看到的高度复杂性和高度不确定性的世界。这才是需要我们去认真研究的问题。

我们所说的古代社会也可以称作为农业社会，一般说来，都会在地域范围内生成一种家元共同体。而在现代化进程中，由于地域边界被突破，人的流动导致了家元共同体的瓦解，代之而兴的是族阈共同体。族阈共同体与家元共同体的区别并不在于规模的大小或边界是否清晰方面，而主要是在共同体构成要素上完全不同。家元共同体是无法还原为个人的，或者说，家元共同体之中并无个人。尽管作为自然的个体也确定无疑地存在于家元共同体之中，现代学者也往往误以为他们是家元共同体的载体，实际情况则是，作为自然的个体并不具有社会功能，或者说，家元共同体中尚未生成社会化的个人。在家元共同体中，家就是基本的单元，共同体无非是家的扩大和延伸，因而具有家的属性和特征。就家的成员溶化在家之中而言，实际上也融合而成了家元共同体。在这种情况下，作为自然个体的人也会产生焦虑等各种各样的心理问题，而共同体恰恰是治愈所有这些心理问题的基本途径，而且共同体也极力通过贴近自然的方式和确立自然神圣性的观念去解决个人的各种各样的心理问题，甚至会让人们树立起一种只要融入自然就能实现永恒的观念。这一点也是几乎所有古代文明及其文化共有的价值。

族阈共同体中虽然也处处存在着家，但是，由于家已经演变成了生活场所而不再承担（除了劳动力生产之外的）生产职能，从而把人们从家的禁锢中解放了出来而成为社会化的个人。人在社会中开展活动时，不再带着家的印记，而是以个人的面目出现，以独立的社会性个体的形式参与到交往和互动之中，并谋求以组织化的方式开展社会活动。或者说，从家中解放出来的人是社会化的个人，他们参与社会生活时是以社会性个人的形式出现的，他们处在社会之中却保留了个人的个体性。而且，他们时时把个人放在极其突出的位置上，要求把社会当作个人利益实现的工具和场所，要求社会从属于个人。同时，他们又把自己自然的方面安放在家中。在他从家中走出时，以社会化个人的形式出现，而他的自然属性和自然需求还是要到家中去实现。所以，族阈共同体中包含着家，但家与共同体之间并不具有同质性，并不是家成为族阈共同体的构成要素，而是既存在于家又走出了家的个人成了族阈共同体的构成要素。

这样一来，在人穿行于家与社会之间时，人的自然属性与社会属性是交替出现在人身上的。人的自然需求的满足可能需要得到来自于社会的某些资源的支持，但这些资源只有在转化成为家的要素时，才能够使人的自然需求得到满足。同样，人有着社会化的要求，在家中也可能宣示或主张自己的社会观念，但是，如果不走出家的话，他的社会观念并不能转化为社会行动。家不仅不是社会活动的场所，在某种意义上，恰恰是站在社会的对立面的。当然，在从农业社会向工业社会转型的过程中，社会性的行为也会出现在家里，但那必然是对家的破坏。一旦把家变成社会活动的场所，也就改变了家的性质，使家不再成为心灵的港湾，而是成了你争我斗的社会。在现代化的进程中，正是家与社会的分离，使人有了社会性的焦虑等心理问题。或者说，社会成了人的各种各样心理问题产生的原因，而家则成了治愈这些心理问题的休养生息之地。可以认为，族阈共同体并不是完整的人的共同体，而是由社会化的个人所构成的共同体。当人实现了社会化的时候，其自然方面则被剔除了。所以，族阈共同体中的人是片面的和抽象的人，是人的异化形态，人只要置身于社会之中，就必然会感到焦虑不安。

族阈共同体是从属于分析视角的，所以，近代以来的学者们在对族阈共同体进行分析的时候发现了经济生活、政治生活和文化生活等。其中，最具有代表性的是政治生活领域。如果说经济生活因其功利性而显得较为单纯的话，那么，政治生活所具有的更高的社会性则使这个领域中的一切都变得较为复杂。首先，政治生活被认为是开放性的生活，它要求把全体社会成员都纳入到政治生活过程中来；其次，在政治生活受到了精英把持的时候，被纳入到政治生活中来的所有人都只不过是精英加以利用的工具；最后，政治生活要求把全体社会成员整合成一个有机性的共同体，而政治生活得以开展的方式则是竞争性的。政治生活以个体的人的存在为前提，不断地强化人的自我意识，要求把人在家中所获得的一切因素都完全剔除掉，从而成为纯粹社会性的存在物。

就此而言，所谓政治生活完全是非生活性的，或者说是完全反生活的。

虽然学者们在近代以来的社会中解析出了经济生活、政治生活、文化生活等，实际上，离开了家，也就没了生活。总体而言，"社会生活"的词语本身就是对社会活动及其生态的一种误读，它的准确含义应当是指社会化的个人在族阈共同体中生存和开展活动的状态。所谓经济生活、政治生活和文化生活等，都无非是这种理解的延伸或殊相。正是因为政治不具有生活的内容，学者们才自20世纪70年代起开始构想一种"生活政治"，希望通过对政治的改造而使之像生活场所一样而适应于人的完整性的保存。但是，这个政治改造方案是不成功的，因为它并不是在对个体性的人做出反思的前提下所提出的一项设计方案，而是把个体性的人作为一个无需怀疑的前提接受了。所以，"生活政治自始至终都被封闭在个体性的框架之内：个体的身躯允满了'内在自我'，允满了要求得到并同意给予的个体认同，充满了个体通常想拥有'更多的'、避免他人干扰的'空间'。"① 结果，个人的孤独感与社会活动的群体性无时不处在冲突之中，并不断加剧社会性个体的焦虑感。同时，家却在此进程中无论在规模上还是在功能上都日益式微，以至于人们在社会中所产生的焦虑已经无法再到家中去加以排解了。

全球化、后工业化带来了新的变化，虽然家庭的衰落已经无法恢复，但社会却有可能成为解除焦虑的场所。我们看到，全球化、后工业化把我们领进一个全面而充分开放的社会，逐渐剥除掉了原先那层紧紧地包裹着个体的茧壳，隐私权已经成为谁都不会在意的过时了的设置，以至于个体曝露在阳光之下并开始消融。这可能意味着个体逐渐走向消失的前景。对于每一个人而言，这都似乎是残酷的，却又是不得不接受的命运。想一想走出中世纪的历程，经过了那么惨烈的运动才把个体从同质性的家元共同体中解放出来，才赋予了个体以独立的地位。而现在，全球化、后工业化运动则直接地把矛头指向了个体，宣布个体存在的合法性和合理性正在丧失。当然，历史前进的步伐不会走向同质性的家元共同体恢复的方向。随着个体的存在形态逐渐远离人们的视线，作为行动者的形象将被建立起来。

全球化、后工业化运动是一场行动者的再造运动，它将使人的行动而不是存在进入哲学思考的中心。在行动的意义上，人与人的联系与交集都处在

---

① ［英］齐格蒙特·鲍曼：《被围困的社会》，郇建立译，江苏人民出版社2006年版，第159页。

一个动态的相互作用和不断变化的过程中，从而不再以存在意义上的个体形式出现。也正是在此意义上，我们宣布个体的消失，即个体消失在行动者的身影之中。如果说人在行动中也会产生焦虑的话，那么，行动本身也同时是解除焦虑的最佳途径。

全球化、后工业化意味着社会建构重心的转移。如果说此前我们在社会建构中总是要谋求某种结果的话，那么，在全球化、后工业化进程中，行动本身就是社会建构的内容和结果。我们甚至可以说，人的行动本身就是目的。也正是因为行动本身成了目的，所以，人们更关注行动本身的形式和内容、性质和功能，进而把人们导向合作，即导向证明人的共生共在的合作行动。当人们拥有了共生共在的观念时，当人们为了人的共生共在去开展行动时，引发人的焦虑的社会因素就会大大地减少，个人也因融入到了合作行动中去而不再焦虑。

在上述考察中，我们发现，人们在工业社会后期曾一度拥有了消费至上的观念，把消费作为人活着的目的。那是工业社会走向没落的标志，是社会的没落引发了普遍性的焦虑，又试图在消费中去忘却焦虑。然而，通过消费去医治焦虑却是无效的，因为，消费本身又会使人陷入另一重焦虑之中，即陷入消费消费的无意义之烦恼之中。你可以把旅游看得非常神圣，会努力证明旅游对于你的身心有着无限多的好处。但是，当你的旅行遍布全球而最终回归到了出发点时，你会发现你既没有成为徐霞客也没有成为马可·波罗，你因而陷入了无尽的失落感之中。也许你可以说你不会想到这些，那么，你作为一个没有思想功能的肉体为什么又要去旅游？你的旅游无目的，或者说你把旅游本身就作为目的，岂不是徒劳无益地消耗了许多宝贵资源，而这些资源可能恰恰可以解决一些人的饥饿问题。我们相信每一个人都是有思想的，那样的话，对于旅游这项消费活动，就会在反思中做出再消费，而这一次消费则使自己陷入了一无所获的焦虑之中，即引发了消费消费无意义的烦恼。

其实，在晚期希腊以及每一个社会转型的转折点上，都可以看到及时行乐得到推崇的社会现象，消费社会的出现所反映的正是一种及时行乐的时尚。也就是说，在工业社会走向没落的过程中出现了消费文化甚至消费社会是不难理解的。既然历史上曾经出现的许多盛世衰落过程中有过的类似现象都会在新的社会建构方案提出后得到终止，那么，工业社会没落过程中出现的消费主义也会在人类走上全球化、后工业化的征程时而得到矫正。可以认为，消费社会是在工业社会没落期中出现的一种消极的社会现象，随着全球化、后工业化进程的启动，消费就是目的的观念和行为都将被抛弃。继而，人们将用积极的行动主义观念取代消费至上的观念。在社会实践中，人们将会把消费至上的非理性行为转化为追求幸福和实现幸福的理性行动。这也就意味着将有一种全新的文化与之相伴随。这种文化根源于人类社会的发展史，却又不同于曾经存在过的任何一种文化类型，这种文化包含着业已存在的每一种文化却又实现了对任何一种文化的超越，它将是一种把人的共生共在作为核心价值的新文化。拥有了这样一种文化，就可以治愈那些在工业社会的历史阶段中出现的各种各样的社会性焦虑。

三、差异与流动性

索绪尔说："语言首要且普遍的特点是靠差别存活，唯有差别。差别不可能弱化，不是说在某时刻引入某个肯定的词项就能达到弱化的目的。"[①]这应当说是一种客观性的本然状态，社会的发展也应反映出语言的这一特点，应当是在保持差别、维护差别之中走向未来的。但是，近代以来社会建构中的科学追求却表现出了使差别弱化的情况。也就是说，由于分析性思维对同一性的追求而弱化了社会差别。就社会治理来看，对同一性的追求，对差异的轻视，往往严重地影响了社会治理的效果。事实上，在任何一处出现了消除差异的做法，都必然会导致和引发非常棘手的社会问题。表面看来，分析性思维对同一性的追求是成功的，而且也在同一性的基础上建构起了工业社会的制度等，即建构起了基于同一性的普适性社会治理模式，这种治理模式所取得的成功也是令人眩目的。然而，当人类陷入风险社会时，当危机事件频发时，我们是否想到它与同一性追求之间的因果关系呢？

同一性追求在社会建构中是以消除差异为指向的。然而，20世纪后期以来，差异扩大化的趋势在每一个领域中都极其明显。在某种意义上，社会

---

① ［瑞士］费尔迪南·德·索绪尔：《普通语言学手稿》，于秀英译，南京大学出版社2011年版，第232页。

风险以及危机事件都是因为差异的扩大化与维护同一性之间的冲撞而激发出来的。分析性思维忽视了差异的价值，或者说，在同一性追求以及基于同一性的社会建构中排斥了差异，以至于受到了报复。由于近代以来的整个社会都是在分析性思维的主导下加以建构的，因而，所有社会设置也都极力去抹杀人们之间的差别。然而，人与人之间的差别的客观性又是不可改变的，结果，就把人置于与社会设置的对立面上了。这样一来，我们所看到的是，几乎一切社会设置都表现出了对人的压抑和对差别的排斥。在这种情况下，人怎么可能不在自我的存在中生成焦虑呢？

假如同一性追求是同等地对待一切人和一切事物，即同等地承认和尊重差异，而不是认可人以及事物的等级差异，那是可以接受的，而且也应当说是正确的。但是，假若如此，同一性和普遍性也就不应成为社会建构的原则和基础了，更不应在差异不可能得到消除的情况下无视差异和排除差异。然而，工业社会恰恰走上了在同一性追求中而对社会进行形式化建构的方向，让制度以及一切社会设置都从属于形式同一性和普遍性，并陷入与实质性差异之间的冲突中。事实上，由于对实质性差异的无视、忽视和排斥，也使形式同一性和普遍性的追求经常性地表现为非合理性，从而使合理性成为一种短暂的、临时性的存在，一旦时过境迁，合理性就转化成了非合理性。

总之，工业社会的全部社会建构都将自身引向了同一性与差异的矛盾和冲突之中。也正是这种矛盾和冲突，在20世纪后期以风险社会的形式呈现给了我们。而在个人这里，则以焦虑的形式表现了出来。因为，个人是差异的载体，而社会则按照同一性的原则去建构，同一性对差异的排斥和压制所给予个人的就是深深的创痛，使人变得焦虑。再者，人天然地倾向于服膺合理性，一切非合理性的事物都会使人变得烦躁不安。当社会用形式合理性掩盖了实质上的非合理性时，人又因为其心灵中的玄妙感知而深深地感受到非合理性的存在。特别是通过强制的方式让人去接受形式合理性时，给人带来的却是更大的痛苦和焦虑。所以，在全球化、后工业化进程中，在社会重新建构的课题提了出来后，特别是在我们对社会治理的制度、体制、运行机制进行重新安排时，必须充分考虑承认差异、尊重差异和包容差异的问题。而且，要认识到，这种差异并不是人的社会地位的差异，也不是事物等级序列中的差异，而是在人的平等以及平等地对待一切事物的前提下对那些实质性差异的承认、尊重和包容。

其实，人的社会地位以及事物等级序列中所存在的各种各样的差异都是人的外在性的表现形式和对人的外在性规定，是应加以祛除的。如果同一性追求在对人做出外在性规定的时候就止步的话，那应当说是积极的。然而，当我们在历史过程中去看同一性追求时，则发现：在近代早期，特别是在启蒙时期，虽然可以认为是在理论上正确地处理了同一性与差异性的关系，而在其后的社会建构以及理论探讨中，差异的方面却被阉割了，从而走向了片面的形式同一性追求的方向，并沿着这个方向建构起了工业社会的生活模式和社会治理模式。在全球化、后工业化进程中，当我们重新思考同一性与差异的关系时，在某种意义上，我们是可以部分地接受近代早期启蒙思想处理这一问题的思路的。

当然，我们必须看到，近代早期的启蒙思想属于启蒙工业社会的范畴，而我们则处在全球化、后工业化时代。这个时代所呈现出来的高度复杂性和高度不确定性是我们必须赖以展开全部思想的现实基础。所以，我们在思考同一性与差异的关系问题时，就不能不更多地将我们的关注点投向差异。在差异得到承认的条件下，每一个个体的差异都将得到尊重。人在这种尊重之中所获得的是自豪感。继而，所生成的是参与到共同行动之中去的热情，并在行动中进一步证实自身所拥有的差异的价值。那样的话，焦虑何以产生？

也许人们会以为全球化、后工业化将消解多样性，其实，全球化、后工业化不仅不会抹平差异和使多样性的世界趋同，反而会促进世界的多样化。因为，多样性并不会因为系统范围的扩大而减弱，反而会在系统边界外移的同时迅速增长。全球化、后工业化使整个世界变成一个巨系统，也就必然会带来世界多样化的结果。这一点从社会发展史上就可以得到证明，在近代早期的脱域化过程中，显然是因为系统边界的外移而呈现给了我们一个多样化的趋势。另外，我们还应看到，多样性的根源恰是世界的复杂性和不确定性。全球化、后工业化将人类引入一个高度复杂性和高度不确定性的世界，因而，也必将向我们展示出一个比以往任何时候都更加多样化的世界。其实，世界的多样化已经成为一个客观事实，而且有着无限扩展的趋势。在此情况下，社会治理变革也就必须反映世界多样化的要求，特别是应防止用同一性去对待多样性的思路。可以断言，如果在全球化、后工业化进程中继续维护同一性的话，那肯定会使社会治理能力弱化，肯定会使一切行动都变得无比迟钝。

不难想象，全球化将使许多东西消失，比如，许多方言将会被人们抛弃，但这决不能理解成所有差异都将被抹平。在我们看来，那些形式方面的、表象层次的趋同是一个非常明显的趋势，而在实质性方面，在价值深层，差异将继续存在，而且会有更多方面的更多差异会在社会的高度复杂性和高度不确定性条件下迅速地涌现出来。每日每时都会有大量的差异被抹平，同样，每日每时都会有大量新的差异生成。所以，我们即将迎来的是一个比工业社会的任何一个阶段都更具差异性特征的社会。但是，差异已经不再是因为人对人的压迫、排斥、歧视等原因造成的，也不是竞争的后果，而是由高度复杂性和高度不确定性赋予人的。也正因为差异不是由人以及人造的制度因素所派生出来的，不带有意识形态色彩，以至于人们更能包容差异，更愿意在差异中共生共在。如果说社会的高度复杂性和高度不确定性也会给人带来焦虑的话，那么，为了人的共生共在的合作行动则可以使一切焦虑得到解除。

在整个工业社会的历史阶段中一直存在着鲍曼所说的这样一种情况，那就是，"'稳固的现代性'的雄心就是把短暂转变成持久，把随机转变成规律，把偶然转变成惯例，把无序转变成有序。它想使人类世界成为透明的和可预测的，并且它相信能够做到这一点。"[①] 然而，工业社会的人们在任何时候和任何领域中都没有使鲍曼所描述的这些追求得到实现，尽管人们总是假设一个理想状态，然后求助于科学技术以及其他方式去实现它。应当承认，在工业社会的整个发展过程中，这种提出理想状态的假设并作为行动目标来对待的做法的确赋予了社会发展以巨大的动力，也确实推动了工业社会加速前进。但是，所有的假设都无法实现，或者，在人以为已经实现了他们所设定的理想的时候，又遭遇了挑战，甚至会使理想显得荒唐。这种情况又怎能不以人的心理焦虑的形式表现出来呢？事实上，它带给人的是普遍的焦虑。我们也承认，鲍曼所说的这种"现代性的雄心"在工业社会低度复杂性和低度不确定性条件下是具有合理性的，而且，在制度安排、科学认识、行为模式建构、创制秩序等各个方面也都取得了巨大的成功。然而，现在看

---

① ［英］齐格蒙特·鲍曼：《被围困的社会》，郇建立译，江苏人民出版社 2006 年版，第 165 页。

来，"这种假设不再有效；它们几乎不值得相信。"①

高度复杂性和高度不确定性向我们展现的是一个流动的世界，纷至沓来的事件都似乎是偶然的、突发的和随机出现的，事件之间似乎没有规律可循，它们从哪个方位来，又会消失在哪个方向上，都无从把握，更不用说去做出准确预测了。在瞬息万变的社会中，我们看到的都是偶然的事件，这些事件因为失去了对原因和后果的把握而不再有关联性，甚至很难在这些事件中去发现它们出现与消失的逻辑。在这些孤立的事件之间，"顺序可以很容易地被颠倒或改组：顺序并非真正重要，因为偶然的联系或逻辑并不是必然的；相反，次序的偶然性和随机性预示了世界的变化莫测。真正重要的是，每一个事件都足以引起注意，但又迅速地消失。"② 比如，从当下的情况看，一个事件也许在互联网上迅速地扩散，引起了全球的关注，无数的人为之动容，但是，几个小时之后，当另一事件出现的时候，这一事件也就被人们所忘却。正是因为事件的顺序已经丧失了意义，使我们过往用以把握事件的线性思维变得不再适用。这些偶然的、孤立的事件不是发生在逻辑线条中的，而是呈现于一个动态的网络之中的。

在工业社会的历史阶段中，人的焦虑主要是产生于把握和驾驭世界的要求无法得到实现的过程中的。也就是说，即便是在低度复杂性和低度不确定性条件下，人们基于线性思维去把握和驾驭世界的追求也不可能完全实现。特别是在"有限理性"的忠告并未被人们普遍接受的情况下，人们在把握和驾驭世界的追求中也就必然会收获焦虑。现在，当人们在这样一个流动性的世界中开展行动的时候，基于线性思维而把握和驾驭世界变得更加不可能了，以至于有限理性的追求也不再可能。所以，必须完全抛弃任何把握和驾驭世界的冲动。这样一来，人们在社会的网络结构中乐观而自信地开展行动，在偶然事件的随机应对中享受一种接受挑战的乐趣，也就不再会受到焦虑的困扰。总之，焦虑的解除方式是包含在行动之中的，特别是人们为了人的共生共在而开展行动的时候，不仅不会受到焦虑的困扰，反而会时时获得令人无比陶醉的幸福感。

---

① ［英］齐格蒙特·鲍曼：《被围困的社会》，郇建立译，江苏人民出版社 2006 年版，第 166 页。
② ［英］齐格蒙特·鲍曼：《被围困的社会》，郇建立译，江苏人民出版社 2006 年版，第 163—164 页。

第　二　章

变革时代中的社会

　　全球化、后工业化对近代以来所建立起来的这一社会治理模式提出了严峻的挑战，使社会治理赖以展开的民族国家框架失去了其应有的功能。在此过程中，近代民主政治所确立起来的公民身份也受到社会治理现实过程的冲击，社会治理的各个方面都不再严格地区分公民与公众。全球化使人们更为密切地联系在了一起，使人的共生共在成为一个最具有根本性的主题。在人的共生共在面前，对人们做出身份区分已经没有必要，而且也不再可能。这样一来，社会治理唯一可以选择的建构方向就是走向合作治理。在全球化、后工业化这场社会转型运动中，在社会的高度复杂性和高度不确定性条件下，社会治理的变革已经成为一个不可回避的时代主题。在谋求社会治理变革的方案时，我们必须看到，与以往的变革不同，这是社会高度复杂性和高度不确定性条件下的变革，需要顺应全球化、后工业化的要求，需要通过变革去发现走向后工业社会的道路。更为重要的是，全球化、后工业化把全球置于同一个变革的平台之上，唯有通过社会治理方式方法的创新，才能走在历史进步的前沿。

第一节　社会治理的变革

一、全球化中的国家与民族

　　全球化、后工业化正在把我们引进一个新的时代，我们需要用我们自己的力量开拓新的世界。虽然我们拥有悠久的文明传统，但若指望仰赖祖先遗泽过日子，是不可能获得光明前景的。实际上，在我国，历史加予我们的是曾经失去了工业化机遇的无尽惋惜。现在，人类进入了后工业化的时代，如果我们津津乐道伟大的历史辉煌，要不了多久，就会再一次痛定思痛而提出赶超他国的愿望和要求。全球化、后工业化是一次新的机遇，在此面前，无论是那些实现了工业化而跃居发达国家行列的民族，还是那些因错过了工业化机遇而处于后发展状态的地区，都被置于同一个起跑线上了，都可以平等地去探索走向后工业社会的道路。当然，历史是割不断的，辉煌的文明传统会赐予我们启迪未来的智慧。但我们必须清醒地认识到，社会是处在嬗递演进过程中的，我们能够从历史中继承的，远比我们应当创造的更少。所以，在全球化、后工业化进程中，对于社会治理而言，我们必须接受的是一条开拓未来之旅。曾经引人骄傲的和至今令人景仰的制度、治理方式等古代的和近代的造物，都必须经历全新的洗礼，即需要在改革的重创之下去获得新生。

英国学者鲍曼注意到了国家与民族分离的这一全球化迹象，虽然他没有为此提供具有说服力的证据，但是，我们必须承认他敏锐地感觉到了国家与民族相分离的趋势，而且，我们也愿意相信这将是一个具有必然性的趋势。在阅读鲍曼这位对时代极其敏感的作家时，让我们感受很深的是，他对国家与民族相分离的现象做出了准确的描绘。其实，鲍曼不仅指出了全球化进程中国家与民族的分离，而且批驳了任何认为国家与民族分离"是一个地方现象"的观点。根据鲍曼的观点，生成于全球化进程中的这种国家与民族的分离，将会是每一个民族国家都会遇到的问题。鲍曼说，"常会有人说，民族—国家的日益衰弱，尤其是民族和国家之间迫在眉睫的分离，是一个地方现象，它局限于舒适的、富裕的地区，并受到了真实或假定的、完全建立在经济实力或军事优势基础上的社会保障的拖累与欺骗……这个故事并非完全属实，它在许多方面都受到了质疑。"①

也就是说，根据鲍曼的判断，不仅像美国这样的国家出现了国家与民族

---

① ［英］齐格蒙特·鲍曼：《被围困的社会》，郇建立译，江苏人民出版社 2006 年版，"引言"第 8—9 页。

分离这一现象，而且，发展中国家也必将或早或晚地接受这一事实。特别是在发展中国家那里，其民族主义经常性地威胁到周边国家的安全，也使民族主义自身变得声名狼藉，以至于人类在文明进化的轨道上再前进一步，就会抛弃民族主义。我们认为，对于民族国家的建立而言，民族主义曾经作出过巨大贡献，特别是在终结殖民统治的过程中，有着巨大的积极作用。但是，在全球化、后工业化进程中，这个曾经对人类社会做出了有益贡献的社会心理因素已经变得非常有害。比如，在日本，当民族主义集结在所谓"右翼"的旗帜下时，用行动向整个世界下了"战书"，而美国则陶醉于利用这里的民族主义去遏制正在崛起的中国这样一个梦境之中。但是，可以相信，当美国从梦中惊醒的那一刻，将会发现，日本对世界和平构成了极大的破坏，而且也把它拖上了战车。不过，我们相信，民族主义终结于全球化、后工业化进程中将是一个不可阻挡的历史趋势。不管人们在此过程中采取了什么样的方式，也不管人们是积极推进还是努力拒绝，其结果都将是国家与民族的分离，这将是一个不以人的意志为转移的客观进程。

在我们思考社会治理变革时，国家与民族的分离虽然在今天还是一个尚未显性出来的潜在事实，却是我们必须加以认真对待的前提性条件。如果我们在社会治理变革中希望提出有价值的新的社会治理模式建构的观点，就必须从这一前提出发。我们知道，现代国家产生于现代化的进程中，就学术界把现代国家称作为民族国家而言，也喻示着国家与民族的统一和重合。可以说，在近代以来的社会开始逐步生成的过程中，出现了国家与民族趋近和整合的事件。现代国家就是包含着民族的国家，在某种意义上，可以认为现代国家与民族存在着相统一的方面。事实上，现代国家是与民族一道生成的，有着共同的历史，也是同步行进的。无论一个国家中有多少民族，但国家与民族的一定程度上的统一则是一个事实。这也就是现代国家可以命名为民族国家的基本依据。然而，如果我们仔细地观察20世纪后期以来发生在全球的诸多重大事件的话，则不难从中发现，国家与民族的分离正在成为一个必须得到承认的趋势。

鲍曼认为，现在发生在一些地区的"部落战争"并不是这些地区建立民族国家的准备。从中东地区存在着的某种建国要求一直无法实现来看，可以证明鲍曼的这一判断。同样，在中国的台湾地区，也存在着所谓"独立"

的声音，那不仅让人感觉到是场闹剧，而且非常荒唐，根本就不具有欣赏价值。从鲍曼的论述中可以看到，如果说在近代社会早期所发生的战争都最终走向了民族国家确立的结果，那么，在今天，同样是以地区性的所谓"部落战争"形式出现的事件，则可以看作是全球化进程中的动荡。"部落战争在表面上类似于早期的不成熟的欧洲民族主义，但是，它们首先是民族—国家实验破产的鲜明写照。它们是日益腐烂的产物，部落之花在民族—国家的坟墓上生枝发芽。"① 总的说来，这些经常发生部落战争的地区都曾经是西方殖民地，在 20 世纪世界范围内的民族解放运动中，宗主国在放弃这些殖民地的统治权时，都按照自己的模式为这些地区建立起了民族国家。然而，这不仅没有消除部落战争，反而使部落战争加剧了。正是在此意义上，鲍曼认为部落战争是民族国家"腐烂的产物"。

在鲍曼对民族国家的痛陈之中，显然包含着一种对未来的想望，那就是民族国家的历史即将终结，而新型共同体则必然会像日出一样，从地平线上冉冉升起。鲍曼认为，在现代化进程中产生的民族国家所具有的基本功能就是，实现了民族与国家的双向强化。"如果说民族的存在取决于没有受到削弱的、强大的国家力量，那么，对民族的热爱最充分地显现在了以下两方面：严格遵守本地法律，忠诚服务于国家利益。国家会要求其所有公民的绝对忠诚，并践踏所有其他的利益——如果从国家主权完整的视角看，它会蔑视'特殊主义'。因此，文化特性、宗教纷争、语言特征或其他的信仰和偏好分歧都不再重要。最重要的是，它们不应该妨碍对国家的绝对忠诚，这对于它们当中的任何一个都是一样的。"② 然而，在全球化瓦解了民族国家这一点上，有诸多可能是消极的证据可以证明。在发展中国家中所表现出来的是，只有那些没有移民机会和没有向海外转移财产要求的人，还在不断地表达对国家的忠诚，而那些希望移民或向国外转移财产的人，则会对民族国家表达不满，甚至会产生某种仇视的心理。在诸如美国这样的发达国家，也有越来越多的人基于全球道义去思考问题，而不是受着美国的所谓爱国主义的

---

① ［英］齐格蒙特·鲍曼：《被围困的社会》，郇建立译，江苏人民出版社 2006 年版，"引言"第 9 页。

② ［英］齐格蒙特·鲍曼：《被围困的社会》，郇建立译，江苏人民出版社 2006 年版，"引言"第 9 页。

束缚（2013 年发生的斯诺登事件就是最好的例证。斯诺登对美国政府通过网络监控侵犯公民自由以及侵犯其他国家机密的做法不满，愤然叛逃香港，后转移到俄罗斯，并申请政治避难。美国政府将斯诺登视为叛国者）。

在美国"9·11 事件"之后思考全球化的问题，使鲍曼从恐怖主义现象出发对全球化做出了新的解读。鲍曼认为，"恐怖势力依然向世界上最强大的国家提出了挑战，它们从不再是民族国家、全球权力流入的真空地带入手展开自己的行动。"然而，从近些年来的现实回应看，对这种全球化进程中的恐怖主义活动，所做出的却是基于民族国家观念的"不恰当的反应"，"它把新出现的全球性暴力错误地当成了利益冲突，从而把'反恐战争'还原为轰炸实际上并不存在的'流氓国家'。"① 不仅如此，就全球化这个概念本身来看，它决不是发生在国家间的一场运动，也不仅仅是调整世界体系中国际关系格局的运动，而是一场影响极其广泛的运动。对于民族国家自身而言，也会引发深刻的变革。

全球化中的流动性迅速增强不仅存在于国家间，而且是首先发生在民族国家内部的。其结果是，"在一个流动而临时结合的世界中，持久而不可撕毁的协议被隐藏在了制度的密网中，它预示了命运的反复无常，而不是身份的安全感。这适用于所有的联合，因为地方性的、不稳定的协议产生了金钱婚姻，而这种婚姻是脆弱而短命的。然而，正统的国家与民族的联姻由于特殊原因而失去了许多昔日魅力。"② 这也许是身份的最终解体，即流动性刺破了身份最后的那种模糊而虚幻的泡影。我们知道，农业社会是一个身份制的社会，等级身份是非常明晰的标识；在工业化的进程中，脱域化所带来的流动性促使了身份制解体。但在民族国家的框架下，另一种身份产生了，即与民族国家联系在一起的身份产生了。虽然它是模糊的，却像魂灵一样附着在人身上。在全球化引发的再度脱域化过程中，流动性的迅速增长，越来越让人们对人的身份认定难以执行。结果，在人们的交往过程中，你是哪个民族的成员，你是哪个国家的公民，都不再有意义。无论你曾经是哪个国家的

---

① ［英］齐格蒙特·鲍曼：《被围困的社会》，郇建立译，江苏人民出版社 2006 年版，"引言"第10 页。

② ［英］齐格蒙特·鲍曼：《被围困的社会》，郇建立译，江苏人民出版社 2006 年版，"引言"第10—11 页。

公民或哪个民族的成员，你的原有身份都既不妨碍交往，也不强有力地支持
交往。由于身份已无法认定，也因为身份对于人的交往失去了意义，所以，
人们也就不会在意身份，从而导致了身份的最终消失。

鲍曼认为，全球化将导致这样一种结果，"国家把最主要的功能（如经
济功能、文化功能以及日益增加的社会和生物政治功能）'出售'给了非政
治的、'不受调节的'市场力之后，它不再具有强大的动员力量，而正是由
于这种力量，民族曾经是在寻求合法性的国家中受欢迎的、实际上不可缺少
的产物。精心设置的专业部门发挥了绝大多数国家现存的功能，而这些专业
部门不仅是限制进入的，而且还受到了官方秘密行为的保护。因此，大规模
征兵及其必然的结果——大众情绪的煽动——显然不会出现。"① 准确地说，
鲍曼所描述的这种现象应属于后工业化的范畴。全球化是与后工业化联系在
一起的，它们实际上是一场伟大运动的两个方面，都对近代兴起的民族国家
构成了挑战。也就是说，鲍曼所描述的虽然尚不是正在发生的现象，却是具
有逻辑上的现实性的事件。

如果说在近代以来这一历史阶段中民族与国家联系到了一起，因相互支
持而走向重合或部分重合，从而以民族国家的形式出现，那么，在全球化、
后工业化进程中，由于社会自治力量的兴起而逐渐地替代了许多原先由国家
承担的职能，也就从民族国家的内部抽空了民族国家的功能，进而动摇了民
族国家赖以建立的基础。其中，首先使民族的动员能力呈现出日益式微的状
况，无法煽动起民族主义情绪去支持威权治理。假如这一运动已经成为主导
性的趋势，即使坚守民族国家治理模式的力量依然强大，最终也必将被全球
化、后工业化进程中新生成的力量冲击得七零八落。实际上，在这种情况
下，对于民族国家中的治理力量而言，最为明智的选择就应当是顺应全球
化、后工业化的历史趋势。不仅通过市场的过程，而且也应求助于政治过
程，去自觉地把国家原先独占的那些职能交给社会。也就是说，积极地培育
而不是约束和限制非政府的社会自治力量，以便它们能够获得与政府一道开
展合作治理的能力。

---

① ［英］齐格蒙特·鲍曼：《被围困的社会》，郇建立译，江苏人民出版社 2006 年版，"引言"第
11 页。

二、共生共在的要求

一方面，全球化促使国家与民族相分离；另一方面，全球化又造就了共生共在的世界。在全球化条件下，"地理上的非连续性不再重要，因为速度—空间笼罩着全部的地球表面，它把每个地方几乎都变成了同样的速度—距离，使所有的地方都彼此接近。"① 正是全球化，让越来越多的人认识到，我们都是居住在一个星球上的，不管属于什么样的种族和拥有什么样的肤色，共生共在才是第一位的。在远古时代的地域性社会中曾经存在过的那种人们以为有着无际空间有待开拓的观念现在已经不存在了，通过征服去拓展疆土、奴役他人甚至消灭他人等曾经在历史上持续发生过的行动，都正在失去世界观的支持。要想自己活下去也需要让他人活着的观念越来越成为人们的共识。地球变得狭窄了，因而，存在于边界上的冲突也许变得更加频繁了。但是，任何发生在边界上的冲突都不再是以消灭他人为目的，而是一时的情绪宣泄。

表面看来，这种冲突也可以用"利益"这个概念来做出解释，而在实际上，恰恰不从属于利益的谋划。因为，在这种冲突中获得的恰恰不是利益，反而是利益的损失。而且真正利益实现的途径已经不是对属于他人的那一份的掠夺，而是人们之间的合作，即通过合作去共同促进利益的成长。最为根本的是，人的共生共在才是利益所在。所以，一切争夺利益的行动都应当被看作是由业已丧失合理性的陈旧观念引发的行为。"在这个已经全球化了的世界中，同以前相比，我们彼此之间的生活距离更近了，我们更多地共享了日常生活的特征，我们有了更多的彼此了解对方的习俗和偏好的机遇。既然我们的武器变得更加具有杀伤力，并且足以毁灭整个地球，包括那些发明、生产、销售和使用它们的那些人的家园，那么，同以前相比，我们有更多的理由进行对话而非战争。"② 鲍曼认为，在这种情况下，"除了对话之外别无选择"。的确如此，为了避免冲突、战争等，首先需要开展对话。但

---

① ［英］齐格蒙特·鲍曼：《被围困的社会》，郇建立译，江苏人民出版社 2006 年版，"引言"第13—14 页。

② ［英］齐格蒙特·鲍曼：《被围困的社会》，郇建立译，江苏人民出版社 2006 年版，"引言"第15—16 页。

是，我们也必须看到，对话并不是目的，或者说，我们并不能满足于对话，而是应当经由对话而走向合作。为了合作的目的而开展对话，要比为了避免冲突和战争而开展对话更积极，而且可以提高对话的质量，甚至超越对话而开展行动。

如果说工业化造就了原子化的个人，那么，这个社会的制度以及各种各样的物化设置都是在维护和尊重个人权利的前提下而激励了他去征服世界的。我们的制度及其法律包含着这样一个默认事实的内容，那就是，只要他能把世界的一切占为己有，这个世界就是他的，就应当为他的拥有提供保护。现在的情况恰恰相反，"由于每天都面对着相互依存的迹象，我们迟早会认识到，没有谁有权把地球的任何一部分，视为他的个人财产。从相互依存的观点出发，'共同命运'并不是选择问题。依赖于我们选择的是，共同的命运将在共同毁灭中终结，还是产生共同的情感、目的和行动。"① 即使根据个人主义的原则而从个人的立场上去看问题，也应当看到，"尽管我们在政治或宗教信仰上通常有着极大的差别，有时还有着激烈的对抗，但是，我们都希望有尊严地活着，不受羞辱，不受恐惧的侵袭，被容许追求幸福。这是一个广泛而稳固的共同的基础，只有在这个基础上，我们才能开始营造一致的思想和行动。"②

人的共生共在渴求伦理价值的支持，同时这也正是近代以来的那些已经被摧毁了的伦理价值得以重建的机会。在个人至上的条件下，个人的利益、个人的主张、个人的权利是第一位的，其他都是服务于这一目的的工具。而在人们相互依存的条件下，把他人当作工具，肯定不会再具有合理性。在全球化、后工业化的条件下，日益凸显出来的事实是："在这个行星上，我们都依赖他人，我们的所作所为都与他人的命运联系在一起。从伦理学的观点看，这使我们每一个人对他人负责。责任就'在那里'，不管你是否承认它的存在，不管你是否愿意接受它，全球的相互依存网络都坚定地把它放在了应有的位置。一旦我们否认了它的存在，贬低它的实际意义，或拒绝它的打

扰，声称我们无能为力，那么，我们就采取了'旁观者'的态度。旁观者是这样的人，他看到和听到了邪恶（我们所有人在全球互联网和电视网的帮助下做到了这一点），有时也会提起邪恶，但并没有采取措施去制止它，阻碍它，反对它。但是，在这个拥挤的星球前沿，邪恶影响了我们所有的人，不管它在哪里发生，谁是它直接或间接的受害者。全球世界是这样的一个地方：迫切需要的道德责任和生存利益只会在这里相遇一次。全球化在众多事件中（或许首先）是一个伦理挑战。"①

在近代以来的整个历史阶段中，在利益追求为人的行动提供了无尽动力的条件下，不得不求助于法律的规范。然而，在全球化的条件下，当人的相互依存和共生共在成为一切行动的基本前提时，伦理给我们提供的就不仅仅是行为规范了，而是让我们逐渐看到，伦理将会赋予我们的行动以积极力量。可以相信，在很长一个历史时期中，法律规范依然是必要的，因为人类在走出工业社会的时候，还将在一个较长的时期内带着工业社会这一人类史前史的痕迹。对于工业社会孕育出来的人而言，它身上的"胎毛"一时还无法蜕净。但是，人们开展行动的动力已经逐渐地发生了变化，即从个人的利益追求而转变成为共生共在的需要。所以，对伦理价值的认识和体悟，将对人的行动提供更为有力的支持。

在人的共生共在中，没有旁观者，即使你尚未采取行动，也已经做出了情感投入，或者说，你已经在情感上投身于行动之中了。比如，对于某个邪恶的事件，你注意到也给予了深切的关注，因为一种来源于人的内在的冲动而让人做出了情感上的反应。但是，你在这种情况下却压抑了自己而未采取行动，那样的话，随着事件影响的扩大和事件本身的持续恶化，你的情感投入可能就会转化成一种良心上的自我谴责。这是因为，你没有采取积极行动制止它、阻止它而使它变得更加恶化。这就是你试图扮演一个旁观者的后果：接受良心上的自我谴责之惩罚。其实，全球化已经把人如此紧密地捆绑在了一起，希望扮演旁观者的角色已经不再可能，无论你是主动的还是被动的，都将无可选择地进入行动体系之中而成为行动者。至于主动还是被动的

①　［英］齐格蒙特·鲍曼：《被围困的社会》，郇建立译，江苏人民出版社2006年版，"引言"第17页。

区别，所反映出来的只是你对伦理价值的占有状况不同。作为结果，也将是你在共生共在中赢得的信任、尊重等的程度不同。

　　人类有着悠久的历史，也有着辉煌的文明成就，甚至在一些总是陶醉于古老文明的国家中，统治者以为古圣先贤的哲学箴言可以帮助他治理好社会。所以，在遇到新的问题时，总是回头张望。其实，"回去的路已经被切断了。地方性的方案并不能解决全球性的问题……形形色色的逃避策略并不能通向适合居住的'前方'。"① 鲍曼认为，正如在两个世纪之前那样，当面对着资本主义发展带来的问题时，一些主张回到农业社会的主张被马克思批评为空想主义。历史证明了马克思是正确的。面对全球化，我们应当向马克思那样，看到历史的变化是不可逆的。"从人类依附的全球化中退出，也就是说从人类科技和经济活动的全球势力范围中退出，这是不可能的……问题不是如何阻止历史之河，而是如何同人类痛苦引起的历史之河的水污染做斗争，如何引导历史之河迈向它携带的更平等的利益分配。"②

　　鲍曼在描绘现代性规范时说，在现代化进程中生成的"这种社会或许不怎么喜欢传统的约束，不反对把它废除掉，但是，它却致力于提出自身'新改进的'约束，一点儿也不能容忍个体亵渎这些规范，遵守规范和违规的界限不仅是十分清楚的，而且它也得到了很好的保护。古老的习俗已经贬值了，它仅仅是一种权威资格，但是，旨在控制得更严的新规范却形成了，这些新规范不同于它们日益取代的正在失去作用的旧规范，它们在出现以前就有了很长时间的约束力。"③ 当然，这主要是产生于西欧现代化进程中的一幅图景。在其他地区，新旧规范的交替基本上都是在长期的拉锯战中完成的，而且得益于欧洲的示范性影响。无论新旧规范有着什么样的不同，都是服务于控制的目的，即通过要求人们对它的遵守而实现社会控制。从唯物主义反映论的观点看，这只能说明社会处在一种可控制的状态中，新旧规范的更替所证明的只是社会形态发生了变化，使原先那些行之有效的规范失去了

---

　　① ［英］齐格蒙特·鲍曼：《被围困的社会》，郇建立译，江苏人民出版社 2006 年版，"引言"第18页。

　　② ［英］齐格蒙特·鲍曼：《被围困的社会》，郇建立译，江苏人民出版社 2006 年版，"引言"第18—19页。

　　③ ［英］齐格蒙特·鲍曼：《被围困的社会》，郇建立译，江苏人民出版社 2006 年版，第5页。

合理性，以至于需要新的规范来适应已经发生了变化的社会。

　　然而，20 世纪后期以来，我们突然发现了一个失控了的社会正在迅速走来。正如一场暴雨即将袭来时往往会用闪电骤风向我们示警一样，这个失控了的社会用风险和危机事件告诉我们，传统的以及现代性的所有规范都无助于对它的控制，社会的高度复杂性和高度不确定性是藐视一切既有规范的。这就是我们这个时代的境遇。不过，我们也不应因此而悲观。在我们看来，鲍曼对规范变迁史所做的描述，还只是对历史外在轮廓的一种描绘。也就是说，鲍曼并没有对规范自身进行分析，他所看到的是那些外在于人的规范。其实，除了这些被利用于社会控制的规范之外，还有另一类根源于人的生活的、内在于人的规范。尽管这些规范也被一些外在性机制加以利用，即用来控制人，但其原生性的质并未受到毁灭性的破坏，而是可以在得到了休养生息后而加以恢复的。或者说，是可以加以重建的，而且是可以对高度复杂性和高度不确定性条件下的人的生存提供基础性支持的。

三、寻求合作治理

　　正如鲍曼所发现的，现代性本身就意味着管理，意味着"一种同理性设计、紧密监视和首先是严格管理有关的事物"。① 因此，现代政府所拥有的是管理特征，我们也正是在此意义上将其命名为"管理型政府"的。管理型政府是现代化的造物，所拥有的是现代性特征。然而，当与现代性相关的各个方面都受到了质疑的时候，管理型政府也同样受到质疑，这显然是非常正常的事。例如，鲍曼在试图对现代性做出描述的时候就指出，"现代性致力于使世界变得容易管理，并致力于其日常管理；管理热情被没有根据的信念所唤起：一旦让事物放任自流，它们将会失败或失去控制。"② 尽管近代早期的人们信奉自由主义的原则，而且在工业社会走向成熟的时候依然有人不断地重申自由主义，而现实向我们呈现出来的则是无处不在的管理，甚至，即便是作为一种意识形态的自由主义也无处不受到管理行动的嘲弄。

　　在某种意义上，我们只能说近代早期的自由主义主张仅仅是在现代性尚

---

① ［英］齐格蒙特·鲍曼：《被围困的社会》，郇建立译，江苏人民出版社 2006 年版，第 6 页。
② ［英］齐格蒙特·鲍曼：《被围困的社会》，郇建立译，江苏人民出版社 2006 年版，第 6 页。

未得到充分发育时期的产物，随着现代性的成长，自由主义也就完全笼罩在了管理主义的阴影之中。也正是在这一历史条件下，生成了管理型政府。其实，自由主义的主张在我们面向后工业社会时依然是有价值的，它受到管理主义压抑和嘲弄时所积聚起的能量将会在后工业化进程中爆发。不过，在它爆发时，将完全蜕去近代早期自由主义的全部粗俗，而是以新的面目展现给我们。也就是说，自由主义的主张以及追求将在人的合作关系及其行动中实现，而不是作为人们开展竞争的权利而存在。我们认为，真正的自由主义并不是受到管理型政府压制的自由主义，而是受到服务型政府支持和鼓励的自由主义。只有这样去认识自由主义，才能理解马克思所说的"人的自由自觉"的状态。

在近代以来的政治逻辑中，包含着根深蒂固的二律背反。可以认为，这种二律背反的最高表现形式就是资本主义与社会主义的分立。然而，它们之间又有着共同的追求，那就是制造民族国家认同，尽管达致认同的路径完全不同。所以，资本主义与社会主义只能视作为与民族国家相伴而生的两种不同的政治现象。我们在通向未来的向度中所看到的是，一旦民族国家成为一种历史记忆时，存在于这两种政治现象之间的争议也不再有意义。这个道理其实已经包含在马克思对无产阶级的未来所做的描述中了，那就是：无产阶级只有首先消灭自己才能赢得一个无剥削、无压迫的世界。如果不是放在历史性超越的视野中去认识这一问题，而是在资本主义与社会主义分立的背景下去谈论谁比谁优越，或谁战胜谁的问题，其实是没有什么意义的。在这个问题上，我们所经历的那些不绝于耳的关于资本主义国家引入了社会主义因素，或者，要求在社会主义国家中搬用资本主义所宣称的普世价值，都是极其浅薄的认识。

近代以来，政治逻辑的二律背反决定了它们是分立的共在。或者说，只有在它们都在场时才呈现出了分立。至于相互学习与借鉴的必要性，则是由逻辑的二律背反所决定的。事实上，在它们赖以成立的基本原则中，是包含着相互朝着对方转化的可能性的。只不过，在这两种政治现象被制作成对立的意识形态后，人为地扼杀了向对方转化的各种机遇，使这种转化变得不可能了。就它们之间对立与冲突的根本解决而言，将是一个历史发展的问题，而不是一个谁战胜谁的问题。我们看到，以美国为首的西方强权意欲消灭社会主义国家，或者说，通过颠覆的方式把所有被称为或自称为社会主义的国家都转化为信奉西方价值观的同一性存在。如果取得了成功的话，那么，这个世界会不会成为一个单色的世界？西方国家所信奉的所谓资本主义原则和信念会不会从此终结？当柏林墙倒塌的时候，人们一度谈论"历史的终结"，也许这个所谓"终结"正是资本主义历史的终结，而不是社会主义梦想的破产。

可以认为，一旦全球化、后工业化运动取得切实进展时，资本主义与社会主义将会面临着共同的命运。所以，我们认为，西方资本主义国家对社会主义国家所采取的一切敌对行动都是非常荒唐可笑的，徒增无数烦恼，对人类的和平与发展造成了毫无意义的伤害。站在全球化、后工业化的角度来看此问题，近代以来政治逻辑中的二律背反都将随着这段历史的终结而消失，以至于合作而不是斗争必然会成为跨越国界的共同行为准则。事实上，在全球化运动中，全球性资本、金融、贸易等构成了一种捉摸不定的力量，对民族国家构成了说不出在何时何处发生和以什么形式出现的压力，"这些力量没有固定的地址；不像明显受到地域影响的国家权力，它们是超区域的；不像永久固定在某地的国家机构，它们在全球范围内自由移动。这些力量是变化莫测、难以捉摸的，它们很难被确认，更不可能被抓住"。① 因而，以既有的方式和方法都无法加以应对。

归结起来，近代以来在民族国家框架下发展出来的治理方式都是包含着某种确定性思维的。显而易见，在既有的社会治理方式面前，所要解决的问题大都明摆着在那里。即使一些问题并不能直觉地感知到，也是可以通过一定的认识方式而去加以把握的。现在，全球化的压力是捉摸不定的，确定性思维在各种各样的捉摸不定的问题面前，再无用武之地，以至于需要通过发展出一种不确定性思维来加以应对。这样一来，我们的目标也就清楚了，那就是，在全球化、后工业化的历史背景下，在社会的高度复杂性和高度不确定性条件下，关键的问题并不是在人们之间是否存在着利益冲突的问题。事实上，我们不敢设想也从未设想过有一个不存在着利益冲突的社会。我们认为，我们现在需要认识到的关键问题是需要去探讨如何解决人们的利益冲突

---

① ［英］齐格蒙特·鲍曼：《被围困的社会》，郇建立译，江苏人民出版社 2006 年版，第 51 页。

的路径。一旦这样去思考问题，既有的所有利益冲突解决路径都显然不是最佳路径。

合作治理的观念在某种程度上是可以看作为对一种利益冲突解决路径的探寻，因为，这一路径将展示出的图景是：要求通过合作去增进利益冲突各方的利益，而不是通过削弱他人的利益实现能力而去增进自我利益的实现。如果合作所反映出的是这样一种基本精神的话，那么，我们就可以认为，在全球化、后工业化背景下，在社会的高度复杂性和高度不确定性条件下，我们首先需要改变的是我们的思维方式。如果我们不希望在高度复杂性和高度不确定性条件下去继续承受风险以及危机事件带来的困扰，就应当努力去探索高度复杂性和高度不确定性条件下的行动方案，以求能够应对风险和危机事件。而这一探索进程的顺利开展，又取决于思维的变革，即需要我们去建立起一种新的思维方式。有了这种新的思维方式，我们才可能在认识世界的时候获得全新的视角，在这个全新的视角中有着全新的发现，继而，成为积极的行动者。在这一思路中，我们形成了合作治理的构想，或者说，我们必须去表达对合作治理的追求。可以断定，在全球化、后工业化的历史进程中，合作治理理论就是新的思维工具库中的一种最有必要试着使用的思维工具。有了这种思维工具，也就会使合作治理的实践成为可能。

近代以来，在自由主义的理念下，人们所追求的是有限政府，提出了"小政府、大社会"的比喻性主张。显然，作为最小政府的管理活动的治理，所指的是国家消减公共开支，以最小的成本取得最大的效益。经历过一个多世纪的努力，实践证明这样做是不可能的，以至于新公共管理理论在20世纪80年代为政府改革提供了另一套行动方案。在新公共管理所推荐的治理方案中，我们看到的是将市场的激励机制和私人部门的管理手段引入政府及其公共服务之中。经过了30多年的治理体验，人们也发现其中存在着诸多不尽如人意的问题。特别是在管理以及公共服务的形式化追求中，质与量都下降了。虽然表现出了效率，但效率失去了本应与之相连的价值，成了没有实质性目标的效率。正是在这一反思的前提下，我们提出合作治理的构想。合作治理是指政府与社会、公共部门与私人部门之间在社会运行中所实现的合作与互动。在合作治理得到了广泛接受并成为社会治理实践的现实时，原先可以看作是社会治理范畴中的一切，都将以合作互动的方式来加以解决。

合作治理不同于参与治理。我们发现，在新公共管理理论陷入困境后，西方学术界又提出了一个新的方案，那就是参与治理。与新公共管理理论相比，参与治理是在民主的轨道上发展出来的一种新的治理方案。本来，在政治的层面上，20世纪民主进程中的最为积极的成果就是公民参与得到了实现。而且，在民主制度的修缮中为公民参与提供了广阔的政治空间。但是，走出狭义的政治活动的范围，在广泛的社会治理中如何引入公众参与，则是在新公共管理理论衰落中得到积极探讨的问题。当公民的概念被公众所置换之后，在政府以及非政府的社会治理活动中，人们都拥有了参与资格。特别是在各种各样的决策事务方面，公众都可以参与到具体过程中来。然而，对于参与的问题，福克斯和米勒提醒政府注意："如果从一个层次上说，进入（讨论）必须要注意避开那些表现出自私自利和自高自大的言论，那么，在另一个层次上说，它同时也需要关注事实、过程及那些深思熟虑得来的结果。"① 如果这样的话，就会对参与者做出选择。因为，往往是那些受过高等教育的人，那些有着深厚的实践经验的人，那些能够善于处理人际关系的人，才会老成持重地对问题做出深思熟虑，他们的意见才是值得听取的。

这样一来，又是与公众参与的普遍性和开放性追求相悖的了。事实上，参与治理理论在这方面的考虑是不充分的，并没有考虑到我们的社会还存在着大量感性化的人群。所以，我们认为，如果参与治理的理论作为一种主张和社会治理建构愿望的话，是可以自由地加以表述的理论。但是，如果付诸于实践的话，还是要三思而行。与参与治理理论不同，合作治理理论并不在谁拥有合作资格的问题上做出排除性的思考。合作治理理论认为，每一个人都有着合作行动的资格。只要他有着一定的行为能力，只要他认同一个社会的基本道德原则和道德理念，并愿意遵守一个社会的基本道德规范，就能够成为合格的合作者。至于他是否拥有公民身份或作为一个民族成员的身份，都不重要。所以，只有在合作治理的理念下，全球化所造成的国家与民族的分离，一切身份的彻底消解，都才会成为积极的社会进步因素。

---

① ［美］查尔斯·J. 福克斯、休·T. 米勒：《后现代公共行政——话语指向》，楚艳红译，中国人民大学出版社2002年版，第122页。

第二节　社会治理变革的背景

一、社会的复杂性化

20 世纪 80 年代起，改革的意识逐渐地深入人心，这是一件好事。因为，我们处在社会变革的时代，如果没有改革的意识，就难以避免做出维护旧体制的行为选择。那样的话，就会与社会发展的客观要求越走越远。所以说，虽然在改革的内容和方向上人们有着不同的认识和不同的取向，但就拥有了改革意识这一点，本身就决定了人们会时时审视社会治理与现实要求间的差距，就会主动地去消弭这种差距。结果，在改革的总体方向上，也就有可能趋近于一致。当然，如果在一些基本问题上能够达成共识的话，就有可能在改革的内容和方向方面实现分歧最小化，从而更有效地整合改革的行动力量。比如，我们的社会正处在高度复杂性和高度不确定性的状态中，风险社会和危机事件的频发是由于社会的结构性缺陷引发的，社会治理应当增强人的主动性和方式、方法的灵活性……所有这些问题，都是我们在改革行动中需要达成共识的一些基本问题。可以相信，如果在这些方面达成共识，不仅不会产生维护旧体制的行为，而且不会陷入对枝蔓问题的关注中，更不会把改革庸俗化为头痛医头、脚痛医脚的行动，而是会去寻求基本制度的变革方案。

改革不是为了满足时鲜之欲，而是要在基本的方面发现既有体制的替代性方案。然而，就现实而言，正如胡德所说，"管理实践的某些方面似乎很像节食、流行舞或高级时装的世界，各种时髦术语和口号变来变去，这使它们看起来很难与稳定的新系统或新'范式'相一致。旅行车队总是目的明确地沿着一贯的方向行进，与此在不相同，依照'迪尔伯特原则'，现代化变迁可被描述成由短暂的流行时尚构成的世界——昨天是日本歌曲，今天是发泄精力的新时代主义，而明天则可能是一些同样肤浅而短暂的新灵丹妙药。"① 之所以存在这些问题，是因为我们每一个人都感受到了，既存的体

---

① ［英］克里斯托弗·胡德：《国家的艺术：文化、修辞与公共管理》，彭勃等译，上海人民出版社 2009 年版，第 175 页。

制以及整个社会治理方式，都包含着运转不畅和难以适应社会治理现实要求的问题，也因此而生成了改革意识。但是，在宏观的方面，却缺乏对基本问题的把握，没有理解我们应当致力于的改革正是发生在全球化、后工业化背景下的，没有认识到这种改革是制度以及整个社会治理体系重建的行动。正是由于这个原因，我们的改革行动如何能够被调整到从当前基本的社会背景出发，就显得十分重要了。

我们一再指出，20世纪80年代以来，人类社会进入了全球化、后工业化进程之中，与全球化、后工业化运动相伴随的，是社会的高度复杂性和高度不确定性。应当看到，全球化、后工业化既是对资本主义世界化以及工业社会的否定，也是整个工业社会历史阶段全部政治、经济、文化发展的结果。特别是资本主义精神，造就了我们这样一个高度复杂性和高度不确定性的时代。这一点早已为韦伯所觉察，在《新教伦理与资本主义精神》中，韦伯就指出那些凝固为传统的因素是资本主义精神的最主要的敌人。所谓资本主义精神，就是要把一切已经习惯了的、抵制变化的因素加以抛弃的追求。在这种资本主义精神的驱动下，工业社会日新月异的变化进入了加速的轨道，以至于把人类引上了不再能够驾驭的飞驰列车上来，进而使我们的社会呈现出了高度复杂性和高度不确定性。

如上所述，在20世纪后期，西方学者也认为人类进入了一个"消费的社会"，发现"消费者市场不断地向传统开战，欲望就是这场战争的主要武器。一定要防止习惯凝固成传统，而不断改变欲望就是最有效的预防针"。[①]正是这一点，对资本主义精神做出了最为充分的诠释，积聚起了否定工业社会的力量。资本主义精神就是搅动冷水以防结冰的棍子，在防止人驻足于低品味的幸福感的满足时，告诉人应为了虚无缥缈的所谓"自我实现"而永不停歇；在防止人因取得成功而沾沾自喜时，设置了无限多样的金钱、荣誉、地位品级而让人不知疲倦地攀登。虽然我们看不到某人骑在驴身上，但驴嘴前所悬的那只胡萝卜一直在引诱着驴前行，即便驴累得精疲力竭，也总想吃到那只胡萝卜。其实，工业社会中的每个人，特别是消费社会中的每个人，都像那头驴一样地生活着。事实上，工业社会让人拥有一个可以无限膨

---

① [英] 齐格蒙特·鲍曼：《被围困的社会》，郇建立译，江苏人民出版社2006年版，第133页。

胀的欲望，只需在外部稍稍加力，就会再膨胀一大圈。这的确为社会的发展提供了不竭的动力。在人的无尽欲望驱使下，社会运行的速度也与日俱增，直至到了今天这样一个失控的境地。然而，这已经是我们必须面对的现实，此时对资本主义精神加以反思甚至批评都为时已晚，而且也业已失去意义。我们所要做的事情就是，接过资本主义精神已经打造出来的这个世界，并努力去寻求解决这个世界中的所有问题的基本方案。

鲍曼认为，"全球化代表了基本上不可预测的进展和发展；代表了降临在我们身上的事物，而不是我们所作所为。'全球力'在'超区域的空间'内发挥作用，它摆脱了所有的羁绊，不再受传统的和迄今为止有目的的行动和理性的管理这种不可替代的手段的束缚。因此，'进步'不再是人类控制命运的一次显现，不再是人类有能力理性地控制人类历史的方向，并确定其目标的一个经典案例。伴随着所有引人注目的'进步'进入人类沟通，并成为'在远方发挥作用'的工具，控制手段似乎无法跟上需要被控制的诸多力量，它不能再像从前那样控制它们。当前的社会状况表明，我们似乎无法逐渐限制并最终消除风险，无法减少人类方程式中的求知变量。未来不可能再像从前那样变成一个确定性的王国。未来的确是失控的；可信的猜测是，它注定依旧是失控的——至少在可预见的未来是这样。"[1] 事实上，全球化大大地推进了社会的复杂性和不确定性，使人类既往全部控制导向的思维都陷入失灵。虽然我们不能断言未来一定是一个失控的世界，但在高度复杂性和高度不确定性条件下，除了随机性的回应，一切预谋的行动都只会面对失败的后果。

在全球化、后工业化进程中，我们越来越强烈地感受到，"持续而无所不在的监督、泰勒式的严格的规章制度和严厉的制裁措施，所有这些都需要众多的行政办公室和庞大的军队去守卫已占领的地盘。"[2] 在政府这里，就是以规模的膨胀这一屡次改革无法解决的问题出现的。只要存在着管理及其控制追求，无论私人部门还是公共部门，都会遇到强烈的机构和人员增长压力。只不过私人部门的成本核算能够使它在被迫做出权衡后而放弃一些管理

---

① ［英］齐格蒙特·鲍曼：《被围困的社会》，郇建立译，江苏人民出版社 2006 年版，第 129—130 页。

② ［英］齐格蒙特·鲍曼：《被围困的社会》，郇建立译，江苏人民出版社 2006 年版，第 12 页。

和控制冲动，而公共部门则缺乏这种抑制力量。正是由于这一原因，我们做出了服务型政府的构想，目的就是希望政府从根本上放弃管理和控制追求。我们无意于否认管理型政府的历史合理性。在工业社会的低度复杂性和低度不确定性条件下，管理和控制社会的难度并不大。事实上，泰勒和韦伯所提供的管理技术和所设计的管理制度，也用实际行动证明了这个社会是可以管理和控制的。但是，在高度复杂性和高度不确定性的条件下，按照管理和控制的思路去看社会，将会发现，社会需要管理和控制的事项太多了，而且每日每时都爆炸性地涌现新的需要管理和控制的事项。要实现对所有这些事项的全面管理，那将需要多少人力、物力？简直难以想象。所以，我们首先需要解决的问题就是，让政府从管理和控制的惯性中解脱出来。

鲍曼说："社会的图像不仅从强制约束的经历中获得了真实性，也从防止个体不幸的集体保险中获得了真实性；更为重要的是，它还从稳定而持续的社会制度中获得了真实性。所有这些充实想象的经历似乎都通向了同样的方向：它们都关注国家的立法、行政和司法权力，因此，人们很容易把'社会'想象成'一个大于其各个组成部分的整体'，一个具有智慧、理性和自身目的且其寿命要超过任何个体成员的团体。"① 在某种意义上，这又是社会的拟人化。正如个体的人时时处在各种各样的细微心理冲突之中一样，社会也可以比喻为存在着类似冲突的巨大实体。如果把社会比喻成一个巨大的实体，它就是有形的，因而是有边界的，它自身的冲突、平衡与稳定，都可以作为研究对象而进行孤立的研究。社会改革也无非像医生做手术一样，对于那些发生病变的地方予以切除。然而，如果关于社会的这种比喻不再能够成立的话，情况也就大不相同了。

随着社会的开放性达到了某个临界点，随着社会的流动性的增强，已经否定了它可以作为一个实体来加以认识的可能性。这个时候，我们关于社会的观念（鲍曼称其为"想象"）就应当进行根本性的调整。事实上，20世纪后期以来，社会已经或正在发生根本性的变革。鲍曼认为，在今天，至少社会的三个方面的属性消失了，那就是，"持续的规范性压力"、"对个体命运的反复无常的压制"、"集体严格控制秩序的长期性"。这三个方面"在

---

① ［英］齐格蒙特·鲍曼：《被围困的社会》，郇建立译，江苏人民出版社2006年版，第24页。

20 世纪的后 10 年很快消失了，并被另一种经历所取代：这种经历不再意味着'社团'，而是一个'同个体相分离'的世界，一个'在经验上越来越像一系列独立存在、相互重叠而没有缝隙的制度之网'的世界"①。当然，鲍曼这些描述社会发生变化的文字显然有着较多夸张的成分，甚至会让人感到不真实。可是，我们也看到，由于社会进入了高度复杂性和高度不确定性状态，规范和秩序都面临着各种各样的挑战，社会控制处处呈现出了失灵的状况……这些问题都是我们必须承认的现实。

在全球化、后工业化进程中，在高度复杂性和高度不确定性条件下，我们所看到的是，"由共同目的和规划结合在一起的坚固而持续的团体也消失了，因此，我们再也不可能像从前那样在这样的团体中思考、行动、争吵与合作了"②。当然，风险、复杂性、不确定性等是在人类社会的任何一种生活和行动模式中都广泛存在的问题。而且，我们也必须承认，在人类历史上的不同阶段，所有这些方面在广泛性程度上，都是大不相同的。从晚近的情况看，作为特殊意义上的以及通过个别事件体现出来的复杂性和不确定性似乎已经一去不复返了。在我们的社会中，在我们所处的时代中，人们越来越感受到复杂性和不确定性的压力日益增强，成为一种普遍性的社会现象。正是在此意义上，我们说人类已经进入一个高度复杂性和高度不确定性的时代。如果说工业社会的全部行动方案都是在低度复杂性和低度不确定性条件下制定的，全部社会设置都是为了在低度复杂性和低度不确定性条件下开展行动而建立起来的，那么，在高度复杂性和高度不确定性条件下，所有这些都必须加以改变，甚至可以说，被我们视作为社会的一切，都需要加以重建。

二、如何回应复杂性

长期以来，每当面对复杂性和不确定性的问题时，我们都是通过技术的刷新去谋求解决方案。然而，"技术变化的方式同先前全球化前进的方式具有同样的效果：它扩大了人们行动的不确定性，并不再像先前那样能够进行

---

① ［英］齐格蒙特·鲍曼：《被围困的社会》，郇建立译，江苏人民出版社 2006 年版，第 24 页。
② ［英］齐格蒙特·鲍曼：《被围困的社会》，郇建立译，江苏人民出版社 2006 年版，第 24 页。

长期规划"①。也就是说，一方面，技术的进步也引发了复杂性和不确定性；另一方面，技术自身的进步也在功能上遇到了某种瓶颈，无法实现对未来的准确预测。因而，也就不可能再去基于预测制定通向未来的行动方案。

在工业社会的大半时期中，人们都寄希望通过技术进步去解决所遇到的问题，而且，人类所遇到的几乎所有问题也都通过技术的进步而加以解决了。特别是社会控制技术的每一次全面刷新，都向人类推展出了一个新的社会前景。当垄断造成了市场失灵的时候，关于政府宏观调控的技术发明了出来，使社会重新呈现出了一派繁荣的景象。可是，在全球化、后工业化进程中，情况发生了变化。虽然我们依然给予技术进步以极高的期望，而事实上，恰恰是技术本身，为我们带来了各种各样的问题。"伴随着技术的进步，需要解决的人类问题不是在减少，而是在增加。寻找越来越多的新问题、前所未闻的问题和先前不可想象的问题是技术的真正工作，这逐渐地、不断地成了它的使命。未来似乎不会比现在更好，也不会平衡供给和需求；未被解决的问题和全面的不确定性也不会随着时间的推移而逐渐减少。"②

总之，技术成了社会高度复杂性和高度不确定性的根源。然而，我们在近代以来所形成的依赖技术的惯性又一时无法改变，反而在问题成堆的地方更加增强了对技术的期待。比如，面对那些在高度复杂性和高度不确定性条件下产生的危机事件，我们往往是在"危机管理"的追求和冲动的驱使下去寻求技术的支持。即使碰得头破血流，也不会对技术本身产生怀疑，反而会怀疑自己的技术驾驭能力，会认为自己没有能够掌握相应的技术。或者，以为更好的、更有用的技术还未被发明出来。其实，在全球化、后工业化的时代，技术的社会功能发生了变化，用来解决问题的技术也同时在制造问题。"停留在过去的民众的智慧，很难跟上新生事物……先前，技术似乎就是这种智慧的写照；现在，它决非如此。截至目前，顺序已经发生了变化，发明已经变成了需要之母；意志已经无法跟上成就……技术答案先于问题，而不是在问题之后。绝大多数的意志不仅转向了给现成的答案寻找问题，也转向了让许多人尽可能提问，并愿意提供答案。恰恰是技术革新迫切寻求应

---

① ［英］齐格蒙特·鲍曼：《被围困的社会》，郇建立译，江苏人民出版社2006年版，第130页。

② ［英］齐格蒙特·鲍曼：《被围困的社会》，郇建立译，江苏人民出版社2006年版，第131页。

用；在寻找方案适合的问题时，技术革新急于成为问题的解决方案。它们的生产者仅仅清楚知道，他们的产品面临的重大问题是，如何讨好不需要或不想拥有和使用它们的预期的用户。"①

我们已经进入了技术发展的一个新的阶段，技术的自组织以及独立发展，似乎可以与社会需要相隔离，"技术的进步并不取决于抗议忽视、要求得到满足的需要，而是依赖于要求充分利用资源、抗议资源未充分利用的资产。技术是为了发展而发展：所有其他的解释都近似于意识形态的说教或如意算盘。"② 退一步说，即使我们不考虑技术进步带来的问题，而是把视线直接转向社会治理本身，也会发现，社会治理同样出现了新的问题。20 世纪后期以来，关于社会自治的问题得到了广泛关注。显然，社会自治意味着作为社会成员的个人承担着更多的社会责任。在他治条件下，社会成员可以将许多社会责任推给政府以及国家的其他机构，并在人民主权理念之下要求这些机构承担起社会责任。否则，就提出批评，甚至威胁用选票改组它们。

然而，在社会自治成为基本的行动纲领后，社会成员对专门的和专业化的社会治理机构所抱有的那些期望就必须被收回，并放置在自己的肩上。在社会治理过程中，所有的社会成员都必须主动地扮演起行动者的角色，这就是从他治之中解放出来后而不可推卸的自我担当。在这一新的社会治理图景中，在社会自治蔚然成风的时代，可以认为，自治对于每一个人来说，都意味着更多的责任，而且是无可回避的道德责任。但是，这仅仅是一个理论上的推断，事实情况也许并不像理论所能够证明的那样。因为，在工业社会走向成熟的历史阶段中，人们因为倚重于政府而表现出了"逃避自由"的行为倾向，宁愿付出接受现代奴役的代价也不愿意承担责任。事实上，这种"逃避自由"的行为倾向已经造成了这样一种结果："一是臣民不愿意在任何情况下都做出自己的选择，二是贪图权力的政治想方设法最大限度地缩减臣民的选择或完全禁止它。……个体憎恨他们几乎无法处理的责任；国家的统治者渴望把个体责任及其臣民的自由一起取走。"③

在全球化、后工业化进程中不断呈现出来的现实趋势是，国家及其政府

---

① ［英］齐格蒙特·鲍曼：《被围困的社会》，郇建立译，江苏人民出版社 2006 年版，第 130 页。
② ［英］齐格蒙特·鲍曼：《被围困的社会》，郇建立译，江苏人民出版社 2006 年版，第 130—131 页。
③ ［英］齐格蒙特·鲍曼：《被围困的社会》，郇建立译，江苏人民出版社 2006 年版，第 40—41 页。

无法再把个体所应承担的责任与自由从他那里取走，而且个体也无法在责任与自由这两个方面做出逃避的选择。因为，社会的高度复杂性和高度不确定性决定了国家及其政府不知道应当从个体那里取走哪些责任与自由，即使国家和政府从中取走了一部分，也可能承担不起来。所以，社会成员的自治已经是一个铁定的和不可改变的趋势，并不是国家及其政府自愿地放任社会自治，而是因为它已经无法承担起了社会治理的全部责任。与此同时，社会成员也不得不接受自治的责任。这是因为，它必须通过对这种自治责任的承担去发现和获得生存和生活空间。可是，在我们的社会运行中，这恰恰是当前社会管理迫切希望解决的问题。人们把一切问题的解决都寄托于政府，低层级的政府不能解决的，就会上访，寻求高层级政府的解决。总之，正是在对政府的信任和期望中，提出了各种各样的要求，以至于对政府形成了巨大压力，使政府所执行的社会治理陷入了全面社会控制的不合理性之中了。

达尔认为，"在具有广泛政治共识的多元、民主政治系统中，根植于合法性、法治以及政治性传统的信念和习惯缩小了社会认同策略的范围，而这些信念和传统又通过大量形成对政治准则认可和遵守的社会过程得以持续强化。无论谁违背这些社会认同的策略都会引发巨大的失败风险，因为用来反对政治越轨者的资源几乎肯定要比政治越轨者自己能够集聚的资源要多得多。甚至可以指望公民（在竞争的政治领导者鼓动下）暂时离开其全神贯注的非政治目标并利用他的某些资源来打击那些有政治身份的人，这些人进行策略选择时显然开始偏离了政治文化所规定的准则。"[1] 也就是说，滥用权力、腐败以及各种各样的弄权行为，都会受到惩罚，而且需要为之付出的代价可能是难以承受的。这就是民主制度在防止越轨者出现方面所具有的优势。然而，这种制度大大压缩了行动者策略选择的空间，让掌权者时时处处都小心翼翼地行使权力。在开展每一项行动之前，都要预先谋划清楚别人可以分担的责任，甚至会出于在每一项行动中都撇清自己责任的愿望而不愿意去做出任何能够反映其主动性的策略选择。在高度复杂性和高度不确定性的条件下，行动者的这种因为不愿意承担责任和害怕越轨而受到惩罚的状况，

① ［美］罗伯特·达尔：《谁统治——一个美国城市的民主和权力》，范春辉、张宇译，江苏人民出版社 2011 年版，第 252 页。

必然会使他们在一切应急行动中做出较坏的表现。

在族阈共同体生成后，或者说，在原子化的个人成为一切社会行动的逻辑上的出发点之后，我们满眼所见的就都是追求各自利益的行动者。而且，在更多的时候和在更加经常的情况下，这些追求各自利益的行动者之间的利益互不相容，以至于产生了矛盾和冲突。但是，人们必须和平共处于同一个社会中，在更多的情况下，必须处于同一个共同体中。事实上，人们的任何一项利益诉求，也只有在社会和共同体中才有着实现的希望。这就是辩证法用"对立统一"概念所描绘的一种状况。对于社会治理而言，近代以来一直是把重心放在让人们在社会和共同体中和平共处的方面的，因而把法制秩序放在了第一位。然而，在全球化、后工业化的背景中去重新审视近代以来辛辛苦苦建构起来的这种谋求法制秩序的治理模式，却发现它具有极其消极的特征。即使它采用了诸如禁止、压制或镇压等积极行动，也只是从属于某个终极性的消极目标，那就是维护被认为具有合理性的社会存在。

当然，凯恩斯主义使社会治理行动显示了某种积极特征。但是，这种积极特征却是不真实的。它并没有使近代以来所拥有的这种社会治理模式发生根本性质上的改变，只是在行动表现上有了一些在此前显得较弱的所谓"积极干预"。事实上，它是把事后响应的机制提到了事前，而社会治理的目标和性质都未发生改变。如果说所谓凯恩斯主义模式具有某些积极行动特征的话，那也是工业社会的低度复杂性和低度不确定性使它映现出了积极性。而在实质上，依然属于一种消极的社会治理。如果放在全球化、后工业化所带来的高度复杂性和高度不确定性背景之中，它的积极性特征也就完全消失不见了；如果因为误解而强行开展凯恩斯主义模式的所谓积极行动的话，所呈现给我们的只能是一些"乱行动"。

所以，在高度复杂性和高度不确定性条件下，我们所要追求的是社会治理模式上的积极性而不是去维护法制秩序的消极行动。其中，把拥有各自利益追求的行动者整合到一个合作体系中，让他们通过合作的方式达成自己的利益目标，就是社会治理获得积极特征的力量源泉。高度复杂性和高度不确定性条件下的社会治理必然是一种积极的社会治理，行动目标的前瞻性、响应机制的灵活性、方式和方法上的多样性等，都是可以使社会治理获得积极性特征的重要途径。然而，最为根本的还是行动者的合作。当合作成为社会治理的基本内容和行动模式时，也就自然会显现出积极特征。

三、改革和创新

克罗齐耶认为，"个体自由的生长与组织机构复杂性的持续增强，是西方世界极为普通的现象。事实上，这是全球性的现象，只是因为西方世界在经济和社会等方面处于领先地位，所以才更多地受到了这种现象的影响。"① 特别是第二次世界大战后，在一波学习西方和追赶西方的热潮中，西方国家近代以来建构起来的生活模式、发展模式和社会治理模式基本上得到了全世界的模仿和复制，西方国家取得的成功也被期望为学习者和模仿者的成功。尽管这仅仅是一种期望，或者说并不意味着必然如此，但是，西方国家遇到的问题却是所有学习者和模仿者都无法回避的，都是在经历过一段时间的发展后突然发现必须直面的问题。在一些国家和地区，因模仿和复制西方带来的问题甚至压垮了整个社会，陷入了长期的持续动荡之中。

应当说，成功的经验往往是不可复制的。因为，形成成功经验的条件都是具体的，有着一个国家或地区特定的经济、文化以及其他具体的资源条件的限制，即便是在拥有了相同的这些条件下，成功经验也可能会因为时过境迁而不再具有获得它们时的价值。但是，问题是具有传染性的，只要奉西方国家的成功经验为圭臬，步西方国家后尘而行，就会遇到西方国家所遇到的相同问题，甚至不止于此。可能西方国家前脚走过了一条沙梁，而紧随其后却可能陷落陷阱，更何况还可能派生出各种各样意想不到的在西方国家也未曾出现过的问题。事实上，恰如克罗齐耶所看到的，"移植国外模式，最终总是会以失败告终，即使事后来看，在当初自主创新的开创进程中，它们曾经发挥过积极作用"②。所以，一个国家的发展必须时刻谨记自主探索，去走一条自己的路。尤其是在许多方面都显得规模较大的大国，如果忘记了独立自主的探索精神，而是津津乐道西方国家的成功经验，一味地模仿和复制西方国家，还不是一个贱视自我尊严的问题，而是一种极其不负责任的做

---

① ［法］米歇尔·克罗齐耶：《法令不能改变社会》，张月译，上海人民出版社 2007 年版，第25页。

② ［法］米歇尔·克罗齐耶：《法令不能改变社会》，张月译，上海人民出版社 2007 年版，第25页。

法。这是一个极其浅显的道理，似乎是没有必要去重复表述。然而，在现实中，我们却经常看到，无论是在理论界还是实践界，都会有人深情地表达对西方某种制度、某种文化价值的向往。这样做，如果不是出于迎合和讨好西方话语霸权的目的，那只能说是浅薄无知的表现。

在全球化进程中，我们首先遇到的是，"权力的全球性与政治的地方性之间、问题的庞大与面对和解决这些问题的手段的有限性之间日益增大的鸿沟，使社会越来越不能成为这样一种'想象的机构'；这是当今'理性地确定目标'的最棘手的障碍，是目前广泛存在的'公共无能'感的一个主要根源"①。或者说，首先在公共领域中出现了理性目标与行动效果的巨大反差。因此，按照原先非常有效的科学规划去开展行动，总是收获与理性目标相去甚远的结果。也正是这一点，反衬出社会的复杂性和不确定性。当然，在今天，我们的耳畔还回荡着"知识就是力量"的豪言壮语，我们心中还激荡着对科学技术的无限信心。所以，在每一次碰得头破血流后，稍稍休整又回复到原来的状态。我们相信，总有一天，我们会为社会治理中的那种"公共无能"付出更为惨痛的代价，以至于我们无法抱定原有的信心而不去正视现实。如果有那一天的话，我们会不会觉得它到来得太晚了，其实根本就不晚，我们在今天已经需要面对那种情况啦。如果我们意识到了这一点，那么，正视现实也许就应从今天开始。这样一来，我们就需要首先分析造成当前"公共无能"问题的根源，并寻求解决之道。

鲍曼认为，在高度复杂性和高度不确定性条件下，"两种紧密交织的能力获得了史无前例的生存与成功价值。其一是灵活性：即能够迅速地改变轨道，立即适应变化了的环境的能力，永远都不受根深蒂固的习惯和'太重以至于无法移动或太近以至于无法摆脱'的财产的束缚。另一个则是全面性：一个人不应该把所有的鸡蛋都放在一个篮子里——如果特定技能不再有需求，而其他技能升值了，那么花在深化这项技能上的时间就完全白费了。我们从学生的发展中了解到，在一个瞬息万变的环境中，恰恰是'多才多艺'、非专门化和知识面广的学生获得了最大的生存机会。"② 在高度复杂性

---

① [英]齐格蒙特·鲍曼：《被围困的社会》，郇建立译，江苏人民出版社 2006 年版，第 30 页。
② [英]齐格蒙特·鲍曼：《被围困的社会》，郇建立译，江苏人民出版社 2006 年版，第 153 页。

和高度不确定性的条件下，"行动者很少有明确的目标，而严密的计划则更少。行动者的计划和目标是多重的，或多或少是含混的，或多或少是明言的，或多或少是矛盾的。他们在行动过程中会改变目标和计划，会在途中甚至之后舍去其中一些目标和计划，发现另一些目标和计划。这只是由于始料未及和无法预见的结果迫使他们'重新考虑他们的立场'，'重新调整他们的针对性行为'：某一时刻的'手段'将是另一时刻的'目标'，反之亦然。"①

当然，任务是具体的，也许正是因为任务具有无法抽象的具体性，使一个任务与下一个任务在性质上有着很大的不同，以至于行动者无法在诸多任务的承担问题上制定统一的计划和目标。在这种情况下，行动者所应集中关注的是，如何去更好地承担和解决已经摆在面前的任务，如何在一项任务的承担取得了成效的时候去主动地发现下一项任务。在谈到中国的改革时，胡德认为，"在中国这一重要个案中，20世纪80年代公共管理的主要发展看起来更像是对进步主义的部分采纳而不是背弃，这些发展体现于官僚系统向正式等级制的回归，公共部门开始恢复考试录用中的作用，而不再单单依赖政党身份，并且强调技术专家的作用。"② 这一点在今天显现得尤其清楚。也许中国当时的后发展状态决定了必须完成"补课"任务，事实上，到了20世纪90年代，随着新公共管理理论传播到中国，紧跟全球改革的步伐已经成为主流趋势。而且，在对美国20世纪初的进步主义所做的诠释中，也走向了更为精细的方面。

存在于中国社会治理中的这些改革行动在内涵上是多重化的，一方面，根源于"赶超"西方发达国家的追求；另一方面，也表现出经验主导的特征。也就是说，在社会治理的意义上，系统的设计仍然没有基于全球化、后工业化的社会发展现实展开。当然，如果我们不是仅仅把视线放在中国的改革上，而是同时去揭示西方国家20世纪80年代以来所进行的改革中所包含的底蕴，则会发现，虽然表面上是财政的、效率的以及回应性方面的问题直

---

① ［法］米歇尔·克罗齐耶、埃哈尔·费埃德伯格：《行动者与系统——集体行动的政治学》，张月等译，上海人民出版社2007年版，第38—39页。

② ［英］克里斯托弗·胡德：《国家的艺术：文化、修辞与公共管理》，彭勃等译，上海人民出版社2009年版，第179—180页。

接推动了改革，而在这些表面问题的背后，则是全球化、后工业化的压力。可惜的是，关于全球化、后工业化的问题，虽然有一些学者做出了深刻的揭示和阐释，而改革实践却未予以认真对待。所以，西方国家20世纪80年代以来的改革也一直受到社会发展表层的具体问题的引领。正是由于这个原因，一个（些）问题解决了，又引发了更多的问题，使改革的成果未呈现出累积效应。中国在学习和借鉴西方国家的改革经验时，也同样缺乏从全球化、后工业化的时代背景出发去选择路径的追求，而是表现出对解决了具体问题和努力摆脱当前困境的热切追求。结果，在解决每一项具体问题方面都取得了可喜的成就，而整个社会这一大系统中的问题不仅没有减少，反而增多了，以至于我们总是感受到新的问题层出不穷。

"19世纪晚期，日本政府中的现代化推动者在组建新的政府部门时仿效在西方明显获得成功的模式。日本帝国政府向西方各国派出官员，学习法国、挪威的司法、军事、警察制度，英国的海军编制和邮政系统，美国的金融制度和艺术教育制度。而现在，美国的公司则反过来借鉴它们所理解的日本模式，以处理它们自己公司中存在的生产和人事等方面的棘手问题。在美国公司中快速传播的质量讨论小组和工作—生活质量等做法，至少在部分上是努力模仿日本和欧洲的成功模式的结果。"① 同样，在中国改革开放过程中，虽然政治意义上的国家基本制度得到了维护，保持了其独特性，而在广泛的体制等技术性层面上，我们拥有着一种开放性的心态，努力去发现国外的任何一个成功方面，并加以模仿。从中国改革开放所取得的成就来看，这些模仿所带来收益是巨大的。以中国政府为例，通过模仿而在不到30年中就建立起了现代化的政府模式，这在西方是花费了300多年的时间才达到的水平。

不过，我们也正日益感受到，对国外的模仿变得越来越困难，因模仿而导致失败的案例开始呈现增多的趋势。这一方面是因为走到了某个模仿限度，可资模仿的对象迅速减少。另一方面，由于我们与整个世界一道进入了全球化、后工业化的进程中，世界上各个国家和各个地区所遇到的大都是全

---

① ［美］鲍威尔、迪马吉奥主编：《组织分析的新制度主义》，姚伟译，上海人民出版社2008年版，第75页。

球化、后工业化进程中产生的新的问题，并没有形成一些成功应对和解决问题的创新性成果。因而，模仿先进或发达国家旧的经验，往往导致失败。再者，全球化、后工业化把人类引入到高度复杂性和高度不确定性的状态中，每时每刻在每一处所遇到的都是具体的和特殊性的问题，解决这些问题的成功经验往往是不可模仿、不可复制的。所以，我们已经进入了一个需要创新的时代。

如果说从农业社会向工业社会转变造就了工业文明，那么，在以全球化、后工业化为标志的这一次变革中，所要开启的将是后工业社会的门扉。这就决定了，我们当前在社会治理过程中所遇到的绝大多数都是全新的问题，我们已经无法再在向西方发达国家的学习中获得解决这些问题的方案，而是需要在创新中去刷新社会治理。创新是我们时代的基本主题，而且，全球化、后工业化本身已经把世界上的所有国家都置于同一个创新平台上了。在这种条件下，哪一个国家能够面对高度复杂性和高度不确定性的现实而在社会治理方式方法上取得创新性成果，就能够掌握主动权，就能够率先走进后工业社会。

第 三 章

社会治理的重构

近代以来的社会，或者说我们既已拥有的社会，是基于权利的设定建构起来的，民主政治无非是在从权利出发的社会建构逻辑中演变出来的结果。权利包含着平等和自由的内涵，但是，无论在理论上还是在实践上，平等和自由都包含着悖论。应当承认，基于权利设定而建构起来的社会在 300 多年的运行中取得了无比辉煌的成就，但在 20 世纪后期则呈现出了风险社会的特征，从而决定了全球化、后工业化进程将是一场社会重建的运动。在思考社会重建的问题时，必须实现出发点和思维方式上的根本性变革。我们需要放弃从权利出发去建构社会的逻辑，转而从人的共生共在出发；我们不应再借助于分析性思维去寻求同一性，而是需要运用相似性思维去谋求人的差异前提下的共同行动。在思考社会治理的问题时，摆在我们面前的首先是这样一个问题：在高度复杂性和高度不确定性条件下，社会治理一定是民主的吗？答案未必是肯定的。如果说民主的社会治理是适应于低度复杂性和低度不确定性的社会的，那么，我们的任务就是需要探讨高度复杂性和高度不确定性条件下的社会治理方案。因而，我们需要通过思想重构去打破民主话语霸权，进而去寻求社会治理的民主替代方案。具体地说，就是用合作去代替民主。

第一节　社会建构的起点

一、社会建构的逻辑

在 20 世纪后期，关于风险社会的论述就已经引起了人们的关注，进入 21 世纪后，危机事件的频发更加证明了这一点。为什么人类在工业社会的行进中取得了那么辉煌的成就却又陷入了风险社会；为什么科学技术的进步每日都让人感受到征服自然和驾驭社会的能力在大幅提升却又在诸多社会问题面前显得无能为力……　这就迫使我们不得不对工业社会进行全面反思。其中，这个社会得以建构的起点又是我们进行这一反思时所要关注的第一个问题。当然，这项工作是极其艰难的。因为，我们既已拥有的社会不仅是作为一个无需置疑的现实而被人们所接受的，而且，在这个社会的建构过程中所生成的文化定势已经深入了人们的骨髓，人们从来也不敢怀疑工业社会的建构逻辑，更不会对工业社会建构的起点产生质疑。所以，我们看到，在 20 世纪 80 年代以来的所有改革方案中，都反映了一种希望对既有的社会加以修补的努力，一直是在工业社会的建构逻辑中去寻找改善措施。

也正是由于这一原因，虽然经历了 30 多年的改革，人类社会的生存状况不仅没有得到根本性的改善，反而在风险社会中陷得越来越深。从国际社会来看，虽然在 20 世纪末人们就大声表达和平与发展的追求，却因为在进入新世纪时发生了某个事件（"9·11"事件）而放弃了对和平与发展的追求，转而在反恐的名义下重整武力。如果军事仅仅用于反恐上，那是一件值得庆幸的事，事实上，一旦运用军事力量成为一种路径依赖，就会超出反恐的限度。从美国近年来不断地在中国东海、南海炫耀武力来看，似乎又进入或挑起了一波新的军备竞赛。面对这些问题，我们必须清醒地认识到，人类已经处在全球化、后工业化进程中了，对于地球上发生的每一件事，我们都需要有新的视角去加以解读。落实到一点，我们需要申述的就是，如果说人类在从农业社会向工业社会的转变过程中创建出了系统化的社会建构方案的话，那么，在全球化、后工业化所标志着的这场从工业社会向后工业社会的转变过程中，我们也应当拥有一套不同于工业社会建构方案的新方案。其中，社会建构的起点就需要我们去努力搜寻。

近代以来的社会建构是在"权利"的基石上展开的。对于这个社会的建构而言，早期启蒙思想家们关于"权利"的发明有着无比重要的意义。或者说，早期启蒙思想家们通过权利的发明而为近代以来的社会建构做出了奠基性的贡献。这一点是确定无疑的。但是，权利的内涵在近代以来的整个历史阶段中一直在发生变化，"我们忘记了即使是已经确定无疑的权利，它的意义和能力也取决于它的弱点，取决于我们（或我们的祖先）使用了它们而我们还要反复地使用它们的这个事实。权利不是死的工具，它们是活的实践。但是它们必须保持活力。我们持续地使用它们，重新拟定它们，甚至（荒谬地）在它们已被确定以后还为它而战，就是为了保持它们的活力，但我们失败了，这失败撤消了我们赋予它们和它们给予我们的权力。死的权利如果想要复活，就需要有活力的未来——充满希望和危险的未知的未来。"①

权利内涵的变化以及内涵的越来越丰富已经为它积累起了沉重的负担，使这个概念所承载的内容过多，以至于必将压垮它。也就是说，作为权利概念内涵的"它们"在不断的积聚，产生了一种反对权利概念的力量，不断地蚕食和消解"它"，直至呈现衰朽的残相。事实上，在 20 世纪后期以来，权利已经显现出了走向死亡的窘态。当一些环境保护人士申述"动物权利"的时候，我们不禁想到，人类是在几千年甚至数万年的文明化中才使自己与动物区分开来，而在今天，人们按照启蒙的思路去赋予权利以新的内涵时，却因为发现了"动物权利"而把人重新置于动物同等的地位上的。更为重要的是，这一点形成了对启蒙思想的极大讽刺，那就是，当动物有了权利的时候，"人权"在何种意义上还有意义？或者说，"人权"也就是"动物权"。如果考虑到动物构成了不同于植物的类别的话，那么，人也无非是动物。那样的话，人权无非是动物权的一个构成部分了。

既然权利已经造就了否定自我的力量，或者说，既然我们正在遭遇自反的现实，那么，从这里出发去审视基于权利的社会建构，自当有新的结论，更何况我们已经处在全球化、后工业化这一人类社会发展的新起点上了。如

---

① ［美］邦妮·宏妮格：《死的权利，活的未来——对哈贝马斯"宪政民主"的回应》，王晓博译，载佟德志编：《宪政与民主》，江苏人民出版社 2008 年版，第 187—188 页。

果说全球化、后工业化意味着人类一个新的历史阶段的开启，那么，社会建构肯定不会在权利的基石上展开。所以，现在到了应当抛弃启蒙思想家的这一纯粹的理论设定的时候了。这不仅是因为新的社会建构需要有一个新的起点，而是因为权利自身出了问题。随着权利概念内涵上的丰富化，各种要素之间的冲突自产生之后就变得越来越激烈，普遍性的离心倾向使权利越来越偏离早期启蒙思想家们的设想。如果说权利代表了一种范式，或者说，权利是一种范式的标志，那么，在这个范式之中形成的各种各样的社会治理理论一直在不断地把新的内容灌注到权利的概念之中去，而这些新的内容又总是在逻辑上相互冲突，以至于出现并积聚起了导致解构这一范式的力量。由此看来，权利的概念其实并没有宠妮格所说的"活的未来"。既然迄今为止一切维护和增强权利活力的努力都加速了它的死亡，那么，就只能说它是气数已尽了。实际上，人们已经对启蒙思想家所设定的权利做出了过度消费，将它所包含的所有营养都吮吸完了。权利的所有内容都正在消失，仅剩下了一层薄薄的且脆弱的外壳。

18世纪启蒙思想家们告诉我们，我们每一个人都是有权利的人。然而，同样是基于那些思想而做出的制度安排则向我们表示：你们的权利需要由我们来帮助实现，但我们更乐意于从你们那里拿走权利。事实上，我们被许诺了权利，却从来没有得到权利。有的时候（如投票），我们似乎感受到我们拥有权利并行使了它。但是，我们在行使权利的时候却那样的盲目，是受到某些力量驱使的，甚至是受到欺骗的。在我们行使权利之后，我们也许意识到了上当受骗，却又不能避免在下一次行使权利的时候同样上当受骗。就是在这样一场周而复始的游戏中，我们因为权利东奔西跑去捕捉这个诱饵，我们以为自己参与了实现权利的游戏，而在实际上，我们仅仅是被游戏了。但是，人们对自己拥有权利这一点却深信不疑，而且不断地申述自己的权利，在一切不如意之处，都会激烈地主张自己拥有什么权利。权利的观念已经成为工业社会意识形态中最为坚硬的内核，在这个社会遇到了任何一个问题时，人们都会在表象上去寻找病灶，并在对权利的终极性关怀中去发现医治方案，而不会对权利本身做出怀疑。

权利包含着平等的内涵。因而，平等是近代以来全部政治的基本主题之一。但是，对平等的理解又是不能满足于任何一种具体的形式的。如果把平等理解成政治上的权利平等，或者，如果把平等理解为经济上的收入、报酬或财产占有上的平等，都会导致庸俗化的操作方案，而且会发现其后果将是更大不平等的出现。所以，平等主要是一种理念或信念，是需要在同道德意志结合在一起而去加以体验的人际关系。如果不从一个社会的道德原则和规范出发，而是致力于追求外在性安排，就会在平等的问题上陷入自反的悖论中去。当然，外在性的安排是必要的，比如，制定规则、设立制度、创设合理性的措施等，都可以在平等的实现方面提供客观保障。但是，仅有这些外在性的安排是不够的，还需要道德因素的引入，才能在平等的实现方面达致较为理想的效果。一旦按照这个思路去理解平等的问题，也就把我们导向了社会运行机制、制度、治理方式、行为模式等所有方面都必须加以重建的宏大构想中去了。其中，最为重要的切入点，就是建构合作的社会和开展合作建构的行动。

同样，权利也包含着自由的内涵。但是，在自由的问题上，那种并不从属于目标实现的行为往往被视为非理性的行为，是不适用于自由的概念去加以描述的。或者说，那是一种无意义的任性。自由的概念仅仅适用于描述那些追求目标的行为，在自由主义那里，是专指个人追求目标的行为能够自主无碍地开展。但是，人的行为总是处于社会过程之中的，必然会与他人发生联系，会影响到他人和受到他人影响。因而，需要在社会设置的某个（些）框架中进行，接受一定的规则或观念等的规范。这样一来，自由的观念就在现实的行为中陷入尴尬的境地。或者说，在理性的意义上，现实中的人的行为自由是与自由的观念相差甚大的。依据自由的观念，现实中人的行为甚至无自由可言。但是，就自由是人的一项基本权利而言，就近代以来整个社会都是从此出发而建构起来的来看，又不能在对现实的理解中放弃关于自由的观照。

为了解决自由问题上的这种悖论，自由主义思想家做出了"积极自由"和"消极自由"的调和性区分。认为不受约束、不受他人干涉的自由是积极自由，相反的情况就是消极自由。依据这种区分，积极自由其实在现实中是不存在的，只能说是一种抽象，或者说是以观念形态存在的，是作为激励现实中行为的因素或尺度而存在的，是行为自由本身应当追求的目标。但是，在这之中，自由观念的悖论依然是永远无法解开的死结。所以，我们认为，后工业社会的建构应当避免从抽象的自由观念出发。也就是说，在全球化、后工业化背景中去思考社会建构的问题，即使我们去把对个人的关注放在一个显著的位置上，所看到的也应当是，自主性的概念要远远优于自由的概念。这是因为，从自主性的角度去理解人的行为，不会出现自由概念所引发的那些无法解决的悖论。

在自由的问题上，还可以做出意志自由与行为自由的区分。意志自由显然是一种主观形态，如果不转化为行为自由的话，是没有意义的。就工业社会的现实来看，能够把意志自由转化为行为自由的人是很少的，只有极少数的人在资本、权力、地位等因素的支持下才能把意志自由转化为行为自由。这样的话，无疑是对权利中的平等内涵的否定。在现实生活中，在意志自由与行为自由之间如果进行比较的话，那么，行为自由可能会显得更为重要。人们也许会说，行为自由才是真自由，而意志自由是可以不予考虑的问题。但是，在没有意志自由的情况下，行为自由是什么样的自由呢？也许在无产阶级自由地出卖他的劳动力方面，我们才真切地体会到了行为自由的形态。如果说那就是真正的自由，我们宁愿不要那种自由。

然而，在工业社会的建构逻辑中，我们不想要的东西却又必须接受。我们看到，正是因为人拥有了平等和自由的权利而使无产阶级可以自由地根据平等的原则去出卖自己的劳动力。的确，"在资本主义体制下，劳动力是一种商品，正是这个事实，工薪阶层摆脱了任何人身依附"[1]。与农业社会普遍的人身依附相比，这无疑是历史的进步。但是，促成这种进步的是对人的抽象，即把人抽象为劳动力。然后，劳动力又是被作为一种可以在市场中自由交换的商品对待的。这样一来，人作为人的完整性也就失去了，人转化为物，被视作为物，被用物的尺度来衡量和评价。或者说，得到了社会承认、关注和评价的并不是人本身，而是人的物的方面。"和资本家、企业家和农场主一样，工薪阶层也要依靠消费者的偏好。但是消费者的选择并不在乎生产者是谁。他们在乎的是物，不是人。"[2] 把人等同于物是对人的抽象而造成的必然结果。而且，这种抽象不是学术研究或理论思考意义上的抽象，而

----

① ［奥］路德维希·冯·米塞斯：《官僚体制》，冯克利等译，新星出版社 2007 年版，第 39 页。
② ［奥］路德维希·冯·米塞斯：《官僚体制》，冯克利等译，新星出版社 2007 年版，第 39 页。

是现实地发生在社会运行的实际过程中的抽象。所以，资本主义体制用自己的实际运行把人转化成了物，使人丧失了其"本然就是"的现实性。

当代自由主义者在为这种抽象进行辩护的时候，所看到的是它赋予了人以自由的一面："正是这个事实，而不仅仅是宪法和权利法案，使得工薪领取者在不受管制的资本主义体系中成了自由人。作为消费者，他们是自己的能力的主人；作为生产者，他们和其他任何公民一样，无条件地服从于市场规律。当他们在市场上按市场价格向每个打算购买者出售一种生产要素即他们的辛苦和血汗时，他们没有损害自己的地位。他们不感谢自己的雇主，他们也不会成为他的奴仆。他们只为雇主提供具有一定质量和一定数量的劳动。另一方面，雇主不是在寻找投自己脾气的人，而是在寻找称职的、值得他支付工资的工人。"① 我们不禁要问的是，当人在一种使他抽象的社会结构中已经丧失了作为人的完整性的时候，继续谈论人的自由和独立性还有什么意义呢？其实，马克思在分析资本主义雇佣劳动的时候，早已指出自由地出卖劳动力即自由地受雇佣并不是人的自由。马克思所致力于追求的是全面发展的作为完整的人的那种自由，而当代自由主义者却把他们的自由主张建立在对抽象了的人即物的自由的描述上。与马克思相比，自由主义在理论层次上显然是极低的。

桑内特准确地指出了"人权"的"非人格性"，并认为"权利"这个概念纯粹是"现代西方的特产"。② 桑内特说："现代的人权观念来自自然和文化的对立。不管社会的风俗伦理是什么样的，每个人都会有一些基本的权利，就算他在这些文化秩序中所处的地位十分低下或者十分不一样。这些权利是什么呢？我们早已习惯于把它们分为两组，而且这两组都是起源于18世纪：生存的权利、平等的权利、自由的权利和友爱的权利。在这些权利之中，讨论生存权、自由权或者平等权要比讨论追求幸福权或者友爱权来得容易；后两者不像是能够和前三者相提并论的基本权利，反倒像是附加在前三者之上的好处。而我们之所以会认为这两种权利并没有生存权、自由权等那么重要，是因为我们已经不再持有一种萌芽于18世纪的假设——该假设恰

---

① ［奥］路德维希·冯·米塞斯：《官僚体制》，冯克利等译，新星出版社 2007 年版，第 39 页。
② ［美］理查德·桑内特：《公共人的衰落》，李继宏译，上海译文出版社 2008 年版，第 112 页。

恰是它们的基础。那种假设就是认为心灵拥有一种自然的尊严；心灵需求的完整性同样来自自然与文化的对立。"①

事实上，正如我们一再指出的，即使在权利的概念出现以后，其内涵也在不断地发生变化。虽然在今人的权利意识中还包含着很多自然的内容，即权利概念在 18 世纪生成时的一些内容被保留了下来，但其文化的内容一直处在一个不断增长的过程中，改变着权利概念的内涵。所以，权利的假设是拥有历史特征的，具有历史性。即使在这一假设被认为具有普适性的工业时代，权利的概念也处在一个演变过程之中。一旦工业时代走到了自己的尽头，人们如何对待它，也就成了一项需要做出选择的行动。现在，当我们处在全球化、后工业化进程中，站在一个告别工业社会的新起点上，没有理由去捍卫工业社会的所谓"普世价值"。相反，我们恰恰需要在对权利的扬弃中去卸下一切可能因为权利概念而加予我们的包袱。只有当我们抛弃了权利的概念，只有我们敢于将权利从我们的思想深处清理掉，才有可能发现新的社会建构起点——人的共生共在。

基于权利的社会建构让工业社会拥有了自由主义国家，可是，在昂格尔对自由主义国家的政治特征所作的描述中，我们所看到的则是，"自由主义社会是由后封建社会、社会阶层的贵族体制以及固定的社会等级的瓦解来界定的，也是由在政治地位与社会情境之间的相应区分来定义的。社会地位不再规定政治地位。作为公民与作为法律上的人，所有人从原则上来说都达到了形式上的平等，他们都获得了相似的政治的与市民的责任和权利。但是，在社会与经济情境中的幅度相当宽广的那些不平等则被容忍了，并且被视为与法律—政治的平等不同的一个问题来处理。政治触角所能达到的范围或多或少受到了明确的宪法性标准的限制，这些标准取代了那些封建与后封建社会潜在的'根本法'。因此就有了一个范围宽泛的私生活、经济的与道德的领域是政府所不能侵入的。以及最后，政治组织倾向于民主与宪政。权利是由被选举出来的代表来行使的。"② 在那些政府不能直接地让权力侵入的领

---

① ［美］理查德·桑内特：《公共人的衰落》，李继宏译，上海译文出版社 2008 年版，第 111—112 页。

② ［美］罗伯托·曼戈拉·昂格尔：《知识与政治》，支振锋译，中国政法大学出版社 2009 年版，第 217—218 页。

域，是依靠法律来开展社会治理的。即使用以开展社会治理的权力，在得到了行使的时候，也需要得到法律的规范。

我们说近代社会所建构起来的是管理型的社会治理模式，它不同于农业社会的统治型社会治理模式，所要做出的区别就是：在这两种社会治理模式间的所有不同中，最基本的方面就在于，统治型社会治理模式是依靠权力去开展社会治理，而管理型社会治理模式则是依靠法律去开展社会治理的。管理型的社会治理突出地强调了法律的权威地位，在理论上，时时要求把权力置于法律控制之下。然而，实际情况却不是理论所描绘出的那个样子。由法律所构成的"制度性的规范并不是约束权力之河的堤岸，而是权力之河的四处泛滥。如果窃取权力的财团想要平复举国上下对它们的疑虑，宪法就能适应这一要求，将财团解释为拥有权力的独立的个人。如果财团感觉有来自第三世界国家的民族主义政治家的威胁，为了自己的利益，宪法并不反对美国进行军事干预"。[①] 法律虽然在近代以来的社会治理实践中有着无比优异的表现，而且，作为法的精神的基本要义的方面，也放在了对权力的制约之上了。然而，法律并不能达成对权力的有效制约，无论是在一国内部还是在国际社会中，权力的滥用都是极其普遍的现象。在权力面前，一切关于权利的设定都一下子疲软了下来。这就是我们在工业社会中所看到的景象。

二、权利的自我否定

如果说个人主义使权利得到了明确定义的话，倒不如说正是权利的设定造就了个人主义的文化及其理论。有了权利的设定，全部社会建构和制度安排都有了坚实的基础，因而使得社会决定论合乎逻辑，具有合理性。在近代以来的社会中，权利就是社会的密码或者说基因。但是，社会这个有机体在全球化、后工业化进程中正在面临着全面重建的问题。如果说全球化、后工业化意味着后工业社会的出现，那么后工业社会将是一个在各个基本方面都将不同于工业社会的全新的社会。因而，重新编码或者说基因重组也将是必然的。可以肯定地说，后工业社会不是工业社会的复制，而是人类社会发展

---

① ［美］查尔斯·J. 福克斯、休·T. 米勒：《后现代公共行政——话语指向》，楚艳红译，中国人民大学出版社 2002 年版，第 30 页。

中的一个全新的历史阶段。就像我们曾经看到的那样，工业社会完全不同于农业社会，后工业社会也将完全不同于工业社会。既然工业社会是在权利的基础上建构起来的，那么，人们将不会再基于权利的设定去建构后工业社会，个人主义作为一种文化观念也将失去理论价值。

根据桑内特的考察，"在 19 世纪中叶的巴黎和伦敦，在 19 世纪中叶之后的欧洲其他国家的首都，有一种行为模式逐渐形成。这种模式和伦敦或巴黎在一个世纪之前的行为模式不一样，或者说和当今西方之外的世界的行为模式不一样。人们形成了这样的观念：人们没有权利找陌生人说话，每个人都有一个作为公共权利的无形盾牌，也就是每个人都有不被打扰的权利。公共行为是一种供观看的举止，是一种只能被动参与的活动，是一种带有窥淫癖意味的举动。……被人们视为权利的这道无形的沉默之墙意味着对公共领域的了解只能通过观察来获取——观察各种场景，观察其他男人和女人，观察各种场所。人们再也不通过社会交往来了解公共领域了。"① 桑内特从这一历史现象中解读出的内容是："在公共生活中无所不在的这种透明状态与隔离状态的矛盾，根源就在于 19 世纪形成的在公共场所保持沉默的权利。人们既要投身于混乱而又充满吸引力的公共领域，又要强调自己有不受别人打扰的权利，于是出现这种在别人的眼光之中保持隔离状态的结果，自然也就是理所当然的事情了。"②

其实，关于历史的结论是不应满足于桑内特的见解的，这种看似矛盾的情况恰恰走到了今天这样一个个性化的时代。在历史演进的逻辑中，人们对自己不受打扰以及保持沉默的权利的维护，使个人的个性得以凝聚和进一步发育。随着观察这一桑内特所说的"窥淫癖"的同步增强，便将人的个性诱发了出来，从而再无掩藏的必要。结果，人类就被推到了个性化的时代。这应当说是权利观念演变的积极社会成果。不过，也正是这一点，意味着对权利形成了否定，因为，在人的个性化之中是不可能包含着普遍性的规定的，权利作为人的普遍性规定是与人的个性化相冲突的。在阅读桑内特的那些描述时，我们不禁想到，从逻辑上看，如果没有人权观念的话，也就不可

---

① ［美］理查德·桑内特：《公共人的衰落》，李继宏译，上海译文出版社 2008 年版，第 31—32 页。

② ［美］理查德·桑内特：《公共人的衰落》，李继宏译，上海译文出版社 2008 年版，第 32 页。

能出现关于人的隐私权保护条款，即不会通过法律的形式去护卫人的隐私权。我们知道，在农业社会就不存在着什么隐私权的问题，人们生活在一个同质性的共同体中，人对于他人来说几乎一切都是透明的。除了一些具有密谋性质的东西之外，几乎人的所有方面都是可以向他人公开的。事实上，在这个时候，由于人们没有保密意识，几乎人的所有方面也都是向他人公开的。至少，将自我向他人公开是一种君子人格的标志，君子席地幕天、不愧屋漏，没有不能见人之事，亦无不可见人之处。

其实，并不仅仅是在熟人社会中不存在隐私权，即便是在工业社会这样一个陌生人社会中，也不是在每一个领域中都会刻意强调人的隐私权。具体地说，在私人领域和私人生活中，隐私权被看得非常重要，因为人的隐私权在这个领域中受到了挑战，就意味着某个潜在的威胁悄悄地向人袭来。在日常生活领域中，当人们面对着自己可以依赖的亲朋好友时，人的隐私权并不会得到刻意的强调。在公共领域中，任何对隐私权的宣示都会被看作是对公共利益的侵害，这个领域不仅不保护人的隐私权，反而要求公开、透明。总的说来，隐私权作为一项人权而被确认起来实际上只是工业社会特有的现象。显而易见，陌生人社会对人构成了巨大的精神压抑。"为了避免无意中向他人表露自己的情感，人们希望把感情藏得严严实实。只有把你的情感变成秘密，这些情感才是安全的；只有在掩饰的时刻和地方你才能够自由地和他人交往。"[1]

现在，随着网络的出现，我们看到了一种新的社会现象，那就是，在网络平台上的交往是完全可以打消人的各种各样的安全顾虑的。比如，当你进入一个网络聊天室时，就会发现，你可以选择任何一个你所中意的人作为你的倾诉对象，你可以把你情感中最隐蔽的方面完全暴露给愿意听你倾诉的人。如果你得到了对方的同情、理解、欣赏、赞同……你们心心相印，再相约见面。见面的时候，你们相互对对方的了解已经无比充分，你们相互都在对方那里获得安全感，甚至获得了对某些情感缺失的补偿。如果发展进程不是这样的，你在这个进程中的任何一个点上发现你的倾诉对象并不值得信赖，你就可以中断与对方的交往。即使那个人是你的生活圈子或工作圈子中

---

[1] ［美］理查德·桑内特：《公共人的衰落》，李继宏译，上海译文出版社 2008 年版，第 189 页。

的人，由于你的匿名，也无任何安全之虞。所以，网络使陌生人社会的交往方式以及性质发生了改变，进而使那些为陌生人社会设立的保护措施变成多余之物。那样的话，对隐私权的强调还有什么意义呢？或者说，在经历过一个较长时期的发展后，关于人的隐私权保护的法律，就可能逐渐地被人们所忘却。

其实，如果仔细去加以辨认的话，就会发现我们上面所指出的那种情况：在工业社会中，并不是每一个生活领域都刻意地保护人的隐私权的。在公共领域与私人领域分化的条件下，隐私权仅仅适应了私人领域的要求。在公共领域中，所要寻求的恰恰是公开性。即使对于公共领域中的作为行动者的个人而言，一旦他进入公共领域而获得职业角色后，也就没有理由提出隐私权的要求。因为，他若在这里提出隐私权的要求，实际上就是对公共领域的根本性质的背叛，就会成为公共领域中的异己分子，他的行为就会对公共领域的健康造成破坏。你若想保留自己的隐私权的话，你就必须从公共领域中走开，到私人领域中去寻求职业发展。所以，关于人的隐私权的问题，在工业社会也不具有普遍性，而是由人的活动领域决定的。由此我们也看到，就隐私权是人权的重要组成部分而言，在工业社会也需要因人的生活和活动领域而定，并不具有普遍性，那么，无视这一点而宣布人权是一种普世价值，岂不荒诞。把人权宣布为普世价值，如果不是因为无知的话，也是一种恶意的欺骗。

公共领域、私人领域和日常生活领域分化的问题是在 20 世纪才被发现的，即使就社会发展的实际进程看，也是在 19 世纪后期才显现出来的一种社会分化状况。此前，学者们所观察到的是国家与社会的分化。事实上，从思想史来看，19 世纪关于政治、社会以及历史哲学的作品，大都致力于探讨国家与社会关系的主题，或者说，在国家与社会分化的框架下展开思维行程。甚至在领域分化的课题被提出后，19 世纪的思想家和学者们集中探讨的这个主题还一直被许多学者作为学术志业对待。比如，在中国学术界，现在许多著述都还围绕着这个主题去阐发思想，而且也深深地影响着改革者的思路。这在某种意义上反映了思想滞后的现实。我们指出这一点是要说明，18 世纪的启蒙思想家们在做出人权设定的时候，没有关注到领域分化的社会现实，更不可能考虑到人权在领域分离条件下的适应性问题。所以，才在后世引发了诸多无谓的争执。这是整个工业社会这一历史时期的理论与实践相冲突的现实表现，随着领域融合进程的开启，这一问题的解决已经失去了现实意义。

我们发现，互联网以及其他技术的发展，正在向我们展示这样一种前景，那就是隐私权的维护已经变得不可能了。在隐私权越来越受到人们忽视的时代，由哈贝马斯确认的那个公共领域已经成为人们展示隐私的展台。原先的街谈巷议已经变成媒体猎奇的主要内容，新闻不再是让你了解世界上发生了什么事，而是一种挑逗你的窥探隐私欲望的诱饵。这样一来，公共领域与私人领域间的界限也就失去了意义。即使私人领域中的所谓商业秘密得到了保护，那么，日常生活领域也完全失去了宁静。或者说，曾几何时被学者们视作私人领域——实质上是日常生活领域——的那部分已经与公共领域合二为一了，剩下的真正属于私人领域的那部分也承受着来自公共领域的巨大压力。特别是对于跨国经营的企业和股份制企业而言，都被要求定期公示运营状况、盈亏数据以及在社会责任承担中的表现。

在熟人社会中，人与人的联系以血缘、地缘、学缘、业缘等为纽带。这种联系是直观的经验事实，只是在进一步扩展其范围时才需要求助于想象。在社会生活中，上述联系已经能够为人们开展行动时如何做出行为选择提供支持。然而，当现代化打开了通往陌生人社会的门扉时，血缘、地缘、学缘、业缘等已经失去了作为纽带的力量，无法对人的社会生活提供支持，甚至早已在陌生人社会中被消解掉了。此时，社会生活的开展就必须寻求替代性的联系途径，以求人的行动及其行为选择也能够拥有新的标准。正是出于这一要求，分析性思维介入了进来，通过对人的抽象而发现了同一的人性。然后，又在同一的人性基础上建构起了普遍的人权。正是如此，人类社会的发展不可逆转地走向了陌生人社会。

全球化、后工业化不仅不会把陌生人重新拖回熟人社会中，反而会使陌生人匿名化。事实上，从陌生人社会过渡到匿名社会是一场正在行进中的运动。随着匿名社会的出现，在人们之间寻求同一性的做法变得不再可能，普遍性的人权也将失去承载者。这也决定了对人进行抽象并在抽象的基础上进行重建的分析性思维将不再能够派得上用场，以至于必须用想象来填补空白。在匿名社会中，人与人之间的联系是不确定的。在人们之间，也无法寻求同一性的因素，每个人都以匿名的形式开展行动，而且也只能通过行动去表现自己。至于他人，也只有通过你的行动去认识你和理解你，即实现对你的定义和把握。

由于人是匿名的，已经不再以陌生人的实体性存在的形式出现，而是虚拟化的存在，就这种人而言，即使能够作出定义和进行把握，也会因为其行动的不确定性而显得不确定。所以，必须求助于想象，才能在你与你的行动之间建立联系，才能在你已有的行动与即将发生的行动之间建立联系。就这种联系也是不确定的、模糊的而言，只能视作为相似和类似，属于相似性思维的成果。由此可见，在全球化、后工业化进程中，对人的认识和把握在思维方式和逻辑路径上都出现了新的变化，以至于从属于工业社会思维方式和逻辑路径的权利，必将失去存在的基础。也就是说，在这种新的思维及其逻辑中，不可能有权利的位置，更无法去用权利定义人。一旦在思想和理论中剔除了权利，那么社会建构的实践也就不可能再从权利出发了。

根据昂格尔的看法，现代社会中的各种各样的矛盾都是根源于"抽象的自我与具体的自我之间的分裂。在这种分裂产生的条件下，所有的工作都被看作是与意志无关的某种东西，而正是意志创造了工作。每一个生命过程都被视为对某人之潜在人性的牺牲，这种牺牲是由于这个人需要变成一个确定与有限的存在物，他压制了其部分才智以使别人能够发展之"。① 或者说，社会运行的结果表现在个人这里恰恰是与这个社会得以确立的基本原则相反的。现代社会是建立在权利的基础上的，通过社会契约，个人应当做出的牺牲已经做出了，为人保留下的权利都应当得到充分的维护，社会的运行应当从属于维护个人被保留下来的那部分权利的需要，而不是让个人再做出什么牺牲。可是，结果正好相反，社会治理的全部内容，有一半是声称维护人的权利的，也有一半是每日每时都在剥夺人的权利的。在剥夺人的权利的时候，被说成是人对社会所尽的义务。就此而言，近代以来的社会治理无论是以什么样的面目出现的，都是对权利的戏弄。本来，这个社会是建立在权利设定的基础上的，是从权利出发而建构起来的，社会治理无非是为了提供这

---

① ［美］罗伯托·曼戈拉·昂格尔：《知识与政治》，支振峰译，中国政法大学出版社 2009 年版，第 35 页。

个社会应有的秩序和保障这个社会的顺畅运行。事实情况却不是这样的，而是表现出逻辑上的自反。鉴于此，我们也有充分的理由要求人的行动即一切行为选择都遵从人的意志，而不是受到强加于人的外在力量的支配。而这项要求的实现，只能寄托于一切为了促进合作的制度安排。

三、社会重构的机遇

施韦卡特评价道："正如马克思所注意到的，许多法国革命的领袖原以为，他们是在再造一个罗马共和国，而实际上他们在缔造一个现代意义的资本主义国家。"[①] 在中国面对着工业化和后工业化双重压力时，出现了种种社会问题，甚至存在着引发社会失序的危险，一些人以为可以在儒家思想宝库中找到思想控制和行为规范的武器，并相信它将带来一个历史上曾经的盛世。其实，全球化、后工业化并不给予这些追求以支持。历史总是有着自己的节奏，并在蹒跚的行进中执著地走向未来。全球化、后工业化所指向的是人类历史的一个新的阶段，人类社会的再造和重构都会以全新的面目出现。我们相信，在全球化、后工业化背景下重建社会，将会在所有基本的方面都抛弃中国农业社会那些镌刻在历史上的辉煌业绩，同时也不同于工业化所造就的现代文明。全球化、后工业化所开启的是人类历史的一个新阶段，即不把基于血缘凝聚力的和谐共存作为理想境界，也不把对个人权利的保障作为善治的标准，而是出于人的共生共在这一目的去开展一切活动。

在社会建构的问题上，把社会归结为人，必然会要求社会从人出发，服从和服务于人。如果至此止步的话，这肯定是一个让人陶醉的理想。然而，思维不会就此止步，而是需要进一步地提出服从和服务于哪些人的问题。在农业社会，答案是非常直观和非常简单的，那就是服从和服务于占统治地位的那个阶级或阶层的人。到了工业社会，问题被加以转换了。在这里，人不再是某个特殊等级或阶级的人，而是作为全体社会成员的每个人。然而，人与人之间的差异如此之大，而且，工业社会在一开始就表现出领域分化的特征，每个人都处于某个（些）特定的领域中，不同领域的差异也是非常巨

---

① ［美］戴维·施韦卡特：《反对资本主义》，李智等译，中国人民大学出版社 2013 年版，"中文版序"，第 6 页。

大的。这样一来，构成社会的所有设置如何才能与差异巨大的所有人一一对应，并证明是从属于人的、服从于人的和服务于人的？这就是工业社会建构过程中遇到的理论难题。但是，思想家们非常顺利地解决了这个问题，那就是在自然状态中发现了原子化的个人，并确认了他所拥有的权利。

这种权利是每个人都拥有的，而且是平等地拥有的。每个人都不会比他人拥有得更多或更少，每个人所拥有的权利也不会与他人所拥有的权利在比较上有什么异样。这样一来，就可以基于这种权利而进行社会建构了，所有的社会设置，在终极意义上，都是从属于人的权利、服从人的权利和服务于人的权利的。所以，社会不再被归结为某个人或某个等级、阶级的人，而是被归结为所有的人。然而，人的权利能否等同于人，这在工业社会的所有思想和理论中都是不可提问的问题。因为，对此设问将冒天下之大不韪，它等于是对工业社会的全部上层建筑发出了质疑。所以，人的权利是一个绝对性的起点，是全部社会构建的起点，也是全部理论思索的起点。因而，在是否等同于人的问题上，最好采取模糊立场。我们知道，工业社会中的人最崇尚的就是理性，然而，在全部理论思索和社会建构的起点问题上，则是不准许做出理性提问的。所以，工业社会中的人与社会的关系也就被认为是属于人的、服从人的和服务于人的。然而，那终究都是一种似是而非的观念。

其实，人在任何时候都不能被等同于人的权利，甚至不可以被简约为人的权利，人要远比人的权利所标示的内容复杂得多。每个人都是具体的，因而，人与人之间存在着难以尽数的差异，而人的权利所指示的却是所有人共有的那一部分。在人的权利的意义上，人与人之间恰恰是没有任何差异的。由此看来，这种人其实是不存在于现实之中的，而是一种虚构。然而，正是这个完全虚构出来的人，却成了工业社会的全部社会建构的基础。想到了这一点，不免让人不寒而栗。而造成这一结果的，恰恰是一个把社会归结为人的思路。如果我们不是把社会归结为人，而是反过来把人归结为社会的话，社会建构肯定会有一个完全不同的方案。

农业社会的个人是融入到了共同体之中的，应当说这个社会中并不存在着个人。或者说，农业社会的个人只是自然意义上的个人，在社会的意义上，并无个人。但是，我们也看到了农业社会的另一个面相，那就是经常性地把社会归结为特殊的个人，所以，在这个历史阶段中，人们往往会对个人的社会作用做出误判，或者把社会的健全、发展和良性运转寄托于某个卡里斯玛，或者制造出某个窃国大盗。总的说来，把社会归结为个人是制造英雄主义神话的基本原因，而且，这种思路在得以物化后，又能够按照这个思路创造出可以自我证明的证据。也就是说，英雄主义即造就出了挽救国家、民族于危难的英雄，也同时能够造就出各种各样的罪犯。有了这些由自己制造出来的证据，更加证实了社会能够归结为具体的个人。

在英雄主义时代终结后，把社会归结为个人的思路并未中止，而是以另一种形式出现了。那就是用公众置换了英雄，而公众无非是个人的集合，是由个人汇集起来的，而且，公众中的个人是原子化的个人。在实现了公众对英雄的置换后，原子化的个人作为终极行动者出场了。但是，他已经不再是现实中的个人，而是抽象的个体，他与他人的差异被抹平了，仅仅剩下了他与他人共有的权利。他们参与政治生活，不是作为人而参与到政治生活中，而是以公民身份出现的。这个身份并不是他作为人的全部，而是他参与社会生活、政治生活的资格。正因为公民身份只是人的一部分，所以，是与他人的同样这一部分完全相同的。在投票的时候，都被确认为"1"这个数字。这个历史过程也被表述为从英雄主义向个人主义的转变。无论英雄主义还是个人主义，在基本思路上都是把社会归结为个人，区别只在于英雄主义导致了集权，而个人主义导致了社会治理的民主。

虽然集权制和民主制两种社会治理模式被认为有着根本性质的不同，而形成这两种社会治理模式的或者说作为这两种社会治理模式基础的基本思路，却是一致的，都是把社会归结为个人。其实，即便是在工业社会的历史背景中，在个人与社会的关系问题上，也不应把社会归结为个人，而是应把个人归结为社会。当马克思提出"人是社会关系的总和"这一判断时，显然是明确地表达了要求把个人归结为社会的思路，只不过，这一思想在转化为实践的时候受到了歪曲。而且，在与现代性的个人主义相对立的立场上，创造了某种复古的治理模式，以至于沿着这一思想重走一遍从古代向现代过渡的历史道路。让人最为惊诧的是，这却是众多学者优先推荐的道路，围绕这个问题产生的诸如"威权主义"、"新权威主义"等概念甚至是学者们热衷于谈论和讨论的。实际上，这些学者们只不过是带着某种谄媚的表情去言说，而他们所发出的声音却不见得有人愿意听，用中国人常说的一句俗语：

拍马屁拍到马腿上了。在历史发展的客观进程中，我们所看到的是，马克思的思想也许在人类社会后工业化的进程中获得了向实践转化的机遇。这是一个需要关注的新的现实。

把个人归结为社会是否包含着消除人的社会差异的内涵呢？从近代以来的思想史来看，消除社会差异的空想主义虽然具有巨大的蛊惑力，却是无法付诸实施的，近代以来的整个社会发展历程已经充分地证实了这一点。所以，面向后工业社会的制度安排必须建立在承认差异的基础上。对差异的承认并不意味着平等追求可以放弃，反而是这种追求的深化，即在全面考虑人的各个方面的前提下去确立平等追求的目标，而不是把平等仅仅简化为政治平等和经济平等。既不是在政治上要求消除人们之间的地位差异，也不是在经济上要求人们财富均等，而是要求人们在全面发展的意义上去追求一种平等的感受。就这种平等而言，是得到伦理认同和道德自觉支持的。

我们已经指出，民主是基于权利的设计，而且被认为在人的权利的实现方面是最为成功的路径。但是，就从民主与人的权利之间的状况看，近代早期的民主是通过"代表制"去实现人的权利的。在这种条件下，虽然人们通过选举代表去"代为表达"，但在代表生成后，人们所拥有的基本权利并没有放弃。然而，代表制在自身的演进中逐渐地转型为"代理制"了，虽然在形式上依然保留了代表生成的机制，并认为代表在社会治理体系中拥有更多的监督权和裁决权，而在实际上，公众的几乎所有权利都被代理了。而且，代理的前提就是公众必须放弃他们所拥有的基本权利。由此看来，虽然"代理制"是从"代表制"中演化出来的，但代理制与代表制的性质是不同的。代表制可以看作是对民主的操作性安排，而代理制则是反民主的。尽管如此，代理制却在社会治理方面表现出了无与伦比的优势，而且可以打着民主的幌子而实施无所不在的控制。

在20世纪后期，代理制的反民主性质被人们深切地感受到了，从而产生了纠正代理制的冲动，如上所述，这就是参与民主理论得以产生的原因。根据参与民主理论的观点，代理制是被作为一个既成事实对待的，被认为是不可能加以抛弃的事实。所以，参与民主理论的民主重建是在尊重代理制的前提下进行的，只不过是更多地引入了公众参与。具体说来，那就是让公众广泛地参与决策，把代理人置于政策执行者的位置上。这在某种意义上是在默认了代表失灵的前提下做出的新设计。不过，我们也看到，参与民主理论所提出的这一方案实际上在很大程度上回到了民主滥觞时期。尽管科学技术的进步已经营造了公众广泛参与的条件，但是，如果希望这种参与是有序的话，还是要在恢复代表制的道路上去寻求保障。而且，参与民主理论也正是努力通过对代表制的恢复而去纠正代理制压抑和剥夺人的权利的问题的。可以想象这样做的前景必然会导致民主发展的循环。也许这种循环会因科学技术的进步以及其他社会生活条件的改善而表现出新的气象，却无法从根本上告别轮回之苦。

事实上，在全球化、后工业化进程中，社会的高度复杂性和高度不确定性并不对人们所构想的那种按部就班的参与民主提供支持。所以，参与民主并不能为民主的复生带来福音，也不可能为人的权利的实现提供保障，所提供的反而只是一座海市蜃楼。我们已经指出，在全球化、后工业化进程中思考社会重建的问题，需要实现思维方式的根本性变革，需要用相似性思维去替代分析性思维。事实上，在社会的高度复杂性和高度不确定性条件下，分析性思维已经无法对人的行动提供有益资助。就此而言，也必须为相似性思维的出场让路。我们认为，相似性思维将是一种尊重差异而不是谋求同一性的思维，甚至可以说，相似性思维是建立在差异的前提下的。虽然相似性思维是要在不同事物间建立起联系，但不因为建立起联系而否认差异，更不会转化为消除差异的行动，而是从差异出发去开展行动。因而，它与分析性思维完全不同。

我们发现，分析性思维对同一性的追求总是导向否认差异和消除差异的方向。比如，分析性思维在陌生人中发现同一性的人性，并基于人性而建构起普遍性的人的权利，通过人的权利的再确认和再定义形成民主制度。当民族国家建立起民主制度后，就产生了加以推广的冲动。事实上，西方国家在向世界推广民主制度的过程中，什么样的手段都尝试过，而且无所不用其极。从逻辑上看，这种做法所要实现的目标就是制造民族国家的同形化。显而易见，这种同形化追求必然会以消除差异的方式去付诸实现。从近代国家间关系的发展来看，诸多冲突都是由同形化追求引发的，正是那些可能毫无意义的霸权国家的同形化追求，令世界动荡不安。在全球风险社会中，在高度复杂性和高度不确定性条件下，如果同形化追求得以延续的话，必然会加剧世界的动荡，甚至会把全球引入极其危险的境地。

事实上，世界的高度复杂性和高度不确定性也决定同形化追求是徒劳无益的。所以，承认差异、尊重差异并包容差异就是一项不得不为之的选择。而工业社会寻求同一性的分析性思维恰恰是与之相悖的，以至于我们必须用相似性思维去取代分析性思维。一旦相似性思维建立起来并成为我们的思维习惯，我们就能够与差异共处。此时，差异不仅不会走向矛盾，反而恰恰是造就和谐社会的前提，人们之间正是因为存在着差异，才能和谐相处、才能共生共在，才能以合作的方式开展行动。这样一来，我们还有什么理由抱住近代早期的那项权利设定不放呢？

第二节　从民主到合作

一、思想重构的任务

在思考全球化进程中的社会发展动力问题时，阿明指出："无论大学里的教授会作出怎样的设想，历史都不是无一例外地由'纯经济学'法则所主宰。相反，历史是对那些法则所预示的趋势做出某种社会反映的产物，而这些社会反映反过来规定了经济法则在其中发生作用的具体社会关系。如同资本积累的'纯'逻辑一样，'反体系'的力量——换句话说，对完全屈从于预定法则的苛求所作的有组织的、一贯有效的拒绝——同样塑造了真实的历史。'反体系'的力量决定了资本扩张的可能性及其形式，而资本扩张就发生在他们自身所要求的有组织的社会框架之内。"① 如果说在社会的运行中区分出了政治、经济、管理等方面，那么，对任何一个方面的关注都是成问题的，或者说会导致各种问题。我们说经济是基础，并不意味着存在着自动运行的经济。任何一个经济体系的运行都包含着政治的、管理的等多种因素的参与。在某种意义上，所有的经济法则都需要转换成为政治上的安排，或者说，需要进入管理的过程，才会成为积极的因素。否则，就是破坏性的

---

① ［埃及］萨米尔·阿明：《全球化时代的资本主义——对当代社会的管理》，丁开杰等译，中国人民大学出版社 2013 年版，"引言"第 6 页。

力量。而且，转化成为政治安排以及进入管理过程中的经济法则也不是一劳永逸的，不能被允许停留在某个固定的状态，而是需要得到随时调整和改变的。

近代以来的社会在对经济法则做出政治安排和在管理过程对之加以应用方面并无可指责之处，问题是在这样做的时候使之结构化、体系化了。尽管这一问题在几乎整个工业社会的历史阶段中并未充分暴露出来，或者说，人们并未充分地意识到它是一个非常严重的问题，但是，在全球化、后工业化进程中，这一问题却日益凸显出来，从而激起了"反体系"力量的增长。应该说，在全球化、后工业化进程中，对体系化的规则构成了挑战的一切，或者说，一切能够推动历史进步的行动，都包含着"反体系"的力量。而且，这些"反体系"的力量应当被视作合理性的因素。事实上，也正在逐渐呈现出了一种不同于工业社会历史背景下的合理性，它们是不应当受到那些为了维护规则的力量压抑的。

在某种意义上，工业社会与资本主义是重合的，或者说是同一个历史阶段的两种称呼。鉴于"资本主义"一词在 20 世纪存在着两种与意识形态相关的理解，而且这个词的褒贬属性也是不确定的，我们更倾向于使用"工业社会"一词去指资本主义社会。在工业社会这个历史阶段中，资本是作为社会构成的重要因素存在的，资本的运行以及扩张是在工业社会的体系中发生和进行的，是通过工业社会的组织而付诸于具体行动的。在全球化、后工业化进程中，我们发现，"'反体系'的力量并不根源于资本的运行和扩张，而是来源于资本运行和扩张之外的。可以认为，资本更愿意维护既有的体系，并希望在既有的体系中增殖，而那些直接根源于社会的（如非营利组织等）因素才有可能成为'反体系'力量的载体。所以，历史的进步和社会的发展并不等同于市场的扩张。"①

认识到这一点，就会要求打破既有的主流话语。这是因为，在既有的主流话语中，总是"认为市场的扩张必然引起社会的进步和民主"。② 实际上，

---

① ［埃及］萨米尔·阿明：《全球化时代的资本主义——对当代社会的管理》，丁开杰等译，中国人民大学出版社 2013 年版，"引言"第 6 页。

② ［埃及］萨米尔·阿明：《全球化时代的资本主义——对当代社会的管理》，丁开杰等译，中国人民大学出版社 2013 年版，"引言"第 6 页。

市场的扩张只能引起更大的两极分化，进而阻碍全球化、后工业化力量的积聚。就全球化是与后工业化联系在一起的同一场历史性的社会运动而言，决不是通过资本去开拓道路的，反而恰恰是对资本的否定。实际上，"反体系"的力量也应当是反对资本扩张的力量。具体地说，这种力量是来源于政治模式的变革。根据我们的看法，在从民主政治向合作政治的过渡过程中，将会释放出巨大的反体系力量，将会突破既有的各种各样的障碍，进而为我们开拓出一条走向未来的道路。

哈贝马斯说得好："一种独特的精神形态一旦被认可了其独特性和命名，就已经偏离了其原旨，也就注定要走向消亡。"[1] 不仅是每个时代风行一度的各种主义，而且整个现代思想也都是这样。启蒙时期的伟大创意在其后的反复阐释中已药残汤稀，甚至受到了严重歪曲。反映在社会建构上，特别是在运用于社会治理方案的设计时，来源于近代早期的那些思想显得越来越怪异，以至于时常在无情的现实面前遭遇被否定的尴尬。昂格尔也表达了大致相同的意见。他认为，"思想一再利用自己的自由作为工具而将其自身束缚在锁链之中。但是，在它打破其锁链的任何时候，它所赢得的自由都比那失去的要更巨大，并且胜利的荣光要胜过它早前支配时所遭受的悲惨。即便它的失败也加强了它。因此，在思想的历史中，每一件事的发生，都好像意图提醒我们：尽管死亡是永恒的，但它始终总是单一的；而同时，尽管生命是稍纵即逝的，但它却总是某种后胜于前的东西。"[2]

思想史就是一部不断突破思想枷锁的历史，每一个新思想的生成，都在打破既有的思想枷锁方面做出了艰苦的努力。然而，当这种努力取得胜利的时候，也就同时在胜利的喜悦中变成了新的思想枷锁，而且是更精致、更坚定的思想枷锁。当然，在每一个时代，我们都会发现，更多的人习惯于佩戴着思想枷锁。如果没有这种枷锁，他们反而会觉得心里空落落的，会感到不适。但是，从历史上的每一个历史转折点所呈现给我们的历史进步力量看，毕竟历史进步的要求会凝聚在一些人身上，让他们挺身而出，不畏艰难地去打破既有的思想枷锁，为已经死去的思想开出死亡证明书。同时，又在同样

---

[1] ［德］尤尔根·哈贝马斯：《后形而上学思想》，曹卫东等译，译林出版社2001年版，第4页。

[2] ［美］罗伯托·曼戈拉·昂格尔：《知识与政治》，支振峰译，中国政法大学出版社2009年版，第1页。

的地方创造出新的生命。新的生命在开始的时候会呈现出生机勃勃的景象，但也会衰老和死亡。一旦成为死了的东西，也同样会成为继起一代的思想枷锁。不过，思想的死亡却可能蜕变成知识，即原先的思想以知识的形式再现。这些知识在思想死亡的同时却变得非常宝贵，可以为人们打破既有的思想枷锁提供门径，让人避开障碍。

在全球化、后工业化进程中，认识到思想发展的这一辩证法也就可以给予我们昂首阔步走向未来的信心，会激发出我们自觉地通过打破既有的思想枷锁去开拓未来的热情。进而，在思想所获得的新的自由中去构想通向未来的社会建构方案。现在，当我们行进在全球化、后工业化进程中的时候，所面对的是一个现代思想已经彻底征服了人心的社会，既存的各种各样的思想完全禁锢了人的思维，让人们依偎在现代思想的怀抱中渴望和寻求安慰。在既有的各种各样的思想存在着某些表面的和无关紧要的分歧时，人们甚至会围绕着将什么因素确立为普世价值的问题而争论不休，却无视风险和危机事件正在彻底地打破既存的一切，正在表现出一种强烈的要求，即要求我们再度去提出新的思想、建构新的理论和进行新的社会安排。其实，全球化、后工业化已经做出了宣示，那就是既有的制度、集体行动模式以及认识世界的方式都不再适用。因而，我们面向未来的行程需要从一个全新的起点出发，我们面向未来的社会建构需要在一个全新的视角中去发现路径和寻找方案。在这之中，政治是首当其冲的，它必须接受否定和重建。

从马克思主义的理论中可以看到，政治不是永恒的，甚至在人类真正的"文明史"开始的时候，政治就会消失。但是，我们可以相信，在一个相当长的历史阶段中，政治都是无法被取缔的一种社会生活方式。或者说，政治依然会是人们开展社会生活的必要途径和可靠保障。这是因为，人类已经没有理由再让历史作为一个自然过程去重新经历自然演进的历史。只要人希望干预历史演进过程，就会选择政治去对历史做出干预，而且，政治必定会被视作一个很好的手段。可是，当政治出面干预历史进程的时候，它自身则需要首先得到改变。应当说，政治自身的改变是一个最低限度的要求。因为，全球化、后工业化已经使我们的社会呈现出了高度复杂性和高度不确定性，政治生活以及全部政治活动都需要适应社会的高度复杂性和高度不确定性的要求。

　　显然，政治与其他一切社会现象一样，都有着历史传承，都根源于历史和从历史中继承许许多多的东西。但是，已经程式化的既有政治模式和运行方式都会像昂格尔所描述的思想史一样，成为一种枷锁，会不自觉地表现出拒绝变革的要求。可以确定无疑地指出，既有的政治模式和运行方式都是在社会的低度复杂性和低度不确定性条件下建构起来的，虽然在整个工业社会经常性地受到广泛诟病，但基本上能够适应低度复杂性和低度不确定性条件下的社会治理的要求。现在，面对着全球化、后工业化进程中日益增强的高度复杂性和高度不确定性，政治必须正视变革的客观必然性。在高度复杂性和高度不确定性条件下，人们能否找到走出风险社会的出路，能否在危机事件频发的情况下找到生存和发展的路径，都首先需要从政治变革起步。

　　我们也强烈地感受到，在全球化、后工业化进程中，我们缺少的是对后工业社会进行系统和全面构想的理论。可以相信，在关于后工业社会建构的各项基本原则得以确立之前，我们并不知道哪些东西可以成为基本的和普适性的工具。所以，我们在今天所应承担起来的第一项使命就是理论建构活动。如果我们关于后工业社会的理论建构活动取得了积极进展，那么，就如昂格尔所说："没有任何一个人，在听了有力而伟大的理论所宣示的秘语之后会再向绝望投降，他也绝不会再怀疑，这种思想的声音总有一天能够唤醒那些顽石自身。"① 生命是顽强的，对生的追求是强烈的。面对风险社会，在危机事件频发的条件下，人类绵延不息的愿望会激发出无限的创造力，从而把后工业社会理论建构活动推向前进。虽然这种理论的建构不会一蹴而就，但我们在已经做出的创见中能够体验到走出当前困境的力量，并获得信心。也许在我们开展这项理论探索活动时，我们身边心胸狭隘的、只知追逐名利的所谓"小人"会有意识地为我们制造各种各样的障碍，使我们的工作凭空增加了诸多干扰，但是，我们积极地为人类事业而苦苦追寻和不懈努力，必将突破所有的障碍，会让这些"小人"显得无比的丑陋。

　　虽然思想和理论是社会现实的再现，但真理性原则必须在这种再现中得到遵从。也许面向未来的创造性建构给予思想和理论以巨大的想象空间，却

---

　　① ［美］罗伯托·曼戈拉·昂格尔：《知识与政治》，支振峰译，中国政法大学出版社2009年版，第39页。

绝不意味着可以滥用想象，更不用说再现历史时可以不顾其本来面目而任意地描绘它。然而，在近代以来的文献中，用现代意识去描绘历史已经成了一种流行病，谈到民主的问题时，总是极力把古希腊说成民主的典范；谈到法治时也往往把古罗马描绘成样板……这都是不实的。虽然对历史的改写总是出于证明现实的永恒性之需要，但在这样做的时候，却淡化了人类进步中所取得的新成就，特别是封闭了走向未来的通道，可以认为，是从思维深处抑制了人们面向未来的探索。在全球化、后工业化进程中，我们反对任何一种到历史中去寻找建构未来的思想资源的做法。历史的确是一个可以无限开发的宝藏，历史上曾经存在过的伟大思想也确实可以成为宝贵资源，但是，我们的社会建构必须从当下的现实出发，而且，面向未来的社会建构是需要从当下社会变革中所呈现出来的新迹象出发的。

一切思想和理论都应指向实践，应当是为了解决现实中的实际问题而创设的。思想和理论建构不应追求所谓学术效应，更不应满足于得到了多大范围的承认和认同，而是应当通过所经营的社会影响作用于实践。所以，我们反对任何为了学术名义去开展著述的活动，更反对任何为了标新立异而去进行理论建构的做法。对理论的迷恋，必须融入情系人类命运的胸怀中，必须把人的生存条件的改善以及种的延续作为第一志业。在低度复杂性和低度不确定性条件下，在思想的阐发和理论的证明中，基本上都默认了背景的稳定性。一般说来，规范性的研究往往会涉及背景或首先进行背景陈述。在此之中，就包含着把特定背景作为稳定的、明确的定在加以接受的心理定势，包含着把认识或研究对象看作是静止的和可以加以静态描述的判断。实证研究虽然很少涉及背景的话题，却是把背景作为一个潜伏着的研究前提对待了，其研究所默认的背景是理想形态。在高度复杂性和高度不确定性条件下，这些对背景的处理显然不行了。

在高度复杂性和高度不确定性条件下，科学研究不仅不可能设定背景具有任何理想形态，而且背景的复杂性和不确定性也决定了所有研究都必须首先考虑背景因素的具体性和特殊性。如果不考虑背景因素的具体性和特殊性，那么，一切研究都无法形成有利于行动的科学认识。可见，科学研究和思想及其理论建构都需要充分考虑背景因素。工业社会的科学研究基本上都把背景因素看作是不变的，往往是把背景因素设定为理想状态。在高度复杂性和高度不确定性条件下，科学研究要求把背景因素看作具体的和变动的。事实上，在高度复杂性和高度不确定性的社会中，整个人类的整体性生存压力陡增，从而要求我们必须把人的共生共在作为最重要的主题突出出来。这样一来，一切思想和理论都必须围绕着人的共生共在的主题去实现自身的建构，需要寻找能够把人的共生共在的要求转化为社会安排的可行方案。

就现实而言，我们认为，之所以政治及其社会治理会陷入近代以来的持续争论之中，之所以人们面对风险社会和危机事件频发的状态还纠结于民主与否的问题，是因为民主作为一种意识形态取得了巨大成功而让人们接受了它。或者说，是因为处在民主的话语霸权语境之中，以至于人们不可能对民主发生怀疑，而是用民主这个标准去评判以为可以评判的一切。而且，被作为标准来对待的民主并不是一个客观标准，而是包含着信仰，倾注了自以为拥有了理性的人的情感。因而，当用民主的标准去对一切被认为可以评判的东西进行评判时，往往挥洒的是激情肆溢的批判和斥责。但是，民主作为一个标准却是非常可疑的标准，正如弗雷泽所说的："时至今日，虽然每个人都宣称支持民主，但'民主'仍然是一个备受争议、见仁见智的语汇。"①

对于社会治理而言，民主从来都不是一条时时或处处令人满意的社会治理途径。即便是在人人都谈论民主的情况下，每一个人对民主的理解也都是从自己的观念和利益出发的，希望民主对自我有利。弗雷泽在解析这一现象时说，存在着"民主参与的两种不同障碍。一种障碍是社会不平等；另一种障碍是对差异的错误承认。"② 因为，在民主的路径中生成的制度，预先设定好了所应承认的差异。如果社会的发展使差异超出了制度能够包容的限度，那就是一些不予承认的差异，也就出现了弗雷泽所说的"对差异的错误承认"的问题。这一点恰恰是在全球化、后工业化时代中显现出来的问题。或者说，弗雷泽也可能正是在全球化、后工业化背景下意识到了这一问题。

就弗雷泽而言，她显然没有形成一个解决这一问题思路，更不用说找到

---

① ［美］南茜·弗雷泽：《正义的中断——对"后社会主义"状况的批判性反思》，于海青译，上海人民出版社 2009 年版，第 183 页。

② ［美］南茜·弗雷泽：《正义的中断——对"后社会主义"状况的批判性反思》，于海青译，上海人民出版社 2009 年版，第 183 页。

具体的方案了。虽然弗雷泽努力在建设性的意义上去发挥她的想象力，但所提供给我们的却是一个"改造性再分配"的方案。而这一方案依然是建立在对既有制度不加怀疑的前提下的，是被作为"肯定性再分配"的一种矫正措施而提出来的。事实上，在高度复杂性和高度不确定性的条件下，我们如何去实施对分配对象的控制？或者说，我们如何能够把一个区域或一个国家作为一个封闭系统而加以控制？因为，任何一种分配方案都必须在封闭系统中才能得到落实，如果社会是开放的和流动的，那么，分配就无法进行，更不用说做出公平、公正的分配了。可见，在高度复杂性和高度不确定性条件下，在对民主的路径依赖中所形成的任何一个改进民主的方案，都会受到现实的质疑。

二、民主政治的缺陷

哈贝马斯认为，"政治不能被简化为关于共有生活方式或集体认同的自明性的解释过程。政治问题也不能简化为某种伦理问题——作为共同体的成员，我们问自己是谁，想成为什么样的人。"① 毫无疑问，政治过程要复杂得多，影响政治的因素也是非常多样的。这说明，在某种意义上，对政治的形而上学探究是没有意义的。尽管关于政治的形而上学探究在很多情况下能够给予我们一些满意的解释，而对于实践安排以及行动而言，则鲜有价值。哈贝马斯在否定的意义上指出的这一认识政治的原则是深刻的，对于人们理解政治是具有启发意义的。不过，在哈贝马斯这里，上述否定性的论断却只是一种为了引出其话语理论而做出的铺陈。哈贝马斯认为，"话语理论的理解却认为，民主性的意志形成过程中的合法性力量不是来自既定的伦理共识，而是既来自交往性预设——它使得更有质量的辩论出现于不同形式的协商之中，又来自能够保障公平的辩论过程的程序。"② 其实，更为根本的是行动而不是辩论。如果民主停留在辩论和协商的形式中，依然是没有实质性意义的，民主应存在于为了人类共生共存的行动之中。

---

① ［美］塞拉·本哈比主编：《民主与差异：挑战政治的边界》，黄相怀、严海兵等译，中央编译出版社 2009 年版，第 24 页。
② ［美］塞拉·本哈比主编：《民主与差异：挑战政治的边界》，黄相怀、严海兵等译，中央编译出版社 2009 年版，第 24 页。

民主应当是人们开展共同行动的基础，而且人的共同行动应当以合作的形式出现。就此而言，合作既是民主实现了的形态，也是对以往任何一种民主构想的超越。我们看到，工业社会中的政治往往被认为是民主政治。或者说，在人们已经达成的共识之中，民主政治被认为是具有高度优越性的政治形式。与民主政治相对应的集权政治则时时处处受到鞭挞。在这种情况下，即使一些国家和地区所采用的是集权政治，也会千方百计地证明自己所执行的是民主政治方案，甚至要极力证明自己所拥有的政治比其他国家或地区所采用的民主政治更加民主。在一些被公认为民主政治的国家和地区中，每当感受到了政治中的某些弊端时，都会在民主的思路中去寻求改进方案，表现出了对民主的路径依赖。可以说，在工业社会这一历史阶段中，"民主"一词获得了某种神圣性，人们围绕着民主而做出了巨大努力，也探索出了各种各样的方案。

历史地看，在民主政治的行进中，产生了诸如"人民民主"、"议会民主"、"代议制民主"、"宪政民主"、"精英民主"、"协商民主"、"参与民主"等多种形式。在学术的视野中，这些形式也被准确地确认为民主的多种类型。在实践中，我们所提到的这些民主形式都在工业社会的行进中得到了实施，而且，也都在特定的历史时期中有过优异的表现。但是，所有这些民主方案又都存在着无法克服的缺陷，并在政治以及社会实践中引发了各种各样的消极效应。也正是由于已经出现的所有民主方案都存在着这样或那样的问题，以至于人们一直在努力不懈地去探索优化民主的路径，从而促进了民主的进化。然而，全球化、后工业化似乎显示出了民主进化的终结。或者说，近代以来人们所理解的那种民主都是建立在社会的低度复杂性和低度不确定性条件下的，默认了与民主相关的一切都是相对稳定的和可控的，而全球化、后工业化进程中的社会高度复杂性和高度不确定性则打破了民主得以存在的全部前提。这就迫使我们必须去探索民主的替代方案。

正如我们所看到的，在整个工业社会中，民主的理想在全球的每一个地方都与现实之间存在着巨大的差距。当人们用民主的理想去审视现实时，都会表达不满和提出各种各样的批评，从而促进学者们去开展更多的讨论，促进思想家们去构想新的改进方案，进而，促进政治家们去做出新的安排，甚至在一些民主理论家那里也提出过否定民主的意见。比如，我们看到，佩特曼就曾指出："在权威结构的没有民主化的条件下，不仅部分参与在所有的管理层次上是可能的，而且在一个完全非民主的权威结构中，较低层次上的充分参与也是可能的。"① 其实，在很多情况下，权威结构恰恰需要这种参与来为它提供补充。特别是在参与被等同于民主的条件下，权威的持有者还会有意识地营造参与，以便将权威结构披上民主的伪装。不过，在任何一种权威结构中，都不可能存在主动的参与。即使说有参与的话，要么是因为人的自身利益受到了侵害而发出抱怨或倾诉；要么是人被动员甚至被胁迫而参与的。总之，不是出于责任心、使命感的参与。

一切权威结构都倾向于训练人们的服从，而且都会在权威的运行中形成一种服从文化。这样一来，在服从得到进一步诠释的时候，就会以依附的形式出现。而在服从的另一极，则是类似于青春期中的那种叛逆活动。至于参与，只能是一个时髦的词语。但是，我们对权威结构的这种实质性分析并不意味着对其表现上的多样化表达了任何怀疑，因为，佩特曼所说的那种在权威结构中也存在着参与的情况在现实中是可以经常看到的。如果对它稍加仔细地观察，就会看到，权威结构中的这些参与行为是不应理解为对管理或治理的合理性追求的，而是应当清楚地看到它无非是出于营造合法性的需要。在很大程度上，是具有欺骗性质的。这样一来，我们也就可以得到另一重认识：既然存在着权威结构利用民主去营造合法性的现象，就说明民主只不过是一种政治工具，可以为信仰民主的人所利用，也可以为反民主的人所利用。

在社会的低度复杂性和低度不确定性条件下，无论怎样利用民主，都不至于造成人类无法承受的后果。然而，当人类进入了高度复杂性和高度不确定性的状态中，民主因为它的这种工具性质而被加以利用的时候，就可能导致人类无法承受的灾难性后果。其实，在高度复杂性和高度不确定性条件下，人的共同行动将会因为得到了语境的支持而不再是被动的应答，语境在共同行动中发挥着协调和整合的作用，而且这种作用使制度以及权力的介入都显得不是那么必要。或者说，并不总是求助于制度和权力。即使在需要制

① ［美］卡罗尔·佩特曼：《参与和民主理论》，陈尧译，上海人民出版社 2006 年版，第 68—69 页。

度或权力介入的时候和地方，也是从属于语境的，是对语境的协调和整合作用的补充。至于语境是民主的还是集权的，或者说，对语境做出民主的或集权的解读或标识，都没有什么意义。关键的问题是，这种语境对于合作行动提供了什么样的支持？在高度复杂性和高度不确定性条件下的行动中取得了什么样的效果？

我们应当承认，在近代早期，从君主转变为民主不仅是人类政治的文明化，而且也是整个人类社会的伟大进步。但是，政治的发展乃至社会的发展能够就此止步吗？在社会的高度复杂性和高度不确定性条件下，我们能够满足于以谁为"主"的争论吗？在我们看来，全球化、后工业化进程将宣布一切社会本体论的终结。这样一来，就应当将我们的视线投注到人的共同行动上来，即通过共同行动去把人的共生共在的可能性转化为现实性。这是一项对既有主题加以超越的行动，甚至是对 18 世纪思想和理论的扬弃活动。18 世纪的伟大思想带来了工业社会的政治文明，但我们没有必要躺在那些伟大思想家的怀抱中。当我们走在通向未来的征程中，我们需要做出独自探索前进道路的准备，尤其是要告别"哺乳期"的状态。

全球化、后工业化是人类历史的一个新时期的开端，这个时期在现代思想中没有得到客观的科学反映。虽然工业社会的思想家们对未来社会有过一些朦胧的猜测，但与全球化、后工业化所呈现出来的那些新迹象相去甚远，他们所做出的那些描述，几乎没有什么参考价值。我们的任务是需要直接地从新的现实出发去规划前行的道路，而不是围绕一个正在失去现实意义的主题争论不休。如果围绕着那些已经被伟大思想家们做出了充分阐释的主题而去进行持续争论的话，那只能说是一些假装成人的哺乳期儿童的行为。即便就工业社会中的民主实践来看，也有着充分理由去提出终结民主政治形态的要求。因为，工业社会的民主实践往往是以反民主的方式去为民主提供保障的。正如达尔指出的："任何主张对主流民主规范进行大规模变革的人，都有可能被职业政治家们甚至是与政治阶层具有平等地位的人们看作是一个局外人，甚至还有可能被看作是一个根本没必要就其观点进行认真讨论的怪异之人，对于持不同政见者来说没有比这更糟的运气了。因为，如果他不能吸引政治阶层的关注，要在大众传媒上赢得空间就是困难的；如果不能在大众传媒上赢得空间，他就很难争取到大量的追随者；而如果不能争取到人数众多的追随者，他也就很难吸引政治阶层的注意力。"①

　　达尔还没有看到一种更为可悲的局面，那就是，由于民主话语已经获得了至高无上的霸权地位，在那些集权政治系统中，实践上的反民主和口头上的声言民主构成了一幅怪异的漫画。我们经常看到的是，反民主是可行而不可说的；而民主则是允许说而不允许行的。在政治家摆出开明姿态时，所表现出来的也是向民主话语的开放。但是，这种开放更多的时候表现为一种胸襟。如果遇到了既不为集权辩护又要求开展民主化变革的方案，无论对现实有着什么样的益处和可行性，都会毫不犹豫地加以排斥。所以，重大的社会变革构想往往是在历史进程中让社会付出了极其惨痛的代价之后才有可能被人们所理解的。在更多的情况下，变革的追求基本上是在既存的民主或集权两个阵营中做出非此即彼的选择。

　　在全球化、后工业化的历史背景下，在社会的高度复杂性和高度不确定性条件下，我们主张一种合作的政治而不是民主的政治。从根本上说，这是鉴于代议制原则在实践中总会与其理想相冲突，即使达尔所提出的多元主义民主，也因为依然遵从代议制原则而在实践中受到了政治家们的戏弄。达尔其实也注意到了这一问题："政治阶层各个部分的独立性、渗透性和异质性几乎保证了任何一个有不满情绪的群体都会在政治阶层中找到代言人，但是拥有代言人并不能确保这个群体的问题可以借助政治行动得以解决。政治家们也许不明白如何能通过采取支持某项议题的立场来获益；由政府采取的行动似乎看上去完全不合时宜；用来处理不满情绪的政策可能会受到阻挠；解决方案的设计或许并不恰当；实际上，政治家们也许正好发现，使紧张关系和不满情绪继续保持下去并使注意力偏离到不相关的'解决方案'或替代性议题，以维系一个不稳固的同盟在政治上是有利可图的。"② 达尔显然是不可能找到解决方案的，因为他摆脱不了民主的纠缠。他所能想到的，也只是对民主进行结构性的调整，即倡导一种多元主义民主，而不敢想象终结民主。

――――――――――

　　① ［美］罗伯特·达尔：《谁统治――一个美国城市的民主和权力》，范春辉、张宇译，江苏人民出版社 2011 年版，第 350 页。
　　② ［美］罗伯特·达尔：《谁统治――一个美国城市的民主和权力》，范春辉、张宇译，江苏人民出版社 2011 年版，第 102 页。

虽然代议制的方案提出得要早一些，但授予选举产生的官员以控制政府的最终决定权的制度安排则是在 19 世纪后期开始着手进行的。根据达尔等人的考证，"这一关键制度，是某些最持久也是最坚定的民主国家在 19 世纪末与 20 世纪初的一个创造。例如，在法国，这一制度直到 1871 年第三共和国建立时才得以确立。在斯堪的纳维亚国家，首相和内阁依赖议会多数投票权而非由君主任命的制度出现得甚至还要晚一些：挪威在 1884 年，丹麦在 1915 年，瑞典在 1918 年。"① 所以，关于现代政府角色的认识是必须加入时间向量的。否则，就不能够把现代政府与古代政府区分开来，就不知道政府在不同历史阶段和不同社会中的真实地位是怎样的。也就是说，不知道政治与行政的关系、政府与社会的关系是怎样的和如何在时间维度中发生变化的。

在我们指出工业社会的建构是以原子化的个人为出发点的，其实也包含了这样一个判断，那就是，民主是建立在原子化个人权利设定的基础上的，个体的人的状况影响或决定了民主的状况。然而，达尔的研究发现："一个人通过其他人而不是大众传媒获取信息的程度在一定程度上与其个人经验有关。在某些议题领域，许多公民拥有直接的经验；那里发生的事情正以一种更为直接的方式作用在他们身上。在其他领域，只有少数公民拥有直接的经验；其他人的经验充其量只是通过模仿或间接体验获得的。公民的直接经验越多，似乎也就越有可能依赖与其他人的交谈作为消息来源；他们的经验越是间接的或非直接的，也就越有可能依赖大众传媒。"② 当人们依据间接经验去开展民主活动时，会把民主形塑为什么样子呢？反过来看，人们因为民主的需要而去获取信息时不得不求助于他人的经验，以至于在民主生活中失去了自主性。显而易见，民主是建立在人的独立自主的基础上的，如果人们依据民主的原则和精神参与政治活动，却在政治活动中依赖媒体以及其他路径去获得参与政治生活必备的信息等资源的话，在何种程度上能够证明民主不具有反民主的性质呢？

---

① 　[美] 罗伯特·达尔、布鲁斯·期泰恩布里克纳：《现代政治分析》，吴勇译，中国人民大学出版社 2012 年版，第 106 页。

② 　[美] 罗伯特·达尔：《谁统治——一个美国城市的民主和权力》，范春辉、张宇译，江苏人民出版社 2011 年版，第 293 页。

　　我们已经指出，工业社会已经形成了关于民主的共识，而且，这种共识已经具有了话语霸权的地位。就我们对民主的认识而言，也一直是把民主作为一种为了谋求共识而开展的政治活动看待的，或者说，民主无非是为了谋求共识而做出的政治安排。但是，在20世纪，关于民主能否提供共识的问题又一次引发了人们的讨论。罗尔斯看到，在差异迅速扩大的20世纪去通过民主的途径谋求共识变得困难起来，因而，他退了一步而要求去获得"重叠共识"。为了获得"重叠共识"，罗尔斯要求"从政治议事日程中除掉那些分歧最大、不确定性最多的问题，而这些问题会破坏社会合作的基础"。[①] 这实际上是政治家们常常使用的技巧。显然，当政治家们从政治议事日程中删除掉了这些问题时，并不意味着这些问题就不存在了。如果说政治家这样做是有情可宥的，那么理论探讨是不能满足于此的。因为，理论研究的目标是要指示解决问题的方向。无论什么样的问题，只要进入理论的视阈，都应探索合理的解决途径，而不是加以回避。

　　更为重要的是，在罗尔斯的这一方案中，我们可以明显地看到他所持的依然是传统的研究方法，那就是假设研究对象是一个静态的存在。当然，在工业社会低度复杂性和低度不确定性条件下，科学研究是可以假定一个理想状态的，即假定可以对研究对象进行静态分析，所形成的研究结论也可以作为实践的指导理论。但是，在高度复杂性和高度不确定性条件下，这样做显然是没有意义的，或者说，它使科学研究变得没有意义，而且也是不科学的。在高度复杂性和高度不确定性条件下，一切研究都不应假设研究对象是静止不变的，而是需要充分考虑到研究对象的变动性。如果有了这种观点，就会看到，不仅在不同群体、不同利益集团的矛盾冲突中无法形成共识，而且退而转求"重叠共识"也是不可能的。

　　在高度复杂性和高度不确定性条件下，一切共识都只存在于具体的行动过程中，而不会出现用来支持工业社会民主制度的普遍性共识，哪怕是极小的一个重叠部分，也是无法获得的。考虑到人类社会已经呈现出了高度复杂性和高度不确定性，而且人必须在这一条件下开展行动，对民主提供基础性

---

　　① ［美］约翰·罗尔斯：《作为公平的正义——正义新论》，姚大志译，上海三联书店2002年版，第190页。

支持的共识已经不再能够生成，反过来，民主也不是形成共识的途径和方式。这样一来，我们为什么还要对是否民主的问题进行斤斤计较呢？不过，民主若是一种文化精神的话，情况就会不同了。当民主被作为一种文化精神对待时，就会发现，在任何一项集体活动中，特别是在任何一项需要集体决策的行动中，都可以通过人的行为将其体现出来。所以，近代以来的政治学理论对人类文明的贡献并不在于做出了民主制度的设计，而是建构起了民主文化。我们相信，在全球化、后工业化进程中，民主文化将得到全面的继承，但是，与民主相关的社会设置则会被抛弃。我们所说的合作政治对民主政治的超越，也正是反映在这一方面。对于合作的政治而言，是对民主文化的另一种诠释，将通过这种诠释而宣布工业社会的全部形式民主都失去了历史价值，转而用人们的合作行动取代之。

在社会治理的意义上，工业社会的民主政治是以国家与社会的分离为前提而做出的设计。因为，社会只有被作为一个独立于国家的部分来看待时，存在于社会中的公众（民）才能够获得参与政治生活的权利，才能够通过"表达"和"代表表达"去影响政治生活。国家对社会的治理是通过政府去实施的，而在政府的社会治理中，先后出现了自由主义的和凯恩斯主义的模式。全球化、后工业化使工业社会的这一设计方案丧失了合理性，或者说，实践中不断涌现出来的各种各样的问题宣布这一设计方案的合理性已经丧失了。我们看到，全球化、后工业化已经开拓出了社会多元化的局面。在这一条件下，人们依然囿于国家与社会、政府与市场分立的视角去看问题，在自由主义和凯恩斯主义之间做出选择，或者对它们进行改良，或者提出某种声称是折中的方案。这样做怎能不禁锢人的思维呢？又怎能不对人的行动形成误导呢？其实，在多元化的条件下，除了合作，别无选择，不仅是因为凯恩斯主义和自由主义都对真正的合作构成了阻碍，而是因为，无论是从社会和市场出发，还是从国家和政府起步，都会压抑合作，即使在合作的名义下开展行动，也会扭曲合作，使合作退化为协作或者互助。

三、对民主的超越

在工业社会的政治生活中，人们之所以愿意参与一项决策活动，是因为从这项活动中明显地可以预测到其结果会对自己构成一定程度的影响。当然，这项未来的或即将发生的影响尚不可准确地确定，但在人们的预测中，这项决策活动的结果对自己的影响愈大、愈直接，他就有着愈加强烈的参与愿望。相反，如果他预测到该项决策活动的结果与他没有什么关系，就不会产生参与的愿望。即使他基于某种理想或信念而选择了参与，对该项决策活动的结果，也不会表达强烈的诉求。还有一种情况，那就是，人们在预测到了某项决策会对他产生直接影响，也会因为相信有他人参与而放弃参与行动，准备去搭他人参与的便车。

所以，民主制度下的参与热情总是仅仅表现在政治生活微观层面上的，或者说，只反映在对具体问题的参与上。只有那些对人的日常生活发生直接影响的问题，才会勾起人们的参与热情。对于那些关涉到国计民生的基础性问题，对于那些关系到国家与社会发展的战略性决策，人们乐意于议论，却不愿意付诸于参与行动。而且，所发生的各种各样的议论也只在茶余饭后，而不是在公开的场合或公共舞台上进行。事实上，真正对人们的生存与发展具有重要影响的，恰恰是那些人们不愿意参与的决策。就此而言，参与之于民主并不像参与民主理论的布道者所描述的那样。

我们发现，参与民主理论的鼓吹者最喜欢提到的是卢梭，他们实际上是把卢梭奉为这一理论的宗师的。的确，在启蒙思想家中，卢梭对参与的问题作过较为明确的论述，这无疑是与他的"小国寡民"思想联系在一起的。也就是说，卢梭认为，实行民主的国家在规模上应越小越好。这个想法是正确的和合乎逻辑的。在一个规模较小的国家中，普遍的参与确有诸多便利。可是，合乎卢梭理想的小之又小的国家是很少的，即使法国也难以达到卢梭的标准。因而，在参与的问题上，绝大多数国家都不具有卢梭所要求的条件。在卢梭所开出的条件不具备的情况下建构民主政治，就必然要引入控制的因素。所以，民主政治的背后总是包含着强制性。而且，民主政治的强制性在微观的行动体系中表现得就更为典型了。

在工业社会中，社会强制在组织的层面上得到了充分诠释。就组织而言，管理显然有着反民主的特征，并不与这个社会的民主精神相一致。但是，根据鲍曼考证，在"政治"这个词语于 18 世纪产生时，就已经包含着"管理"的内涵。民主如果说是属于政治的，或者说，如果是政治的一种形式，我们认为，它与组织中的管理应当有着姻亲关系。事实上，组织管理作为一种社会现象也是工业社会的另一条主线，是与由民主政治所描绘出的那条主线并行的。所以，民主政治与组织管理构成了工业社会的两条平行的主线。有的时候，人们甚至希望这两条平行的主线能够相交。事实上，在20世纪后期，许多管理学家们也在探讨如何把民主引入到组织管理中来的问题，特别是在组织管理中引入员工参与的做法一度还成为一种时尚。这说明，如果政治学家们自视清高而把组织排斥在他们的视野之外的话，那么，管理学家却非常务实地把组织作为社会的构成部分来看待的。也许正是由于这个原因，20世纪后期以来的政治学家们基本上是无所作为的，而管理学家们则时时表现出急于表达意见的热情。

　　一旦把视线放在组织及其管理的问题上，我们看到，无论是反民主的科学管理还是亲民主的参与式管理，都通过前进的足迹描绘出了一条终结民主而走向合作的轨迹。我们知道，随着社会分工的精细化，也随着竞争的激烈化，到了20世纪初，作为社会微观系统的组织得到了认识和自觉建构。在组织建构中，通过市场经济而得以确立起来的社会化大生产之中原先所包含着的分工—协作的内涵被揭露了出来，并转化为组织建构的原则，即打造出了严密的分工—协作体系。这样一来，我们也看到，由于协作活动起初都基本上是发生在工作场所中的，处于一种严密的协作体系中，并受到严格的控制，从而使协作者（人）感到不自由。组织是工业社会中最为严密的控制系统，但是，我们却发现，它的控制却是服务于协作的目的，是为了协作而实施控制。我们指出合作具有三种形式，即互助、协作和狭义的合作，就协作是合作的一种特定形式而言，同控制之间所构成的一种辩证关系却有着两种发展的可能性：一种是在协作与控制的轮番升级中促进管理的科学化和技术化；另一种则是协作与控制的解体，控制丧失了合理性，而协作则实现了自我扬弃，发生了性质上的变化，那就是转化为合作。在20世纪的组织管理中，我们看到的是前一种可能性转化为了现实性，而在全球化、后工业化进程中，我们看到的则是后一种可能性正在转化为现实。这样一来，组织的性质也将发生了根本性质的变化，即从协作体系转化为合作体系。更为重要的是，组织的这一变化将会反映在整个社会的层面上，会促进社会向合作社会的转型。

　　我们说组织管理与政治民主构成了工业社会的两条平行的主线，它们并未显现出相交的状况，然而，在我们指出组织从协作体系向合作体系转变将引发社会的转型时，是不是包含着自相矛盾的判断呢？这个问题同样需要在社会的总体状况中去寻求答案。在低度复杂性和低度不确定性条件下，两条平等的主线并存是我们已经经历过的现实，而在社会呈现出高度复杂性和高度不确定性时，这两条主线交织在一起已经势所难免。所以，在高度复杂性和高度不确定性条件下，民主政治与组织管理的旧有模式都正在丧失合理性，取而代之的是一个合作的社会，合作行动不仅将取代旧有的民主政治，而且也会取代既有的组织管理模式。

谈到合作的问题，我们发现，在工业社会领域分化的条件下，一种更加初级的合作形式——互助在这个历史阶段中主要发生在日常生活领域。在熟人之间因为某事而互助，从而让人感受到力量，并从这种合作中获得情感上的收获。最为重要的是，在这种以互助形式出现的合作中，人们都是自觉自愿的，没有外在于人的强制，也不受到控制系统的约束，使人从中领悟到了一种自由的集体行动所带来的让人难以名状的欢娱。在以组织的形式出现的集体行动体系中，合作是以协作的形式出现的，是建立在外在性的强制的基础上的，不仅不具有民主的性质，反而对人形成了强制性的压迫。所以，存在于日常生活领域中的互助在协作系统中受到了排斥，或者说，协作系统从根本上剔除了一切感性化的互助。但是，根据梅奥的研究发现，存在着非正式组织。而非正式组织中的行为，又是以互助的方式去开展合作的。在20世纪后期，在寻求科学管理各种缺陷的补救中，是通过两种方式去利用梅奥的非正式组织成果的：其一，是通过组织文化的建设去使正式组织获得非正式组织的有机性；其二，是通过团队设置而使非正式组织正式化。虽然迄今尚未实现对科学管理的根本性否定，但所展现出来的前景则是组织的合作化，至少，已经使组织不再像20世纪前期那样具有严密的控制—协作特征了。也正是因为组织这个协作体系的控制特征的衰微，使参与式管理得以引入。

发生在组织层面上的社会变革是需要在社会的高度复杂性和高度不确定性之中去把握方向的。因为，正是社会的高度复杂性和高度不确定性把管理与政治搅和到了一起，让人们无法去区分政治与管理的边界。我们看到，在社会的高度复杂性和高度不确定性条件下产生的或由于社会的高度复杂性和高度不确定性带来的危机事件，决定了我们必须采取新的应对措施。在这一问题上，进入新世纪后，关于危机管理的意识和观念得以形成。但是，就危机管理的行动来看，基本上是在既有的社会结构和治理框架下去就危机事件而思考危机管理的问题，而不是在人面对高度复杂性和高度不确定性而显得无能为力时去谋求社会以及社会治理方式的根本性变革。而且，事实上存在着把危机管理纳入到政治考量之中的问题，即利用危机管理而去谋求政治合法性。这个时候，危机事件往往成了某种可以利用的机会。我们认为，在高度复杂性和高度不确定性的条件下，不应持有一种病态心理去期待危机的到来，然后再去进行管理危机，而是需要努力去消除一切可能导致危机的因素。尽管时刻准备着开展危机管理的行动者可以等待危机的到来并进行危机管理，也能够于此之中而宣示自己的能力并赢得喝彩之声，从而获得更大的合法性和更多的利益。

但是，对于一个社会而言，在危机管理中所消耗的资源将是巨大的。事实上，在高度复杂性和高度不确定性的条件下，社会治理者是不应为了仅仅获得合法性和自身利益而玩弄权术的，不应期待着通过危机管理而去谋求公众的合法性认同。显然，我们需要危机管理，但危机管理应该从属于解决危机的要求，特别是应去主动地发现那些有可能导致危机的因素并加以解决之。虽然这样做并不能够在增强一时的合法性方面有所收益，却是社会治理主体的一项道义责任。关于这一点，在民主的社会治理模式中是无法找到生长点的。也许人们会在管理主义的思维路线中去为既有的危机管理定位，但是，我们在历史上所看到的则是管理主义与民主的话语间的共生。表面看来，管理主义是反民主的，实际上，它们是一致的。如果说管理主义有着反民主的倾向的话，那也是根源于民主自身的反民主。虽然我们指出组织管理与民主政治在静态的意义上构成了工业社会的两条平行的主线，但是，它们之间在互动意义上，又是需要通过管理去支持民主和实现民主的，而民主则是管理主义赖以生成的土壤。就此而言，营建合法性的危机管理也是在民主社会的背景下出现的。而且，危机管理也是由相应的主体执行的，他们在危机管理中必然首先考虑到的是自身的利益。

之所以在高度复杂性和高度不确定性条件下人们倾向于危机管理，那是出于维护既有秩序模式的需要。的确，在高度复杂性和高度不确定性条件下，我们首先遇到的就是一个既有秩序模式受到了挑战的问题。如果说农业社会所拥有的是一种自然秩序的话，那么，在工业化的进程中建构起了一种创制秩序，工业社会成功地用一种创制秩序取代了农业社会的自然秩序。民主在根本上是服务于创制秩序的，人们通过民主的途径去创制秩序，也通过民主制度使创制秩序得到维护，成为一种稳定的秩序模式。然而，在全球化、后工业化进程中，创制秩序遇到了严峻的挑战。所谓风险社会和危机事件频发，都意味着秩序的瓦解或局部性的瓦解。

正如哈贝马斯所指出的："不管规范秩序是把自己固定成为制度，还是保持为漂移不定的语境，它们永远都是人际关系的秩序。尽管群体之间多少已经实现社会整合，并且保持协同一致，但它们之间的互动网络只能是由交往行为主体的协调行动构成的。"[1] 当规范秩序将自己固定为制度的话，社会追求稳定性，并会进入不断加以强化的路径依赖中。当然，在秩序固定为民主制度时，肯定会强化秩序的可建构性，可以将秩序的获得转化为系统化的操作方案，也能够最大程度地达致经济原则，从而助益于社会治理，使社会治理达到事半功倍的效果。但是，所有这些都只有在低度复杂性和低度不确定性条件下才是可能的。一旦进入高度复杂性和高度不确定性的状态，以民主的形式出现的创制秩序就不再以制度的形式出现了。

在高度复杂性和高度不确定性条件下，民主制度不能实现对秩序的维护，民主过程也无法担负起供给秩序的功能。如果说在高度复杂性和高度不确定性条件下还存在着秩序固定为制度的可能性的话，那也只存在于极少的行动部门和事项方面。在整个社会的意义上，所看到的将是秩序存在于共同行动中，而民主则更多地以语境的形式出现在共同行动中。哈贝马斯出于传统的寻求稳定性的观念，将语境说成是"漂移不定的"，实际上，这恰恰是语境的灵活性。在高度复杂性和高度不确定性条件下，行动者之间关系的秩序会更多地以语境的形式出现，只有在很少的情况下才以制度的形式出现。这一点，也可以说是后工业社会不同于工业社会的基本特征之一。如果说民主的观念为我们提供了可资继承的遗产的话，那也就是民主与秩序的密切联系，即民主本身意味着秩序。当然，这里所说的民主是指一种模式，其中包

---

① ［德］尤尔根·哈贝马斯：《后形而上学思想》，曹卫东等译，译林出版社 2001 年版，第 86 页。

含着法治。

从思想史来看，思想家们也一直在追寻理想的社会生活秩序。"这是一种能够促成以下两个方面更好地协调一致的秩序：一是所有个体的个人需求和偏好；一是那些对个人提出的要求，如众人携手合作、社会整体的维持和功能。"① 但是，人类至今尚未获得这种秩序，即便是已有的秩序，也正在面临着挑战。社会的高度复杂性和高度不确定性使已有的秩序难以延续下来了。或者说，使一切对某种静态的和谐秩序的追求都变得不再可能了。高度复杂性和高度不确定性意味着只能去在动态的过程中去获得秩序，而且，应当是一种动态的非平衡秩序。因此，我们的视线被引上对人类合作秩序的追求上去了。

正如昂格尔所指出的："社会意识与社会秩序的各种类型，不能被消解成它们的构成性要素而不丧失其关键性理解。当为一种社会生活形式所表现的总体被看作历史的时候，人们可以看到，那些整体最初从其中得以发展出来的要素，随着整体的出现而改变了。"② 所以，在关于社会秩序的认识中，静态的分析方法是无能为力的。如果说一个系统还可以归结为其构成要素及其结构的话，那么，秩序并不包含于其要素之中，甚至无法做出静态的把握。秩序存在于一个动态的过程之中，即便是在工业社会，也需要对秩序进行动态的把握，更不用说后工业社会高度复杂性和高度不确定性条件下的合作秩序了。

合作是理性的，更是知性的。在工业社会中，科学与民主的分化所造成的是这样一个结果：科学是知性的，代表了"知"；而政治则要求是理性的，民主要求尊重"理"。当然，在康德之后，由于人们把知性纳入到了理性之中，从哲学上消灭了知性，才使人们在理解政治与科学时滥用了理性的概念，笼统地将它们都视作为理性的，以至于在政治建构和社会建构中有意无意地忽视了"知"。进而，在社会治理过程中，由于管理主义的兴起而援用了科学知性，特别是因为诸如政策等社会治理工具对科学性、技术化的追求，造成了一种科学反对民主的局面。在这种情况下，为了解决科学反对民

① ［德］诺贝特·埃利亚斯：《个体的社会》，翟三江、陆兴华译，译林出版社 2003 年版，第 9 页。
② ［美］罗伯托·曼戈拉·昂格尔：《知识与政治》，支振峰译，中国政法大学出版社 2009 年版，第 212 页。

主的问题，罗尔斯在思考正义的制度化供给时，提出了一个"无知之幕"，并努力去探索从"无知之幕"出发而实现制度化合作的可能性。

其实，如果像罗尔斯那样去在"无知之幕"中构想合作的话，是不可能的，至多也只能引发出一些感性的、偶然的、不可持续的一次性合作。虽然人类社会在任何时候都会表现出"知"与"无知"两种面相，但是，合作是人类文明的体现，知也是在历史进步中所实现的一种精神建构。任何形式的合作都代表了人类文明的一面，应当是建立在"知"的基础上的。特别是在合作社会中的合作，是对人类以往一切共同行动的形式化所实现的超越，是建立在实践理性的基础上的。所以，必须建立在"知"的基础上。无知是人类的野蛮状态，为了社会建构而设想一个"无知之幕"也决不是对一种文明状态的追寻。尽管"无知之幕"中存在着一种绝对性的平等，但这种平等恰是人类社会发展所要抛弃的。事实上，人类社会早已在发展中抛弃了这类绝对平等。因为，绝对平等并不意味着社会公平，也不能推导出社会公平，更不会为社会公平提供支持，反而，恰恰是社会不公平的根源之一。

可以认为，罗尔斯的正义理论代表了一种寻求改善民主的追求。因为，民主是建立在人的权利的基础上的，权利的一项基本内容就是平等，而民主却没有带来平等，更没有带来正义。所以，罗尔斯在对正义的思索中指向了社会的基础性结构，也就是指向了民主制度。但是，罗尔斯为了社会公平而设定了"无知之幕"，并将"无知之幕"与正义的社会联系在一起。虽然罗尔斯的正义理论在证明上包含着无懈可击的逻辑，而在我们将其与现实的比照中，则可以看到，是一种与现实并不相关的理论游戏。人类社会的确在一个相当漫长的时期处于不平等的状态中，这种不平等并不会因为我们接受了罗尔斯的"无知之幕"后就得到消除。相反，如匿名评审之类的游戏，也需要得到专家所拥有的知识的支持。有的时候，在匿名评审中所营建起的"无知之幕"，恰恰带来了不公平的结果。因为专家的意见太过独断性，在专家的知识不足以支持他的评审工作时又下了一个武断的结论，只能造成一种不公平的后果。

这说明，即使在无知之幕中，也需要得到知的支持，而无知之幕中的"无知"与"有知"，本身就是一种不平等，而且，更多情况下，是因为无知而经常性地造成了不公平。人类社会中的不平等是个长期存在的事实，只有承认这个事实并从事实出发去寻求加以解决的根本途径，才是正确的选择。就此而言，知而后行方为正途。旨在提供社会公平的一切行动都是自觉地将知识应用于实现每一个具体目标的过程。在我们对合作行动而不是民主的思考中，罗尔斯的这个"无知之幕"不仅没有必要，反而恰恰是要去除的。

在人类的一切集体行动中都包含着社会心理的因素，而社会心理则经历过一个从认同到承认再到默会的历史过程。在农业社会，社会心理主要是以认同的形式出现的，这种认同是共同体间的关系，也是个体与共同体间的关系，表现为共同体间的认同和个体对共同体的认同。在农业社会的家园共同体中，认同主体在一定程度上会以部分或完全放弃自我为代价。到了工业社会，随着个体意识的觉醒，认同转化为承认。如果说还存在着认同心理的话，那么，主要是个体的自我认同。这种自我认同是他去对他人做出承认的前提。有了自我认同，才会产生对他人的承认。扩大而言，工业社会的承认关系不仅存在于共同体之中，而且也存在于共同体之间。具体地说，是组织间、利益集团间、党派间的承认关系。它们通过承认而实现共处和开展各种各样的社会活动。到了后工业社会，承认关系将再一次地得到超越，正如承认关系曾经超越了认同关系一样。

在文化的意义上，后工业社会的人们因为经历了工业社会理性的熏陶以及所获得的理性积淀，在社会心理上会走向更加成熟的境界，能够实现主体间的默会。默会是以理性直觉的形式出现的，却又包含着理性判断的全部内容。比如，在人们的行动可能带来的利益得失的问题上，人们并不需要进行计量的分析就能够得到短期利益与长期利益的得失权衡，从而达到一种默会的境界。而在人们之间的关系上以及合作行动上，相互间都可以在默会的基础上开展行动。我们认为，高度复杂性和高度不确定性条件下的合作行动具有随机选择和灵活反应的特征，不可能按照民主程序等方面的要求去做。对于行动者来说，相互承认和相互尊重虽然是开展行动的必要前提，但是，合作行动过程却有更高的要求，那就是要实现高度协调，需要求助于默会而达到更高的合作境界。所以，一方面，合作行动需要得到知识、技术、能力等的支持，不应是无知的，或者说，不是在"无知之幕"中进行的；另一方面，合作行动者之间又要实现默契，而且，这种默契显然与通过民主的方式去达成的共识完全不同。总之，民主追求共识，合作则需要默会，在默会中合作和优化合作。

第 四 章

社会构成的新变化

从农业社会向工业社会的转变是一个"脱域化"过程，人们打破了地域界限而流动了起来，走出了熟人社会并进入了陌生人社会。但是，工业社会在地域边界消失的地方确立起了领域界限，整个社会分化成了许许多多不同的领域。其中，公共领域、私人领域和日常生活领域是三个最为基本的领域，社会治理也是建立在领域分化的基础上的。20世纪后期以来，在全球化、后工业化进程中出现了领域分化逆转的迹象，即出现了领域融合的趋势。如果说工业社会的社会治理模式是建立在领域分化的基础上的，那么，领域融合的趋势将会提出新的社会治理模式建构的要求。也就是说，我们需要根据领域融合的趋势去重建社会治理模式。检视20世纪80年代开始的全球性的改革运动，可以认为，是因为没有按照领域融合的趋势去寻求改革方案，致使社会治理的状况没有实现根本性的转变，反而把人类社会引入了风险社会。由此看来，我们现在的根本任务就是要认识社会发展中的这一领域融合趋势，并据此去构想社会治理变革的自觉行动方案。

第一节 地域、领域与领域融合

一、领域分化的历史

在思考生活的问题时，或者说，在对生活的意义发问时，人是永恒的主题。正因为如此，古希腊就提出了让人"认识你自己"的要求。然而，在思考社会治理的问题时，则需要从认识社会入手。当然，人是与社会联系在一起的，人是社会的人，社会构成了人的内容和现实形态。或者，如马克思所说，人是社会关系的总和。同样，社会也是人的社会，是人的生活和活动的舞台，是人际交往的空间，也是人际关系的现实形态。人与社会的这种关系并不意味着认识上不可以有侧重点。出于理解生活、规划生活和安排生活的需要，应理所当然地从对人的认识出发，而且，社会治理也不能完全回避人的问题。在一定程度上，社会治理也需要考虑到人以及人际关系。但是，出于认识社会治理和建构社会治理的需要，则必须直接地认识社会，只有把握了社会的基本特征，才能建构起合适的社会治理模式。

社会不是静止的，而是处在动态的发展过程中的。在宏观的历史视野中，社会是可以定位在不同的历史阶段中的，因而，在一些基本特征方面也有着明显的不同。就我们经常使用农业社会、工业社会、熟人社会、陌生人社会等概念来看，实际上就是对不同历史阶段中的社会所作的定义。做出这些定义的目的，恰恰是出于进行社会治理安排的需要。再者，就我们经常性地使用这些概念去比较不同历史阶段中的社会特征而言，又是希望从社会进化的逻辑中去发现社会治理模式演进的轨迹，并希望在面向未来的维度中去对社会治理模式进行前瞻性的建构。

在全球化、后工业化进程中，社会治理承受着诸多挑战。从20世纪80年代开始，世界上的几乎每一个国家都努力通过改革去回应所遭遇的挑战。但是，在社会治理模式的根本性变革问题上，显然一直未能破题。事实上，在世界各国的改革之中，都缺乏一种面向后工业社会重构社会治理模式的自觉意识。也正是由于这个原因，社会治理变得越来越被动，致使人类在风险社会中陷得越来越深，受到更多危机事件的困扰。认识到了这一点，也就激发出了我们认识社会的热情，力图努力去把握社会发展的规律，以求通过面向后工业社会的社会治理模式建构而去引领人类走出风险社会。

对于历史的演进，一直存在着定义和再定义的问题。在描述从熟人社会向陌生人社会过渡的特征时，吉登斯创造了一个"脱域化"的概念，认为熟人社会转变为陌生人社会的过程就是一个脱域化的过程。的确，农业社会是地域性的社会，不同的地域之间是相互隔离的，人们因为千年生活在与外界隔绝的地域之中而成为熟人。所以，我们也将这个历史阶段的社会称做"熟人社会"。在从农业社会向工业社会转变的过程中，人们走出了千年生活的地域而流动了起来，并进入了陌生人社会。应当说，吉登斯将此过程解释为"脱域化"过程是一个非常形象的描述。正是通过脱域化，熟人社会解体了，人们不得不面对着陌生人。

吉登斯认为，在脱域化的过程中，那些被抽离出来的因素"重新进入"或"再嵌入"到了人们的社会关系之中，从而使人们的群体重建和交往成为可能。实际情况并非如此。当地域界限被打破之后，人们开始面对陌生人，而且又不得不与陌生交往。这是因为，在陌生人社会中，人的生存以及一切目标的实现都需要在与陌生人的交往中才能成为现实。所以，陌生人之间的交往是出于生存和利益实现的需要，是具有被迫性质的，而不是对熟人社会中的交往行为的复制。所以，根本就不存在把熟人社会中抽离出来的某些因素再嵌入到人际关系中的问题。当然，在人们甫一进入陌生人社会的时候，肯定会借助于熟人社会中的生活和行为经验去与陌生人交往，这其实只是一种行为惯性。事实上，它将让那些刚刚进入陌生人社会中的依然带着熟人社会生活和行为惯性的人付出极其惨痛的代价。

吉登斯之所以刻意关注从熟人社会中抽离出来的因素被嵌入到陌生人的社会关系中的问题，是因为他希望在现代性与传统之间做出历史连续性的解释。如果这种解释能够合乎逻辑地进行，也就可以在面向未来的维度中进行理论预测，从而提出"地域化的再造"①　的构想。也就是说，吉登斯所持有的是一种历史循环论的主张，他在从农业社会向工业社会的转变过程中看到的是脱域化，而在构想未来的时候，则提出了"地域化再造"的方案。尽管表面看来吉登斯这一"脱域"和"再嵌入"的解释模型有着很强的理论魅力，但所表达的思想未免过于简单化了。也许吉登斯想以英国历史为模板去描述他对英国发展策略的构想，那就是，从脱域化而建立起大英帝国开始，到被美国的崛起而受到挤压，以至于逐渐退缩到英伦三岛。在这种情况下，吉登斯提出"地域化再造"，以求为英国寻找一条安身立命的道路。如果吉登斯的理论如我们所猜测的这样，那就必然是反全球化的。也就是说，

---

①　［英］安东尼·吉登斯：《现代性的后果》，田禾译，译林出版社 2000 年版，第 125 页。

吉登斯眼中所见的脱域化已经成为历史，而且永远地成了历史。

我们看到，工业社会的治理模式是与农业社会完全不同的。如果在全球化、后工业化进程中让那些从农业社会中抽离出来的因素再嵌入并走向"地域化再造"的方向，是否意味着将有一个向农业社会的治理方式回归的历程呢？也许在吉登斯那里是潜在地包含着这种判断的，而事实则是不可能的。这是因为，第一，根本就不存在着什么从农业社会抽离出来的因素；第二，一些有着古老文明的国家往往会高调强调传统文化的价值，但其传统文化也仅仅是在日常生活领域中能够发挥一些作用，却不会在社会治理中发挥任何积极作用；第三，脱域化是一条不归路，根本不可能出现"地域化再造"的问题。特别是在全球化、后工业化进程中，社会治理必须拥有全球视野，必须在全球多元因素的互动中去开展行动，并需要充分考虑每一项事务的复杂性。

可以认为，吉登斯在考察现代化进程时指出了它的"脱域化"特征是正确的，但是，当他进一步提出"地域化再造"的构想时，则是不符合当前社会发展实际的，也与现代化进程的事实不符。可以认为，当人们挣脱地域的羁绊时，无论怎样怀念原有地域中的熟人关系形态，也都不可逆转地流动在非地域化的场景中了。因而，社会治理必须在持续的脱域化进程之中去不断地探索新的方式、方法和建构新的模式。回溯到近代社会发生的源头，可以发现，工业化、城市化如果说在纵向的历史维度上所呈现出来的是脱域化过程，那么，在整体观照中所展现的则是一个社会分化的过程，即整个社会分化为公共领域、私人领域和日常生活领域。除了出现了工业社会所独有的诸如公共领域、私人领域与日常生活领域之外，那些历史上早已存在着的社会分化也进入了一个加速度的进程。有了分化，也就有了同一性的哲学追求。在某种意义上，正是出现了公共领域、私人领域与日常生活领域的分化，才有了试图把它们统一到同一个框架中来的民主政治。同样，也就有了认识论以及在科学探索和研究中寻求一切事物的内容与形式相统一的愿望。

总的说来，在农业社会的历史阶段中，我们看到的是分散的地域性社会，而工业化、城市化则意味着地域边界的消失。正是因为人们走出了千年生活于其中的地域，才开拓出了非地域化（脱域化）的道路。工业化、城市化实际上是人类历史上的一场影响广泛的非地域化运动，因为非地域化而把整个世界连接了起来，因而，马克思恩格斯才会向往着一种"世界文学"的出现。在《共产党宣言》中，马克思恩格斯是这样描述非地域化的："过去那种地方的和民族的自给自足和闭关自守状态，被各民族的各方面的互相往来和各方面的互相依赖所代替了。物质的生产是如此，精神的生产也是如此。各民族的精神产品成了公共的财产。民族的片面性和局限性日益成为不可能，于是由许多民族的和地方的文学形成了一种世界的文学。"① 然而，在近代社会的行进历程中，"世界文学"却被领域意识所割裂，每一个领域都有自己的"世界文学"。比如，数学研究者有自己的"世界文学"，却与自己的邻人没有共同语言；从事汽车生产的与使用基因技术的人们，哪怕共居于一室，也各有各的"世界文学"。也就是说，虽然工业化、城市化是一场"脱域化"运动，打破了原先隔离地域的界限，并进入了社会各要素流动的状态，但是，这个"脱域化"是不彻底的。在这个脱域化进程中，虽然打破了地域边界，却又进入了领域分化的进程，把整个社会割裂成为不同的领域。随着领域分化越来越细，领域间的边界也变得越来越清晰，整个社会被割裂成了许许多多不同的领域。

在政治的视野中，因为民族国家的生成，打破地域边界的脱域化则以民族国家边界的形式出现了。与旧的边界不同，重新确立起来的边界不再是地域边界，而是国家边界，而且，用来确立边界的界碑也不同了。农业社会的地域隔离基本上是由自然的原因造成的，是由于地理上的某些妨碍人们交往和交流的因素把人们隔离了开来，从而形成了地域性的社会。在工业社会，这种地理上的因素依然存在，在一定程度上也发挥着隔离作用，但是，使民族国家成为地域性社会的因素的，主要是社会的和政治的原因，包含宗教以及意识形态等原因。

总体看来，民族国家依然是地域性的社会，特别是在全球化的背景下，这一点显现得就更加清晰了。但是，民族国家毕竟是一个扩大了的地域，开拓出了不同于农业社会的那种封闭的与外界完全隔离的地域。也就是说，在

①《马克思恩格斯选集》第1卷，人民出版社1995年版，第276页。需要指出，这个版本中"公共的财产"在翻译上是值得商榷的，准确的翻译应当是"共同财产"或"共有的财产"。这种翻译上的错误可能是因为按照字典直译的结果。关于"公共"一词的具体含义考证，可以见张康之、张乾友等：《公共行政的概念》，中国社会科学出版社2013年版。

工业化、城市化的过程中，一方面，地域的范围扩大了，从而以民族国家的形式出现。而且，以民族国家形式出现的地域并不是由自然的、地理的因素去划定边界，而是以政治的、文化的、宗教的、民族的因素为依据去划定边界的。另一方面，民族国家进入了领域分化的过程，使社会分化为公共领域、私人领域和日常生活领域。而且，沿着这个领域分化的路线不断地前行，以至于整个社会在每一个层面上都被分割为诸多领域。民族国家的地域特征与领域色彩在政治安排上也得到了很好的体现，比如，某些政治组织是以地域为据而形成的，而另一些政治组织则是以领域为据建立起来的。

我们认为，吉登斯所描述的从农业社会向工业社会转变过程中的脱域化仅仅是一种表象，或者说，吉登斯仅仅看到了人们走出原先生活的地域而进入流动的状态。而在实质上，这个过程则是走出家庭，告别了父亲，推翻了原先以父亲的形式出现的君主。进而，兄弟之间的关系也被楔入了契约，从而使每一个人都成为孤立的个人。这在逻辑上并不是弗洛伊德所说的那样，杀死了父亲而在兄弟间相互订立契约，而是因为兄弟的离心和陌生化而成为孤立的个人，产生了通过契约重新整合和维系他们之间交往关系的需要，并在订约的过程中发现了父亲成为他们订约的障碍并将其搬除。

在地域性的熟人社会中，兄弟是不可分离地处在同一个地域、同一个家庭中的。然而，在脱域化进程中开始的领域分化，则使兄弟进入了不同的领域，从事的是不同的专业，以至于维系兄弟关系的因素变得极其稀薄，使他们被迫在交往过程中求助于契约。显然，契约是在脱域化之后连接人们的纽带，它显然不是吉登斯所说的从熟人社会中抽离出来的因素。事实上，在脱域化进程中所建构起来的这个社会是以与熟人社会完全对立的形式出现的，在各个方面都希望将熟人社会的遗迹切除。

我们也承认脱域化进程中存在着原先属于不同地域的文化、习俗、生活习惯等被带入到陌生人社会中的情况。当亨廷顿去探讨文化碰撞和文明冲突的问题时，其实就是对这一现象的描述。但是，陌生人社会是与市场经济联系在一起的。在这个社会中，一切社会要素都变成了商品，甚至如法默尔所说的，现代性中的领域化使话语都实现了商品化。因此，让我们经常看到，科学研究及其理论都表现为可以被"收买"的商品，或者以课题立项的形式出现，或者以后期资助的形式出现，或者直接加以购买。总之，科学研究以及精心编织起来的话语都是以商品的形式出现的，而且直接服务于"统治集团"。结果就是，"成功的商品化总是使产品从其生产者那里异化出来，因为后者必须付出与商品所代表的语码相符合的心智努力。如果那商品就是公共行政理论，如果这一商品能把考察公共行政问题的某一方式编码为可被人们接受的东西，那么公共行政理论的生产者就会因为他所兜售的商品而受到限制。换句话说，公共行政已经被领域化了。"① 这就是私人领域对公共领域的殖民。本来，商品仅仅存在于私人领域，而公共领域则是一个话语的领域（至少哈贝马斯是这样定义公共领域的）。但是，当市场征服了一切的时候，也把舆论、权力等都转化成了商品。

　　当然，近代社会及其科学的领域化有着复杂的表现。例如，"人们在高度语码化的领域和较少语码化的领域、高范式领域和低范式领域、面窄的专业和面广的专业、成形的科学和形成中的科学、常识的领域和非常识的领域、结盟的学科和不结盟的学科之间作的区分中可以看出。……只存在范围而不存在二分这一事实使得人们把公共行政归类为较少语码化的、面宽的、形成中的、常识的和非结盟的。"② 从科学的这些学科特征来看，它被"领域化"为一个个孤立的事实了。而在另一个方面，我们又看到一种也许是引发了吉登斯联想的现象，那就是人们在脱域化的过程中把诸多原先属于地域的那些观念、文化和生活方式带入了新的环境之中，并使它们交汇、碰撞和融合，从而使政治文化呈现出多元化。所以，人们才会看到，几乎"所有政治体系的政治文化都是混合的，不过每个政治体系中各种政治文化所占的相对地位和混合程度各有不同而已"③。也恰恰是这一点，使近代以来的政治与农业社会封闭性地域中的政治不同，或者说它们之间有着根本性的区别。

二、领域分化后的社会

　　农业社会是一体性的社会，对于这个社会来说，家是最基本的社会原

---

　　① ［美］戴维·约翰·法默尔：《公共行政的语言——官僚制、现代性和后现代性》，吴琼译，中国人民大学出版社 2005 年版，第 296 页。

　　② ［美］戴维·约翰·法默尔：《公共行政的语言——官僚制、现代性和后现代性》，吴琼译，中国人民大学出版社 2005 年版，第 297 页。

　　③ ［美］加里布埃尔·阿尔蒙德等：《比较政治学：体系、过程和政策》，曹沛霖等译，上海译文出版社 1987 年版，第 23 页。

型。社会是建立在家的基础上的，是可以归结为家的，或者说，是家的扩大。我们说"家国一体化"，实际上所指的是"国"类似于"家"，是家的放大了的形式。如果我们希望认识农业社会的话，从家出发是最佳的解窍途径。在农业社会，一切社会规范，无论已经扩大到社会的哪个层面，都包含着亲缘的踪迹。在工业化、城市化进程中，社会分化为公共领域、私人领域与日常生活领域。这种分化打破了社会的一体性，家退缩到了日常生活领域这一最后的领地。在公共领域中是看不到家的痕迹的，如果说家对公共领域产生了影响，那是与法的精神相背离的，也是无法接受的。因为，家若在公共领域中发生了影响，必然会对社会造成极其消极的影响，甚至会让社会发展付出惨痛的代价。在私人领域中，家的影响也遭到杜绝。虽然有些具有高度现代性的企业也还是家族企业，但是，仔细地观察却让我们看到，只是在企业的所有权或归属权上，这些企业才具有"家族"的特征，而在其运营上，则极尽可能地排斥亲缘关系的干扰。

如果说公共领域希望排除亲缘关系干扰的追求需要通过规则的建构与执行等外在的强制性约束才能实现，那么，在私人领域中，企业经营排除亲缘关系的干扰则表现出了更多的自愿特征。为了利益的最大化，企业的所有者希望理性地排除亲缘关系的消极影响。也就是说，在公共领域和私人领域中，亲缘关系如果介入的话，都是破坏性的因素。所以，对于一个谋求公正的社会而言，在公共领域中不仅对亲缘关系做出制度性的排除，而且往往建立起所谓"回避制度"，让一切具有亲缘关系的人偶然相遇时也必须遵从回避制度的要求。实际上，在公共领域和私人领域的建构中，是可以针对人与人之间的关系去做出各种各样的设置的，以便从根本上排除家以及与家相关的因素对公共生活和私人生活所形成的干扰。但是，在人的行为方面，却很难排除那些来自于家的因素的影响，而且，家的色彩一直存在于人的行为之中。

由于现代性表现出了对家的排斥，所以，我们看到，在官僚制理论中，基于操作性层面的思考而做出的思想建构包含着一些诸如"祛魅"的设定，而在哲学的层面上，却未见相关的系统化思考。也许是因为在现代性视野中并没有家的位置，才在工业社会分化成了公共领域、私人领域和日常生活领域后，使人们的视线往往更多地投注到了公共领域和私人领域上，却看不到日常生活领域也是在这一社会分化过程中生成的，或者说，是以无声的处置而表达了对日常生活领域的轻视。包括哈贝马斯、阿伦特、弗雷泽等人，甚至没有表达过对日常生活领域的哪怕偶尔一瞥的关注。日常生活领域是何等重要？它对公共领域和私人领域的影响是何等巨大？这些都受到了有意无意地忽视。

结果，在公共领域、私人领域的研究中，每日生产出来的大量理想模型无不受到解释力不足的困扰。因为，人是出生和成长于日常生活领域中的，人在这个领域中受到传统熏染和行为规范习练，人所获得的那些作为人而必须具有的价值，必然会对人的行为选择发生影响。当人进入公共领域和私人领域后，当人去开展职业活动和社会活动时，一般说来，不可能按照公共领域和私人领域的要求而把他在日常生活领域中所获得的那些东西完全抛弃，反而会在不自觉之中放任了那些来自于日常生活领域中的因素去发挥作用。所以，在对公共领域和私人领域的研究中，一旦涉及人，就会使任何一个理想模型都陷入尴尬境地。也许可以通过对人的重新定义而使之适合于建模的需要，那样的话，所生产出来的模型更是与现实问题的认识和理解之要求相去甚远。正是由于这个原因，我们看到，许多被称作为研究成果的东西表面看来是科学的，而在实质上，恰恰是不科学的。

我们看到，桑内特也与哈贝马斯、阿伦特等人一样，都不知道在公共领域和私人领域之外还存在着一个日常生活领域。所以，他不可能理解那些无法归类到公共领域和私人领域的社会现象，而是使用"亲密的情感世界"等表达式来描述那些现象。其实，桑内特所看到的那些现象恰恰是日常生活领域中的基本社会现象，甚至可以说，正是这些现象构成了日常生活领域。所以，桑内特看到了"亲密的情感世界失去了所有边界，再也没有一个人们可以转而投身其中的公共世界将其包围。也就是说，丰富的公共生活遭到的侵蚀扭曲了那些人们真心在乎的亲密关系。"[①] 桑内特只是将这些现象作为四个世纪以来的历史现象告诉了我们，而不是看作为领域分化后必然出现的一种社会现象。应当说，那是日常生活领域在与公共领域、私人领域分离的过程中的一种自我形塑，由这些现象所构成的日常生活领域只是作为社会

---

① ［美］理查德·桑内特：《公共人的衰落》，李继宏译，上海译文出版社 2008 年版，第 7 页。

的一个构成部分存在着的，而不是构成了社会的全部。可以认为，桑内特没有看到近代以来的社会进入了领域分化的进程，更没意识到，对于理解当代社会治理方式的形成而言，这种领域分化是具有决定性意义的。所以，桑内特才会借用哀叹式描述去呈现这种现象。在桑内特这样做的时候，除了表达一种批判性的意见之外，显然没有积极意义。

之所以20世纪的学者们仅仅在社会的分化中看到了公共领域和私人领域，是因为他们都从个人主义的视角出发，以个人去划界。这样一来，他们对没有个人的日常生活领域也做出个人主义的解读，并将其归入到私人领域中去。如果不是从个人主义的视角中去看社会，而是直接地对社会结构进行分析，公共领域、私人领域与日常生活领域的并存就是非常明显的事实。总体看来，虽然在工业化的过程中出现了公共领域、私人领域与日常生活领域的分化，但是，工业社会没有摆正公共领域、私人领域与日常生活领域的关系。在自由资本主义时期，私人领域被放置在了中心位置。到了20世纪的政府干预模式出笼后，公共领域又被放置到了社会的中心。然而，日常生活领域一直都受到了压抑，始终处于社会的边缘位置。如果问为什么"五月风暴"时期年轻人会喊出"我要恋爱"、"我要生活"的口号，我们认为，那正是因为日常生活领域长期受到压制而使这些敏感的人在反异化的追求中表达了一种朦胧的意见。

马克思在揭示工业社会关于人的生产特征时对家庭做出了描述，马克思说："每日都在重新生产自己生活的人们开始生产另外一些人，即增殖。这就是夫妻之间的关系，父母和子女之间的关系，也就是家庭。这个家庭起初是唯一的社会关系，后来，当需要的增长产生了新的社会关系，而人口的增多又产生了新的需要时，家庭便成为（德国除外）从属的关系了。"① 也就是说，在农业社会，家庭中的各种各样的关系基本上是唯一的社会关系。在工业化的过程中，随着公共领域、私人领域与日常生活领域的分化，新的社会关系产生了，家庭因而退居到了社会的边缘位置上。但是，家庭却担负着为工业生产提供劳动力的功能。在经济、社会的发展提出了旺盛的劳动力需求时，家庭就会加速劳动力的生产；当经济萧条、社会动荡时，社会总是用

① 《马克思恩格斯全集》第3卷，人民出版社1956年版，第32—33页。

饥馑、失业等手段去限制劳动力的生产。可见，工业化把家庭变成了工厂，所生产的是一种特殊商品，也遵从市场波动的规律。也许正是家庭被纳入到了生产活动之中了，才让学者们看到了家庭的私人属性，并将其归入到了私人领域的范畴之中。

其实，家庭是日常生活领域的构成要素，所承载的是生活上的价值。也就是说，在公共领域、私人领域和日常生活领域实现了分化的条件下，要寄予家庭工作和事业上的功能是不可行的，除非你所指的工作和事业都属于那种极其低级的一类，是那种在农业社会就已经出现或可以按照农业社会的行为模式去做的工作和事业。比如，如果你考虑科学研究活动的话，这样一种专业性很强的社会性活动在家庭中展开就是根本不可能的。夫妻之间即使同属于一个专业，甚至研究同一个问题，如果他们之间进行学术讨论的话，那也是根本不可能的。有些人（往往是在出版著作的后记中）说他的妻子对于他的研究工作给予了"多么大……"、"多么大……"的支持，可以断定，那种支持仅仅是发生在生活的层面上的。如果他所说的是研究层面上的支持的话，可以断定，他说了假话。因为，在领域分化的条件下，夫妻之间只可能是一种生活上的关系，如果一个人不是从事种田或经营手工作坊的话，却把夫妻关系带入所谓工作和事业中来，要不了多久，他就必须面对一个是否要离婚的选择。我们看到，夫妻之间如果讨论学术问题，除非一方静观另一方的表演而让对方去获得显示心实现的满足之外，就必然会陷入一种非理性的争执之中去，结果破坏的是家庭的和睦与和谐。家庭在社会生产中的作用主要表现在提供劳动力方面，即进行劳动力的生产。即使是劳动力的生产，也与私人领域中的生产活动很不相同。

在领域分化的条件下，日常生活领域成了传统的保留地，也是社会的道德标尺，人们用它来度量着公共领域和私人领域道德缺失的状况。不仅如此，日常生活领域还运用自身独特的道德优势去调节公共领域和私人领域，使其不至于在偏离人性的轨道上走得太远。当然，在近代以来的社会发展中，日常生活领域也不断发生变化。特别是作为日常生活领域核心构成部分的家庭，逐渐地走向衰落。不仅是家庭的规模迅速缩小，而且社会的陌生化也使以家庭为核心的交往圈子发生了变化。人的更多的社会交往已经不是在日常生活领域的边界内发生的，而是在公共领域和私人领域中展开的。

　　虽然人们会极力让社会交往带有日常生活领域的色彩，但其背后却潜藏着服务于公共生活或私人生活需要的目的，从而总是在交往中把交往对象定位在工具或手段的地位上。不过，日常生活领域中的这种变化也是它得到淬化的过程，特别是家庭规模的缩小，意味着生产与生活的分离完全使家庭从生产活动中解脱了出来，成为纯粹的生活场所，可以更加专注于对幸福生活的设计和追求。这样一来，家庭也就会对日常生活领域提出新的要求，会促进日常生活领域的性质和内容发生一定的改变。进而，对公共领域和私人领域产生影响。

　　公共领域、私人领域与日常生活领域的分化也是行为上的个体性表现与集体性表现的分离。在日常生活领域中，个人可以根据自己的意志开展行动，他的道德知觉、道德情感、爱恨友谊等都会反映在个人意志中，并以独立行动的方式来加以表现。然而，在公共领域和私人领域中，个人意志则需要让位于理性和从属于理性，而且，这种理性还仅仅是工具理性和技术理性。虽然在近代的人权设定中包含着意志自由的内涵，但在人权被结构化为和结构到了社会设置中之后，人的意志自由则被取缔了。人在公共领域和私人领域中开展活动（这些活动也就是我们经常提到的社会活动）时，是不允许个人意志在行动中发挥作用的。哪怕一个人是国家、组织的领导者，他的个人意志也被看作必须加以约束和限制的。一般说来，当这类领导者被认为运用了个人意志的时候，是被作为一种批评甚至指责而提出来的。

　　总的说来，在整个社会的运行过程中，日常生活领域发挥着平衡器的作用。公共领域会周期性地出现政治以及政府的合法性危机，私人领域中的周期性经济危机也是想尽一切方法去遏制都不可避免的，这些又都有可能引发社会动荡。唯有日常生活领域能够平稳地运行，特别是当人们在公共生活或私人生活中遇到挫折时，就会到日常生活领域中寻求慰藉，人们甚至把日常生活领域称作精神的港湾。

　　从社会治理的角度看，如果私人领域以及日常生活领域中能够自动地生成公正时，政府就可以像亚当·斯密所说的那样，"作为一个公正的旁观者而存在"。但是，当这些领域中无法自动地生成公正的时候，政府就必须以公正的提供者而存在。因而，政府必须时时处处地关注着私人领域和日常生活领域，随时准备解决这些领域中所存在的问题。如果政府不能这样做的话，私人领域、日常生活领域中的一些破坏社会和谐的因素就会因为得不到纠正而迅速蔓延，并造成直接的社会后果，甚至会最终威胁到政府存在的合法性。但是，日常生活领域在多数的情况下是"无政府主义"的，除非这个领域出现了明显的矛盾激化状态。一般说来，政府是不愿意介入日常生活领域的，而且，当人在这个领域中活动的时候，会把政府置于脑后。发生在日常生活领域中的行为，可能会因为其他成员的不愉快而产生芥蒂，引发口角甚至恶斗一场。然而，要不了多久，他们间的亲情和友谊也许就完全熨平了存在于他们之间的"伤口"。可是，如果超出了日常生活领域，同样的行为就可能被视为造成了恶劣社会后果的行为，甚至会被判定为某种犯罪行为。

三、领域融合的萌动

在领域分化的条件下，公共领域、私人领域和日常生活领域都是相对独立的系统，系统间的互动并不影响它们的独立性。因而，它们各自拥有自己独特的性质和特征，按照自身所独具的形式运行。我们知道，胡塞尔曾经提出过"生活世界"的概念，哈贝马斯甚至希望运用这个概念去重新整合公共领域和私人领域。但是，他们所说的"生活世界"却是从公共领域和私人领域之中抽象出来的，被认为是存在于公共领域和私人领域之中的一种抽象形态。或者说，是公共领域和私人领域中共有的一个世界。因为这个世界，公共领域与私人领域之间有了同一性。

显然，胡塞尔和哈贝马斯所说的这个"生活世界"与我们所指认的日常生活领域是不同的。他们在社会这个大系统中分离出来的"生活世界"其实只是社会这个整体的一个层面而不是一个系统，我们所说的日常生活领域则是一个相对独立的系统。在我们看来，胡塞尔和哈贝马斯等人在理论上至少犯下了两个错误：第一，在他们的观念深层中显然认为领域分化是不合理的，需要在公共领域和私人领域之中去寻找同一性，以便为同一的、普遍性的和形式化的社会治理提供理论支持。所以，他们要在公共领域和私人领域中去抽象出一个同一的"生活世界"。第二，他们所发现的"生活世界"是在理论抽象中获得的，这个"生活世界"并不是现实中存在着的一个相对独立的领域。因而，"生活世界"并不是社会治理的对象，不需要加以治理，而是存在于公共领域和私人领域之间的一个共同的和普遍性的因素，发现了这一因素，也就为社会治理能够普遍地作用于公共领域和私人领域提供了理论证明。这其实仍然是在黑格尔的思路中去寻找普遍性。

哈贝马斯似乎也意识到了作为抽象的"生活世界"对于社会治理的建构是没有意义的。所以，他又对生活世界做出了似乎是实体性的描述和界定，指出"生活世界的不同成分构成了不同的空间"。抽象的存在物是没有"成分"的，当哈贝马斯这样去描述"生活世界"的时候，显然是要告诉人们他在使用"生活世界"这个概念时，并不是作为公共领域、私人领域中的一个抽象的部分对待的。所以，他的进一步描述就是，"生活世界的要素，诸如文化、社会以及个性机构等，构成了相互联系的复杂的意义语境，尽管它们的表现形态各不相同。文化知识表现为符号形式，表现为使用对象和技术，语词和理论，书籍和文献，当然还有行为。社会表现为制度秩序、法律规范以及错综复杂而又井然有序的实践和应用。个性结构则完全表现为人的组织基础。所有这些表现物都是语义学内容，都是可以改变的，也是可以用常规语言来流通的。在日常交往实践的市场上，一切意义都结合到了一起。"① 这样的话，又如何与公共领域相区别呢？我们知道，哈贝马斯是在回应人们对他的公共领域概念的批评时写了《后形而上学思想》一书，希望人们不要在形而上学的意义上去理解他的公共领域。就他从胡塞尔那里借用了"生活世界"来看，的确反映出了努力与形而上学划清界限的追求，所以，我们看到了关于生活世界构成要素的论述。

即便是在哈贝马斯对"生活世界"的这一描述中，我们也会生成这样一个问题，那就是，这个生活世界的概念排除了什么？或者说，这个世界与哪个世界相区别和相并列？也许人们会回答说：国家及其法律结构，或者具有科学技术属性的理性结构，是与"生活世界"相对立的另一个世界。也许我们在纯粹理论的意义上能够接受这个答案，可是，如果去考虑国家的运行以及社会治理的实践，立即就会发现，抽空了哈贝马斯作为"生活世界"构成要素的那些东西，国家、政府及其社会治理原来是一种虚幻的存在，甚至是不可理解和不可把握的。所以，虽然哈贝马斯希望与形而上学划清界限，但在他去定义生活世界的时候，却没有摆脱形而上学的思维方式，依然

---

① ［德］尤尔根·哈贝马斯：《后形而上学思想》，曹卫东等译，译林出版社 2001 年版，第 84 页。

是作为一个抽象的概念而加以使用的。因此，一旦与现实相对照，"生活世界"的概念就变得似是而非了。如果将它作为一个主题去加以研究和探讨，也许能够满足哲学家的理论兴趣，却没有现实意义。这是因为，生活世界并不像哈贝马斯所断言的那样是由"不同成分构成的不同空间"，更不是一种现实存在和独立运行的系统。

当然，哈贝马斯对"系统理论"是持否定态度的，他认为"系统理论"和"主体哲学"一样，也是失败的。[①] 所以，"生活世界"在他那里似乎是一项新发现。而且，他也认为，"对生活世界概念的解释不仅回答了社会秩序如何成为可能这个经典问题，生活世界不同组成要素之间紧密联系的观念还回答了另外一个关于个体与社会之间关系的经典社会理论问题。生活世界构成的不是个体必须克服其偶然影响的环境。个体和社会构成的也不是出现在其环境中的系统，也不是作为观察者保持的外在联系。同样，生活世界构成的也不是一种把个体当作整体的一部分加以包容的容器。"[②] 而我们从这种理想化的描述中所读到的却是一些空头许诺，并不能对形成切实可行的社会改造方案有启发意义。实际上，在哈贝马斯对主体哲学的批判中，可以发现他热衷于描述生活世界的原因，那就是希望用一种新的理论去替代主体哲学曾经代表的理论。这应当被承认是理论创新。但是，如果理论创新不是从实践出发，不是服务于解决现实问题的目的，而是一种纯粹的理论批判和理论超越，那是没有价值的。

在哈贝马斯看来，"主体哲学认为，社会是一个由部分组成的整体，不管这个部分是国家的政治公民，或是联合起来的自由生产者。生活世界观念同样也打破了这样的思维方式。因为，通过交往而实现社会化的主体，并不是处于制度秩序或社会和文化传统之外的主体。当然，交往行为的主体各自都把他们的生活世界当作是一个主体间所共有的整体背景。但在他们获得表现和成为对象的瞬间，这种总体性必定要消失；它是由社会化个体的动机和能力，以及文化的自我理解和群体的协同性所共同组成的。生活世界仅仅是由文化传统和制度秩序以及社会化过程中出现的认同所构成的。所以，生活

---

① ［德］尤尔根·哈贝马斯：《后形而上学思想》，曹卫东等译，译林出版社 2001 年版，第 85 页。
② ［德］尤尔根·哈贝马斯：《后形而上学思想》，曹卫东等译，译林出版社 2001 年版，第 85 页。

世界不是什么个体成员组成的组织，也不是个体成员组成的集体。相反，生活世界是日常交往实践的核心，它是扎根在日常交往实践中的文化再生产、社会整合以及社会化相互作用的产物。"① 在对生活世界进行了这般现象学解读和规定之后，确实让人感受到生活世界在理论上是成立的，而且也弥补了主体哲学的全部缺陷。

我们也同样反对主体哲学的主体中心主义构图，同时，我们也反对将人消融于集体的"去主体化"观念。但是，这决不意味着我们同意所谓"主体间性"，进而，我们也不认为基于主体间性而建立起来的生活世界是真实的。在工业社会这个历史阶段中，真实的世界是由公共领域、私人领域和日常生活领域构成的，这三个领域有着不同的属性。尽管哈贝马斯发现了公共领域和私人领域，但他却没有真正理解他的发现。事实上，他所说的公共领域、私人领域是按照黑格尔的逻辑建构起来的，是只存在于理论之中的。或者说，是以理论的形式呈现出来的一个世界，而不是我们的社会实践活动赖以开展的现实世界。我们也看到了工业社会分化为了三个领域，即公共领域、私人领域和日常生活领域，但我们所说的这三个领域是实实在在地存在于我们面前的，是工业社会中的人们的一切生活和活动赖以开展的现实空间。

在我们从社会分化中所看到的公共领域、私人领域和日常生活领域中，开展活动的人在行为方式和观念上都是不同的，社会治理必须根据这三个领域的不同去作出安排。当然，在低度复杂性和低度不确定性条件下，用同一性的社会治理方式去不加分别地对这三个领域进行治理是经济的，也是可行的。随着社会进入高度复杂性和高度不确定性状态，问题就暴露了出来。也正是由于这个原因，社会治理无论是强化规则还是运用强权，都显得疲软，以至于人类陷入了风险社会，受到危机事件的困扰。事实上，这一问题已经在全球化、后工业化中显现出了答案所在，那就是领域分化的进程已经发生了逆转，开始走向了领域融合。因而，不需要再像哈贝马斯那样，去在领域分化的既定事实中去抽象出一个生活世界，也不需要为生活世界设定主体间

---

① ［德］尤尔根·哈贝马斯：《后形而上学思想》，曹卫东等译，译林出版社 2001 年版，第 85—86 页。

性的原则，而是需要根据领域融合的趋势去重新安排社会治理的问题。

鲍曼认为，公共领域曾经"是有效的集体行动机构的诞生地和大本营，是私人问题和公众问题在对话中得以相遇和交战的场所，然而，它们却进入了一个恶性循环：这种现象相互加强。越是没有理由相信社会能改变个体的困境，越是没有证据来复兴公共领域；公共领域越是不合时宜，越是没有进取心，从公共领域的兴旺中获益的信念就越不可信"。① 面对这一情况，我们是否会谋求公共领域的重建？这就是鲍曼所追问的："我们是否有可能返回一个自信的、充满活力的公共领域，或迈向一个新型的公共领域，以容纳在全球范围内的'社团'中产生的大量的任务和责任？"② 鲍曼表示，他并不去直接回答这一问题，而是留待人们去思考，并相信人们的思考必将找到一条光明的出路。

其实，弗雷泽一直努力回答这一问题，并肯定地认为全球化意味着公共领域的重建。对此，我们的意见则有所不同。我们在全球化、后工业化进程中所看到的是一个公共领域与私人领域融合的趋势。在合作的意义上，公共领域与私人领域的边界设置已无必要。事实上，非政府的、非营利的以及众多的社会自治力量已经参与到了社会治理过程中来，从而打破了公共领域与私人领域的边界，改变了治理者与被治理者分立的静态治理结构。另一方面，随着民族国家受到全球化浪潮的冲击，公民的概念甚至会从人们的记忆中搬除。充分的流动性不仅会无视既定的民族国家边界，也会在社会治理的问题上蹚平公共领域与私人领域的边界。所以，我们无法在现代性的意义上去思考公共领域的重建和去留的问题，而是需要重新认识整个世界的社会结构以及构成要素，并在此前提下去重建社会治理模式。

应当承认，发现了公共领域与私人领域的融合，并在此基础上去思考社会以及社会治理重建的出路，在当前还是一项过早提出的构想。但是，在对工业社会领域分化的现实做出否定性陈述的时候，它却是一项逻辑线条以及伸展方向都非常明晰的构想。因为，工业社会发展到了其典型形态后，公共领域、私人领域与日常生活领域的分化导致了社会分裂。具体地说，社会存

---

① ［英］齐格蒙特·鲍曼：《被围困的社会》，郇建立译，江苏人民出版社 2006 年版，第 30 页。

② ［英］齐格蒙特·鲍曼：《被围困的社会》，郇建立译，江苏人民出版社 2006 年版，第 30 页。

在在公共领域、私人领域与日常生活领域中有着完全不同的表现形式，受到完全不同的力量的支配，以至于直接表现为公共领域、私人领域与日常生活领域中的行为差异和观念冲突。正如昂格尔所指出的："在我们公共模式的存在中，我们操着理性的普通话，并且生活在政府的法律、市场的限制以及我们所属之不同社会群体的风俗习惯之下。然而，在我们私下具体的存在形式中，我们却处于我们自己所感觉到的印象与欲望的支配之下。"①

我们看到，在工业社会领域分化的背景下，在日常生活领域中，产生决定性作用的是人的情感，一切事件的发生都拒绝理性的解释。在私人领域中，一切行为都具有理性的内涵，但这种理性是利益追逐的理性，也就是亚当·斯密所定义的"经济人"理性。在公共领域中，应然的与现实的矛盾则显得非常突出。公共领域被放置在了维护公平、正义和公共利益的位置上，在制度安排上也极力去体现这种精神，但在行动上，却受到经济人理性的骚扰。而且，当公共领域防止经济人理性引发消极的行为后果时，又陷入了工具理性、技术理性的控制之中。这三个领域是如此不同，社会治理必须根据这三个领域的实际情况去做出有区别的治理方式、方法选择。但是，哈贝马斯以及近代以来的所有学者所提供的都是同一性追求，以至于工业社会一直存在着治理不周延的问题。在这种情况下，弗雷泽等人希望通过公共领域的重建去改善社会治理。这在表面上看来，是一个合乎逻辑的构想。但是，如果同全球化、后工业化的背景联系到一起，就不再是一个可以付诸实施的方案了。全球化、后工业化展现出了领域融合的趋势，我们必须根据这一新趋势去构想社会治理重建的方案。

昂格尔的分析是较为客观的，他让我们看到，在公共领域中，一切都被形式化了，一切都是基于抽象的人而进行建构的，也只适应于对抽象的人的规定。可是，人只有在作为具体的和完整的人而存在时才是真正的人，抽象的人其实只是人的异化形态。因此，公共领域中的形式化规则具有普遍性，却与具体场景中的具体的人的存在、行动和要求相去甚远。表面看来，规则能够适应普遍性规范的要求，而在实际上，要么是扼杀要么是部分扼杀了人

---

① ［美］罗伯托·曼戈拉·昂格尔：《知识与政治》，支振峰译，中国政法大学出版社2009年版，第87页。

的个性，或者使人的行为从属于某种结构化了的统一模式。结果，人的自主性等都丧失了。"生活中的不快，乃是生活的这两个方面相互之间必定要发动的无情斗争的结果，它们每一个都渴望与其敌人保持和平，尽管不能如愿。在其公共性的存在中，自我遭受着丧失其个体身份及其对其自己未来之把握的威胁。其私人性的存在则受到这样一种担心的破坏。它担心自己生活在一个虚幻的世界之中，因为它的意见与印象未能与他人共享，同时也担心生活在一个不可救药的郁闷世界，因为它总是受到未被满足的欲望的束缚。为了克服虚幻感，它必须能够说服其他人，让他们认识到它的世界并不离谱。为了解决由于缺乏一个有限的并且是前后一致的目标体系而对其身份感所产生的消解性影响，它必须获得他人的赞同。"①

昂格尔的"必须获得他人的赞同"是一种理想，在工业社会领域分化的现实条件下，这是难于达到的，甚至是不可能达到的。因为，在工业社会领域分化的条件下，唯一具有普遍性的是人与他人、人与社会的矛盾和冲突。这种矛盾和冲突根源于又回射到人的内在世界，也以公共性的存在与私人性的存在间无时无处不在的矛盾和冲突作用于人的生活和活动，以至于竞争、斗争等成为社会常态。而竞争、斗争等又无法脱离人的协作，或者说无法与人们之间的协作分开。而且，人出于增强自己的竞争和斗争能力的需要，也总是通过与他人协作的途径去达成自己在竞争和斗争中的优势地位。总之，形式与实质的分离使这个社会的所有都变得乱作一团，以至于最终陷入风险社会的状态，受到危机事件频发的困扰。

然而，在全球化、后工业化进程中，我们发现人的共生共在将成为高于一切的社会建构原则。在这一原则下，人的合作行动将成为无可逃避的选择。而且，在合作行动中，形式与实质的分离将得到矫正，公共性存在与私人性存在的不同也将被合作行动中无限多样的具体性差异所取代。公共领域与私人领域也不再从属于不同的建构原则，而是都需要通过合作行动来加以定义。事实上，已经不再有公共领域与私人领域的区别，人的一切行动都是人的日常生活内容，在行动的自主性之中包含着道德的力量，至于外在于人

① ［美］罗伯托·曼戈拉·昂格尔：《知识与政治》，支振峰译，中国政法大学出版社 2009 年版，第 87 页。

的规则，只在合作行动受到了破坏时才会被加以援用。如果说昂格尔所说的
"必须获得他人的赞同"只是一种如何处理人际关系的说教，那么，全球
化、后工业化所提出的则是人的共生共在的要求，需要通过不分领域、不分
地域的合作去实现。也正是这种合作，必将突破一切边界，使地域和领域都
被贯通起来。这就是领域融合的逻辑，也必然会描画出历史轨迹。

第二节　领域融合与合作治理

一、踏着领域融合的节奏

在工业社会中，民主是社会治理的精髓，人们致力于民主理想形态的追
求而提出了诸多民主方案。可是，在整个现代化进程中，理想的民主形式一
直未能发现。在实践中，每一个民主方案在付诸实施时都很快暴露出了各种
各样的缺陷，甚至会把社会治理导向合法性危机的地步。在 20 世纪后期，
协商民主被作为一个改进方案提了出来，而且，可以认为这一方案充分贯彻
了民主精神。也正是因为它彻底地贯彻了民主精神而把政治生活与社会生活
看成是完全重合的事情。在协商民主的视野中，除了政治生活、政治活动之
外，不再有其他。所以，这一理论的理想目标是要让全体社会成员都卷入到
政治过程中来，通过协商的方式去处理社会治理中的一切事务。事实上，这
是不可能的。因为，在工业社会的领域分化条件下，社会成员必然会在不同
的领域中开展活动，专业活动以及社会生活的多样性都决定了政治生活与社
会生活并不重合。

在全球化、后工业化进程中出现了领域融合的趋势，这是否意味着政治
生活与社会生活将走向重合呢？我们认为，领域融合决不意味着一个社会的
泛政治化，反而恰恰是政治的式微。政治在一个社会中的重要性将会下降，
而社会生活中的非政治内容将会被突出到更为重要的位置。人们在非政治的
途径中自主自觉地处理人们之间的关系，不仅可以赢得良好的社会秩序，而
且能够创造和谐共在的局面。这个时候，所谓集权与民主的问题，都将不再
滞留于人们关注的中心位置了，关于民主的改进策略也远远没有学者们所想
象的那样迫切和重要了。在全球化和后工业化的今天，对于人的共生共在而

言，致力于民主改进策略的任何一种民主方案都不会像人们所渲染的那样具有多么重要的价值。在某种意义上，当前人类社会急需建构的是合作而不是民主，既往关于如何治理社会的主题正在为合作的主题所置换。我们正在面对的社会治理变革，将不再是在现代化所开辟的道路上去探索前行的方向，而是需要实现一次根本性的转型。

如果说现代性的社会治理仍然是以控制与被控制、支配与被支配的方式进行的，那么民主只不过是为了保证控制和支配的行为不滑向非理性方向的一种保障机制。现在，当全球化、后工业化已经成为一场现实的社会运动时，特别是在全球化、后工业化意味着人类社会的又一次重大的社会转型的情况下，我们所需要的是去构想一种不再有控制和支配的合作治理。一旦沿着这个思路去思考社会治理变革的问题，就会看到全球化、后工业化进程中包含着领域融合趋势，而这一趋势恰恰能够为合作治理的构想提供客观证明。然而，进入新世纪后，一种回归历史的思潮却弥漫在人们的心灵中，在人们受到了风险社会以及危机事件频发的惊扰后，安慰人们心灵创伤的所谓"心灵鸡汤"都可以在古老文献中去发现加以煲制的原材料。这同样是无益的。其实，我们正处在一个十字路口上，是探索前行的道路还是回归历史？已经成为一个必须回答的问题。

全球化、后工业化意味着我们的时代已经不再是工业社会的延续，而是一个从工业社会向后工业社会迈进的转折点。从工业社会向后工业社会的转型是人类发展史上的一个新的历史阶段的开启，它决不会以某种历史循环的形式出现，不可能让农业社会的生活方式和治理方式在后工业化进程中再现。我们认为，相信人类历史进步的理论才是最具现实性的理论。反之，那些缺乏创新勇气的、在每一个时代重新把逝去的历史描绘得无比美好的理论，则是一种空想主义的。马克思在使用"乌托邦主义"这个词语时，所要批评的就是那些向往农业社会田园生活的空想主义者。然而，在一些缺乏学养的人那里，却把一些基于现实而构想未来的理论批评为乌托邦，这其实是因为无知而使用了这个词语，也正是因为无知而往往显得理直气壮。面向未来的科学构想决不是乌托邦，而是直面当下问题和困境所进行的探索，而且是基于现实中已经呈现了的社会发展迹象作出的。

在工业社会中，存在着各种各样的问题，特别是社会治理中存在着如鲍曼所说的"把个体面对的、私人处理的难题转换成公共的、集体面对的问题，把公共兴趣转换成个体追求的生活策略"。① 我们向政府提出各种各样的要求，把我们无法处理、无法解决的问题抛向政府，要求政府运用公共权力去解决所有这些问题。然而，当公共权力的运用与我们个人的生活追求稍有偏差的时候，又倍感不快，提出批评。以至于学者们以及公共部门中的行动者必须不断地梳理公共部门与私人部门的关系，不断地把公共部门与私人部门的边界描黑或刷淡，即不断地对公共问题和私人问题进行重新定义，力求消除一切可能出现的争议。

从 20 世纪 80 年代开始的这场改革来看，之所以各种各样的理论轮番登场而又迅速消逝，都无非是要在公共部门与私人部门间的划界问题上推销自己的主张。有的主张"强政府"，有的主张"小政府，大社会"，有的主张政府利用社会和向社会购买服务。然而，实际情况则表明，所有这些努力都只能见一时之效或收效甚微。这就是公共领域与私人领域分化后产生的问题，只要领域分化的结果作为一种不可回避的现实而在我们的社会生活中发挥作用，上述问题就是不可避免的。所以，出于解决上述问题的需要，也应当探索终结公共领域与私人领域相分离的局面，让社会走向领域融合的方向。事实上，如果我们在全球化、后工业化的背景下去观察社会和思考社会治理的问题，就会发现，始于工业化、城市化的社会领域分化进程已经终止，一种领域融合的趋势已经呈现在了我们面前。因而，社会治理的变革应当充分考虑到这一历史趋势，需要基于领域融合而去做出新的安排。

全球化、后工业化已经使我们的社会发生了巨大变化，单就技术进步而言，就已经改变了我们的生活，甚至使社会结构发生了变化。我们看到，20世纪后期以来，随着互联网进入了人们的生活，随着互联网成为人们社会生活的一个基础性平台，一个匿名社会似乎正在形成。如果考虑互联网迄今仍然是人们的社会生活平台和作为社会的构成部分而存在的话，或者说，如果互联网的发展只是社会网络化的一个"原始阶段"的话，那么，随着网络的多样化以及对社会的型塑，可以期望一个虚拟世界必将诞生。虚拟世界可以认为是一个匿名社会。综观人类社会的发展，经历了农业社会的熟人社

① ［英］齐格蒙特·鲍曼：《被围困的社会》，郇建立译，江苏人民出版社 2006 年版，第 3 页。

会，尔后进入了工业社会的陌生人社会，而未来将是一个匿名社会。这样一来，我们就会提出一个问题，既然熟人社会的治理方式不适应于陌生人社会，那么，我们既已拥有的这种在工业化、城市化过程中生成的适用于陌生人社会治理要求的治理方式能够适应匿名社会的治理要求吗？答案显然是否定的。

既然匿名社会正在向我们走来，我们不禁要问，是什么因素促使了人的匿名化？在回答这一问题时，也许要去追溯那些曾经使人陌生化的因素，以便从中获得启发。我们发现，在从农业社会向工业社会转变的过程中，主要是两个因素促成了人的陌生化：一个是"脱域化"，它使人离开了地域性的熟人社会，或者说，流动了起来，每日面对的人都在变化中，没有时间去达成熟人关系；另一个则是市场经济，它把人置于竞争场景中，每个人都把对他人保密或与他人拉开一定距离作为竞争制胜的策略，从而成为陌生人。在全球化、后工业化的进程中，我们发现再度脱域化将会导致陌生人向匿名人的转变。如果说发生在工业化进程中的脱域化使人脱离了地域而进入了由专业化所造就的领域中的话，那么，再度脱域化则是脱离领域。

目前看来，是由于社会复杂性和不确定性的迅速增长而使专业分工及其领域分离的合理性丧失了，从而出现了领域融合的历史运动。领域融合也同时意味着领域开放，使原先被局限于具体领域中的人走出所在的领域。然而，当人走出领域后，会不会四处游荡呢？其实，答案就在网络的发展和社会网络结构的生成中。主要是社会网络决定了人的匿名化，并使我们的社会成为一个匿名的社会。几乎是在互联网出现的同时，社会的网络结构也开始萌发，并把社会改造成为非领域化的场所，从而使人们可以在广阔的社会空间中开展活动。随着人们走出自己的领域而进入无限广阔的社会空间后，也就展现出了匿名的特征。如果说这是社会发展的一个必然趋势的话，那么，在今天，社会治理的重建就需要充分考虑人的匿名化的问题，需要思考如何建构起适应于匿名社会治理要求的社会治理体系。

正如我们一再指出的，农业社会是地域隔离的社会，在每一个地域之中，都有着特定的风俗、习惯和共有的文化，从而使人们成为熟人。熟人之间的关系不从属于利益视角的解读，因为这个社会是同质性的和简单的。正因为如此，我们在农业社会的每一个地域性的社会中所看到的都是依靠权力的治理。是因为这个历史阶段中的每一个地域性社会都是熟人社会，具有同质性，而且比较简单，所以，依靠权力去开展治理既是可行的也是能够满足要求的。在脱域化的过程，人因走出了地域而进入了陌生人社会，而且，这个社会又走上了领域分化的进程，被分割为不同的领域。在这种情况下，社会治理已经不再是地域中的治理，而是需要面对不同的领域，或者，需要凌驾于不同的领域之上去开展统一的治理。结果，就生成了面向不同领域的普遍性、同一性的社会治理方式。

就工业社会而言，由于领域分化而使人们的社会生活呈现出职业化、专业化的特征。在职业化、专业化的活动成为人的社会生活的基本形式的条件下，人因长期被囚禁在某个具体的领域和具体的专业活动范围内而变得心胸和眼界都极其狭窄，他重复获得的经验限制着他的意识、思维和视野，往往会本能地拒绝那些来自于他的经验以外的实实在在的事物。因而，面向整个社会的普遍性、同一性的社会治理方式在每一个人那里所得到的理解和回应都是不同的，唯有在形式上要求人们都遵从规则。而在复杂多样的实践活动以及社会关系处理中，这种因遵从同一规则而实现的形式化的社会治理却无法取得良好的效果。在这种情况下，促使人们广泛的交往和交流就会被认为是对普遍性、同一性的社会治理做出矫正的重要途径。

所以，到了 20 世纪后期，作为一种改进社会治理的哲学构想——交往行动理论被提了出来。或者说，正是在工业社会中的普遍性、同一性的社会治理遭遇了越来越多的问题时，激发出了哲学家去创建"交往行动理论"的冲动，而交往行动理论又直接地促成了协商民主的政治方案。哈贝马斯就是以其著述反映了这种追求的思想家之一。可是，在职业化、专业化的条件下，人们只能通过书本去与在他领域、他专业活动的人进行交往，以至于20 世纪后期的一些学者也倡导学习的理念，并提出诸如学习型组织等设想，目的就是要解决人的观念封闭和眼界狭窄引发的创新能力不足的问题。其实，所有这些都是在工业社会的发展路径和社会治理演进逻辑中提出的改进方案，而不是对社会转型条件下的社会治理变革所做出的探索。

当思想家、学者等表现出了对工业社会发展逻辑的路径依赖时，现实的历史进程却开拓出了完全不同的道路。全球化、后工业化所呈现给我们的是人类历史的一个新的阶段的开始，社会以及社会治理模式建构都必须在一个新的起点上进行。我们发现，由于领域融合的步伐在加快，由于职业和人群的流动性迅速增强，由于人的交往、交流日益频繁，特别是网络技术所推动的人的广泛和高频互动，正在打破几乎所有可能导致人的观念封闭和眼界狭窄的因素。这个时候，人的创新能力就更多地受到人格、责任意识、问题洞察力和知识领悟能力等方面的影响。也就是说，在外在性的障碍消除后，发挥决定性作用的就是人的内在性因素。这无疑宣布既有的一切旨在控制和支配人的社会治理方式都正在丧失历史合理性，而是需要建构起一种在每一个方面都能够促进人的自觉性和自主性的社会治理模式。

在工业社会领域分化的条件下，确如哈贝马斯所指出的："竭力把哲学和自然科学以及精神科学，或者说竭力把哲学和逻辑学以及数学相同化，只会带来新的问题。"① 作为领域分化典型代表的科学分化则使每一门科学都表现出了自身的专业性价值，同一性追求如果以抹平科学门类间的差异为目标的话，肯定会导向错误的方向，那只能说同一性追求本身已经进入了走火入魔的状态。当然，随着科学自身的发展，某些具体的科学学科因为在科学体系中的价值丧失而衰落并消失，或者被新的科学学科所吞噬或替代，这都是有可能出现的现象。但是，在工业社会领域分化的语境中，学科分化所造就的则是一个学科之林的景象。不过，从 20 世纪后期以来的科学研究看，交叉研究成为时尚。在这之中，显然包含着打破学科边界的追求。

我们认为，科学研究中的这一现象是与社会的发展相一致的，是因为社会发展中包含了领域融合的趋势，从而反映到了科学研究中来。特别是到了20 世纪 80 年代，当全球化、后工业化成为一个显著的历史运动时，领域融合也就显性化为一个可以触摸到的社会发展趋势，以至于科学活动中的交叉研究、边缘研究呈现了繁荣的景象。如果说社会发展中的领域融合意味着生产、生活和行动边界的消失，那么，它首先反映在工业社会既有的各个具体领域中也就不难理解了。不仅哲学上的交往行动理论建构、政治生活中的跨领域协商民主构想等，都反映了领域融合的萌动，而且，组织活动中的团队、科学活动中的交叉研究等，也都代表了非领域化的冲动。当然，就科学

---

① ［德］尤尔根·哈贝马斯：《后形而上学思想》，曹卫东等译，译林出版社 2001 年版，第 35—36 页。

研究而言，让社会科学的各个门类都求助于数学，或者说把所有的科学都归并到数学之中，恰恰是工业社会同一性追求的结果。一旦同一性追求的不合理性被人们所认识到的话，就会发现它不是一个正确的方向。不过，领域融合之路需要探索，作为一场历史运动，在其初期出现一些曲折和反复也是难以避免的。

二、领域融合中的社会治理

哈贝马斯指出，生活世界是一片"灌木丛"，关于生活世界的知识是透明的，却又是无法穿透的。在生活世界中，"不同的要素在其中混杂在一起，只有用不同的知识范畴，依靠问题检验，才能把它们分离开来"①。如果把"生活世界"的概念置换成"日常生活领域"的话，我们就会发现，构成了日常生活领域的要素无论以什么样的形式存在于和出现在什么地点，都是不可分离的，每一个要素实际上都包含了和反映了这个领域的整体性特征。如果通过分析的方式将那些要素一个个地分离出来，它们就会成为抽象的形式化要素，它所应包含的构成了日常生活领域或来源于日常生活领域的"质"就会流失，甚至可以说变成了与日常生活领域无关的东西。对此，虽然可以申辩说它们是关于日常生活的知识，但是，也必须认识到，它是不具有真值的知识。就此而言，虽然在形式上哈贝马斯关于生活世界知识的界定与日常生活领域相似，而在实质上，依然是有差别的。正如我们上述所分析的，哈贝马斯所说的生活世界并不是在工业化、城市化进程中分化出来的那种与公共领域、私人领域并存的日常生活领域，这个生活世界其实只是对公共领域和私人领域进行抽象而获得的关于社会的表层的认识。

哈贝马斯在描述生活世界的知识时说："形式语用学家已经从等待根据事实、规范以及经验所区分开来的主题知识转向关注生活世界。这样一种鉴别的眼光使他们得出结论，认为在背景知识中，依赖、感知以及理解使得对于事情的信念具有合法性。相互纠缠在一起的基本观点，比如仇视和信赖、固执和灵活等，都是一切没有经过反思的前形式或前结构，在言语行为主题化之后，它们才分化开来，并且具有了命题知识的意义，具有了通过以言行

---

① ［德］尤尔根·哈贝马斯：《后形而上学思想》，曹卫东等译，译林出版社2001年版，第80页。

事建立起来的人际关系的意义，具有了言语意向中的意义。"① 在哈贝马斯这里，"生活世界"是社会整体的一个层面，即社会整体的日常行为、交往甚至生活层面，与我们所说的作为社会的一个实体性的社会构成部分的日常生活领域不相同。所以，尽管哈贝马斯关于生活世界的描述在一定程度上也反映了日常生活领域的特征，但是，这个生活世界又是不能视为对日常生活领域的完整描述的。或者说，在静态的意义上，日常生活领域具有哈贝马斯所描述的这些特征，而在日常生活领域与公共领域和私人领域的互动过程中，又有着诸多不同于哈贝马斯所描述的特征。

在追问"生活世界"中的"交往行为对于生活世界的再生究竟有何贡献"② 时，哈贝马斯通过对分析性思维的娴熟运用而形成了这样一种认识："生活世界的各个部分，如文化模式、合法制度以及个性结构等，是贯穿在交往行为当中的理解过程，协调行为过程以及社会化过程的浓缩和积淀。生活世界当中潜在的资源有一部分进入了交往行为，使得人们熟悉语境，它们构成了交往实践知识的主干。经过分析，这些知识逐渐凝聚下来，成为传统的解释模式；在社会群体的互动网络中，它们则凝固成为价值和规范；经过社会化过程，它们则成为了立场、资质、感觉方式以及认同。产生并维持生活世界各种成分的，是有效知识的稳定性，群体协同的稳定性，以及有能力的行为者的出现。日常交往实践的网络同在社会空间和历史时间范围内一样，远远超出了符号内涵的语用学领域，并且构成了文化、社会以及个性机构形成与再生的媒介。"③

如果不与现实相对照的话，我们在哈贝马斯的描述中所看到的是一幅高清晰度的图景。然而，一旦我们想到现实，就会发现，并不存在一个独立的生活世界。如果生活世界不是一个自为的系统，哈贝马斯所说的这些在何种意义上是可能的？比如，在得以科学建构的世界中，与组织联系在一起的职位、岗位等，在开展社会生活和参与社会活动时的守法意识等，作为公民或组织成员所应拥有的权利、责任、义务等，所有这些社会规定，都时时侵蚀着生活世界。或者说，这些因素存在于生活世界之中，却并不构成生活世界

---

① ［德］尤尔根·哈贝马斯：《后形而上学思想》，曹卫东等译，译林出版社 2001 年版，第 80 页。
② ［德］尤尔根·哈贝马斯：《后形而上学思想》，曹卫东等译，译林出版社 2001 年版，第 82 页。
③ ［德］尤尔根·哈贝马斯：《后形而上学思想》，曹卫东等译，译林出版社 2001 年版，第 82 页。

的内容，反而使生活世界中的生活形式化和格式化，成为楔入生活之中的骨刺。在领域分化的条件下，哈贝马斯所说的这个生活世界在每个领域中都与科学建构的世界共处于和共有着一个系统，系统中的各要素必然处在互动之中，因而，是无法对生活世界进行独立描述的。由此可见，也是我们一再指出的，哈贝马斯对生活世界所做出的描述并不能看作对现实的反映。

不过，当我们在工业社会的领域分化中看到并列着公共领域、私人领域和日常生活领域时，并在这三个领域的互动中去理解社会的运行和揭示社会治理是如何凌驾于这三个领域之上去把普遍性的、同一性的规则作用于这三个领域的状况时，就理解了为什么社会治理总是存在着各种各样的困难，那就是社会治理没有考虑到这三个领域的不同。在工业社会的低度复杂性和低度不确定性条件下，也由于社会的运行速度较为缓慢，普遍性的、同一性的社会治理虽然存在着诸多困难，还不至于受到毁灭性的冲击。但是，在全球化、后工业化进程中，随着社会运行速度的迅速加快，则使社会治理深深地陷入了困境之中。结果，社会也因社会治理的无能为力而陷入了风险社会之中，以至于危机事件频发。在这种情况下，对公共领域、私人领域和日常生活领域实施有差别的治理是否可行？这肯定会成为人们首先想到的一个补救性方案。但是，显然是过于简单化了。事实上，当我们考虑到全球化、后工业化进程中的领域融合趋势已经显现了出来，也就会清楚地看到，这种有差别的治理方案也失去了治理对象。或者说，基于领域分化而去构想社会治理已经失去了历史意义。随着领域分化逆转为领域融合，我们面向未来的选择只能是基于领域融合去构想一种新型的社会治理的各种可能性方案。

如果能够设计出依据日常生活领域的规定性而对公共领域和私人领域进行改造的话，或者说，如果能够自觉地从日常生活领域出发去促进领域融合的话，是可行的，而且也必然会使整个社会实现根本性改变。特别是当我们看到了日常生活领域包含着走向后工业社会的各种规定性，看到了日常生活领域所拥有的不同于分析性思维的那种相似性思维方式，就会自然地想到，从日常生活领域出发，也许能够找到重建社会治理的一条正确道路。实际上，当我们把视线投向了日常生活领域时，而不是像 20 世纪的西方学者那样仅仅看到公共领域和私人领域，就已经开始了对某种新型社会建构方案进行构想的活动了，其中，包含着社会治理变革的思考。所以，我们认为，在此问题上，哈贝马斯对"生活世界"的发现和解读都不能作为全球化、后工业化背景下的社会建构以及社会治理模式建构的新起点。

　　根据哈贝马斯自己的想法，他所说的"生活世界"与近代以来得以科学建构的世界不同，他希望在总体性的意义上去把握生活世界，认为生活世界可以被用来矫正科学建构的世界已成定势的片面性。而且，哈贝马斯也极力去说明，关于生活世界的知识具有语用学上的整体性，而不是专业化、碎片化、形式化的知识。但是，如我们已经指出的，哈贝马斯的"生活世界"并不是一个相对独立的世界，而是作为社会整体的一个层面而存在的，而且是对社会整体中的一个表层的抽象而获得的认识。因而，如果不在公共领域和私人领域的坐标中，或者说，如果失去了被科学建构起来的领域分化的世界，"生活世界"也不可能存续下去，或者说，作为一个思维抽象也不能成立。其实，哈贝马斯所说的"生活世界"根本就不是现实中存在着的世界，而是根源于哈贝马斯的分析而形成的认识，是一个抽象的存在，或者说，是哈贝马斯得之于胡塞尔的一个理论抽象。也就是说，"生活世界"是在分析性思维的行进中发现的，从属于静态的观察和抽象的把握，没有历史也没有未来，仅仅是一个不同于科学建构世界的存在形态。在胡塞尔那里，是被作为我们所在的这个社会的现象世界对待的。"生活世界"的总体性以及"生活世界"知识的整体性，都是作为分析性思维活动的结果出现的，是基于分析性思维而形成的认识。

　　可见，虽然哈贝马斯所提出的"生活世界"也是一项新的发现，却不具有原始的客观性。也就是说，尽管"生活世界"也是在近代以来的社会建构中一直存在着的，但它毕竟不同于近代社会分化过程中出现的那个与公共领域、私人领域并立的日常生活领域，没有形成自己能够独自拥有的各种资源。所以，它本身并不能够成为或包含着改造社会的力量。如果按照生活世界的模式改造世界的话，依然是源于外在于它的力量去做出的安排。日常生活领域则不同。在工业社会所实现的领域分化中，日常生活领域作为传统的保留地本身就意味着它以文化的形态继承了来自于历史的全部有价值的社会生活因素。这决定了它有能力借助于全部历史积淀而实现对整个社会的整合。不仅如此，生活也是一棵常青树，日常生活领域就是常青树的肥沃土壤，每日都会有新的要求、新的因素在这个领域中诞生，并汇聚成促进社会发展的动力。

在某种意义上，领域分化条件下的工业社会向前行进的脚步一直是由来自于日常生活领域的动力推动的，直至走到了全球化、后工业化的门槛前。虽然表面看来工业社会一直是由公共领域中的构成要素去实施着对私人领域和日常生活领域的治理，是由私人领域中的生产和经营推动了社会发展。而实际上，无论私人领域中的生产和经营，还是公共领域中不断生成的法律、政策以及社会治理行动，在终极根源上，都是来自于日常生活领域的要求。日常生活领域是一切社会变革要求的发生地，而私人领域则发挥了助推器的作用，公共领域中的一切要素和一切力量却总是处在被动回应的地位上。在我们看来，全球化、后工业化进程中的领域融合本身就是根源于日常生活领域的要求，也可以说是日常生活领域对公共领域、私人领域进行改造的结果。如果后工业化进程中呈现出的领域融合的迹象是可资信赖的，那么，日常生活领域则会在领域融合的过程中将自身的原则、运行模式、观念等加予公共领域和私人领域，并通过这种方式实现对整个社会的改造。我们还看到，日常生活领域及其所有构成部分既是总体也是整体，是不可分析的，不管它以什么形式存在，也不管它在什么场所出现，都是可感知的、可分辨的整体，是具有总体性的整体。

显然，对于一个社会而言，社会治理扮演着无以替代的角色，无论对其作用给予多么高的评价都不过分。正因为如此，许多学者都把注意力投注到了公共领域，而不是直接针对社会而提出改造方案。即使在思考社会正义等问题时，也是冀望于通过社会治理的改进去保障、维护和提供社会正义。弗雷泽认为，社会的多元化将造就出多元公共领域，从而宣布哈贝马斯"单一的、包罗万象的公共领域"① 已经成为历史。其实，弗雷泽的观点不仅没有构成对哈贝马斯的挑战，反而明显地停留在哈贝马斯的框框里了。这是因为，20 世纪后期的社会多元化已经突破了公共领域、私人领域和日常生活领域的并列，构成了整个社会的状态，正在冲击着领域分化而形成的边界，并造就着领域融合的新格局。在这种情况下，还在公共领域的概念下去解读

---

① ［美］南茜·弗雷泽：《正义的中断——对"后社会主义"状况的批判性反思》，于海青译，上海人民出版社 2009 年版，第 86 页。

社会，实际上只是对哈贝马斯致力于专门考察公共领域时所使用的概念的应用。所以，把哈贝马斯单一的、包罗万象的公共领域解析为多元公共领域并不能被视作一种实质性的创新，而且，与现实情况也是不符的，更不用说能够去解释现实和重构现实了。

法默尔认为，"在后现代性中，公共行政和所有其他学科的非领域化指的是研究性质的变化。知识的条件和可能性发生了改变。后现代性意味着逻各斯中心主义的在场形而上学的终结。'理论化'被视作暂时的，因为后现代性意味着表征的终结、宏大叙事的终结和历史的终结。"① 所以，根据他的意见，"在后现代性中，公共行政理论若继续维系目前的状态，必定会走向凋谢。人为的学术划界的时代已经过去。"② 并要求"那些施政者应准备打一场不会终止的战斗，去打破理论格式的局限，而公共行政学科，和其他学科一样，就构成了这样的一个格式。行政管理的实践也给实践者构成了这样的一个格式。后现代的行政管理者可能应是这样一种人，他有能力实践和发展反行政的旨趣"。③ 我们并不同意这一看法，在我们看来，全球化、后工业化进程中的非领域化或领域融合是一场现实的运动，而不仅仅是研究视角的变化，也不仅仅是知识的重构。

如果说需要实现研究视角的变化和知识重构的话，那也应是根据领域融合的现实而去进行研究和形成新的知识体系。这个新的知识体系将作用于领域融合后社会治理方案的设计。其基本点就是，由于将人们隔离开来的一切领域界限的打破，原先发生在公共领域中的政治谋划将为人们广泛地参与到社会治理过程中来的新格局所替代，人们在社会治理过程中开展合作，并型构出广泛的合作。这个时候，无论是集权的还是民主的话语都不再有意义。在某种意义上，政治亦如马克思主义者所构想的那样走向式微。只有合作，

---

① ［美］戴维·约翰·法默尔：《公共行政的语言——官僚制、现代性和后现代性》，吴琼译，中国人民大学出版社 2005 年版，第 302 页。《公共行政的语言——官僚制、现代性和后现代性》中译本中将 territorialization 和 Deterritorialization 分别译为"地域化"和"非地域化"，其实，在该书中，这个词语的准确翻译应是"领域化"和"非领域化"，因而，我们在引用该书时，改为"领域化"和"非领域化"。

② ［美］戴维·约翰·法默尔：《公共行政的语言——官僚制、现代性和后现代性》，吴琼译，中国人民大学出版社 2005 年版，第 300 页。

③ ［美］戴维·约翰·法默尔：《公共行政的语言——官僚制、现代性和后现代性》，吴琼译，中国人民大学出版社 2005 年版，第 310 页。

才是高度复杂性和高度不确定性条件下唯一具有合理性的行动模式。

三、走向合作治理

在领域分化的条件下，虽然民族国家总是极力建构普遍性的、同一性的社会治理，但领域之间的冲突却一直难以避免。而且，在领域之中——特别是在私人领域之中——存在着不同群体间的冲突。私人领域中的群体间冲突又会反映到公共领域之中去，并以不同利益集团间的冲突这样一种形式表现出来。领域分化条件下的广泛的社会冲突还以地域分离的形式表现了出来，让我们看到"民主"总是与"民族主义"相伴随。在实现民主的多民族国家中，会存在着严重的民族主义分离倾向；在单一民族国家中，则会陷入不同族群的无尽冲突之中。即便是在美国这样一个宪政整合力量极强的国家中，也一直受到种族问题的困扰。在黑人历尽千辛而得到承认后，亚裔人遭受歧视的问题却变得比历史上的一切种族歧视都更加厉害。总之，"尽管国家一旦形成就尽可能避免内部分裂，但是这样的分裂依旧经常持续。内战，特别是连续的战争在这个社会出现不可能解决的冲突的时候会出现，特别是当这个冲突有一个明显的地域基础的时候。"[①] 虽然民族国家会努力通过文化以及意识形态而对国民进行同化，努力消除因差异而导致的分裂倾向，"但是即使专业的观察都对这种倾向大量存在的程度感到惊奇。人们变得彼此类似，但是依旧保持他们差异的进程对于我们理解国家的幸存和非一体化的原因是极为重要的。"[②]

其实，这一问题的存在是需要从人的利益意识中去加以理解的。就民族国家是近代社会的产物而言，是建立在人的利益意识觉醒的前提下的，是作为个体的人的共同体而被建立起来的，是个体的人的利益诉求得以实现的框架和空间。在个体的人的利益集结为具有个体性格的群体利益诉求的过程中，形成了众多的个性化利益群体，并向国家表达其利益主张，要求国家对其利益诉求给予满足。在这种情况下，如果民族国家依据抽象的普遍性原则

---

① ［美］罗伯特·阿克塞尔罗德：《合作的复杂性：基于参与者竞争与合作的模型》，梁捷等译，上海世纪出版集团 2008 年版，第 160 页。

② ［美］罗伯特·阿克塞尔罗德：《合作的复杂性：基于参与者竞争与合作的模型》，梁捷等译，上海世纪出版集团 2008 年版，第 160 页。

而建立起了规范化的制度体系，是能够通过中和各种各样的个性化利益诉求而消除分裂倾向的。相反，如果民族国家疲于应付具体的个性化利益诉求，时时选择要求最为强烈的个性化利益群体的利益诉求作为开展行动的任务，就会使矛盾处于持续累积的过程之中，使矛盾逐渐恶化到某一个爆发的时刻，并以分离主义倾向出现。

在这一点上，宪政国家提供了典型的成功治理经验。但是，全球化、后工业化进程却使所有这些成功经验的历史性暴露了出来。这倒不是说中和不同利益诉求的制度方案所具有的那些抑制分离主义倾向的功能丧失了，而是说这种做法与全球化、后工业化进程中的个性化追求之间的紧张关系已经呈现出日趋激烈的势头，从而使民族国家在整体上面对着严峻的挑战。如果这种紧张关系持续加码的话，也同样会置近代以来的宪政体制于失灵的境地。那样的话，民族国家内部的分裂力量甚至会以更加无序的形式出现，其危害度会令人难以想象。所以，在全球化、后工业化进程中，所应思考的不应是如何对既有的任何一种避免民族国家分裂的成功经验加以学习、借鉴和巩固的问题，而是需要根据全球化、后工业化进程中呈现出来的新的要求和新的趋势去前瞻性地设计改革方案。也就是说，需要创造性地进行制度重构和社会重建，需要从领域融合这样一个新的社会建构前提出发，而不是停留在近代早期的社会建构前提之中。具体地说，就是要抛弃从原子化个人出发进行社会建构的思路。一旦我们提出了这样的要求，也就把我们引向了对人的共生共在的关注。进而，去考虑把社会建构成合作体系的可能性。

即使在表象的意义上去观察工业社会与农业社会的不同，我们也会看到，农业社会的地域化成就了开疆拓土的英雄，而工业社会的领域化则造就了科学和政治精英。但是，开疆拓土是要把世界纳入某一强权的统治之下，而科学和政治精英则相互怀疑、相互指责，各方都用傲慢的眼光睨斜着其他领域中的成功者。比如，在知识生产领域，人文思想家眼中的科学家和科学家眼中的人文思想家都有着不值一提的方面；在政治领域中，来自于不同利益集团的政治家们相互攻讦似乎是民主生活的必要功课；在经济领域中，每一个经济主体都时时审视着和度量着竞争对手的实力，并寻求一切可能的手段把竞争对手击败。应当承认，每一个人对自我利益的追求都是可以理解的，每一个人对自己领域的热爱都是一件好事，但是，当人们把他人的利益实现看作自我利益实现的障碍时，把他人所在的领域看得一文不值时，社会被割裂了，进而把社会拖入一个相互不承认的境地。

在社会实现了领域分化的条件下，"权力影响力表现出的最显著特征或许就是其专门化的程度；这也就是说，在一个公共活动领域中拥有权力的个体通常不会对其他领域产生影响；而且，可能更为重要的是，在一个领域中的个体所属的社会阶层与其在其他领域中所属的社会阶层通常也是有区别的。"① 反过来，我们也可以说，如果权力表现出了非专业化的影响力，即在每一个领域中都能够得以施展，也同样证明了这个社会尚未充分实现领域分化。只有在社会尚未实现领域分化的情况下，一个拥有权力的人才能在社会生活的许多方面谋取个人的利益。而且，这种权力究竟为拥有他的个人谋取了多大的私利，也是难以把握和难以估计的。因为，根本就不可能建立起某种监督机制而实现对这种权力运行状况的监督。

我们经常听到人们说，由于监督机制不健全而滋生了腐败的问题，其实，这种说法是极其肤浅的。在一个社会未能得以分化的条件下，建立监督机制的努力是不会有结果的。即使强行地建立起监督机构，设立了相关人员，那么也无非是多一些人参加权力收益的分赃而已。一旦监督者参与到了分赃过程中去，那么权力的滥用以及腐败就会进入恶性循环之中，直到整个权力体系的瓦解为止。领域分化不充分，意味着一个社会还处在农业社会向工业社会过渡的阶段，而在领域分化已经很充分的社会中，也许权力能够得到有效的制约，却无法应对综合性的、突发性的社会问题。特别是在高度复杂性和高度不确定性条件下，专业化的权力往往形同虚设，以至于无所作为。所以，在全球化、后工业化进程中，我们基于领域融合的趋势去重新设计权力体制应当成为一个首要的创新点。

在工业社会中，民主是社会治理的终极性追求，但是，民主的概念是非常含混的，在不同的国家是以不同的形式出现的。比如，美国所实行的是宪政民主制，英国所实行的是议会民主制，而法国所实行的则是人民民主制。无论民主体制有着多大的差别，都会遇到"参与冷漠"和"操控参与"等

---

①　［美］罗伯特·达尔：《谁统治——一个美国城市的民主和权力》，范春辉、张宇译，江苏人民出版社 2011 年版，第 185 页。

问题。我们看到，在民主政治的意识形态占据了绝对性的统治地位后，不仅政治生活中倡导参与、鼓励参与、动员参与搞得热火朝天，而且在一切管理的领域中，也都开始倡导参与活动。从 20 世纪后期以来的情况看，各类管理系统都处在鼓励参与的氛围中。与此同时，管理者的行为策略也从"参与冷漠"转向了"热心操纵参与"方面来了，从而把参与活动也转化成证明和落实其权力意志的工具。

当然，这类问题也引起了人们的注意，因而，在设计参与方式和路径方面，在如何规范权力与参与的博弈方面，都有大量的对策性思考。但是，所有关于这一问题的思考，都是在这样一个默认前提下进行的，那就是，权力与参与是天然对立的，这种对立不断地去挑起管理实践中管理者与参与者的矛盾，压倒性地纵容参与者指责管理者。对于这种情况，放在一个较长的历史时期中看，显然会给予我们一个并不乐观的未来。另一方面，在民主取得了话语霸权之后，许多社会领域的实践者都不得不迎合这种话语霸权，即便他们发现民主之于社会治理实践是消极的甚至是有害的，也不得不在民主的形式上装装样子和摆出一些姿态。这样一来，其实是产生了某种教育意义，在增强民主的话语霸权方面产生了添砖加瓦的作用。所以，我们认为，应当超越这种思维方式，不应当把眼睛盯在权力与参与的问题上并从中去寻求制度化的方案，而是应当在合作的起点上重构行动系统中的各种各样的关系。

在民主的概念非常含混而又受到了严重滥用的条件下，作为民主理论家的达尔表现出了一种无奈。在他无力打破既有语境下民主概念的混乱时，选择性地做出了一些妥协，采取了一种对民主加以分类的方式去证明民主的历史性，即证明现代民主是有着特定的内容和形式的民主，不同于学者们所谈论的抽象民主。这一点是非常重要的。因为，达尔借此揭示了民主的历史性，无疑证明了现代民主是不可能被原封不动地搬到人类历史的任何一个时点上去的。如果横向地环顾全球的话，达尔的思想还可以理解成民主的地域性，每一种类型的民主都不是无条件地适应于每一个国家和地区的，所以，并不存在什么普适性的民主形式。其实，只有抽象的才是普适的，如果民主是一个实践问题而不是茶余饭后的谈资，就不能是抽象的，而必须是具体的。因而，在历史的维度中认识民主时，在面向未来做出民主制度和行动方案的设计时，在不同国家和文化背景下进行民主实践的安排时，都必须做出创造性的探索。

当然，达尔是民主的积极布道者，他为了使民主成为社会治理的可行方式，提出了"多边控制"的构想。而且，这一构想在20世纪后期演化成了"多中心"治理的方案，并得到了广泛接受。应当说这是一种反映了进步追求的构想。因为，在当前条件下，打破社会治理垄断，实现从"单一中心"向"多中心"的转变，无疑是进步路程中的一大步跨越。但是，我们必须看到的是，"多中心治理"依然是线性思维的延续，依然是对中心—边缘模式的一种修正。或者说，"多中心"依然是承认中心和边缘的，而不是包含着"去中心"的追求。

在中国，对于通晓中国近代史的人们来说，"多中心"也往往会引起人们对军阀割据的联想。当然，人们可以争辩说，"多中心"意味着分权而不是形成分散的地域性中心。但是，在线性思维中去构建多中心，无论是在社会治理的哪个层面上，所实现的都是一种割据状态。至于它是否以地理空间的地域性形式呈现出来，都不影响其割据的性质。实际上，在领域分化的条件下，领域割据也是多中心思路的必然结果。比如，中国的大学校园就是一个独立的社会，乱收费、食堂中使用"地沟油"和变质食材等，都是极其严重的问题。而大学则可以在"自治"的旗号下脱离政府的干预。所以，在全球化、后工业化进程中，我们反对所谓"多中心"的构想，而且，领域融合本身不仅会打破一切边界，而且会使一切中心都走向解体。我们提出网络治理、合作治理，所包含的是对任何一种形式的"中心"的否定，所欲建构的是一种"去中心化"的社会治理模式。

在全球化、后工业化进程中，随着民族国家的式微，人的流动使各种各样的因素交汇到了一起，呈现出了一些冲突也是必然的。如果说全球化、后工业化的未来是指向一个合作社会的话，那么，我们相信，既存的各种各样的冲突都将得到消解。比如，我们可以设想合作社会中依然存在着宗教，但是，宗教信仰不会构成人们之间合作的障碍，更不会因宗教信仰上的不同而产生宗教战争，反而会促进合作。其实，人类既往存在的和现在仍然存在的各种各样的宗教冲突是因为其地域性或领域性色彩而导致的误会，在所有的地域观念和领域意识得到解构的条件下，宗教冲突也将消失。

当然，在人类进入 21 世纪时，频繁地出现了一些具有宗教色彩的暴力行动，它在很大程度上就是由于地域观念所导致的。就其策源地都来自于那些"脱域化"运动不甚彻底的地域而言，是陈旧的农业社会地域观念与现代社会的矛盾而引发的冲突。如果追究责任的话，可以说，是西方国家在几个世纪的发展过程中为了确立起稳定的剥削和压迫对象而把这些地域"冷冻"在了农业社会的历史阶段中，以至于全球化破坏了这个"冷冻"环境后而以暴力冲突的形式出现了。我们相信，这种冲突只是一种暂时现象，会随着全球化、后工业化运动的持续展开而逐渐地消失。不过，我们也需要指出，如果人们因为出现了这些具有宗教色彩的暴力冲突而试图封闭民族国家的边界的话，那实际上是一种阻碍全球化、后工业化运动的做法。实际上，全球化、后工业化运动不会因为人的任何行为而发生逆转，只不过发展的速度会一时减缓而已。这样的话，出现在全球化、后工业化运动中的这种暴力冲突不仅不会得以遏制，反而会在历史的轴线中得以延长，即持续更长的时间。

我们今天所看到的这种具有宗教色彩的暴力冲突也说明，在全球化、后工业化背景下，由于地域与领域在世界范围内的交错存在而使问题变得复杂化了，以至于再度脱域化的运动还有着解构地域的繁重任务。之所以我们认为当前存在的那些具有宗教色彩的暴力冲突会在全球化、后工业化取得了积极进展的时候消失，是因为人们在全球化、后工业化进程中将建立起合作的理念。一旦人类进入合作的社会，这种合作理念就会成为合作社会中的最高原则，一切宗教信仰都将被置于这一原则之下。

如果说神的分歧在农业社会是由于地域割离造成的，而在工业社会则是由于人群的割离造成的，那么，到了后工业社会，神也是可以和谐相处的。不同人群虽然信仰有所不同，但每一人群都能理解和尊重其他人群所信仰的诸神，在对信仰的相互理解和尊重的基础上去开展合作。另外，从现有的各宗教的基本教义来看，可以说都包含着某种基本的和共有的善的观念，这些善的观念是能够加以发掘并得到全人类认同的。有了这一点，人们之间的合作就有了共同的道德基础。我们在领域融合中是应当解读出这一重内容的，也正是在这一重意义上，我们所构想的合作治理是超越了包括民族国家在内的一切地域边界的。

第　五　章

合作行动模式

　　工业社会中的社会建构是从原子化的个人出发的，为了使自利的个体在利益追求中不至于对他人、对社会造成威胁，突出了对人的行为规范问题。在人因为现实的要求而不得不开展共同行动的时候，由规范所形塑出来的是一种协作行动。在社会治理过程中，人的协作行动最终被形塑成了精英治理模式，在民主的名义下去以反民主的精英治理而实现了对社会的控制和支配。这实际上是一套去道德化的社会建构方案，全球化、后工业化使这一社会治理方案丧失了合理性。就全球化、后工业化意味着人类必将走向一个新的历史阶段而言，也意味着对"新人"的塑造。但人的改变将会走过漫长的道路，它要求我们的未来社会建构重心应优先放在规范的变革上，即实现从协作规范向合作规范的转变。在工业社会的低度复杂性和低度不确定性条件下，人的共同行动所采取的是协作行动模式，当我们的社会呈现出了高度复杂性和高度不确定性时，协作已经不再是共同行动的有效模式，而是需要去建构起一种合作行动模式。特别是面对频发的危机事件和在风险社会中开展行动，共同行动中的随机性行为选择和灵活性的反应机制都决定了人的共同行动必须是合作行动。

第一节　界定合作行动

一、道德化中的合作行动

　　在全球化、后工业化的社会转型期中回顾历史，可以看到，人类的历史是在人的斗争中谱写而成的。在这个问题上，马克思主义者做出了准确的描述。当然，马克思主义者所揭示的这个"斗争"不是单色调的，其中包含着为了斗争而采取的联合行动。一个人为了开展斗争需要与他人联合；一个集团为了斗争又与他集团联合；民族国家为了存在而开展的斗争则要把全体国民联合起来；而人类开展与自然的斗争时，也会以各种各样的方式联合起来。出于无产阶级革命的需要，则号召全世界无产者联合起来。所以，马克思主义者所说的"斗争"一词包含着丰富多样和复杂的内涵。

"斗争"一词之所以能够获得如此丰富的内涵，在某种程度上，是因为亘古以来的整个人类都有着共同追求或共同理想，那就是有着对属于自我的美好未来的向往。虽然理想之于每个人、每个群体、每个民族都是不同的，但作为对美好未来的向往则是共有的。可是，人类的可悲之处是，希望以斗争的方式去达成自己的理想，为了自我的理想与他人、他群体、他民族、他国家去开展斗争。最终汇总到了一起，就是与自然斗争。结果是，把整个人类引入了风险社会。到了这个时候，一个现实的问题开始挑战理想，那就是人的共生共在。正是人的共生共在这样一个现实问题，迫使人们放弃对理想的描绘。在危机事件的频发把人类引进了风险社会的时候，人的共生共在已经成为人类所面对的主题，而且是具有急迫性的主题。在这种情况下，理想的终结并代之以为了人的共生共在而去开展行动，就是历史加予我们的，也是我们必须承担起来的任务。如果说向往美好未来的理想把人类引入斗争的旋涡的话，那么，为了人的共生共在的行动就只能是合作。当然，我们不会幻想合作是所有斗争的消除，但是，把斗争看作包容在合作之中的和为了合作的斗争，则是可能的。也就是说，合作是最高的行为原则，而斗争则是从属于合作的。

从人的社会存在的角度来认识人，就会发现，"人们彼此不可分离，他们不像物质身体那样是相互排斥的，属于此人的一部分就不能属于另一个人。它们相互渗透，不同时代或者相同时代里不同的人都可以共有相同的特点。"① 也许是在近代早期存在着浓重的自然主义情结，包括启蒙思想在内

---

① ［英］查尔斯·霍顿·库利：《人类本性与社会秩序》，包凡一、王源译，华夏出版社 1999 年版，第 89 页。

的许多思想都包含着自然主义的内涵，以至于工业社会一直让人们的视线聚焦于人的自然性存在方面，注重人的物质需要及其满足，从人的欲望出发去展开理论叙事，形成了利己主义或利他主义的观点。然后，根据这两种表面冲突而实则一致的观点进行截然不同的社会建构，并陷入了相互攻伐之中，甚至武力相向。如果我们切实地领会了马克思的观点而实现了思想中心的转移，从人的社会存在的角度出发去开展理论探索，就会形成完全不同的历史观甚至完全不同的世界观，社会建构的方案也就会完全不同。由于人的道德、情感等因素在人的社会存在中具有举足轻重的地位，那么，在社会建构中，也就会要求把一切社会设置置于人的这些社会存在要素的基础上。

其实，自然主义不仅是启蒙时期的主旋律，如果做出更远的追溯的话，我们看到，发生在中世纪后期的文艺复兴虽然被看作一场人文主义运动，而其思想却带有浓厚的自然主义色彩。也许我们可以在学术梳理中指出启蒙时期与文艺复兴运动时期在思想上的区别，但它们的自然主义色彩从来也未褪色过，而且深深地影响了其后整个工业社会的思想发展。也正是由于这个原因，使工业社会的思想演进走向认识自然、征服自然的道路。而且，也把认识自然和征服自然的方式应用于社会关系的处理中来了。这就是科学发展的原因，也是整个社会去道德化的原因。

今天，在全球化、后工业化进程中，当我们试图开拓走向未来的道路时，可能需要举起道德主义的旗帜。这条道路也许更为艰难，因为，在中世纪后期，从神的阴影中去寻找和发现作为自然存在物的人要远比从人自身中去寻找和发现道德容易得多，人的自负、自大肯定会拒绝别人告诉他那些并未被他认识到的因素。当我们告诉人说，你身上有道德的一面，你应认识自己的道德存在，你可以用自己的道德行为去改变世界，你可以基于你的道德存在去构想道德制度……人们就会感到非常不爽，会以为他的尊严受到了侵害，会激烈地谩骂和诅咒我们。人已经如此深信他自己是利己的，从来也不相信他的行为可以适应于道德判断，他甚至每当听到他人谈论道德的话题时，就扮出了极其反感的表情。所以，人的确是利己的和唯我独尊的，让人反对神，远比让人发现自己的道德存在容易。也正是由于这个原因，以道德主义的精神去开展社会建构将变得无比艰辛。

从历史上看，不仅在欧洲，而且在世界上的每一个地域中，社会发展的去道德化都是在从农业社会向工业社会转变过程中开始的。在工业化、城市化进程中，虽然个人的觉醒和自我意识的生成是出于打破同质性社会的需要，但社会建构以个人为出发点的实践进程却走向了对个人利益的过分强调，以至于每一个个人都被设定为利益追求者，默认了每个人都以自我为中心而把他人作为利益实现的工具这样一个社会建构前提。所以，当工业社会走到了其顶峰时，个人与他人、与社会的疏离造成了难以承受的孤独感。由于工业社会是建立在个人主义的原点上的，由于每一个人都把自我作为目的而把他人作为工具，也由于个人利益实现被放置在了高于一切的地位上，使得社会建构在无意中为人的尔虞我诈行为奠立起了非常厚实的社会基础。因此，长期以来，呼吁斗争的箴言才会成为有活力的人们所尊奉的哲学，而向善的理论则显得非常迂腐。

显然，人类的好斗特征只是在低级文明中才会得到尽情地挥洒，当奥巴马在联合国宣称，"我领导着世界上最强大的军队，我可以在必要的时候毫不犹豫地单方面诉诸武力"，其实这已经是用人语言去表达作为自然界中动物之王的特性。在这里，人类的文明荡然无存。当人在类的意义上走向成熟的时候，合作行动特征就会显现出来，从而使社会呈现出爱、和平与和谐的特征。也就是说，人类的爱、和平与和谐是一个需要追求的目标，闭目臆断它一直存在于人类甚至自然界之中，是无意义的，甚至可能是有害的。而走向这一目标的过程必然是工业社会去道德化进程的逆转。事实上，在全球化、后工业化进程中，我们看到个体寻求归属的要求开始越来越强烈，一方面，是人的全球流动而告别了出生地；另一方面，又表现出了时时处处地寻找归属地的行动追求。在很多情况下，这些归属地是以心理社区的形式出现的。特别是当互联网提供了一个人际交往的新平台后，人们开始在这一平台上建立起各种各样的虚拟社区，用以寄托心理归属。

在人类历史上的农业社会阶段，人的出生地也是归属地，这种出生地与归属地的统一使农业社会包含着整体上的有机性。但是，如果对农业社会的这种有机性做出诗意描绘的话，那是没有意义的。因为，我们在农业社会的生活中所看到的是，自然的压力、谋生的需要都使人的生活显得非常艰难。今天，人们享用空调、暖气是很自然的事情，但是，在农业社会，即使那些拥有江山社稷的人，也不得不忍受自然界的冷热之苦。在这个历史阶段的社会运行中，权力支配方式无论对于支配者还是被支配者，都常常带来难以承受的痛苦。对于这样的社会，它的有机性又有什么值得留恋的呢？许多学者抱怨资本主义割断了人类农业社会自然社群生活和谐悠适的根，造成了社会离析的原子化状态，这实际上只看到了历史的表象。因为，现代化在许多方面都是成功的，它所暴露出来的诸多缺陷应当被理解成人类真正走向合作社会前必经的痛苦经历，它证明人类在开始那个真正属于人的历史的时候，需要经历被恩格斯称作"史前史"的这一阶段。虽然不同国家或民族选择的路径会有所不同，但这段"史前史"可能是无法跨越的"峡谷"，只是穿过这个"峡谷"时的步伐有快有慢而已。会表现出这样一种状况，后发达的国家和民族，有可能在先进国家和民族的足迹引导下以更快的速度穿过这个"峡谷"。

工业社会建构过程中的去道德化是在个体的人的自觉中实现的，既是因为每一个人都以自我为中心而追求个人利益，也是因为社会建构从属于和服务于个人利益实现的目的，使得这个社会逐渐丧失了道德的维度。但是，包含在其中的悖论则是，在个人被置于至高无上的地位时，却失去了独立性，也不再拥有自主性。诚如库利所言，"在人群中的人通常是在漂流着的，进行着不是由他的知识和习惯指导行为方式的行为。这种状态下的意识，加上由一系列特别暗示左右下的强烈情绪，成为群众的野蛮并且常常是破坏性行为的源泉。"① 在对个人行为的观察中，确实是这样。人的这种易受暗示左右以及"随大流"的心态和行为可能是遗传自动物的一种人的自然本性。从理论上说，在人的历史演进中，这种所谓"本性"应当处于日益弱化的过程中。也就是说，在理论的推绎中，可以认为，与农业社会中的人相比，工业社会中的人由于自我意识的生成和有了理性武装起来的理智，应当在独立性和自主性方面都得到了增强。也可以说，由于每个人都是自我利益的追逐者而使人变得理性，可以让人更少地受到他人的心理暗示而独立自主地进行利益谋划，可以在利益实现的路径选择中更多地做出自主选择而不是从众、"随大流"。但就社会运行的现实而言，我们不得不承认尼采所看到的

---

① ［英］查尔斯·霍顿·库利：《人类本性与社会秩序》，包凡一、王源译，华夏出版社 1999 年版，第 56 页。

"民众再多也只是零"的情况是无比真实的。

当社会实现了"去道德化"之后，当人失去了道德理性而仅仅拥有工具理性的时候，就会让人在一切微观的、单个的行动中显得精于计算和做出理性行为选择，而在宏观的社会运行中，则变得很不理性，处处弥漫的是非理性的斗争、竞争和冲突。而且，当社会弥漫着非理性的气氛和陷入了非理性的状态后，个人赖以施展理性的利益追求也会陷入非理性状态。比如，股市中出现了被称为"股灾"的现象，所反映的就是利益追求中的非理性。当然，在工业社会的低度复杂性和低度不确定性条件下，个人利益追求行为的理性和社会运行的非理性虽然会经常性地导致经济危机和社会危机，但还是这个社会能够承受的。如果将此比喻成一种疾病的话，那么，社会经过一个时期的休养生息后就能够恢复原本的状态。然而，在社会的高度复杂性和高度不确定性状态中，由个人利益追求的理性而引发的社会运行的非理性就可能成为社会无法承受的后果。所以，在全球化、后工业化呈现给我们的社会高度复杂性和高度不确定性状态中，不仅要求个人的行为是理性的，而且要求整个社会的运行也应当是理性的。只有当社会同时拥有了这两个层面的理性，才能使人的共生共在成为可能。

这样一来，个人的理性就不应当限于经济人理性，即不是利益追求中的精于计算和把他人作为自我利益实现的工具，而应当包含着道德理性的内容。只有当个人拥有了道德理性，才有可能使社会的运行体现出理性的特征。道德理性可以使个人在自我的利益实现中也同时关注人的共生共在，所赋予人的独立性和自主性不仅反映在自我利益的实现过程中，而且也对自我利益实现的路径和方式做出理性的判断。我们认为，经济人理性的确是理性的，但它是不充分的理性，因为，这种理性仅仅要求人在自我利益追求中表现出对外在于他的规则、法律的被动服从，在服从的意义上并不体现出独立性和自主性。所以，经济人理性总是在社会的运行中以非理性的形式出现。道德理性不同，他不仅要求人在自我利益追求中服从外在于他的规则、法律等，而且要求超越这种服从，需要在对自我利益追求的行动能否增益于人的共生共在方面也做出独立自主的判断。

总体看来，人是历史的产物，也是社会的产物。在从农业社会到工业社会的整个历史阶段中，人都被要求服从于某种外在于他的力量。在农业社会，这种服从表现为人身依附；在工业社会，则表现为对外在于他的社会设置的顺从。所以，形塑出了服从型的行为模式，在个人这里，则表现为"从众"和"随大流"。在特殊情况下，则可能演变成受煽动、被驱使的状况，并发挥着破坏性的作用。在全球化、后工业化进程中，人也是处在人群之中的，而且，人也只能通过组织的方式开展社会活动。但是，人并不会在人群和组织中放弃自己的自主意识，而是以一个自主性的个体去与他人共同行动。也正是根源于这种共同行动的要求，表现出了对道德理性的渴求。反过来，也正是因为拥有了道德理性，使人能够在自我利益追求中同时让自己的行动增益于人的共生共在。

应当说，人类社会自古就存在着人的共同行动，而此前的共同行动基本上是以集体行动的形式出现的。而且，结构化、制度化的集体行动总是包含着控制和支配过程，在很大程度上，可以被认为是机械性的而不是有机性的共同行动。高度复杂性和高度不确定性条件下的共同行动是以合作行动的形式出现的。对于合作行动而言，由于行动者获得了充分的自主性，在语言的把握和应用方面，有意识的误解和阉割都将丧失心理基础。不会像在官僚制的行动体系中那样，每个人都从文件、命令、指令中寻求有利于自己和方便自己的解释。这样一来，语言在形式方面的严格要求也变得不再必要，阻碍创新的因素也就会得到大幅减少。

合作行动天然地就是去等级化的。事实上，在任何形式的等级制度条件下，都不可能发生真正的合作行为，只有当人们之间的关系是平等的，人们才会选择合作，合作无非是基于平等关系的共同行动。也正是由于这个原因，我们发现，在非政府组织中，人们更倾向于合作。而在政府组织中，即使人们不去主动地相互拆台的话，也不愿意合作。在政府组织中，人们只是由于外在于人的力量的驱使，才被动地开展协作。这是因为，在非政府组织中，往往尚未生成权威结构，组织成员尚未被格式化到稳定的等级关系之中，在很大程度上，组织成员能够从交往对象中获得平等的感受。而政府则是以较为典型的官僚制组织的形式出现的，它严格的等级结构决定了人们只服从权威，也只在权威的驱使下去被动地开展协作行动。

另一方面，合作行动也不是通过利益谋划而去开展行动。如果合作是出于利益谋划而开展的共同行动，那么，它就会时时处处受到威胁和破坏。因为，在每一个人都有着自己的利益谋划的情况下，就会把行动作为自我利益实现的途径。在自我利益可以期望得到实现的情况下，就会积极地投入行动之中；而在利益实现的期望并不明确的情况下，就会消极应对，就不会愿意参与到行动过程中来。然而，正如我们已经指出的，在高度复杂性和高度不确定性条件下，每一个人都应当成为行动者或成为行动者的构成部分，在这里，只有行动者而没有旁观者。这样一来，必须行动而又出于自我的利益谋划，就会在行动中成为破坏性的因素。相反，如果合作是从属于人的共生共在的，那么，来自于个体的人的不利于合作的因素就会受到抑制、遏制和顺利地消解。我们认为，合作天然地就是与个人主义的出发点相对立的，同时，也是与作为个人主义放大的或变异的形态——集体主义相对立的。合作是根源于人的总体性的，是从属于人类这个完整的巨系统的，是为了人的共生共在的行动过程。所以，合作行动是包含着道德理性的行动。

二、从精英治理到合作行动

在启蒙时期，社会治理的民主话语就已经确立了起来。然而，由于道德理性的缺失，在社会治理体系的建构过程中也就无法使民主的理想得到实现。虽然在近代以来的整个工业社会中人们都以为自己是生活在民主政治的框架中，依据民主的原则去开展行动，实际上，现实的社会生活，特别是社会治理，并不是按照早期启蒙思想的版本去做出安排的，而是依据19世纪的修订版本去开展社会生活和社会治理活动的。所以，我们看到的并不是真正的民主政治和民主的社会生活。也就是说，并不是每一个人都能够进入社会治理过程中来。相反，人们在社会治理过程中则被分成了治理者和被治理者。而且，在治理者的演化中，所实现的整体进化是以精英的形式出现的。因此，社会治理实际上转化成了与民主精神相对立的精英治理。

在精英更多地承担了社会责任的情况下，势必要求他们也拥有更多的权力，以便他们能够驾驭和支配被治理者。或者，能够威慑和惩罚那些有损于社会的行为。所以，一个社会的集权状态无非是精英承担社会责任模式的反映。随着精英们所掌握的权力被经常性地用于控制、支配、威慑和惩罚，这种运用权力的行为也就实现了模式化，并转化为一种控制导向的心理模式和思想倾向。进而，也将这种行为扩大到各个方面和应用于几乎所有的社会事项中去了，以至于社会治理成了精英控制社会和操纵民主的游戏。应当看到，在整个工业社会中，民主话语的基础性地位一直未发生动摇。面对精英治理的现实，在理论上也发展出了合法性的概念；在实践上也尝试了参与、协商等政治生活模式。但是，在合法性的追求中，也造就了法西斯主义的怪胎，而参与和协商从来也没有摆脱精英操纵，民主名义下的精英集权一直是社会治理的现实形态。

当然，也必须承认，当管理主义在20世纪实现了对社会治理的形塑后，找到了责任的"抓手"，从而在精英集权与岗位责任之间建立起了联系。只要在社会治理体系中实现"权—责一致"，基本上就能够有效地约束精英集权。但是，我们也发现，这一通过责任约束权力的方案仅仅在微观的组织活动中是有效的，而在宏观的社会治理过程中，未见产生什么效果。所以，精英垄断和操纵社会治理的局面从来也未发生过根本性的改变。其实，即便是在微观的组织活动中，"权—责一致"的平衡也经常性地被打破，精英控制和操纵组织的情况也是随处可见的。在社会治理过程中，当精英控制和操纵了组织的时候，也就能够通过组织而实现对整个社会的控制和操纵。

在表面上或口头上，民主话语中几乎所有概念都冠冕堂皇地出现在一切公开的场合和媒体上，而在实际上，民主只不过是一层薄薄的面纱。所掩盖的是组织活动僭越或替代了社会治理活动的事实，是集权的恶性泛滥。特别是在出现了某种社会危机的条件下，当民众把渡过危机的期望投注于某个人或某个组织的时候，就会要求赋予他（们）更多的权力。出于令行禁止等一些非常现实的要求，那些承担着民众期望的人也更乐意于接受民众要求他集权的意见或心理期许。即使在宪政体制非常健全的美国，我们发现，罗斯福"新政"甫一提出之时遭遇了来自议会的极大阻力，而罗斯福总统凭借着民众要求他集权的力量，轻而易举地就把那些阻力消解在无形之中。虽然历史是不可假设的，但是，我们相信，如果这个时候不是恰巧出现了一位名叫希特勒的人，那么，罗斯福必然会扮演希特勒所扮演的角色。我们认为，在某种意义上，那个叫希特勒的人的出现，只不过是为了让罗斯福总统成为一位英雄。

可见，在社会治理中，责任不仅不能有效地约束权力和防止集权，反而会助长集权和推动权力的滥用。这是因为，我们在对精英承担责任的期许中给予他们更多的权力，也希望精英在权力的行使中更好地承担责任。我们也看到，在 20 世纪后期，随着一些新的管理技术的发明，实现了对权力行使者的绩效考评和问责等。但是，那毕竟都是发生在极其微观的组织层面的。在社会治理过程中，当有人被推出来宣示对某事承担事后（即后果）责任时，往往是象征性地"给个说法"，类似于马戏团中的一种表演，而不是有什么实质性的意义。由此看来，虽然我们总是期望"能人多担当"，希望精英们承担起更多的责任，而对于一个真正民主的社会而言，这种期望却是非理性的。一个真正民主的社会不应鼓励任何人去更多地承担社会责任，而是需要通过社会设置而将社会责任分散到每一个社会成员那里。即使一些人出于道德意志的需要而更多地承担了社会责任，也不意味着可以相应地赋予他更多的权力。

一切集权都是社会治理文明中的陈斑旧迹，哪怕是民主名义下的集权也不例外。因为，任何一种形式的集权都会把大批精于社会治理的人才排斥在社会治理过程之外。显而易见，集权者只能看到敌人和对手，他对每一个可能对他构成威胁的人都了然于胸，却不知道谁对他开展社会治理活动会有帮助。甚至还会出现这样一种情况，那就是，在他知道了谁对他能够有所帮助的情况下，也会出于一种权力的傲慢，或者出于一种防范意识，而拒绝接纳所给予他的或者能够给予他的帮助。结果，那些真正的人才被排除在了社会治理体系之外。

当然，近代以来的人们一直在努力分辨集权与民主，一直在集权与民主之间斤斤计较。占据主流地位的观点认为，民主能够使那些具有社会治理才能的人脱颖而出，以为民主可以为那些有才能的人进入社会治理体系开辟多条通道。而且，他们会认为，更为重要的是，一个人能否进入社会治理体系，不是取决于权力意志，不是由某个掌握权力的人加以恩准，而是有着固定的程序的，是可以实现自下而上的推举而实现在治理体系中的攀登。其实，这都是一些逻辑推断，是一种想当然。不用说近代以来的所谓民主都是民主名义掩盖之下的集权，而且就现实来看，政治也一直是一个游戏场所。在这种游戏中抱持认真态度的人并不多，即使那些抱持认真态度的人，也会因为其认真而更容易受到煽动的操纵。他个人以为自己是很认真的，其实只是盲信了某种鼓动和宣传而认真地去做。所以，他并不能将其选票投给一个他应当投的人。而且，在绝大多数人都在这场游戏中采取不认真态度的情况下，即使这些少数人抱持了认真的态度，也没有什么意义。

所以，在一个集权化的社会治理体系中，虽然设置了诸多民主程序，依然会将大量有着社会治理才能的人埋没。还有一个原因就是，民主程序往往显得过于繁复，民主的过程往往会过于喧嚣，以至于许多喜欢清静的人望而却步，从而自我放逐在社会治理体系之外。鉴于此，我们认为，真正能使人尽其才的社会是合作的社会。合作的社会将会把每一个社会成员都吸纳到合作治理的过程中，将会使每一个独具个性的人都在合作治理过程中找到适合自己的位置。而且，每一个具有社会治理才能的人都会在行动中被发现、被承认和被推举出来。特别是在权力意志得到充分消解的情况下，在社会责任意识为所有人拥有的条件下，每一个人都在社会治理过程中不再担心独立人格受到亵渎，每个人都从开展社会治理的行动中发现自我实现的乐趣。因而，也就会愿意并主动地参与到社会治理过程中去，展现其才能和得到社会的承认和拥戴。

合作社会在处理精英与民主的关系方面并不是一个如何寻求它们的结合点的问题，也不是去谋求精英发挥作用的民主途径或民主对精英的控制，而是通过制度设计、社会结构的重建去把它们安排到不同的领域中。在组织的微观领域中，应当让精英拥有更好地发挥作用的平台，能够在自主性的支持下去积极地证成其精英；而在社会的宏观意义上，民主的方式将通过作为组织而不是个人的行动者去尽情地加以诠释。当然，民主的观念将深入人心，也通过这种深入人心的途径去证明它是实质民主而不是形式民主，是存在于合作行动中的民主而不是由静态规则所确认的民主。

达尔在谈到民主和平等的信条时认为，"将此信条作为完善政府和美好社会的总目标及一套评判标准来遵守，并不意味着这个信条可以或者作为切实可行的内容能够完全应用于实践。"① 这的确是一种务实的观点，在把理想落实到实践中去的时候，是需要低下理想之高贵的头，必须去关注实践中的各种各样的具体情况。不过，我们也必须看到，近代以来所拥有的民主和

---

① ［美］罗伯特·达尔：《谁统治——一个美国城市的民主和权力》，范春辉、张宇译，江苏人民出版社 2011 年版，第 104 页。

平等的信条之所以会永远在实践中转化为折中方案，从根本上说，就是因为它是相对于人的输入性观念，是只能通过外在于人的物化设置才能得以实施的理念。如果我们不满足于这一信条，而是希望寻求一种根源于人自身的某种永不枯竭的动力的话，就会把我们导向合作。无论是合作关系的建构、合作行动的发生，还是合作体系的生成，都会优先考虑人的内在要求。尽管这种内在要求在总体上是由高度复杂性和高度不确定性的历史条件和生存环境激发出来的，而在每一个具体的人那里，则是以一种内在冲动的形式出现的，是根源于人的最为根本的初始状态的要求。

这样一来，合作的信条就显现出了相对于民主信条的优越性，平等的追求也就不再会被仅仅制作成形式平等。反而，民主和平等都拥有了实质性的内涵，其本身就是存在于人的共同行动之中的，而不是一种外在于实践和每一次进入实践过程中都需要精心地谋划如何作出妥协的理想。也就是说，合作消除了理想与现实的界限，或者说，合作并不是一种理想，而是存在于实践之中的共同行动模式。

从当前的情况来看，合作社会的成长是在社区合作中获得启发的。先是社区自治中的合作，然后是各种各样的社会组织迅速涌现出来，并进入合作行动之中，从而对社会治理形成强大的压力，迫使原先承担社会治理职能的权威组织放权。结果是，社会治理垄断局面被打破了，不仅社区自治走向成熟，而且社会组织越来越多地参与到了社会治理过程中来。起先，社会组织在社会治理的边缘发挥着拾遗补缺的作用，或者在社会治理的权威组织授权的情况下代行社会治理的职能。后来，随着参与社会治理经验的积聚，也由于社会治理垄断局面的打破，社会组织在社会行动中的自主性日益增强，以至于逐渐脱离了社会治理参与者的角色，而是以独立行动的自主行动者的面目出现。社会组织的多样性又决定了独立的自主性行动者必须在社会治理过程中开展合作行动。所以，合作治理成了现实的治理模式。

合作治理是合作社会中的治理，不仅合作治理的生成过程促进了社会合作化，而且，合作已经成为一种普遍性的社会行为模式，整个社会的运行都包含在人的合作行动中。当然，如果以为合作的社会不再有矛盾，那是不切实际的空想。矛盾的普遍性意味着它是存在于任何社会中的，只要有人群的地方，就会有矛盾。但是，不同社会的矛盾状况是不同的，在某些社会或人类社会的某些历史阶段中，存在着结构性的矛盾。或者说，社会结构孕育着矛盾。其实，社会结构本身就是矛盾结构化的结果。与之不同，在合作的社会中，矛盾是以分散的、个别的形式出现的，每一个（种）矛盾的发生及其表现形式都具有具体性。因而，人们的合作行动也就是在对每一个具体的矛盾的克服中进行的。在合作的社会中，不需要也不可能对合作行动中的矛盾进行统一的解决，不会有通过法律等方式进行批量解决矛盾的空间，而是需要把每一个矛盾的解决都交由合作者，让合作者的创造力在解决矛盾中发挥作用。

昂格尔说："行动在改变行动者的同时也改变着世界；知识既改变主体也改变客体。行为的这种反应性品性，乃是其实践性的另外一个意蕴。正如所有其他事物一样，自我也是通过其与世界的关系而被定义的。每一个行为都改变这些关系，并且因此改变着自身。"① 作为一个抽象的论述，昂格尔的这个意见是人人都可以接受的，也是辩证实践论所一直坚持的基本主张。然而，联系实际来看，由于行动被目的所界定，它所带来的改变在合目的性方面很难得到验证。所以，改变的确发生了，而人却不能通过行动去证明自身，即使对自身的改变，也不是合目的性的改变。比如，人们可能没有在对自身的改变中走出受物欲、权欲奴役的状态，反而受到物欲、权欲加倍的控制。

不过，就这一辩证实践论的思想而言，是有价值的。当人类走入合作的社会时，合作行动中的互动由于环境以及支撑因素的改变而能够达到具体的合目的性结果。所以，合作行动中的人，会因为任务的需要而去自觉和自知地改变自我，也能够在改变自我的过程中同时改变着自我与他人、与世界的关系。具体地说，在全球化、后工业化背景中，人的行动既受社会的高度复杂性和高度不确定性的规定，也受人的共生共在的目的性所界定。面对这两个方面的要求，唯一的选项就是合作行动。所以，合作行动并不仅仅是一种主观选择，而是根源于社会发展的客观要求的。是人类社会的发展，决定了我们必须在全球化、后工业化进程中告别以往的和既存的一切社会治理模

---

① ［美］罗伯托·曼戈拉·昂格尔：《知识与政治》，支振峰译，中国政法大学出版社 2009 年版，第 294 页。

式，转而用合作治理取代之。

三、合作行动的规范

就社会而言，我们说农业社会是熟人社会，工业社会是陌生人社会，而全球化、后工业化则意味着一个匿名社会的出现。匿名社会应当是一个有道德的社会，随着人的匿名化以及人的匿名关系的出现，陌生人间的那种一次性交往也变得朦胧了。在匿名社会中，人们是交往着的，却以匿名的方式进行，以至于强操作性的规则失去了着力点和规范对象。这样一来，就必须求助于其他类型的规范。如果面对这个问题而感到茫然的话，就应当把视线转向人的社会生命、人的道德存在、人的良心等。在那些地方，是可以生长出适用于匿名社会的规范体系的。

其实，大量的实证研究证明，"人类心理结构的首要特征是亲社会情感，包括移情、同情、羞愧、骄傲和敌意。这些情感——让我们珍惜他人福利如珍惜自己的福利一样——是人类共有的情感，不管他人对我们个人的福利作了多大贡献。这些情感表现了遗传倾向，即大多数人倾向于在恰当的情况下展示自己，但什么是'恰当'，不同社会有不同看法。在这个意义上，人们会对合作努力作贡献，即使这个行为包含了个人成本，因为这样做使他们感觉很好。而且，作贡献花费的成本越高，他们越可能朝着更高个人支付的活动靠拢，不管是自涉还是他涉。"① 事实上，只有在我们这样一个自利文化及其意识形态占支配地位的社会中，只有在存在着较大可能搭合作便车的条件下，只有当我们全部基于理性经济人假设的社会设置倾向于把人形塑为利己的存在物时，才会使个人对合作的支付显得很高，既让人对社会作出贡献时付出高成本。如果意识形态、文化以及社会设置的性质发生了改变，这种情况将会得以消除。如果说全球化、后工业化将带给我们一个匿名社会的话，被理性经济人作为自我利益实现工具的他人就会因为匿名社会的到来而消失，那样的话，自利追求的社会基础也就会因此而瓦解。

在工业社会的历史阶段中，在对人的理解中，除了发现人的自利追求之

---

① ［美］赫伯特·金迪斯、萨缪鲍尔斯等：《走向统一的社会科学——来自桑塔费学派的看法》，浙江大学跨学科社会科学研究中心译，上海人民出版社 2005 年版，第 156 页。

外，还发现了人的欲望，在某种意义上，人的自利追求也是与人的欲望联系在一起的。就近代以来的理论发现来看，如果说在经济学的视角中发现了人的自利追求，那么，在伦理学的视角中则发现了人的欲望。在这两个视角中所看到的和加以论述的，是工业社会的思想对人的这两个方面所给予的肯定。事实上，正是由于有了这些发现，近代以来的各种理论都极力去对人的这两个方面做出合理性的证明。所以，在工业社会的政治学、社会学、经济学等几乎全部社会科学中，都对人的这两个方面给予了同等的承认，并对这两个方面进行了综合，然后作为理论阐释和社会建构的出发点来对待。

根据社会科学的一般性理解，对于社会而言，欲望意味着活力，而理性则倾向于建构秩序。虽然理性的道德无法在个人的任何一项实质性目标实现中发挥促进作用，却对社会目标提供了有力的支持。在个人与社会的辩证法中，虽然欲望与理性的道德证明总是导向循环论证，但又是不可避免的。因为，在工业社会的低度复杂性和低度不确定性条件下，个人与社会的区分不仅是个理论设定，同时也是客观性的社会现实。一旦人类社会进入高度复杂性和高度不确定性的状态，个人与社会的分离将被人的共生共在的要求所扬弃，社会就不再会以独立于人的形式出现，而会表现为人的行动的内容，是存在于人的行动之中的。这样一来，欲望与理性之间的长短和强弱都将因具体情况而定，至于欲望的道德与理性的道德，也需要在合作行动的过程中去为自身的功能做出定位。总的说来，高度复杂性和高度不确定性条件下的人的共生共在要求会根据每一个具体场景而在欲望的道德和理性的道德中撷取适应合作行动要求的道德因素，并把那些因素随机性地整合为规范和规则。而合作行动中的人的自主性又不仅会表现出对理性的道德所能提供的自由的需求，同时也会根据人的共生共在的要求去对欲望的道德所鼓励的实质性目的进行创造性的诠释，从而把理性的自由与欲望的冲动结合起来，转化为合作行动的积极因素。

从历史经验来看，人的确是有欲望的，也正是因为人有欲望而让人体现出自利性。但是，人的欲望从来源上看是与人作为自然存在物的那个部分联系在一起的。即使人在农业社会的长期演进中形成了一套平衡人的自然方面与社会方面的机制，也因为工业社会的思想、意识形态已经结构化和模式化为文化体系而把人形塑成了欲望和自利的生物。虽然全球化、后工业化意味着人类社会的又一次伟大的转型运动，但在这场社会转型运动中开展行动的人却是从工业社会走过来的。亦如我们所指出的，要想使这些人立马改变，那是不可能的。在他们的观念中，存在着一种根深蒂固的意识，以为自己是动物，抑或学着用经济人的理性算计他人，在一切活动中都能够顺利地把他人变成自己的工具。既然人的改变不是一蹴而就的事情，我们就只能选择社会规范的改变。其实，规范本身就是变化着的，一些规范甚至会在人们的政治努力和社会安排中迅速地消失，而一些新的规范则会被建立起来。

在全球化、后工业化进程中，我们仍然感受到的是环绕在我们周遭的协作规范，所熟知的是在工业化、城市化进程中生成的协作实践以及个人主义理论，它们都会在人的共同行动中发挥规范作用，会对共同行动的生成和定型产生巨大影响。全球化、后工业化提出了更多的共同行动的要求，而且，这种共同行动会因为来自于工业社会的惯性而以协作行动的形式出现。结果，也就会在共同行动中呼唤出对这种共同行动的规范，以至于我们的共同行动表现出无法告别协作模式的状况，所需要的合作行动也就无法建立起来。同时，既然我们既已拥有的是个人主义的思想和理论，也就必然会因为这种语境的关系而用对个体的人的行为规范去诠释个人主义的思想和理论，在思考共同行动的规范时，也会沿用这种思路，或者说，在这种思维惯性中去谋求对人的共同行动的规范。不过，我们必须看到，既有的规范构成了工业社会规范体系的基本内容。所以，我们所享用的和接受调控的也主要是这些规范。这些规范不仅作用于我们的行为，也同时决定了我们的思维，从而让我们更习惯于把人的共同行动理解为协作，更乐意于以协作的方式去与他人一道开展行动。在某种意义上，我们甚至会把同他人开展合作的冲动看作是一种非常危险的信号。或者，在我们的潜意识中，也许已经形成了一种思维定式：我若贸然与他人合作，肯定会使我处于非常不利的地位，甚至会使我的处境变得非常危险。

这种存在于人的心理中较深层面的对合作的恐惧，是根源于人们的行为选择与规范间的冲突的。也就是说，在我们的社会已经普遍建立起了协作规范的条件下，我们的合作冲动是与协作规范相冲突的。一旦合作冲动变成了行动，就会在这种冲动中受到某种莫名其妙的惩罚。正是由于这个原因，我们畏惧合作。在全球化、后工业化的进程中，协作系统的失灵却使合作成了无法拒绝的替代模式，协作的式微和合作的兴起已经成为具有必然性的客观趋势。在这种情况下，合作冲动与协作规范间的冲突实际上已经转化为两种规范间的冲突了。时代的客观要求决定了合作规范正在生成，尽管它在今天还处在一种近乎于量的积累的阶段，而我们已经无须担心合作规范的缺失会持续下去。当然，合作规范的生成可能会表现为对协作规范的修改。而且，可以想象，这个修改过程也是渐进的，表现为日积月累地脱离协作规范，并最终取代协作规范。即使全球化、后工业化进程中的社会变革加速化了，这个规范替代过程也应理解成渐进的而不是突发性的一蹴而就。这样一来，协作规范与生成中的合作规范的冲突也就难以避免，从而显现出维护旧规范的势力与倡导和践行新规范的力量间的冲突。这种冲突甚至会在一段时间内陷入拉锯战的状态。这就是我们面对的现实。

我们可以断定，在未来一段时期，社会科学的研究可能会在合作的主题下展开激烈的争论，一些盗用合作的概念来实指协作的人就会表现出对既有的协作规范的坚定维护，而那些能够把合作与协作区分开来的人则会要求对协作规范进行解构，并以此为起点去致力于合作规范的建构。这两种理论追求也会在实践中和在社会的运行中反映出来，以至于因行动方向的不一致而发生冲突。显然，"个体的规范，是文化学习过程的产物，亦即一种社会化的产物，由环境施加的诸种强制性约束加以强化。然而，与此同时，它们也可以被视作为一种社会建构……同样也值得关注的是，各种各样的影响力的混合作用，对诸种规范进行着改变，这些影响力来源于个体经验和集体经验。"① 在我们的时代这个历史截面中，人们也许会对规范着个体行为的道德以及文化观念抱有悲观的态度，会认为合作社会的构想近似于一种空想。但是，如果我们不是这样静态地看问题，而是在一个动态的建构过程中去认识道德价值和文化观念，就会看到，合作社会所需要的道德和文化支撑力量都是能够在合作社会的建构中得到建构的。

其实，在人类社会的任何一个历史阶段中都可以看到这样一种情况，那就是都不缺少属于这个社会的道德和文化支撑力量。至于工业社会之所以会

---

① ［法］米歇尔·克罗齐耶、埃哈尔·费埃德伯格：《行动者与系统——集体行动的政治学》，张月等译，上海人民出版社 2007 年版，第 313—314 页。

看不到道德及其相关的文化在场，那是因为这个社会刻意地祛除道德和压制道德。在全球化、后工业化进程中，只要我们认识到人类的生存条件发生了什么样的改变，只要我们基于历史发展的客观要求去确立起社会建构方案，我们就会在相应的行动中获取道德以及文化的支持。社会建构不是对过往某个历史阶段的复归，也不是对既存状态的维护。所以，历史上某个阶段的以及现有的道德价值和文化观念，都会在历史的长河中不断变换自己的形态和获取新质。从这个角度去看人的共同行动，就会发现，当人类社会突出了合作的主题，也就能够拥有适应合作要求的道德和文化。这并不是自然主义的观念，而是因为马克思主义的唯物主义精神告诉了我们这一点。

在人类学的思考中，在回答古希腊"人是什么"的问题时，康德用三大批判——我能知道什么？我必须做什么？我可以希望什么？——去阐释自己的答案。但是，我们必须指出，康德的答案所反映出来的是工业时代的特征和要求。随着这个时代被超越，不仅康德的答案，而且那个经典问题的永恒性都开始褪色了。也就是说，"人是什么"的问题应当被转化为"人应当怎样"。即人应当怎样做才称其为人，人应当怎样做才能使包括生命在内的完整存在成为可能。对于这一新的问题，我们的回答只有两个字，那就是"合作"。在全球化、后工业化进程中，在高度复杂性和高度不确定性条件下，我们所能看到的就是：在人类社会通向未来的道路上，人的现实性唯有在合作中获得。在此意义上，我们完全可以基于合作社会的构想去建立全新的规范体系，并在规范建构的过程中塑造合作文化，进而实现对人的塑造，使合作社会中的每一个人都拥有道德理性，并在每一项行动的开展过程中优先考虑人的共生共在。

第二节　合作行动的条件

一、合作行动中的人

在全球化、后工业化进程中，我们最直接的感受就是危机事件的频繁发生。尽管在人类历史上的任何时期都存在着相对于人的生产和生活方面的危机事件，但是，今天我们所面对的这样一个危机事件频发的状况则是人类历史上从未有过的。对于"危机事件"，如果从形式上看，可以说一切突发性的并造成和可能造成危害人的生存状态或生命的事件都是危机事件，如火灾、地震、海啸、疾病等都具有危机事件的形式和性质。对于这类引发灾害的危机事件，我们虽然无法准确地预知其发生的时间、地点、强度、影响力等，但通过人们长久以来抗御灾害的实践经验的积累，是有能力控制危机的蔓延并能够达到尽可能地减少损失的目的的，甚至有可能预防其发生。就此而言，它并不属于全球化、后工业化进程中所特有的危机事件，而是在人类历史上一直存在着的。

不过，我们也需要看到，这类危机事件在全球化、后工业化的历史背景下会产生历史上所从未有过的影响。由于人、物的流动性的增强，由于信息传播的途径和方式都发生了革命性的变革，这类具有自然属性或天然特征的危机事件在应对方面呈现出非常复杂的情况。但是，总体看来，这类危机事件并不是根源于社会的复杂性和不确定性的，而且可以相信，随着社会特别是科学技术的发展，随着针对自然灾害的应对技术的成熟，这类危机会更多地进入常规管理的范畴，甚至有可能不再被看作是危机事件，从而退出危机管理的过程。我们所说的危机事件，是专门指那些由于人为原因所造成的意外结果，一般说来，主要是指那些如政策制定和执行失误、决策主体注意力偏差、认知判断失误、集体盲思等原因造成的危机。

当然，在应对自然灾害的过程中，也会出现应对失效和灾害影响扩大化的问题，从而造成了一种我们常常称为"次生灾害"的危机状态。对此，我们也是归入全球化、后工业化时代的危机事件之中的，因为，它也是由于人类行为的失误、作为不力等原因造成的。所以，我们认为，今天人们所说的"危机事件"应当是一个特指的概念，是指那些在全球化、后工业化背景下因为社会的高度复杂性和高度不确定性而产生的危机事件，特别是指那些由人的行为失误引发的危机事件。至于那些人类长期以来经历过和遭遇到的根源于自然的事件，我们并不将其归入危机事件的范畴中去，而是将其称作自然灾害。当然，在对自然灾害的应对中，如果出现了人的行为失误并引发了危机事件，则应视为全球化、后工业化背景下的危机事件。

既然我们把危机事件理解为人的行为失误的结果，那么，就需要对人做出一番考察。福柯认为，"人只有与一种早已形成的历史性相联系才能被发现：人从未与这个起源同时代，即这个起源在通过事物的时间躲避时又显示出自己的轮廓；当人设法把自己确定为生物的存在时，人只有在一种其本身先于人而开始的生命的基础上才能发现自己的开端；当人设法把自己重新恢复为劳动的存在时，人只有在早已被社会所制度化、所控制的人类时间和空间的内部，才能阐明这样的存在之最基础的形式；当人设法确定其讲话主体的本质时（这个主体并未达到任何被实际构成的语言），人只能发现早已被展开的语言的可能性，而非所有的语言和语言本身据以能变得可能的结结巴巴、原始的词。"① 然而，在 19 世纪，当人被再度发现时，依据分析性思维而获得的关于人的功能性要素——劳动被确认为人的起源的动因。而且，到了 20 世纪，当阿伦特尝试着重新对人加以思考的时候，也是把语言作为人之所以为人的一个基本条件的。的确，在现代性的视野中，劳动、语言都是人的条件，也是人的构成要素。

但是，这些借助于分析而发现的人的要素在被作为人的起源的那个开端是否具有与现代社会中的人相同的价值？对于分析性思维而言，这是一些似乎无须回答的问题。然而，恰恰是这些问题决定了人的观念，不同的答案也决定了与人相关的世界观、人的历史观以及当下的社会建构观。显而易见，人是从历史中走来的，人是历史性的存在物，人作为社会关系的总和是在历史中获得的。因而，分析性思维通过对现代人的分析而识别出的构成要素并不能普遍地适应于对每个历史阶段中的人的理解。更明确地说，对于不同历史阶段的人而言，可能自然环境的因素是否应成为人的构成要素并不是一个需要刻意关注的问题。我们看到，诸如制度、秩序以及各种各样社会设施的性质及其功能，就不能不在理解人以及人的存在时加以充分的重视。事实上，当工业社会的发展对人的生存环境造成了严重破坏时，原先被作为自然环境的因素（如空气、水体等）都必须被作为人的构成要素来加以考虑。这样一来，劳动、语言以及行动、交往等在对人的起源和未来理解中显然具有不同的价值。至少，对于构成完整的人而言，所具有的价值在比重上是不同的。

---

① ［法］米歇尔·福柯：《词与物——人文科学考古学》，莫伟民译，上海三联书店 2001 年版，第 430 页。

正是由于这个原因，对人的发现、认识和定义都需要指向制度等社会设置，甚至在经历过工业社会对自然的征服后，也不得不越来越多地指向自然。然而，我们也必须指出，全球化、后工业化在对人的理解和定义方面展现出了新的方向。因为，全球化、后工业化已经呈现给我们的是社会的高度复杂性和高度不确定性。在这一条件下，劳动和语言虽然仍在对人的定义方面发挥着基础性的作用，但劳动和语言的环境、内容以及所要采取的形式都不同于以往了。因而，需要发现更为根本的对人做出定义的因素。这样一来，我们发现，唯有行动才能赋予人以现实性。

劳动在此条件下只不过是行动的一种形式，甚至不是主要形式；至于语言，只不过是行动的辅助因素。应当看到，在马克思主义的实践观中就已经包含了行动的内容。不过，需要指出的，对"实践"一词也需要做出新的解读。不难理解的是，高度复杂性和高度不确定性条件下的实践与低度复杂性和低度不确定性条件下的实践无论在哪个方面都会不同，社会的高度复杂性和高度不确定性将在实践的丰富内涵中突出显示行动的方面。所以，我们认为，在对人做出定义时，应突出强调人行动，而且，这种行动是合作行动。合作行动不仅定义了人，而且包含了人的共生共在的内容。一方面，合作行动是服务于和从属于人的共生共在的目标的；另一方面，合作行动又是对人的共生共在意义的诠释。

美国学者库利认为，"人和社会必须在想象中研究。从表面上看，最佳的观察事物的方法的确是最直接的观察；我不能理解人们怎么能认为我们可以不把人作为想象的观念而直接认识他。这些观念也许是我们的经验中最生动的东西，是与其他任何东西一样可以观察得到的，尽管这种观察没有系统性和精确性。对物质方面的观察，不管多么重要，也是从属于社会目的的，是次要的。"[1] 这一意见是非常重要的，尽管我们未必能完全同意这一观点。我们承认，对社会发展规律的认识，对客观社会机制的把握，特别是关于社会设置的安排方面的宏观意义上的理解，如果不从物质、经济的角度出发，是很难形成令人满意的答案的。可是，当我们将视线投向了人的行动之后，

---

[1]　[英] 查尔斯·霍顿·库利：《人类本性与社会秩序》，包凡一、王源译，华夏出版社1999年版，第86页。

人的观念、想象以及目的等方面就是不容忽视的，甚至是需要给予充分关注的。从某种意义上可以说，只有从人的观念、想象以及目的等这些方面入手，才能真正把握人的行动和正确地规划人的行动。即便就社会的运行来看，也不能忽视人的观念、想象等。因为，"人们彼此之间的想象是社会固定的事实，从而社会学的主要任务就应当是观察和解释它们……我们必须对想象进行想象。我们会发现对任何社会现象的把握都需要我们深刻理解人们是怎样认识他人的……换句话说，我们要深入了解人的动机，而动机来自人的观念。"①

　　如上所述，人是受到历史条件限定的，每一个人都是具体的历史条件下的人。近代以来，在对人的自由和发展的追求中，科学的发展和知识的获得都不断地突破原先那些限定人的因素。一方面，人在获得知识和掌握科学技术的过程中能够突破诸多加予人的限定；另一方面，科学的发展和技术的进步也会使限定性的边界向外围移动。所以，我们才会看到这样一种情况："关于限定性的初步发现是不稳定的；没有什么东西允许它停下来；难道不可能假定：它也预示了它依据现实性体系而加以拒斥的那个无限性？种的进化也许没有完成；生产和劳动的形成仍在改变，并且也许有一天人将不再发现他在自己的劳动中的异化原则，也不能发现他的需求减少之恒常提醒；并且也不能证明他将发现不了对消解历史语言古老昏暗性来说足够纯明的符号体系。"② 不过，就 20 世纪后期的现实情况看，福柯的梦想被击碎了，人们在消除异化、减少需求和建立更加纯明的符号体系方面均无起色，反而证明了限定性变得更加厚实，也更加迫近于人。虽然科学技术的进步依然让人每时每刻都感到无比欣慰，但那已经不是走在原先的道路上了，而是在一个新的轨道上奋进飞奔。但是，在这同时，社会的诸多方面，甚至社会的基本方面，也包括思维定式，依然接受原先的限定性的限定，而且这种限定性自身也已经异化为风险和危机事件。

　　福柯说："因在确实性中被预告，所以人的限定性在无限之悖论形式中

　　① ［英］查尔斯·霍顿·库利：《人类本性与社会秩序》，包凡一、王源译，华夏出版社 1999 年版，第 87 页。
　　② ［法］米歇尔·福柯：《词与物——人文科学考古学》，莫伟民译，上海三联书店 2001 年版，第409 页。

被勾勒出来了；它表明的并不是界限的严密性，而是一种缓慢发展的单调性：这一缓慢发展可能是没有限度的，但也许并非没有希望。"① 福柯在这里表达的显然是一种误判。正是因为许多人都与福柯一样持有这种误判，才使思维方式的变迁、科学范式的转型以及社会的变革变得无比艰难，以为认识论尚有发展空间，并对实证科学的苟延残喘倾注了巨大的续命努力。由于误判既有模式的发展"没有限度"，也就在社会建构中不愿意脱离路径依赖，并因为这种惰性心理而使变革之路增添了无数障碍。因而，表现出了把思维方式、科学、文化以及人的行为模式中的各种各样的新的因素都纳入人类既有的解释框架之中，以至于阻碍了变革，延缓了变革，也使限定性以更为激烈的形式表现了出来。

我们发现，在社会治理过程中，由于既有的社会治理结构是建立在治理者与被治理者分立的基础上的，以至于许多社会问题只有演化成结构化的问题时，才能进入公共决策者的视线，即成为公共政策问题。这对社会来说，是以许多成员的利益损失甚至牺牲为代价的。当然，在工业社会低度复杂性和低度不确定性条件下，由于社会运行较为缓慢，绝大多数社会问题能够实现结构化并进入公共决策者的视界，从而使社会治理的功能有着较为优异的表现。如果辅之以自觉的合法性经营活动的话，是能够获得公众的认可的，甚至能够获得很好的评价。然而，随着社会复杂性的增长，能够实现结构化的社会问题日益减少，当人类社会呈现出了高度复杂性和高度不确定性时，绝大多数社会问题都具有迅速变动的特征，很难实现结构化，即便存在着已经结构化的社会问题，也会受到忽略。

事实上，不被觉察的无法实现结构化的社会问题将会变得越来越多。在这种情况下，如果社会治理囿于既有的治理者与被治理者分立的模式，如果按照既有的思维方式去发现政策问题和进行决策，就不得不迎接危机事件频发局面的到来，就不得不面对一个风险社会。如果清醒地意识到我们正处在一个需要变革的时代，那么，我们就不会因为既存的社会及其治理模式还有一定的腾挪空间而放弃改革的追求，而是应当坚定地走在改革的道路上。这

① ［法］米歇尔·福柯：《词与物——人文科学考古学》，莫伟民译，上海三联书店2001年版，第409页。

样的话，我们就必须宣布工业社会加予人的各种各样的限定是不合理的，因为，它让人无法在高度复杂性和高度不确定性的条件下开展自主的行动。改革的目的就是要重新梳理这些限定，让人能够不再在开展行动时受到限定性的束缚。

在解读人之为人的条件时，无论是发现了劳动还是语言，都反映了近代哲学寻求普遍性的抽象和分析的特征。在这一思维范式中，如果我们仅仅指认合作行动是人的条件的话，那还只能说是提供了一个补充性的证明，而不是对人做出了全新的理解和定义。其实，我们是不应在形而上学的普遍性意义上去认识人的，而是需要突出强调人的具体性。事实上，每一个人都是现实地存在于他所在的社会关系之中的，是面对着具体问题和承担着具体任务的行动者。而且，在人的行动中，也需要得到数不胜数的复杂因素的支持。特别是在高度复杂性和高度不确定性条件下，作为单个的人的行动者几乎无法存在，每一个行动者都是由多人构成的一个行动体系。在这样的行动体系中去认识人就更需要在人的具体性中去把握人。

当然，20 世纪后期以来，人们更多地强调知识对人的存在的意义，并从知识的角度去认识社会，提出了诸如"知识社会"、"知识经济"等概念。在我们指出人是历史的产物时，其实是包含着对知识之于人的存在的意义方面的判断的。因为，在人类社会的发展中，越来越显示出了知识在社会建构、人的社会生活和共同行动中的价值，甚至可以认为知识在对人做出定义时也是一个向量。但是，在整个工业社会中，知识一直被限定在工具性的地位上。虽然在人的一般观念中肯定了知识对于个体的人有着无比重要的意义，甚至会说知识改造了人，知识水平决定了人的高度，知识意味着人的素质并指向人的品行，但是，在科学的视野中，知识一直是被作为人的工具而存在的，知识的积累和发展只不过意味着人的工具的进化。我们是赞同关于知识的科学理解的，我们相信，在合作行动中，知识的工具性特征不仅不会削弱反而会得到进一步增强。但是，作为知识载体的人则不同。因为，只有在分工—协作的社会中，知识的工具性特征才会被涂抹到了作为知识载体的人身上，拥有知识的人才同时被作为工具来看待和加以利用。合作行动不同，无论作为合作行动发生背景的社会是如何把知识当作工具对待的，而知识的载体则是自主的行动者，他所拥有的知识可以使他获得行动的自由，并能够使他在所在的群体中获得某种权威地位。

二、信任和道德

关于人的条件并不是一个在静态观察中可以获得正确答案的问题，而是需要在人的行动过程中去寻求答案。一旦在人的行动过程中去认识人，就会涉及人与人的关系等一系列派生出来的问题。根据过往的经验，人们总是乐意于同熟悉的人交往。因为，在熟人之间，能够产生信任或已经建立起了信任，人们能够基于信任而开展合作行动。如果信任能够得到提升，即提升为相同的价值观，就会拥有理性化的相同行为倾向，合作也就会得到提升，从而成为理性的合作，也就是高层次的合作。但是，熟人的生成是有条件的。我们将农业社会称作熟人社会，是因为农业社会的人们千年生活在固定的地域，有着共同的风俗、习惯和道德观念，能够建立起信任关系。但是，那种信任关系是习俗型信任，所支持的是人的较低层次的合作——互助。在工业化进程中，当人们走出了固定的地域和流动了起来，也就进入了陌生人社会。在陌生人社会中，每一个人都是独立的个体，人与人之间的差异化也一直在持续增强，人作为同质性的存在物成了永不复返的历史。因而，人们间的习俗型信任失去了发生的基础，代之而兴的是人们自觉建立起来的契约型信任。契约型信任是制度化的信任，或者说，契约型信任是借助法律制度而建立起来的信任，由法律制度为其提供保障。在某种意义上，我们并不能直接地把契约型信任理解为人与人之间的信任，而是人们对法律制度的信任在人们之间的反映。契约型信任所支持的是理性化的合作，但这种合作依然是较低层次的合作，应当准确地被理解成协作。

在全球化、后工业化的进程中，交往者之间的差异正在迅速地扩大。而且，在可以想见的未来，这种差异扩大的趋势都不会发生逆转。人的多样性、个性化和价值观念的多元化，都决定了人们根本就不可能成为熟人。实际上，全球化、后工业化所意味着的社会转型将是一次从陌生人社会向匿名社会的转变。在陌生人社会中我们还能够看到人，而在匿名社会中，人是隐身的。如果说陌生人社会中还存在着熟人的话，那么，在匿名社会中，人走出了人的视线之外，隐身在一个不知方位的地方。这样一来，不仅习俗型信任不会发生，而且契约型信任也难以建立起来。特别是在全球化、后工业化所呈现出来的高度复杂性和高度不确定性条件下，人的高频流动、共同行动的随机性、人们之间差异化程度的进一步提升等，都使契约型信任失去了发生的前提和基础，以至于共同行动的基础受到了破坏。

然而，社会的高度复杂性和高度不确定性又决定了人们必须通过共同行动去承担每一项任务。既然人的共同行动都必然会建立在人们间的信任的前提下，在高度复杂性和高度不确定性条件下采取共同行动就依然需要得到信任的支持。在高度复杂性和高度不确定性条件下，虽然信任不能减少复杂性和不确定性，但它可以在复杂性和不确定性的背后为人们的交往铺设起一条合作的轨道。这样一来，我们就必须去探索甚至建构一种不同于契约型信任的新型信任。总之，如果说高度复杂性和高度不确定性及其匿名社会决定了习俗型信任和契约型信任都不可能发生，而在这种情况下去开展共同行动又需要得到信任的支持，需要建立在信任的基础上，甚至会对信任的需求表现得更为强烈，也就决定了我们需要谋求另一种信任。我们的设想是，这种信任不仅要高于习俗型信任，而且也高于契约型信任，我们将这种类型的信任称作合作型信任。但是，合作型信任应当包含什么样的内容以及拥有什么样的形式？则是一个需要去加以探讨和加以建构的问题。

美国学者克劳斯·奥弗说，"信任一旦被给予，它就可以通过两种途径进行自我强化，这两种路径即出于责任的考虑和出于对自身利益的考虑。……信任的这双重基础也可使博弈的结果与预期相差甚远。那就是在道德责任被用以实现战略意图时的情况。这样当一个被信任者装作受这类责任约束时，他可能不会形成'通常'由被信任引起的道德责任感。结果，他就把自己放到了一种对信任者不利并利用信任关系的位置。"[①] 在人们的日常经验中，这种所谓"信任风险"确实会时常被感觉到。但是，需要指出，这里所讲的信任已经不再是信任，而是信任的异化。或者说，是在缺乏信任关系环境下出现的信任，在实质上，属于信赖的范畴。所以，信赖是有风险的，这种风险不能被归于信任。

我们所讲的信任，是发生在良好的信任关系环境下的信任。也就是说，

---

① ［美］克劳斯·奥弗："我们怎样才能信任我们的同胞？"，载［美］马克·E. 沃伦编：《民主与信任》，吴辉译，华夏出版社 2004 年版，第 48 页。

我们不愿抽象地谈论信任问题，我们把信任分成习俗型信任、契约型信任和合作型信任，目的就是要把信任分别放在熟人社会、陌生人社会和匿名社会的具体历史背景下来把握，是要弄清信任发生的前提、基础及其基本性质。我们把信任与信赖区分开来，就是要指出，在契约型信任得以存在的历史条件下，那些被学者们误称为信任的因素其实应当被准确地解读为信赖。所谓"信任风险"，在实质上则是信赖的风险。依赖所引发的是一种从属和依附状态，尽管不是按照命令去行动，却可以由言语和行为的暗示去激发非理性的行动。在行动者这里，是不存在着独立性和自主性的。所以，信任与信赖是不同的。

一切信任都不应与人的依附关系相连，即便是习俗型信任，也不是发生在依附关系之中的。如果说在有着依附关系的人之间产生了信任，那么，在信任构成一种关系的那一刻，依附关系暂时缺席了。就此而言，习俗型信任也会予人以独立性和自主性。契约型信任虽然所引发的是协作行动，或者说，存在于人的协作行动之中，但是，契约型信任恰恰构成了协作行动中的那一更好地遵从了外在性规则甚至超越了外在性规则的方面。总之，我们不认为信任会导致什么风险，至于学者们所谈论的所谓"信任风险"实际上所指的是一种因信赖而带来的风险。将其称作信任风险，完全是因为对信任的误读而形成的错误认识。或者说，这些学者缺乏从事科学研究的能力而又误入了科学研究的行当，在分不清信任与信赖的情况下强行地去对信任发表意见。

在探讨信任的问题时，我们发现，西方国家的学者在对信任问题进行了实证研究后往往会形成不同的意见。比如，有些学者认为中国是高信任度的国家，而有些学者则认为中国是低信任度的国家。我们看到，福山就认为中国是一个低信任度的国家，而罗纳德·英格尔哈特在一项基于实证调查的研究中则发现中国社会是一个高信任度的社会，[①] 之所以会得出这两种相反的结论，是因为他们所讲的信任在性质上是不同的。福山站在西方工业社会的角度，从宏观的社会和经济运行中去观察人际关系及其行为，特别是进行比

---

① ［美］罗纳德·英格尔哈特："信任、幸福与民主"，载［美］马克·E. 沃伦编：《民主与信任》，吴辉译，华夏出版社2004年版，第85页。

较后，发现中国社会缺乏那种使工业化国家运转起来的信任机制，即缺乏西方国家在工业化过程中与民主、法制相伴而生的契约型信任。但是，英格尔哈特所依据的是量化研究，是基于对调查问卷进行定量分析而得出了中国属于高信任度国家的结论。福山是正确的，但英格尔哈特所注意到的关于中国社会是一个高信任度社会的结论也是正确的。只是福山希望看到的是契约型信任，而英格尔哈特所讲的信任恰恰不是契约型信任，而是一种来自于传统的遗产，是在中国农业社会的历史阶段中生成的一种习俗型信任。由于忽视了不同类型信任之间质的差别，所以，英格尔哈特得出的结论是："一个社会的人际信任水平似乎反映其全部历史遗产，而政治制度是其中的一个部分。"① "一个社会的文化遗产及其发展水平似乎比这个社会的经济水平对人际信任有更重要的影响。"②

应当承认，信任可以以遗产的形式从传统中继承而来，但是，如果仅仅满足于这个判断，显然失之于简单化了。信任在历史发展过程中的轨迹是以一种信任模式替代另一种信任模式的形式出现的。农业社会的信任属于一种习俗型信任，工业社会的信任则是一种契约型信任。在工业化的过程中，契约型信任逐步确立了起来，并逐渐地取代了习俗型信任。这并不是说习俗型信任走向寿终正寝了，这个取代过程实际上表现为两种情况：一种是边缘化，即习俗型信任受到契约型信任的排斥而逐渐地移居到工业社会的边缘地带，发挥着越来越有限的作用；另一种是领域化，在一些领域，契约型信任发挥主导性的作用，而在另一些领域，习俗型信任则发挥主导性作用。比如，可以明显地看到，在那些具有工业社会交往特征的领域中，习俗型信任逐渐地销声匿迹了，而在日常生活等传统色彩较浓的领域，习俗型信任顽强地占据着主导性地位。至于中国，我们不难理解，工业化、城市化运动都是较晚近的时期才开始发生的，以至于契约型信任尚未建立起来，在中国社会中发挥主导作用的仍然是习俗型信任。然而，在改革开放后，中国社会实现了结构分化和领域分离，人们在私人领域和公共领域中依然持有的是习俗型

---

① ［美］罗纳德·英格尔哈特："信任、幸福与民主"，载［美］马克·E. 沃伦编：《民主与信任》，吴辉译，华夏出版社 2004 年版，第 87 页。

② ［美］罗纳德·英格尔哈特："信任、幸福与民主"，载［美］马克·E. 沃伦编：《民主与信任》，吴辉译，华夏出版社 2004 年版，第 88 页。

信任，至于契约型信任，则存在着严重缺失的问题。所以，我们才说福山的认识是正确的。同样，英格尔哈特在实证研究中得出中国是一个高信任度的社会这样一种结论也是正确的。

芳汀指出："信任可以使行动者进行富有成效的合作，但也为欺诈及其他非法活动提供必要的条件。规则降低了交易成本、规范了人的行为，但也有可能抑制人们的创造力以及观点的多元性，而它们正是解决新问题与复杂问题之必需。公司网络的合作催生了新的技术或技术广泛的新应用，这显示了合作所带来的好处。但卡特尔成员或有组织的犯罪集团也在利用网络在生产和分配方面所显示出来的长处。"① 在芳汀这里，显然是没有把信任与信赖区分开来，不仅如此，她把信任与网络放在一起谈论似乎也是不妥的。我们认为，网络应当被当作一种技术或技术平台来认识，而信任作为一种社会资源，具有文化上的特殊性，特别是当我们指出了信任与信赖的区别后，便发现信任是不可能被用于欺诈的。

其实，不仅在网络中，而且在传统的社会生活中也存在着欺诈行为，这些欺诈行为都是通过对人的感性征服而去利用他人的做法。准确地说，欺诈甚至不是在人的信赖关系中发生的，而是通过诱发相信而实现的。无论是信任还是信赖，都是存在于人们之间的一种关系，而相信则是单方面的。在欺诈行为发生的过程中，是以运用欺骗的方式去赢得他人相信的，并利用他人的相信去实施欺诈。这显然不是在欺诈者与上当者之间已经建立起了信任关系。其实，在陌生人社会的成长中，欺诈行为的发生往往是通过不断地变换手法去赢得上当者的相信的。一般说来，也是发生在理性能力不足的那些上当者那里的。在社会理性化程度得到增强的情况下，欺诈行为往往发生在那些在利益追求中丧失了理智的人那里。对于缺乏理性和丧失理智的人来说，如何能够成为信任的载体呢？

我们相信，在人类社会的漫长历史发展过程中积淀起了一些能够使人们共生共在的因素。尽管这些因素是以隐蔽的形式存在的，却发挥着基础性的调节功能，或者说，是以一种原初的力量而激发了人的有益于共生共在的行

---

① ［美］简·芳汀：《构建虚拟政府——信息技术与制度创新》，邵国松译，中国人民大学出版社2010年版，第67页。

为的。我们可以把这种因素称作道德，它在近代各种理论的无情摧残下并未消亡，而且，一直是以隐蔽的方式发挥作用的。承认这一点，我们也许就为信任找到了发挥作用的基础。我们可以做出这样一种假设，人们因为有了基础性的或原初性的道德而开展合作；对于合作而言，信任成为合作的前提，使合作的功能和效能得到增强，有利于合作者的同时也有益于社会。反之，一个相互信任的团伙因为道德的缺失却从事着有利于自我而有害于社会的事情，他们所采取的也是合作的形式。但是，这种情况往往发生于道德受到抑制的环境中，如果这个团伙的成员有了道德良知，那么犯罪团伙就会走向解体。

在现实中，犯罪团伙之所以随处可见，往往是由另一个因素决定的，那就是它存在着某种控制机制，甚至是萨特所说的那种"恐怖—友爱的"控制机制。实际上，控制机制是普遍存在于一切组织之中的，只不过表现形式不同而已。我们的社会所鼓励和所允许存在的组织所拥有的基本上是一种制度性的控制机制。控制是与信任不相容的，从现实来看，是因为控制而使合作的信任前提变得可有可无；是因为控制而使组织的运行不再需要道德的支持；是因为控制而使共同行动结构化为一种分工—协作模式而不是合作模式。所以，控制是合作的毁灭性因素。如果人的共同行动是自由的而不是受控制的，那么，人的道德就能够发挥基础性的作用，人们就会在信任的前提下开展合作。同样，如果不是在控制机制的胁迫下，在犯罪团伙的成员中，哪怕仅有一人是有道德良知的，也会促发这个团伙解体，甚至根本不会出现犯罪团伙这种现象。如果没有了犯罪团伙这种形式，那么，作奸犯科的就是一些个人，其社会危害度也就小得多了。任何一种控制机制都是属于等级制度的，或者说，是因为存在着等级压迫的问题，才需要通过控制机制去保障这种等级压迫不被挑战和破坏。在很多情况下，被认定为犯罪行为的社会现象可能恰恰是因等级压迫而起的，至少在诱发因素方面是可以归结到这个源头来的。控制机制的消解也意味着等级压迫的消失。在这种情况下，即使个人的偶发性犯罪行为也会大大地减少。

总的说来，在熟人社会中，人们之间的联系是稀疏的，虽然他们是熟人，但其联系却是由几条简单的线条构成的。在陌生人社会中，虽然人们相互是陌生的，却联系密切，而且他们之间的联系包含着任何可能的维度以及任何可能的内容，"事物的普遍联系"用来描绘陌生人之间的关系再贴切不过了。但是，需要看到，熟人社会稀疏的联系却是一种实质性的联系，而陌生人之间的稠密的联系却是功能性的联系，是缺乏亲密感和实质性信任的。信任的状况又是与人的同质性和差异性相关的，习俗型信任发生在人的同质性的条件下，契约型信任则是在人的差异化条件下建立起来的。相反，习俗型信任又能够增强人的同质性，而契约型信任则会导致人的差异的扩大化。所有这些，反映在人的行动上，也分别以互助和协作的形式去诠释合作。其实，那都不是真正的合作，或者说，并不适应于高度复杂性和高度不确定性条件下的共同行动。

作为合作条件的同质性人群不可能现实地存在于我们的社会之中，事实上，在工业社会的几百年发展过程中，已经促进了同质性人群的解体。而且，工业社会试图在社会生活的每一个角落都把人的同质性荡涤净尽。全球化、后工业化是以工业社会发展的终点为起点的，工业社会的全部成果，无论是积极的还是消极的，都是全球化、后工业化进程起步时必须无条件接受的现实。所以，面向后工业社会去思考合作的问题，就不可能将合作寄希望于同质性人群的共同行动方式。这是不是宣布了人们关于过往合作的经验是一种假象呢？其实，在我们对互助与合作进行区分的时候，就已经对这一问题做出了回答。过往的经验是真实的，只不过那不是我们所要建构的合作，那只是关于一种低级形态的合作——互助的经验。同样，工业社会所建立起来的契约型信任在低度复杂性和低度不确定性条件下的共同行动中显示出了适应性，甚至可以说它能够满足这一条件下的共同行动的要求。但是，在高度复杂性和高度不确定性条件下，契约型信任相对于共同行动的适应性将会完全丧失，从而要求我们必须去主动地发现和自觉地建构合作型信任，以便为高度复杂性和高度不确定性条件下的合作行动提供支持。

三、人的共生共在

在人与自然的关系中，如果我们不计较于细微的事件，而是从总体上看，就会发现，自然的方面是确定的，或者说，作为人的认识和征服对象的自然是相对确定的，而人的方面却是不确定的。当人以自我的形式出现时，"由于它是有意识的因此是不确定的，以及由于它是不确定的因此是有意识的，自我被与世界、首先与被环绕于其上的自然世界分离开来。在面对自然中的每一与人类的利益并不相容以及与按照人类的比例无法估量的事物时，这种分离的道德标志都是手足无措。"① 因而，人针对自然所采取的一切行动都不再包含道德的内涵，甚至根本就没有道德意识。面对自然，人的意志仅仅表现为征服和破坏，日积月累地征服和破坏，直至突破自然包容能力的极限。当人们发现自然采取了对人的报复行动时，频发的危机事件就无情地加之于人了。这种状态的出现，其实是人的意识的不确定性投注到了自然之中，然后，又反过来回报于人的，以一种客观的不确定性的形式回报了人。

虽然我们今天依然拥有一个客观自然，而且这种客观自然也是我们生存的前提，我们也必须不断地调整我们自己与客观自然的关系，应对客观自然的压力，但我们需要看到的是，这一客观自然在何种意义上还是自在的自然？却是很难做出明确回答的。在某种意义上，人类所面对的客观自然已经深深地打上了人的活动的印记，已经不再是自在的自然，而是卢卡奇所说的"物化自然"或"第二自然"。当我们说环境污染、地球变暖以及各种各样的自然灾害是自然界对人的报复时，实际上是存在着理解上的偏差的。由于自在自然的消失，我们的遭遇只能视为人类自己行为的后果，而不是自然对我们实施的报复。一旦认识到这一点，社会生活和实践的重心也就明确了，那就是不应在对自然的进一步改造中去使之适应于人类，而是需要首先从人的行为入手，即尽可能减少人的行为对自然的干预，尽可能使客观自然重新获得更多的自在自然的属性。

应当说，人们在这一点上已经取得了基本共识。但是，由于人们在工业社会中已经形成了根深蒂固的自我中心主义和利己主义的行为取向，妨碍了人们为了解决人类共同面对的问题去采取合作行动。所以，当前摆在我们面前的最为迫切的问题就是要去解决如何让人们愿意合作和谋求合作的问题。就人类生存所面临的各种各样的压力来看，我们已经没有时间也没有理由再对合作表示怀疑了。因此，我们一再地申述，在全球化、后工业化进程中，社会的高度复杂性和高度不确定性决定了我们应当谋求的是人的普遍性合

---

① ［美］罗伯托·曼戈拉·昂格尔：《知识与政治》，支振峰译，中国政法大学出版社 2009 年版，第 291 页。

作，也就是说，我们应当构想一种合作的社会。在这个社会中，人们将会通过合作行动去处理一切问题。

如果去思考如何走向合作社会的问题，又会把我们的视线拉回到合作的具体性问题上来。我们认为，全球化、后工业化进程中的人的差异扩大化本身就包含着变革的力量。我们看到，工业社会的协作本身也是建立在差异互补的前提下的，或者说，是基于差异互补的愿望而做出的分工—协作安排。但是，以协作形式出现的差异互补只能停留在形式上，基本上是无法深入到实质层面的。甚至可以说，在整个工业社会中，除了少量熟人间的低层次合作——互助之外，凡是反映了工具理性的合作——协作，都只属于形式意义上的合作。当差异互补不仅停留在形式的层面而且也扩展到或深入到实质的层面时，就会显示出协作模式无法容纳的状况。这时，人们间的协同行动就需要在合作的意义上去加以理解了。对于这种情况，人们往往用异质互补来加以概括。所谓"同质"、"异质"等都是表征着工业社会思维方式的概念。对于后工业社会的合作形态而言，合作行动者以及合作行动的环境都是多样性的，合作行动完全取决于需要和条件，特别是合作目的上的具体性，决定了它并不限于异质互补这样一种形式。

在整个工业社会中，行动体系中的分工——协作往往在边界上是相对明晰和稳定的。相应地，存在着利益的排他性问题，进而，也就必然会倾向于造成系统的相对封闭性。这些问题都决定了人的角色扮演是相对稳定地在某个特定系统中进行的。人的每一次进出协作系统（群体）的流动，都可能意味着用希望代替了风险，甚至会不可避免地受到某些损失。可能是直接的利益损失，也可能是人际关系资源的损失，还有可能在诸如组织忠诚等方面受到质疑。因而，人在选择进出某一群体时不得不变得非常慎重，即使其能力和才华在既定的群体中无法得到展示，也会因为顾虑各个方面的损失而不愿意在不同的系统间流动。在社会治理体系中，这一点会表现得更为突出。一旦进入了政府，再要选择"下海经商"，那是需要很大的勇气的，除非在做公务员的时候已经利用权力做了诸多铺垫，"下海经商"只不过是一种去享用腐败成果的合法形式。如果说一个公务员在没有利用他手中掌握的权力去作出充分的铺垫而选择下海经商，那是不可思议的，最大可能就是为了躲避一项牢狱之灾。

　　一般说来，每一个从事社会治理活动的人都会渴望在其系统内部得到向上流动的机会，而这种向上的流动又取决于绩效和能力，而取得良好绩效和拥有较高业务能力的捷径往往是学习。所以，在社会治理的行动体系中，行动者对优秀的角色扮演会落实在对知识的学习上。但是，社会治理系统中的人的向上流动又在很大程度上取决于更高权力执掌者对其绩效成果和能力的认可，以至于使旨在提高能力的知识学习热情受到削弱。这就是系统的封闭性所带来的后果。具体地说，当人在系统中向上流动的希望遭遇挫折的时候，就会有着向系统外流动的要求。而系统的封闭性则使他向系统外流动时遭受各种各样的损失，特别是在经过了评估而发现所遭受的损失是自己所无法承受的时候，就会放弃向系统外的流动。而在系统中，也不愿意去通过知识学习的方式去提高自己的能力，甚至在一切行动中都抛弃他所有的主动性和积极性，在共同行动的意义上，更不会去谋求与他人的合作。这就是工业社会系统的封闭性所带来的消极效应，在合作的社会中，随着一切系统的开放性特征的获得，这些问题就不会再产生。

　　知识在任何时候都决定了个体的人的能力，也许在某些人那里并不如此，但那只能说是例外。总体说来，在人获得了知识的同时也就获得了相应的能力。对于合作行动者来说，人的能力状况显然对合作关系的确立和合作行动的顺畅展开有着重要影响。但是，如果我们不是直接地去表达人在合作行动中的表现，而是在理论上把合作行动拆解成合作与行动两个层面，就可以看到，在"行动"的意义上，对知识以及由知识所带来的人的能力应当给予更高的评价。实际上，人的知识和能力状况不仅决定了人在行动中的表现，而且也决定了他与其他共同行动的人的关系。但从"合作"的意义上去看，行动者的合作意愿可能要比知识和能力更为重要。也就是说，行动者对合作所持的和在合作行动中表现出来的积极合作态度，要比他所拥有的知识和能力更为重要。即使你拥有了对于承担任务至关重要的知识、能力和专业技能，如果你对合作所采取的是消极态度，也不会在合作行动中使这些知识、能力和专业技能发挥出来，更不会使合作关系优化。

　　我们需要明确的是，合作者的能力并不是物理学中的能量概念可以表达的，事实上，对于以人为行动者的合作而言，是不能用能量的概念来审视或评估合作者以及合作行动中的任何一个要素的。因为人是能够学习的，是能够拥有学习能力和能够通过学习来改变自身的，所以，人的合作能力会处于变化之中，会在人的学习中得到提高，会在合作行动的经验获得中得到改善。所有这些，都与物理学意义上的能量概念之间存在着根本性的不同。一旦我们认识到这一点，或者说，考虑到了合作者的学习和合作经验可以助益于他的合作行动，也就能够理解为什么在我们去构想合作时并不对合作者的初始能力给予更多的关注。因为，合作本身就是合作者获取和提升合作能力的基本途径。

社会的复杂性是需要用合作者的多样性来填充的。在某个领域或某个项目中，合作者的能力可能会显得较弱。然而，在另一个领域或项目中，这个合作者可能会显现出很强的能力。在协作的社会中之所以没有使协作者的能力显现出这种特征，那是由协作体系的相对封闭性所决定的。在相对封闭的协作系统中，协作者的能力差异往往会变得非常明显。我们看到，20 世纪的管理学的研究已经揭示了这一点，即使运用灵活的协作系统策略去努力让协作系统中的每一位协作者都能有所作为，也无法使那些由协作者的能力差异带来的各种问题从根本上得到解决。相对封闭的协作系统往往对最为优秀的和最不优秀的人做出制度化的排除，能力强的人必须受到一定的压制。就像一架机器，不允许一个部件用特别优质的材料做成，也不愿意把不合格的部件组装到机器上。在这方面，官僚制做出了一系列详尽的规定。

合作系统是具有充分开放性的系统，合作者的能力问题也会因为合作系统的开放性而表现为一个是否适应的问题，而不是能力强弱的问题。一旦合作者的能力不显性为强弱而仅显性为适应性的问题，那么，合作系统的开放性也就决定了合作者可以自由地去选择他的能力所适应的领域和项目。所以，合作者的能力问题并不是合作所应优先关注的问题。尽管合作能力对于高度复杂性和高度不确定性条件下的共同行动至关重要，然而，合作者是否有着合作的意愿则显得更为重要。进一步说，合作者的合作意愿是否包含着为了人的共生共在的内容，对合作行动的性质有着决定性的作用。

合作行动由于更加集中在了共同解决问题的关注点上，因而会表现出非连续性的特征。但是，这种行为层面上的非连续性会在更大的范围内展现出超强的时间序列上的连续性。因为，每一社会问题的出现都不是孤立的，都可以在社会运行中被定位在某个因果线索中。尽管我们不接受工业社会认识论的因果观，但我们仍然对高度复杂性和高度不确定性条件下的社会问题持有时间序列的因果关系认识。在此情况下，虽然合作行为的关注点是放在直接地解决已经出现的社会问题上的，但合作行为赖以发生的制度框架却是深植于合作社会的。这个社会是总体性程度较高的社会，这个社会的总体性赋予合作行为在时间序列上的内在的连续性。这就要求，合作理性需要转化为合作习惯。因为，合作的行为模式需要得到合作习惯的支持，而且合作习惯能够为合作行动提供强有力的支持。

在实践中，互助、协作、合作的确有着相互渗透的表现。但从系统的意义上去看这个问题，我们也必须承认是什么因素决定了系统的特性。比如，我们说在农业社会的历史阶段人们的共同行动中所包含的主要是互助的内容，这是否意味着完全没有协作甚至合作的内容呢？不是的。但是，协作以及合作在农业社会中仅仅具有量的意义，对这个社会是没有决定性影响的。同样，协作系统也并不可能因为时时处处都体现了工具理性的原则而将互助和合作的内容完全清除。我们在互助、协作和合作之间所做出的区分，是与农业社会、工业社会和后工业社会的划分相一致的，无论是在对历史性质的确认中，还是在对认识方法的选择上，我们都将互助、协作和合作与人类历史的这三个阶段对应起来。所以，我们认为全球化、后工业化所指向的是人类历史上的一个合作社会的到来。

全球化、后工业化最先呈现给我们的是一个网络时代的出现，让我们看到了网络既是多样性的空间也是造就多样性的场所。因为，网络已经充分消解了任何线性模式，在任何角度和任何层面上，处在网络中的各要素都是互动的，而不是从一个方向向另一个方向的运动。所以，一切事物都不可能仅有面向某个方向的有限几种可能性，而是在网络结构中获得了运动方向的无限可能性。这样一来，它提供给我们的就是一幅包含着多样性的构图。所以，在具体的行动中，互助、协作、合作可能是并存的。需要指出，当我们谈论多样性、差异等问题时，极易引发一种静态的多样性、差异等理解。尽管我们在观念中可以拥有这种静态的多样性、差异等概念，但在高度复杂性和高度不确定性条件下，却很难得到现实的支持。所以，我们在谈论多样性、差异时，需要在动态的意义上去加以理解，即形成动态的多样性、差异意识。在合作的社会中，互助、协作和合作的并存，也是多样性、差异的概念中应当包含的内涵。

总之，全球化、后工业化已经把我们引入了一个变革的时代。在这个变革的时代中，正如哈拉尔所看到的，"在最近的服务社会里，社会责任感体现了经济制度已经成熟到社会福利变成了应尽的义务的程度——但仍然与经济效益无关。然而，现在由于知识社会的到来，社会契约已经成熟，因为它是职能性的。经济发展正在越过一条临界线，因为复杂的巧增长领域的开发和经验丰富的公众的要求现在使这种重要的新利益成为管理取得成功所必不可少的。"① 如果说全球化、后工业化将把我们引入一个合作社会中的话，那么，我们将看到，在合作社会中，技术理性与价值理性、形式合理性与实质合理性的理论区分必须让位于总体性理解现实的"实践合理性"。在"实践合理性"的视角中，形式合理性与实质合理性是统一的，现实世界中的各个领域、部门、机构中所发生的行动都具有完整的现实感。这样一来，合作行动将从现实的系统性整体出发，并创造性地贯彻总体性的原则，在目标体系中努力发现各要素之间的联系，在某一目标实现的过程中也同时去促进其他目标实现的可能性的增强。历史条件和科学技术进步将为这种行动及其"实践合理性"提供支持，其中，最为关键的还是总体性观念的确立。

在合作社会中，人们是相互承认的，在相互承认中开展合作行动，也通过合作行动去证明人们之间的相互承认。而且，一切承认都将表现为直接地对人的承认，是因为人的才智和对社会以及群体的贡献而赢得了承认。事实上，在合作社会中，社会的开放性和流动性决定了人不可能与某种稳定的社会地位联系在一起。所谓"社会地位"，将成为一个失去了意义的词语。因而，也就不再会出现因为人的社会地位而对人的承认，更不会仅仅承认人的社会地位。如果对人的承认取决于人的社会地位，或者取决于人掌握了、应用了权力的话，那只能被视为一种异化了的承认。

更为重要的是，合作社会中的合作体系将在利益上作出非排他性的安排，每一个行动体系在边界上都具有充分的开放性。正是因为开放性，决定了合作行动体系能够始终做到位得其人和人适其位。在合作社会中，每一个人都能够找到其能力和才华得以施展的群体，并在合作行动中证明自己和实

---

① ［美］W. E. 哈拉尔：《新资本主义》，冯韵文等译，社会科学文献出版社1999年版，第262页。

现自我。在合作行动过程中，人们之间既是相互信任的也是相互承认的，或者说，因相互承认而变得相互信任。在承认他人中表达了对他人的尊重，也在尊重他人中实现了自尊。其实，在合作行动中，自尊也是合作的前提，正如罗尔斯所言，"那些尊重自己的人更易于尊重别人，反之亦然。自轻自贱导致别人的轻蔑，像嫉妒一样威胁着他们的利益。自尊是互惠的自我支持。"① 一个人只有自尊，才会理解他人和尊重他人，才会在合作行动之中表现出一种积极的心态，才会为了合作行动目标的实现而包容他人。这样一来，我们就获得了一幅为了人的共生共在而开展合作行动的图景。

① ［美］约翰·罗尔斯：《正义论》,何怀宏等译, 中国社会科学出版社 1988 年版, 第 171 页。

第　六　章

行动的出发点与目标

　　近代以来，在人的自利设定中，道德因素被从人身上剥离了，使人成为理性经济人，人的社会生活和活动也都被简化为利益追求，而社会建构的目标也无非是为了人的这一追求提供得以实现的路径和保障。在社会呈现出高度复杂性和高度不确定性的特征后，这一社会建构逻辑中所存在的问题暴露了出来，以至于我们必须去重新审视人。这样一来，我们发现，在人与社会的关系方面，社会并不是独立于人之外的存在，人也不是存在于社会之中的，社会反而是存在于人的生活和活动之中的，人通过行动而建构了社会和诠释了社会。在高度复杂性和高度不确定性条件下，人正是在合作行动中去实现社会建构的，社会则以一种不定型的形式存在于人的合作行动之中。也就是说，人的合作行动是为了人的共生共在的行动，是真正能够实现社会正义目标的行动。长期以来，人类一直在追求社会正义，迄今为止也一直未达成正义的目的，反而时常遭受着严重的正义问题的困扰。一旦为了人的共生共在而去开展合作行动，也就能够在逼近人的共生共在的目标的过程中真正地实现正义了。

第一节　合作行动的出发点

一、从人出发正在成为历史

　　社会处在永不停息的变动之中，因而，"哲学不能指望去建构一种普世的与永恒的真理，一种关于那种应该被共享的价值或者支配的含义之内容的普世的与永恒的真理。它所能够指望的，只能是去确定社群与自治可能会被获致，以及人性可被更为充分地发展与了解的方式，尽管这全部的观念其本身都必须基于理论与政治的辩证法而演化出来。"① 所以，关于社会治理方式的探寻必须从时代的要求出发，必须基于地域以及对象的具体性而做出行为方式和路径的选择。虽然人类社会中包含着某些普遍性的因素，也会以现实的一般而呈现出来，但更多的时候，普遍性是抽象的产品，或者说是一些抽象的存在，落实到社会治理的实践中，就会因实践的具体性而无法使普遍性得到印证。

也许在人的观念中，普世的真理或普世的价值是必要的，那是因为人有信仰的需求。而在社会治理的实践中，如果从所谓的普世真理或普世价值出发的话，就会引发轻视现实的后果。更何况这些普世性的东西只是抽象的，更多的时候还主要是一些臆造。社会治理的实践是现实地展开着的行动，需要时时关注的是行动的环境、条件、目标、任务以及可资利用的资源，并根据这些方面去获得优选方案。简言之，行动是要解决问题的，而不是必然要恪守某些普世性的原则。事实上，当人类走进了工业社会后，农业社会的治理方式就被抛弃了，从而建立起了与工业社会相适应的治理方式。同样，在全球化、后工业化进程中，人类在工业社会这个历史阶段中所建构起来的治理方式已经显现出了不适应的问题，它表明人类必须去探索能够适应这一社会发展现实要求的新的治理方式。思考这个问题，全球化、后工业化进程中所呈现出来的高度复杂性和高度不确定性也就成了面向未来的社会治理方式探寻的基本依据。也就是说，我们需要根据社会的高度复杂性和高度不确定性状况去探寻新的社会治理方式。显而易见，社会的高度复杂性和高度不确定性所施予人的压力却出奇地把人的命运紧密地联系在了一起，人再也不可能独自生存，而是需要把自己的生存寄托于他人同样能够生存下去的前提下。这就是人的共生共在。为了实现人的共生共在，我们就必须对人类既有的社会治理进行根本性的改造，即建构起合作治理。

---

① ［美］罗伯托·曼戈拉·昂格尔：《知识与政治》，支振峰译，中国政法大学出版社 2009 年版，第 352—353 页。

　　工业社会所建构起来的社会治理模式存在着道德缺失的问题，或者说，工业社会的社会治理所依据的是外在于人的规则，根本不需要人的道德去为社会治理提供支持。这是与整个工业社会的基本特征相一致的。许多西方学者都感叹道：现代性存在着道德光谱的缺失。对此，福柯表达了与大多数学者相同的感叹，"有某事深深地与我们的现代性相联系：即除了宗教道德之外，西方可能只知道古代和现代这两种形式的伦理。古代伦理（以斯多葛主义和伊壁鸠鲁主义为形式），与世界秩序相连接，并且通过揭示该秩序的法则，它就能从中推演出智慧原则或城邦概念：甚至18世纪的政治学思想也仍属于这个一般形式；相反，就整个命令处于思想及其为重新领悟非思想而进行的运动内部而言，现代伦理并没有表述一种道德；正是反思，正是意识，正是对沉默的澄清，向沉默者恢复言语，阐明这部分使人隐藏自己的阴影，正是对惰性的激活，正是所有这些，并且只是这些构成了伦理学的内容和形式。说实在的，现代思想从未能提出一种道德：但其理由并不是因为现代思想是一种纯粹的思辨；完全相反，现代思想，一开始并且就其深度而言，就是某种行动方式。让那些促使思想摆脱其退隐并表述其选择的人们讲话；让那些在任何指望以外并且在缺乏德性的情况下想构建一种道德的人们去做吧。对现代思想来说，并不存在可能的道德；因为自19世纪以来，现代思想的整个特有的存在都已经'走出'自身了，它不再是一种理论了；现代思想一进行思考，就开始损伤与和解，接近或疏远，进行断离，进行分离，进行联结和解除联结；它只能解放和屈从。"①

　　现代社会的建构是从人出发的，这一点与农业社会完全不同。在现代化的进程中，在把神驱逐了出去之后，人浮出了水面。而在人从神的阴影中走出来的时候，道德却被从人身上剥离了出去，社会及其治理都依据规则而行，而且走上了科学化的道路。人有无道德，对于现代社会并不重要。相反，人被认为是自私自利的，人的一切行为都无非是追逐个人利益的行为。至少，根源于自由主义的各种理论都是这样告诉我们的。可以认为，在从农业社会向工业社会转变过程中所发生的革命意味着人的解放，或者说，在掀

───────────────

　　① ［法］米歇尔·福柯：《词与物——人文科学考古学》，莫伟民译，上海三联书店2001年版，第427页。

起革命的原初愿望中也许是为了将人从神的笼罩下解放出来，是要让人成为独立自主的人。表面看来，近代早期的那场革命也似乎达成了它的目的，而在实际上，却把人置于另一种形式的压迫之下了。而且，在近代早期的革命甫一结束之时，人们就发现了这一点。我们在马克思的著作中就看到了对人的异化的揭示以及对压迫人的一切社会设置的批判。而且，马克思也将这场革命定性为"政治解放"而不是"人的解放"。在19世纪开始的社会建构运动中，包括马克思在内的批判家们的意见并没有得到接受，反而使压迫人的手段和形式都行进在多样化的道路上。其中，社会建构的科学化、技术化以及在合法性追求中所做出的各种各样的安排，造成了人与道德相分离的结果，并不断地使这种分离扩大距离。

在把人所拥有的诸如道德等因素剥离了出去之后，在实现了对人的抽象而使人成为一个模糊的概念之后，从人出发而建构起了契约秩序。从而使人重新归于屈从，只能在规则所确立的框架下开展行动。在这样一个社会中，基于契约假设的全部规则都发挥着规范功能，或者，被认为在社会生活的一切方面都能够对人的每一个行为进行不偏不倚的规范。因而，排斥了道德，或者说不再需要道德去规范人的行为了。如果说还存在着现代伦理学的话，也只是服务于阐释政治原则和政治理念的需要。一旦付诸行动，科学与法律的"手"就能把一切都搞定。事实上，整幅现代性的图景也都证实了这一点。

审视我们既已拥有的这个社会及其治理方式，可以看到，它是通过分析性思维的应用而建构起来的，而分析性思维的社会建构逻辑则是以人为起点的，是从人出发的。如果说近代早期的启蒙思想家们仅仅设定了拥有权利的人的话，那么，在随后的理论发展中，还原论的追溯则赋予了人以自利的本性，把人型塑成了利益追求者。这样一来，人的概念变得有了更加实在的内容，社会治理的建构也因此而有了"抓手"。其实，通过分析性思维而实现的人的概念的实在化所反映出的是同一性追求的特征。也就是说，分析性思维是要透过一切事物纷繁复杂的表象而去发现同一性的存在，即通过抽象的方式去把握同一性。在世间的一切事物中，人是最为复杂的，当莱布尼茨宣布世上没有完全相同的两片树叶时，所想到的就是人与人的不同，每一个人都是不同于他人的存在物。但是，在分析性思维对同一性的追寻中，所要实现的却是对表象背后那个被隐藏的部分的发掘，而且也确实在对人的所谓本性的发现中找到了人的自利本性。

对近代以来的社会及其治理方式的把握需要在思维方式的层面上去寻找答案。显然，社会建构中肯定包含着某种思维方式。我们看到，近代以来的全部社会建构活动都是借助于分析性思维而成为现实的。事实上，在整个工业社会的历史阶段中，分析性思维一直贯穿于人的社会生活和活动之中，也是几乎一切思想叙述的主线或基轴。工业社会是基于分析性思维建构起来的，反过来，这个社会的一切合理性证明也都可以通过分析性思维的运用而达成目的。分析性思维能够反过来对基于它而建构的社会做出一切证明，而且能够对社会运行的每一个环节和社会构成的每一个层面都进行合理性审查，并根据审查的结果再根据分析性思维的逻辑去提出进一步的社会治理方案。而且，也能够在实践中取得预期效果，即获得了实践的证明。

不过，如果对此进行反思的话，就会清晰地看到，基于分析性思维的科学只是在视线所及的地方和允许分析的地方才是科学的，法律所面对的和准备加以规范的只能是一个相对稳定的和确定的对象。当人类社会进入高度复杂性和高度不确定性状态时，分析性思维赖以发挥作用的所有这些条件都消失了。同样是行动，仅仅依靠科学和法律，却因条件的变化而变得不再可能，而是需要求助于道德，甚至需要更多地倚重于道德。在古今的比较中，或者说在福柯对现代性的描述中，我们可以看到，分析性思维地地道道地就是一种消解道德而不是提出道德的思维方式。当我们认定高度复杂性和高度不确定性条件下的行动需要道德、倚重道德时，不仅不能求助于分析性思维，反而要扬弃这种思维，并重建一种思维方式——相似性思维。有了相似性思维，我们就能够直观地把握世界，就能够在表象之间发现一切人以及一切事物之间的联系，就不需要为社会及其治理的建构寻找一个终极性的出发点。那样的话，关于人的本性、人应当拥有的权利等一切形而上学主张都将不再需要。相反，有着现实意义的将是人的存在形态，即人如何在他人的存在中发现自身存在的可能性。所以，相似性思维将把我们引向对人的共生共在的关注，并基于人的共生共在去开展行动，而不是把什么样的人作为社会及其治理建构的出发点。

在人类认识史上的特定阶段，在工业社会的生产和生活模式所制造出的所有需求中，人的发现是具有科学价值的，特别是发现了人的自私自利的本性，不仅为社会的发展找到了源源不断的活力，也使社会治理体系的所有设置的建构都有了充分依据，而且，从此出发也建构起了整个工业社会。亦如采矿和发掘化石能源的需要一样，在对人的分析中所找到的终极性因素对于社会及其治理方式的建构有着重要意义，所造就的也就是我们既已拥有的这个社会及其治理体系。就我们的社会及其治理体系依然能够运行而言，证明了分析性思维在工业社会这个历史阶段中取得了巨大成功，或者说，取得了辉煌成就。我们往往说科学是撬动历史的杠杆，而科学之所以被认为是科学的，在工业社会这个历史阶段中，或者说在这个社会背景下，是因为科学拥有了分析性思维。因为有了分析性思维，我们的认识和征服自然的行动才走在了科学的路径上，而我们的社会建构以及绝大多数社会行动也都可以在科学的名义下进行。

总的说来，科学无非是因为有了分析性思维而成为科学，至少，分析性思维是工业社会的科学研究最为倚重的手段和方法。包含着和利用了分析性思维的科学，帮助我们开采和开发了所有我们曾经使用的和正在使用的能源和资源。这些能源和资源不仅是存在于自然中的，而且也是社会的。正是分析性思维，帮助我们开发了诸如资本、人力资源等存在于社会中的能源和资源。然而，随着待发掘和待开采的一切都基本得到了认识之后，也许人们将会放弃对同一性的追求，而且这应当被视为合理的。正如对风能、光能的利用显然不需要化石能源的勘探技术一样，在社会生活中，在高度复杂性和高度不确定性的条件下开展行动，也同样不再需要对同一性的探求。对于高度复杂性和高度不确定性条件下的表象世界而言，不仅同一性的探求往往会沦为无用功，而且行动的迫切性也决定了那是不可能的。特别是在对人的认识方面，无论是归结为抽象的、模糊的人权，还是归结为实实在在的利益追求，都会因为工业社会这个历史阶段得到超越而丧失合理性。

在某种意义上，我们看到，关于人是自私自利的存在物的设定也是与启蒙思想不相一致的。在启蒙时期，卢梭对人的社会性存在所进行的思考是：人天生就有对与自己息息相通的同类人的"同情感"。这是人的"天性"，也就是人的"良心"。人之所以把自己看作同别人一样的存在物，会有着希望别人不受痛苦的愿望，是因为人出于"同情感"、出于"良心"、出于人的"天性本身"等而生成的心理意愿。这种同情感、良心、天性是道德行为得以发生的基础和根据。卢梭说："在我们的灵魂深处生来就有一种正义和道德的原则；尽管我们有自己的准则，但我们在判断我们和他人的行为是好或是坏的时候，都要以这个原则为依据，所以我把这个原则称为良心。"①卢梭呼唤道："良心呀！良心！你是圣洁的本能，永不消逝的天国的声音。……是你在不差不错判断善恶，使人同上帝相似！"②

但是，在工业社会的行进中，这个上帝死了，无论是科学知识、制度安排还是社会治理实践，都是建立在人的自利追求的前提下的。由于假设人是自私自利的，因而，往往通过诱导人的自利追求而去为社会发展增添活力。同时，为了防止人的自私自利追求产生不利于社会的后果，也通过制度安排和社会治理的规则去规范和控制人的自利追求，却不愿意去让人自身本已存在的良心以及其他道德因素发挥作用。这样一来，彻底地把人的良心从人体中驱逐了出去。即便是正义问题的研究和探讨，也把注意力集中在了人的利益实现方面的公平、公正之上，在这样一个角度或层面上去考虑各种各样的利益分配或平衡方案。总之，一切社会安排和社会治理行动都围绕着人的利益实现去思考问题，而人的自利性则作为一个公认的假设而成为一切研究和行动的默认前提而存在，从来也没有人去对它表达疑问。或者说，从来也不准许人去对它表达疑问。

其实，关于人的思考本身就会引发诸种悖论。比如，当我们关注个人的时候，就会遇到这样一些问题：人与他人、人与社会的关系是怎样的？人是独立于社会的还是依赖于社会、从属于社会或在社会中有着自己的自由存在方式？人应当从社会中得到什么和付出什么？人怎样才能在社会中实现自我？所有这些问题，都可能包含着两种完全相反的答案。也正是这样，才会一直陷入无尽的争论之中，各种主张互不相让，甚至一些为了方便实践的折中方案也会再度引发无休止的争论。当我们把视线移向人的共生共在时，应当说也会包含着所有这些问题，但已显得不是那么重要，甚至为了这些问题而开展的争论也都显得迂腐。

人的共生共在是作为一个新的思考重心而出现的。尽管在历史上也有这

---

① 周辅成编：《西方伦理学名著选辑》下卷，商务印书馆 1987 年版，第 143—144 页。
② 周辅成编：《西方伦理学名著选辑》下卷，商务印书馆 1987 年版，第 146—147 页。

种主张，但若不是迫于高度复杂性和高度不确定性的压力而做出思考，而是试图在人与他人、人与社会的争论中提出纯反思性的意见，即作为一种"中庸"主张提出人的共生共在，那只能说是一种学者的矫作。也就是说，人的共生共在的问题并不是在关于人与社会关系的争论中提出的一个折中方案，而是基于现实的压力提出的。当我们置身于全球化、后工业化进程中，当我们面对全球风险和深深地感受到了频发的危机事件加予我们的困扰时，人的共生共在就是不得不接受的命运。一旦我们接受了人的共生共在这一无可选择的现实要求，就使得一切基于个体的人的所有发问都显得无比矫情。

福柯认为，现代哲学包含着"构建一种关于生命、劳动和语言之形而上学的永久愿望。但是，这些仅仅是愿望而已，立即遭受来自内部的异议并且似乎受到了损害，因为重要的只能是被人的限定性所衡量的形而上学：会聚到人身上的生命之形而上学，即使生命并不在人那里停顿；把人解放出来的人之形而上学，人反过来又能把自身从劳动中解放出来；人在他自己的文化的意识中能重新占有语言之形而上学。因此，现代思想在自己的形而上学之前哨提出异议，并表明对生命、劳动和语言的反思，就其具有作为限定性分析的价值而言，显现了形而上学的终结：生命哲学把形而上学揭示为幻想之幕，劳动哲学把形而上学揭示为异己的思想和观念学，语言哲学把形而上学揭示为文化插曲"。① 可见，正是在现代哲学中成长起了否定它的力量，使形而上学在有限与无限之间的一切构思都变得非常可疑。

在人的规定性中，生命、劳动和语言的限定性最终限制了思维的展开，或者说，使人的思维走上了只知通过分析的方式去发现同一性和普遍性的道路。结果，虽然找到了生命、劳动和语言去定义人，而人却是抽象的存在。在重新对生命、劳动和语言进行反思时，让我们看到，生命、劳动和语言都需要在人的合作行动中才有意义，才能展现出其全部价值。这样一来，我们的视线就会因为合作行动的要求而被引向具体性和表象的方面，同一性和普遍性反而变成了幻象和显现为一种异己的力量。在这种情况下，即使给同一性和普遍性的追求以肯定，也只能把它看作是只有在人类历史的一个特定阶

---

① ［法］米歇尔·福柯：《词与物——人文科学考古学》，莫伟民译，上海三联书店 2001 年版，第413 页。

段中才是具有合理性的，是一种正在渐行渐远的"文化插曲"。

结合 20 世纪后期以来的社会现实来看，现代思维，特别是基于现代思维的社会建构，正在显示出这样一种状况：限定性直指人的生命存在和劳动，那不仅仅是幻相和异化，而是构成了对人的存在的压力，使人丧失存在的可能性。明确地说，就是由形而上学的语言构成的世界正在用风险和危机事件否定着人的存在。不过，与此同时，由信息技术开拓出的交往空间正在终结形而上学的时代，而且，正在用具体性和虚拟性混合而成的涂料一层又一层地涂抹到了人的交往关系上来。这种状况表明：一方面，是限定性的膨胀；另一方面，又是对限定性的超越和扬弃。限定性的膨胀意味着人不仅受到劳动和语言的限定，而且受到人的共生共在的限定。对限定性的超越则意味着人主要受到人的共生共在的限定，至于其他的限定性，诸如劳动和语言，都从属和服务于人的共生共在。当人超越了加予他身上的各种各样的限定性时，也就转变为了合作行动者。合作行动就是人的生命，而且是人的共生共在的生命。

二、人与社会的关系

虽然对人的共生共在的思考要求超越人与社会的关系，或者说，不应围于人与社会的关系而去对人的共生共在的主题做出论证，更不应从人与社会的关系中去寻找人的共生共在得以实现的社会改造方案。但是，人与社会的关系问题长期以来一直是哲学和社会科学的中心议题，我们不能完全回避这个问题，而是需要对这个问题给出我们的意见。

在人与社会关系问题上，包含着两个基本概念，那就是"人"与"社会"，或者说，这两个概念构成了人与社会关系的两个极点。即使把这两个极点拆分开来，也都是极其复杂的概念。我们看到，作为一个概念的"人"是整个人文科学的中心议题，近代以来的全部社会建构也都是从人出发的，而且，社会治理的终极目标就是保障人的权利和促进人的发展。但是，现代性消融了人，随着人的存在成为可以分析的对象，真实的人便被从思想界以及学者的头脑中驱逐了出去。"人很久以来就已经消失了并且不停地在消失，并且我们的关于人的现代思想，我们对人的关切，我们的人道主义，仍在人的轰轰响的非存在上安静地高枕无忧。我们相信我们自身受到一种只属于我们并通过认识而向我们敞开世界真理的有限性的束缚，难道我们不应该想起我们是附在一只老虎的背上的吗？"①

在人消失之后，社会兴起了。其实，在科学研究中，人已经是被作为一个默认的前提而存在了。社会科学研究在默认了人的前提后，似乎告诉我们，获得真理是非常简便和非常容易的事情。每一篇学术论文，都宣称获得了某一个方面或某一个层次的真理。依据这些真理，社会建构工程又不停歇地进行，并被认为每一个细节的调整都是一项了不起的进步。可是，人在多大程度上真正受益于这些真理的发现以及社会建构的行动呢？这难道不是一个值得表达疑问的问题吗？当我们在人类社会的发展中去看人的时候，就会发现，自20世纪后期开始，社会每前进一步，都意味着更多的风险、更大的不确定性。在这种情况下，我们怎么能仅仅满足于更多真理的发现以及社会建构方面的日新月异呢？一个压制了人甚至失去了人的世界，如何能证明它对人的存在和发展是有益的？

人是现实地存在着的，人也是从一个遥远的历史起点发展而来的。在社会发展的维度上，人是历时态的，但人的存在又是现时态的。不过，我们实际上并没有浓烈的兴趣去关注人的历时态状况。之所以我们研究历史，是从属于对人的现时态的理解和把握之需要，甚至是出于解开现时态中的人的许多死结的需要。特别是在关于人的历时态方面所达成的共识，可以以共享知识的形式出现，并有利于人们之间的沟通和交流，使人们在人的现时态中达成共同行动。所以，无论是人文科学还是社会科学的几乎所有理论都表现出对人的来源和历史的关注。"自从《精神现象学》以来，现代思想不停地加以描述的来源，截然不同于古典时代所想要加以重构的那个理想的发生；但这个起源也不同于（尽管依据一种基本的相关性，它是相关于）那个在一种回溯既往的彼岸中，通过存在物的历史性而显露出来的来源。远非回到或仅仅指向同一性之真实的或潜在的顶峰，远非表明异的散布尚未在其中起作用的同之瞬间，人之中的来源，就是一开始使人与人自身以外的东西相联结；正是这个联结的实施者在人的经验中引入了比人要古老得多但人所不能

① ［法］米歇尔·福柯：《词与物——人文科学考古学》，莫伟民译，上海三联书店2001年版，第419页。

加以控制的内容和形式；正是这个实施者，在把人与多重的、相互交织和通常相互不可还原的年代学联系起来时，才把人分散在时间中并使人布满于事物的绵延中间。"① 不是那个人以实践创造的历史，而是那个人在思想中再造的历史，不仅没有给予人们更多的共识，不仅没有在人的知识体系中使那些可以共享的部分增强，反而把人导向了无休无止的争论之中，以至于在人的存在和行动中，都凭空制造了矛盾和冲突，使那个最为重要的主题——人的共生共在——受到了忽视。

事实上，在既有的知识体系中，在几乎所有的理论背后，以及既有的各种各样的观念中，都毫无疑问地表明，"在人身上，来源并不宣告其诞生的时间，也不宣称其经验最古老的核心：来源使人与并不具有与人相同时间的一切联系起来了；来源释放了人身上所有不与人同时代的一切；来源不停地并且在始终更新的扩散中表明事物已开始在人之前，并且由于这个原因，由于人的经验完全是由这些事物构建的和受其限制的，所以，没有人能归于人一个起源。"② 与其说在历史上的某个点上去发现人的起源，还不如在当下的现实中去认识人的存在，并基于人的现实存在去寻求人的共生共在的可能性。就此而言，我们应当确立起这样一种观念：人起源于人的当下。也许这是一种不可思议的反历史的观点，但是，综观所有的思想和理论，哪一个不是偷偷地这样做的呢？既然都是出于现实的动机而去探讨人的起源，并伪装成寻着人的历时态踪迹而展开科学探讨，那么，揭去这层伪装，公开地承认从人的现时态中去发现人的起源，又何尝不可呢？事实上，这反而是更加有益于人们对人的起源与终止的问题的关注。那样的话，如果不是怀着某种恶意而从事理论建构，如果不是希望在毁灭人类的同时也毁灭自身，就必然会积极思考达成人的共生共在之目的的可行路径。

显然，在围绕着人的问题而产生的各种各样的争论中，不仅存在着对人的历史解读和现实把握两个方面的观点，而且，在个人与社会的关系问题上，也存在着多种相互冲突的观点。为了理解人的现实性，往往是把个人归

---

① ［法］米歇尔·福柯：《词与物——人文科学考古学》，莫伟民译，上海三联书店 2001 年版，第431—432 页。

② ［法］米歇尔·福柯：《词与物——人文科学考古学》，莫伟民译，上海三联书店 2001 年版，第432 页。

结为社会的。同把个人归结为社会的观点相对立的则是把社会归结为个人。必须承认，这种把社会归结为个人的观点构成了近代以来的整个思想史的主流，也在社会建构中得到了充分体现。正是因为把社会归结为个人的思想成功地转化为社会建构的方案，并通过社会治理而使这种建构得到了维护，从而把人类引入了风险社会，以至于重新思考个人与社会的关系的问题不得不被再次提起。

比较这两种观点，我们必须指出，把个人归结为社会并不意味着个人是社会的被动的产物。虽然社会造就了个人，可以让个人成为选民、代表、英雄、领袖、罪犯，但个人对其自身完整性的捍卫一直是以与社会相冲突的形式出现的，而且需要求助于理想、自我实现的追求、宗教慰藉等一系列的辅助手段去获得个人适应社会、容忍社会的力量。个人的力量是微弱的，相比之下，社会拥有强大的力量，但这种力量成了压制个人的力量，或者把个人格式化为相同的存在物，比如，全社会统一着装而手捧一本"圣经"。在较早的时期，我们以为，如果持有把个人归结为社会的观点，就会主张个人的存在与发展都取决于社会，而社会只有放弃同一性、普遍性的追求，才能包容差异和成为个人存在与发展的空间。社会的功能就在于使每一个个人都成为完整的人，用马克思的话说，就是自由发展的个人。或者说，社会不再是完整的个人的异化形态，社会不再在同一性、普遍性的追求中把人塑造为"单面人"，而是每一个人追求和实现自我完整性的机制。也就是说，每个人都通过社会而使自己成为完整的人。作为完整的人，他的善与恶、理性与情感等都不再分离。由于社会不再压制他的善、情感等，由于社会不再先定地假设他是恶的还是理性自私的，从而使他能够在自然生命与社会生命的协调中获得内在于他自己的善与恶、理性与情感的平衡机制，并在与他人的合作行动中重新型塑社会。

现在，我们并不同意把个人归结为社会的观点，正如我们反对把社会归结为抽象的、原子化的个人一样。因为，我们已经发现，把个人归结为社会显然是在个人与社会的关系问题上采取了简单化的做法，而且也卷入了既有的无聊争论之中去了。我们看到，在工业社会中，不乏把个人归结为社会的思想，有许多思想家们表达了这种认识。但是，总体说来，他们所表达的是一种静态的图景，是在静止的意义上去分辨人与社会的关系，呈现给我们的是对一种稳定性的个人与社会关系结构的描述。其实，在个人与社会的关系问题上，需要持有一种动态的历史观，即把社会看作个人存在、发展和共同行动的机制，个人在共同行动中证明自己存在的价值，个人在共同行动中获得存在的资源，个人在共同行动中获得发展的动力，个人在共同行动中获得自我实现的机遇。而社会作为个人的共同行动的机制则不会压制个人，反而把人的一切共同行动都导向对那些阻碍或威胁着个人的存在和发展的因素的应对和清除。总之，在动态的意义上去看个人与社会的关系，将不会把社会看作存在于个人之外的某种外在性的因素或力量，反而是存在于个人与他人共同行动的过程之中的随时处在建构过程中的动态机制。当马克思说人既是历史的"剧作者"又是历史的"剧中人"时，其实就是准确地揭示了人与社会的这种关系。

在机械论的视野中，个人是属于社会的，个人只能归结为社会，离开了社会，个人也就不再能够称其为人。"一个离弃社会的人若不能保持对社会的想象中的把握，他就只能像一头聪明的野兽那样生活，在周围的自然环境中锻炼他的大脑，但他明显的人性官能肯定会消失，或者停止发生作用。"①当我们指出社会是包含在和存在于人的共同行动之中时，个人作为社会的存在物，或者说，作为"类存在"的个人并不会遇到库利所说的"离弃社会"的问题。那么，在这种机械论的另一个视角中，所看到的不是个人离弃社会，而是把个人作为社会的成员。当我们把个人说成是社会成员的时候，是把个人作为社会的一分子看待的，甚至会认为个人集合在了一起而构成了社会。但这只是一种表面现象，是在对形式的把握中所看到的，而且是在思维中将社会看作某种静止形态时而形成的认识。如果我们打算深入到社会的实质层面，如果我们把社会看作一个动态的过程，就会发现，社会恰恰是个人的实质，是个人的社会生命的存在方式。准确地说，社会无非是存在于人的行动之中的，人的行动建构了社会，也同时证明了自己。

在人与社会的关系问题上，令人纠结的是，在把个人归结为社会时，又必须承认社会的发展动力来自于个人。相反，把社会归结为个人时又必须看

---

① [英] 查尔斯·霍顿·库利：《人类本性与社会秩序》，包凡一译，华夏出版社 1999 年版，第36 页。

到人的社会属性。当人们用辩证法一词去表示拒绝对这个问题的进一步讨论时，往往是玷污了黑格尔的名声。实际上，黑格尔并未有过对一切难以回答的问题做出回避的表现。其实，人只有在行动中去展示社会、证明社会和诠释社会，才能在社会建构的过程中应对和克服威胁人的社会生命甚至自然生命的各种各样的问题。或者说，不仅通过行动去解决人类已经面临的各种各样的问题，而且在行动中实现了对各种各样可能出现的问题的防范。工业社会的科学以及人们普遍拥有的观念都是把人与社会对立起来的，正是因为把人与社会看作对立的两极，才会提出要么把人归结为社会、要么把社会归结为人的主张。在这里，我们看到的是这么简单的思路，首先把人与社会看作是对立的，然后分别为它们寻找根源，站在社会的角度，看到了人，把人归结为社会；站在人的角度，则看到了社会，从而要求把社会归结为人。他们都看不到的是，社会恰恰是存在于人的行动之中的，所以，往往把人的行动看作是出于解决问题的需要。甚至在人的行动引发了问题和制造了问题的时候，也不愿意去作出有针对性的深入思考。如果我们不是把个人与社会作为对立的两极，不是在个人属于社会或社会属于个人的问题上去开展争论，而是在人的行动中去发现社会和理解人自身，也许人的行动就不会被仅仅定位在解决问题的方面了，而是会同时认识到人的行动有可能引发各种各样的问题，就会去寻找防范人的行动引发各种各样的问题的方案。

既然社会存在于人的行动之中，那么，风险社会以及危机事件也无非是人的行动的造物，最为重要的是，人不仅制造出了风险社会以及危机事件，人也能够用人的行动去终结风险社会和危机事件频发。这样一来，我们就看到，理论所应关注的其实是一个行动模式的问题。我们把工业社会中处于主导地位的行动模式称作协作行动模式，它把人类引入了风险社会和危机事件频发的状态。而我们所构想的是一种合作行动模式，这将让人在高度复杂性和高度不确定性条件下实现人的共生共在的目标。沿着这个思路，我们当前所要解决的迫切问题就是，如何实现从协作行动模式向合作行动模式的转变？对这一问题的回答将把我们引向对人的自觉性的关注上来。这是不是意味着将重新回到对人与社会的关系问题的讨论中去？非也！因为，我们认为，合作行动模式的建构也是存在于人的行动之中的，而人的行动是否有着建构合作行动模式的自觉性，则是一个非常重要的因素。

显然，人的意识的自觉性程度的提高是历史进步的结果。与农业社会相比，工业社会中的个体的人的生成，既是人的意识自觉性提高的结果，也为人的意识自觉性的进一步提升奠定了基础。但是，工业社会的全部社会设置都是为了对人的意识的自觉性做出筛选，鼓励一部分个人意识转化为行为选择，压抑一部分人的个人意识，或者，防止一部分个人意识向行为选择转化。工业社会之所以要这样做，一方面，是因为工业化、城市化使人的那种根源于自身的对人的意识加以矫正和筛选的因素隐退了或流失了，不得不求诸社会设施来填补这一空缺；另一方面，工业社会的群体性活动无论在性质和规模上都日益增强，毋宁说工业社会的全部人的活动都是群体性的或包含着群体性的内容，至少可以追溯到与群体性活动间的关联性。而群体性活动对人的行为的规范有着较高的要求，需要保证人际间的协调，因而需要根据群体活动的要求而对人的行为选择进行筛选和引导。结果，指向了人的意识。在人的意识自觉性得以提高和不断提高的条件下，对其中的一部分加以抑制，也同时对那些可以助益于群体性活动的意识加以鼓励，并通过意识形态方面的社会设置及其运行去强化这部分意识，就显得非常必要。

在全球化、后工业化进程中，我们发现，工业社会对人的意识加以干预的做法变得很成问题。首先，得到了工业社会的科学以及实践的思维训练和知识积累的支持，人的意识的自觉性水平不断地得到大幅提升。这种意识的自觉性更倾向于要求来自于人的内在规范力量去加以调控和规范，而对外在性的规范、调控和意识形态控制，则采取了拒绝或不配合的态度。其次，全球化、后工业化呈现给我们的现实是社会的高度复杂性和高度不确定性，在这种条件下，对人的行为的自主性、积极性和创造性提出了空前的要求，也要求人的行为具有个性。或者说，只有个性化的行为才能最大可能地增益于高度复杂性和高度不确定性条件下的群体活动效应。因而，一切旨在造就模式化行为的社会设置都会带来消极后果。最后，全球化、后工业化进程中的群体活动在灵活性和随机性方面都得到了大幅增强。或者说，与高度复杂性和高度不确定性相适应的每一项活动都必须具有充分的灵活性、随机性行为选择和快速反应的特征。以共同行动载体的形式出现的组织从何处去获得这种随机性行为选择和快速反应的能力？显然要归因于个人行为选择的自觉性、自主性和灵活性，社会设置则需要从对人的行为选择的约束、限制、筛选等方面转向为之提供广阔的空间。所以，人的意识自觉性程度的提升是一个需要在全球化、后工业化进程中去加以自觉促进的社会现象，并需要通过社会设置去保证这种意识的自觉性顺利地转化为行为选择。在此，我们初步地将人的这种在高度复杂性和高度不确定性条件下开展行动的自觉性定义为道德自觉性，具体地说，是对人的共生共在的自觉。有了这种自觉性，人的行动就会趋近于合作行动，就能够逐渐地形成合作行动模式，并实现对协作行动模式的替代。

三、从人的共生共在出发

人是一种建构中的社会生物，一方面，社会存在于人的行动之中；另一方面，社会又决定和构成了人的基本属性。不仅作为个体的人是在其社会生活中得以建构的，而且整个人类都是处在永不停息的建构中的。就此而言，人并不是固有的，而是不断地在建构中获得新质和新的内容的。也就是说，人并不是生物性的存在，个体的人的知识，群体的人的历史记忆以及属于人的科学技术、文化、政治等各个方面所取得的进步，都是人这个概念的必要内容。也正是基于此，我们要求从人的现实存在中而不是到某个遥远的历史起点上去发现人的起源。人的观念是随着社会进步而改变的。比如，如果我们生活在但丁的时代，就会相信地狱、炼狱有着实体性的存在形式，而当我们读了萨特的作品后，却领悟到"他人是地狱"。在高度复杂性和高度不确定性状态中，我们知道，所谓地狱，就是所有那些对人的共生共在构成威胁的因素。

如果不是耽于既定的某种形态中，而是看到人的意识、意志都随人类发展史而成长的话，我们就会相信，曾有的东西会被抛弃，曾失落的东西会再次被找回，从未有过的东西也会被建构起来。所以，并不能因为工业社会的设置瓦解了人的道德而对合作行动的道德基础产生怀疑。随着高度复杂性和高度不确定性的社会环境被人们普遍意识到，随着人的共生共在成为人的第一需要，道德的重新发现和重建都完全是可能的。人的合作将不会遭遇道德缺失的问题，不会遇到因为道德缺失而造成的障碍。"我们的思想从来不是孤立的，而是对来自我们环境的影响的某种反应，所以我们不太可能有什么思想不是由交流引起的。"① 道德也是这样，在高度复杂性和高度不确定性条件下，随着任何意义上的任何一种封闭都从根本上得到了解除，人的互动和交流将会空前地频繁起来。结果，也就会促使人们的道德迅速生成，从而为人的合作行动提供支持。

库利指出："关于一个人的自我和他人的关系……一个完全与他人相区别并且能经得起验证的自我观念，是根本不存在的。如果这个'自我'包括整个心灵，那么，它当然也包括我们所想的所有人和我们思想中的整个社会。如果像我所趋向的那样，把自我局限于我们思想中与被称为自我感情的独特感情相联系的那一部分，那么它也仍然包括那些我们觉得与我们最相一致的人。自我和他人并非作为相互排斥的社会现象存在，而含有它们相互排斥的意思的术语，如相互对立的'自我主义'和'利他主义'，若不是错误的，也易于陷入意义模糊。"② 自我的观念不同于自我意识，如果说自我意识使人从同质性共同体的沉睡中觉醒了，那么，在经历了这种觉醒后而形成的关于自我的观念，则包含着他人。也就是说，当自我意识使自我与他人区别开来后，又会在自我的观念中把他人召回。当然，在重新将他人召回时，可以做出两种理性安排：一种是将他人当作从属于自我和可以为自我所利用的工具，至于在他人身上发现了经济人特性并利用人的经济人特征而去激发他人的自利冲动等，只不过是出于刷新工具的需要，即让工具运用起来更加顺手；另一种是将他人看作与自我密切联系在一起的，有着共同的情感、共同的价值的同类，是在相互支持中实现共生共在的。

在工业社会的历史阶段中，可以说自我观念中的他人是被作为工具来看待的，制度等几乎所有的社会设置也都是建立在这种观念的基础上的，并反过来维护这种观念和落实这种观念。但是，随着人类进入高度复杂性和高度不确定性状态中，这种自我的观念以及基于这种观念而做出的安排暴露出了严重的问题，并把人类引入风险社会。鉴于此，基于自我观念的社会建构就必须去尝试另一条道路，那就是让自我观念中的他人成为与自我共生共在的

---

① ［英］查尔斯·霍顿·库利：《人类本性与社会秩序》，包凡一等译，华夏出版社 1999 年版，第 50 页。

② ［英］查尔斯·霍顿·库利：《人类本性与社会秩序》，包凡一等译，华夏出版社 1999 年版，第 90 页。

社会存在物。这样一来，当自我把他人召回到自我的观念中时，所体现出来的是对他人的包容，而不是为所谓的利他主义招魂。

从工业社会的现实来看，正如以自我为中心的利己主义一样，主张以自我为中心的利他主义虽然是在道德的名义下采取行动的，而后果却同样是有害的。甚至可以说，利他主义对人类弥足珍贵的道德遗产做出了更为毁灭性的破坏。因为，当它假设在人之外存在着一个社会时，进而以社会去压迫个人，所造就的必然是完全不道德的氛围，从而在人的心灵深处摧毁了道德的寓所。事实上，利己主义与利他主义是一对孪生兄弟，只在工业社会这个历史阶段中才可以看到它们的身影。最为重要的是，它们都以自我为中心去思考问题和进行行动规划。在后工业化的进程中，当人的共生共在的主题被提出来后，无论是利己主义还是利他主义，都不再具有存在的合理性。

在这里，不仅自我的观念中出现了我与他的共生共在，而且在高度复杂性和高度不确定性的社会现实面前，人们也必须将人的共生共在作为第一追求。在这里，自我只是相对于他人而言的一种存在。自我的存在是建立在他人存在的基础上的，自我与他人都是共同行动中的行动者，而社会就是包含在他们的共同行动之中的，是他们的共同行动的合作模式。这个时候，社会不是独立于人之外的静态的存在物，因而，不会予人以压迫，也不会要求人为了社会而做出牺牲。同样，社会也不是人为了自我而利用他人和把他人当作自我利益追求的工具的前提或依据。如果说需要将自我与他人区分开来的话，那也只是出于这样的目的：如何在追求人的共生共在的行动中去更好地协调自我与他人。

虽然我们说社会存在于人的行动之中，特别是在高度复杂性和高度不确定性条件下，社会表现为人的共同行动的形式。但是，社会在人类历史上，也将会在人类的未来发展中，都以秩序的形式出现。我们在使用"社会"一词的时候，很多情况下是指社会的这一形式。显然，秩序是社会的最为重要的方面。因为，秩序是人得以存在和开展各种各样的社会活动的良好空间和基本保障因素。在人类走向工业社会的过程中，关于社会秩序的建构可以依托自然秩序而展开畅想，或者说，可以以自然秩序为蓝本而去做出社会秩序的设计。那就是，先构想出一个自由主义的社会秩序，然后再去寻求获得这种秩序的方案，而且也确实大获全胜。然而，在全球化、后工业化进程中去构想社会秩序，已经不再有可资模仿的对象了。因为，工业社会的发展已经把其秩序赖以建立的基础挖空了。工业社会的发展结果是把人类领进了高度复杂性和高度不确定性的状态，让人们无法在简单的模仿中去从自然秩序那里受益，而是需要创造性地去探索新型的秩序。合作秩序的构想就不是在任何模仿中作出的，而是根据社会多样性、复杂性、不确定性以及行动者多元化的现实而进行的。

全球化、后工业化使时空的重心发生了根本性的改变。如果在人类成长的全部历史中人们都优先考虑到空间，然后才辅之以时间，那么，全球化、后工业化进程则意味着时间是需要得到优先考虑的。时间是第一位的，空间的重要性在下降。在很多情况下，时间变得非常清晰，而空间则变得非常模糊。比如，在网络构成的世界中，空间就变得非常不确定，我们也许经常遇到无法在这个世界中对言说者进行空间定位的问题。由于时间与空间都发生了变化，所谓秩序，也有了不同的内容和形式。所以，合作秩序将不同于人类历史上曾经拥有过的任何一种秩序。在此，我们相信，在全球化、后工业化的车轮碾过之处，将会倒下一片僵尸，它们是生成于工业社会的各种各样的思想和理论。但是，我们绝不会相信那些僵尸能够安静地躺在地上，因为有那么多的人不愿抛弃它们，而是一往情深地将那些僵尸抱在怀中，并前张后望，发誓要捍卫那些僵尸的尊严，声称那些僵尸在未来将获得更强的生命力。然而，那是无用的、徒劳的。在后工业化的前行道路上，必将有新的生命诞生，并创造出一个全新的世界。对于人的共同行动而言，如果不是分散的和无序的，就必然会有一种秩序与之相伴，我们将其称作合作秩序，就是一个初步的界定。

德国社会学家米歇尔·鲍曼看到，既有的秩序是法律所造成的秩序，往往把社会秩序的获得以及社会秩序中存在的问题归结到法律和到法律中去寻找答案，从而造成了对营建社会秩序的误导。米歇尔·鲍曼认为，这种归结为法律和依据法律获得秩序的做法只能得到一种"法律的秩序"，而不是"法律秩序"。针对这种情况，米歇尔·鲍曼提出了法律自身就是秩序的观点，并以为他的这一发现能够较好地解决现代社会所遇到的问题。[①] 在米歇

---

① ［德］米歇尔·鲍曼：《道德的市场》，肖君等译，中国社会科学出版社2003年版，第1页。

尔·鲍曼这种要求对"法律的秩序"与"法律秩序"进行区分的做法中，似乎有着德国思想界的那种看起来像文字游戏一样的思辨色彩。但是，必须承认它包含着深刻的见解，尤其是在批判的意义上，表达了对以往关于社会秩序的各种认识的否定。如果在社会发展的现实轨迹中去看的话，就会发现，"法律秩序"与"法律的秩序"是不同的，工业社会一直强化的实际上是一种"法律的秩序"，当米歇尔·鲍曼对这种秩序做出批判时，虽然并不必然会像他所期望的那样去把"法律秩序"作为面向未来的选项，但否定"法律的秩序"则是一个必然趋势。

在米歇尔·鲍曼看来，"法律秩序"与"法律的秩序"的不同之处就在于，法律秩序中是包含着道德维度的。米歇尔·鲍曼说："任何一种法律秩序都有一种在下列意义上的根本性的'道德需要'，即它的存在依赖于符合规范，符合规范本身却并不能通过法律的强制手段得以实施，因此，它必须是自愿的。由此，从一开始即排除了法律在原则上取代道德或者是无限弥补道德缺陷的可能性。至少对于维护自身的法律秩序而言，每一个社会均依赖于社会成员充分程度上自愿符合规范，也就是依赖于其事实上的道德。"[①]不过，就米歇尔·鲍曼试图努力从"法律秩序"中发掘道德因素和剔除权力因素来看，又是很不现实的，但就"法律秩序"不同于"法律的秩序"而言，显然是需要得到道德的支持的，而"法律的秩序"则完全是由法律所经营出来的。所以，就米歇尔·鲍曼看到了社会秩序中的道德因素这一点而言，是积极的和值得肯定的。

根据一种直观经验，道德总是与熟人联系在一起的，但是，在进入陌生人社会后，人们依然有着对道德的强烈渴求。因而，从边沁开始，也一直努力在自利的人的前提下去构建道德体系。应当说，在这方面是不成功的，至少在社会实践中表现得很不成功。全球化、后工业化意味着一个匿名人对陌生人的替代过程，实际上，各种各样的迹象都在表明人类社会起码在走进一个匿名社会。在这一历史背景下，我们也看到，在高度复杂性和高度不确定性条件下，自利的人、破坏合作规范的人虽然是匿名的或者一次性地出现在合作群体中时是陌生的，但当他甫一进入合作行动之中时，就会暴露出其不

---

① ［德］米歇尔·鲍曼：《道德的市场》，肖君等译，中国社会科学出版社 2003 年版，第 2 页。

道德的品性，而且那是无法伪装的，是不贴标签也容易做出识别的。因为，合作行动要求人的每一项行为选择都是有利于合作的，任何一项与合作行动的要求相悖的行为选择，都会立即置行动者自身于透明状态。也许这种条件下的人会对其不合作行为表示宽容，却不会允许其行为对合作构成破坏性影响。

对于互助和协作而言，不合作行为往往不会受到惩罚，一般说来，会表现为通过外部性的力量去保证互助和协作得以持续进行，而不会去直接地惩罚不合作的行为。对于高度复杂性和高度不确定性条件下的合作而言，也许并不是一切不合作行为都受到了惩罚，但是，诸如搭合作便车的行为受到拒绝本身无疑就是惩罚。因为，高度复杂性和高度不确定性的环境决定了他搭不了便车就有可能陷入其存在面临危机的状态中去。我们这里所说的存在也许不是那些不合作者的物理生命的存在，而是指他的社会生命的存在。但是，只要他的存在受到威胁，挽救他的生命存在的唯一途径就只能是他自身的根本性改变，即告别那个原本自私的、缺乏道德品性的自我，转而成为一个积极的、有道德的合作行动者。

不过，我们也必须指出，关于人的这些描述还是立足于工业社会的思想观念而做出的。随着社会走向高度复杂性和高度不确定性状态，也许我们关于人的这些考虑是多余的。因为，对后工业社会中的一些基本问题的思考，都将因社会的高度复杂性和高度不确定性而发生改变。在此条件下，对个人的关注，从个人出发的理论阐释等，都将失去意义。在高度复杂性和高度不确定性条件下，首先映入我们头脑中的将是马克思所说的人的"类存在"，而不是个人，"类存在"将是我们的一切思考的出发点和着眼点。而且，这个"类存在"无论在理论上还是在现实中，都不是静态的存在，而是以人的行动的形式出现的动态的存在。在这里，我们只不过是用"人的共生共在"这一更为直白的表述去表达马克思所说的"类存在"的概念。

我们认为，在走向后工业社会的进程中，并不是所有人都突然愿意放弃自利的考量和追求，而是因为社会的高度复杂性和高度不确定性施予人的压力迫使人的意志和观念发生了改变。或者说，当人意识到利己行为所带来的严重后果时，也就不得不对自己的利己冲动有所节制和约束，并在这种节制和约束的重复中养成习惯。社会的高度复杂性和高度不确定性必然会形塑出一种全新的文化。如果这种文化可以命名为"合作文化"的话，反映在人的文化依赖中，就是以合作意愿和合作行为的形式出现的。所以，关于人的合作行为如何在后工业化进程中生成的问题，并不仅仅从属于科学的理解，应当更多地从属于文化视角中的把握。

在高度复杂性和高度不确定性条件下，如果说存在着多样性的群体，那就可以想象，群体中自利行为的普遍化必然会导致该群体的生存危机以至于解体，群体成员就会选择加入那种生命力强盛的群体。这在宏观层面上，也是对生命力弱的群体的淘汰。而生命力弱或生命力强盛，恰恰是根源于群体所拥有的是一种自利文化还是合作文化。因此，社会运行的结果也是可以用达尔文的"物竞天择"原理来解释群体的状况的。那些拥有合作文化的群体能够适应高度复杂性和高度不确定性的环境，存在了下来；而那些拥有自利文化的群体则会因为自利引发的"搭便车"行为而破坏了合作，以至于无法在高度复杂性和高度不确定性条件下存在下去，从而走向衰落甚至解体。

历史的脚步正在加速前行，载着我们以一种我们不知道会有多快的节奏朝向一个我们更不知道是什么样子的未来飞奔。在这趟飞驰的列车上，我们只知道一点，那就是复杂性和不确定性的迅速增长；我们能够想象到的只有一点，那就是前进路上的哪怕极小的一块石子都可能引发这趟列车的倾覆。可是，这又是唯一一趟列车，我们踏上这趟列车后，就不可能指望换乘其他列车。在这种情况下，我们既不能够让这趟列车停顿下来，又不能陷入惊恐之中，更不能假装无知无觉，而是需要小心谨慎地把住方向盘，在每一个障碍物出现时，及时地做出快速反应。也就是说，我们必须行动起来，对这趟列车的安全负责，我们已经腾不出手去相互试图把对方推下列车而让自己占有和享用头等座位，我们也不可能在把他人推出车窗时而不同时被拉下列车。所以，我们的行动必然是合作行动，是为了人的共生共在的行动。

第二节　反思正义追求

一、正义是个历史范畴

科学研究注重对事实进行分析，总是把注意力集中在客观对象上。因而，在思考正义的问题时，我们已经习惯于对既有的政治经济结构进行分析，以求揭示政治经济结构的非正义性，并努力去探索加以改进的方案。其实，既有的政治经济结构的非正义性也会表现在一种心理战中，比如，可以让受歧视被蔑视的社会阶层相信自己是一个不值得剥削的群体，即让他们有了这种心理之后再雇佣他们，让他们因被雇佣而感到自豪。尽管一切从宏观上去把握社会的科学研究都不愿意去涉及这类问题，但这类问题却是普遍存在于近代以来的整个历史阶段中的，而且是以制度化的安排而作用于弱势群体的，从而最大可能地削弱了政治抗争的力量。不过，当我们读过左拉的《我控诉》后，就会明白什么是捍卫正义的激情，也就知道了一个人怎样做才是有道德的。

道德其实就是向缺乏道义的权威说不的行动和声音，正是因为有了这样的道德，人类才没有堕落到不可收拾的地步，正义哪怕在受到残酷压制的情况下，也能用其微弱的声音唤醒世界和打动人类的心灵。虽然我们的时代已经不是左拉所在的那个革命时期，但在我们的社会中依然存在着严重的正义问题，依然需要人们去为了正义的追求大声疾呼。应当看到，我们再一次处在人类历史的根本性转型过程中。在全球化、后工业化进程中，无论是非正义的制度还是行为，都毫无疑问地以其在整个工业社会的历史阶段中所积累起来的力量而对人实施着压迫，从而使正义问题变得空前严重。在这样一个时代，也许我们并不主张像左拉那样激烈地呼喊，但理性的科学思考则是必要的，也是能够取得同样的效果的，甚至可以呼唤出更强更大的革命性力量。

正义是一个历史范畴，在不同的社会和不同的历史阶段中会生成不同的正义观，也会存在着不同的正义形态，而且判断正义的标准也会有所不同。从思想史上看，几乎所有思想家都表达了对正义问题的关注，或者说，不关注正义问题的思想者是不可能走进思想家的行列中的。尤其是那些经常被人们提起的思想家，都有着对正义问题的系统论述。但是，所有的思想家都是在其特定的历史条件下去认识正义的，所提出的思想和观点都只能适应于解决特定历史条件下的正义问题。社会是处在不断地发展之中的，每一个时代都有着特定的问题，引发正义问题的原因以及实现正义的途径都是不同的，以至于正义问题永远都是一个值得探讨的主题。我们正处在全球化、后工业化进程中，但工业社会的基本结构尚未发生改变，而且，工业社会的意识形态以及理论也都仍然深深地包含在人们的观念之中，特别是在护卫着工业社会的正义观方面发挥着极大的作用。不过，我们深深地相信，如果说全球化、后工业化意味着人类社会的一个新的历史阶段的开启，那么，新的正义要求也就包含在了全球化、后工业化运动之中了。

　　全球化、后工业化意味着人类社会的一个充分开放的时代的到来。在这一条件下，即使我们撇开正义的价值内涵不谈，也需要在形式上去把握正义要求的开放性特征。事实上，一旦我们关注这一问题，也就不可能不涉及其价值内涵。鲍曼说，"'正义'是一个'本质上富有争议的'概念，并因此注定永久是可修订的。没有一种'真正存在'的国家形式不受批评；没有一种国家形式免于破坏性批判的冲击。考虑到任何一个理想的描绘在本质上都具有争议性，任何一个理想真实或假定的化身都不会源于完美无缺的测验。……寻求正义的冲动对人类社会施加的压力而言，它最主要的源泉恰恰就是那一环境本身；没有哪个社会能把自己描述为'公正的'，所有的社会都被认为是不够公正的，这就是事实。"① 正是这一基本的历史性事实证明了正义的力量，也证明了它作为一个理论探讨话题的魅力。依此推断，我们甚至可以说，人类对正义的追求是社会发展的基本动力之一。

　　如果说生产以及科学技术直接推动了历史进步的话，那么，对正义的追求则应看作是那些历史进步动力背后的动力。所以，当我们关注社会的发展时，特别是在我们把某种"未来意识"放置到了这种关注之中时，就应当把对正义的追求放置在首要位置上。这样的话，我们就会形成一种科学的历史观。也就是说，我们之所以不满意于去复制历史，我们之所以不满意于现实，是因为历史上的一切社会设置和做法在实现它那个时代的正义要求时都表现得不能令人满意；是因为现实中的制度、政策以及治理方式不仅没有提供令人认可的正义，反而制造了非正义。这就是我们要求超越既有社会生活模式和社会治理模式的根本理由。关于这一点，鲍曼也给予了正确的评价："寻求正义的冲动会防止一个政治实体停滞不前。只有这样的社会才是公正

---

① ［英］齐格蒙特·鲍曼：《被围困的社会》，郇建立译，江苏人民出版社 2006 年版，第 34 页。

的社会，即它不断地评论它已经取得的正义，并寻求更多的正义和更好的正义。"①

当然，历史所铭记的那些伟大思想家关于正义的探讨是有价值的，可以时常给予我们以启发，即使作为一个批判的对象对待，也是有价值的。正如金里卡在评价罗尔斯关于正义研究的贡献时所指出的，在探讨正义的问题时，我们之所以要提到罗尔斯，那是因为，"要想了解当代的各种正义理论，罗尔斯的理论是一个自然的出发点。罗尔斯的理论支配着当代政治哲学的论争，并不是因为人人都接受他的理论，而是因为其他不同的观点通常是在回应罗尔斯理论的过程中产生的。"② 在对这一论题的阐释中，鲍曼想起了亚里士多德，认为亚里士多德的一项重要贡献就是，"把善与恶的观点同政治组织联系了起来。毕竟，只有在国家中，也只有通过国家，善与恶的观念才会在共同生活的公正秩序中出现。把善与恶的观念改造成正义观的冲动，以及日后管理这种正义观的需要……正是对这种正义的寻求，才使人类共处成为一个必然的结果，而生活在政治组织之中则是人性的必要条件，换言之，是先验的、受历史影响的、总是临时的人类共处的必要条件。"③ 或者说，只有共在于一个共同体中，才有正义的问题，才会生成善与恶的观念。反过来说，只要人生活在共同体之中，就不可能无视正义的问题，就不可能宣称自己独立于善与恶之外。

事实上，恰恰需要通过包括政治在内的全部社会治理活动来供给正义，才能为共同体营造出一个善的环境。在工业社会的族阈共同体中，存在着不同的利益阶层和利益集团，社会治理体系往往摆出政治中立的姿态。其实，即便是在政治上宣布价值中立，也不可能超然于道德之外。而且，政治上的价值中立也只能说是在具体的事项上才是可以接受的，或者，是在特定的某个极其短暂的时期内才可以被认为是合理的。如果将价值中立作为一项社会治理的基本原则的话，那是不可能的。因为，价值中立不仅不能产生维护和供给正义的效果，反而恰恰是对既有的非正义的维护。在 20 世纪，虽然很多人不断申明价值中立，而实际上并不是严肃的观点，只是骗一骗人而已。

---

① ［英］齐格蒙特·鲍曼：《被围困的社会》，郇建立译，江苏人民出版社 2006 年版，第 34—35 页。
② ［加］威尔·金里卡：《当代政治哲学》，刘莘译，上海三联书店 2003 年版，第 19 页。
③ ［英］齐格蒙特·鲍曼：《被围困的社会》，郇建立译，江苏人民出版社 2006 年版，第 34 页。

可以断定的是，即便是那些努力论证价值中立的人，也会在自己的社会生活中不愿意用自己的行动去实践价值中立。也正是由于这个原因，在历史中延伸而来的关于正义问题的争论在 20 世纪并未被切断，反而呈现出无限延伸下去的状况。今天，当我们在全球化、后工业化进程中去思考社会建构的问题时，正义作为社会建构中的基本构成部分再一次呈现在了我们面前，要求我们去对它作出不同于以往的探讨。

基于开放性的原理去思考正义的问题，罗尔斯根据其"差别原则"所做出的设想是，"依系于在机会公平平等的条件下职位与地位向所有人开放。"① 但是，在工业社会处处存在着边界的情况下，这种设想是根本不具有付诸实施的可能性的。其实，罗尔斯依然是把封闭系统作为他阐发正义思想的默认前提对待了，这个封闭系统可以看作是现代民族国家。可是，全球化、后工业化正在打破民族国家的界限，封闭系统正在遭受解构。这样一来，关于正义问题的思考和界定，都需要在全球范围内进行，这实际上就是一些学者提出"全球正义"这一概念的现实依据。

当然，就"全球正义"这个概念来看，如果去为它设定一个对应性的参照系的话，仍然会返回到民族国家，是在把民族国家中的正义作为一个比较对象的情况下而提出的概念。即便如此，也可以认为是对罗尔斯的正义思想的一个巨大冲击。这是因为，一旦思考全球正义的问题，就会发现罗尔斯在封闭系统中所确立的社会基础结构已经不适用于对正义的理解，更不适用于对正义的建构，特别是在民族国家的框架尚未完全解体的情况下，也会对理解和建构全球正义形成一种参照性建构的作用。但是，这将会使正义的研究变得非常复杂。因为，这将展现出正义问题是存在于不同的坐标中的。在民族国家的坐标中，存在着近代思想家争论不休的正义问题，而在全球坐标中，又会提出新的正义观。而且，也必然会引发无限的争论和探讨。

其实，我们不应把全球化当作一个静态的社会现实，而是应当把它看作一场处在发展过程中的运动。这场运动必然打破民族国家的边界，从而把全球纳入一个人、财、物等一切社会要素的不停歇的流动中，使全球成为一个人类共有的交往互动的空间。那样的话，也就不会存在相对于民族国家而言

---

① [美]约翰·罗尔斯：《正义论》，何怀宏等译，中国社会科学出版社 1988 年版，第 79 页。

的所谓"全球正义"。另一方面，我们也认为，只有当为了人的共生共在的行动实现了对一切边界的突破后，才有可能让职位和地位对所有人开放。那样的话，也就无所谓公平与平等的问题了，或者说，让一切关于公平与平等的计较失去了意义。而且，职位与地位也不是静止的了，而是处在变化过程中的，并且都是临时性的，可以供人做出随机选择。关于正义的思考，恰恰应当从这些方面着手。

总的说来，诚如鲍曼所说，"正义"是政治以及全部社会治理活动的"指向物"，而不是"给予物"。在社会治理过程中所"给予"的，都不能算做是正义的。"正义是在尚不知晓的未来即将出现的一种任务，而且正是被谴责为不公正的痛苦假定、面临和唤起了这种任务。"① 也就是说，社会治理从来都不可能真正实现正义的供给，即便不是正义观念中所存在的理想正义，而是最低限度的现实正义要求，也无法供给。因此，正义无非是一种永恒的追求，体现在社会治理一切行动方案设计的进行时之中。一旦一种方案设计成型并付诸实施，它在正义供给中的不足和缺陷也就暴露了出来，甚至有可能带来诸多正义问题，而且会逐渐地使正义问题变得严重起来，以至于人们不得不谋求新的替代性行动方案。

在正义的实现方面，可以说正是在这种永无穷期的行动中而指向了正义的目标，却又永远也无法达到目标。或者说，正义的目标本身就是模糊的，需要人们不断地去厘清它、调整它和修正它。尽管如此，正义的目标又是必要的，没有这个目标，人类社会的发展就会失去方向，甚至人们会不知道为何而参与共同体生活，即失去对当下社会生活意义的理解。在合作行动的视野中，正义的获得被指向了合作行动，为了人的共生共在的合作行动，就是实现正义的途径。我们不会在合作行动之外去对正义做出形而上学的理解，也不会在合作行动之外去寻求正义供给的途径，而是在合作行动之中，去一步步地走向正义的目标。

二、正义供给的路径

认识到"正义不是'给予物'而是'指向物'"，将会带来行动逻辑

---

① ［英］齐格蒙特·鲍曼：《被围困的社会》，郇建立译，江苏人民出版社 2006 年版，第 37 页。

上的变革。因为，如果我们把正义作为"给予物"对待，就会追问谁给予正义，即谁承担着给予正义的责任。这样一来，就会逻辑地指向某个特定的行动主体。在近代以来的社会中，其实是指向了政府以及与政府相伴而生的整个社会治理体系。相反，当我们把正义当作一个"指向物"来对待的时候，给予者就被消解了。也就是说，我们不再期望我们社会中的某些特定的行动主体供给我们正义，而会寄希望于全体社会成员，即通过我们每个人的行动去实现正义。这说明，不仅政治建构和社会治理方式建构的逻辑发生了根本性的改变，而且整个社会的建构逻辑也颠倒了过来。用近代早期启蒙思想家的话说，这是一种"人民主权"的状态，而实际上，这应当看作是"人民主权"的真正实现。因为"人民主权"一旦得到了实现，也就不再会成为值得讨论的话题了。进而，我们可以说，也正是在"人民主权"的话题失去了意义的时候，我们才有可能迎来一种社会自治的前景。在社会自治中，每一个社会成员都努力去认识和把握正义的标准，并用自己参与自治的行动去诠释社会正义和实现社会正义。虽然社会正义并未在他（们）的行动中得到真正实现，但社会则在他（们）的行动中指向了正义的目标。

弗雷泽在对正义问题的研究中区分出了两种类型的非正义：第一，是由于经济政治结构造成的剥削和压迫等非正义的问题；第二，是受到蔑视和排斥等这类非正义的问题。接着，弗雷泽认为，对于这两种类型的非正义问题应分别有不同的解决方案。对于由经济政治结构造成的剥削和压迫等非正义的问题，是需要通过再分配来加以矫正的。事实上，福利国家模式在这方面做出了努力。对于受到蔑视和排斥等这类非正义的问题，则需要通过承认来加以矫正。"在第一种情况下，矫正的逻辑是使这一群体不再作为一个群体存在下去。相反，在第二种情况下，则是通过承认其特性来评价这一群体的'群体意识'。"[①] 所以，通过无产阶级革命去重构正义的行动就是消灭作为阶级的无产阶级自身的行动，即实现分配方式的根本性改变。而同性恋权利诉求的满足则是使这一群体得到了承认，让同性恋者获得不受排斥的生存空间。所以，"政治经济非正义的再分配矫正问题使社会群体去差异化。……

---

① ［美］南茜·弗雷泽：《正义的中断——对"后社会主义"状况的批判性反思》，于海青译，上海人民出版社 2009 年版，第 21 页。

文化价值非正义的承认矫正总是促进社会群体的差异化。"①

在弗雷泽分析福利国家的正义供给路径时，所向往的是一种新型的福利国家。她认为，全球化、后工业化进程所预示的"这个正在形成中的世界需要一个能够有效保障人们避免不确定的福利国家"。② 这说明，弗雷泽也像历史上的所有思想家一样，都有着对确定性的偏爱。其实，全球化、后工业化所给予我们的恰恰是一个不确定性的世界，社会的高度复杂性和高度不确定性正是社会治理无法选择的环境，或者说，社会治理必须在这样一个高度复杂性和高度不确定性的条件下去开展行动。而且，为社会所提供的，也正是努力去指导人们适应高度复杂性和高度不确定性的环境。

不过，我们看到，弗雷泽在对福利国家的静态分析中提出了"肯定性再分配"和"改造性再分配"两个概念，并试图通过这两个概念去寻求正义实现的途径。在肯定性再分配与改造性再分配之间，弗雷泽更倾向于推荐后者。她说，"改造性矫正典型地将普遍主义的社会福利计划、急剧升降的累进税、旨在创造充分就业的宏观经济政策、大规模的非市场性公共部门、具有重要意义的公共和/或集体所有制以及基本社会经济优先权的民主决策结合在一起。它们试图保证所有人都能就业，同时也往往将基本消费与就业分解开来。因此，它们往往破坏阶级差别。"③ 应当说，弗雷泽的这一设想包含着改革的追求。这是因为，肯定性再分配是在尊重社会现状中作出的，它虽然可以把正义的理念贯穿于其中，并尽可能地通过分配的途径去实现正义。但那毕竟是非常有限的，在一定程度上，反而会因为社会现状的非正义结构而使正义问题变得更加恶化。因此，如果按照弗雷泽所说的采取改造性再分配的方式，就会形成一个对既有的制度以及社会结构进行矫正的效果。那样的话，由制度和社会结构引发的非正义问题就有可能得到补救。

但是，这种改造性再分配如何得以实施，或者说，如何在政策中体现出

---

① ［美］南茜·弗雷泽：《正义的中断——对"后社会主义"状况的批判性反思》，于海青译，上海人民出版社 2009 年版，第 26 页。

② ［美］南茜·弗雷泽：《正义的中断——对"后社会主义"状况的批判性反思》，于海青译，上海人民出版社 2009 年版，第 43 页。

③ ［美］南茜·弗雷泽：《正义的中断——对"后社会主义"状况的批判性反思》，于海青译，上海人民出版社 2009 年版，第 28 页。

来并落实在行动上，却是一个无法解决的问题。应当承认，弗雷泽的这一设想是好的，在工业社会的低度复杂性和低度不确定性条件下，也是可以去努力探讨付诸实施的途径的。然而，当社会呈现出高度复杂性和高度不确定性状态时，弗雷泽的这一设想也就失去了寻找实施方案的价值了。这是因为，改造性再分配说穿了依然是要对制度加以改进，如果制度依然具有同一性、普遍性的属性的话，就无法适应高度复杂性和高度不确定性条件下正义供给的要求。从弗雷泽的论述来看，"改造性再分配通常预设一种普遍主义的承认概念，即人人在道德价值上的平等。不过，与肯定性再分配不同，它的实践往往不会破坏这一概念。因此，这两种方法产生了不同的群体分化逻辑。肯定性矫正能够具有促进阶级分化的反向影响，而改造性再分配则往往模糊阶级分化。……肯定性再分配可能使弱势群体蒙受耻辱，将错误承认的侮辱附加于遭受剥夺的伤害之上。相反，改造性再分配促进团结，从而有助于纠正某些形式的错误承认。"[①] 显然，即使在工业社会既有的语境中，改造性再分配也只能是一种补救性的措施，并不能从根本上解决弱势群体在正义供给上的不平等地位。

由于弗雷泽区分出了两种类型的非正义，因而，她实际上提出了四条解决正义问题的路径。在"再分配和承认"的方案中，再分配路径所要解决的是政治经济结构中的非正义问题，而承认则适用于解决不同文化价值群体间的歧视等非正义问题。然而，由于在这两种类型的非正义状态中间存在着大量的混合形态的非正义问题，从而使得这两条非正义问题的解决路径无法施展。所以，弗雷泽在思想以及实践的历史中再度发现了"肯定和改造"的方案。在这一方案中，两条路径都可以包容"再分配"的和"承认"的路径。弗雷泽在谈到经济、政治非正义的矫正问题时，认为，"这种非正义的肯定性矫正在历史上曾经与自由主义福利国家联系在一起。它们寻求纠正终结状态的分配不公，但同时并不触动基本的政治经济结构。这样，在没有对生产体系进行重构的情况下，它们提高了弱势经济群体的消费份额。与之相反，改造性矫正在历史上与社会主义联系在一起。它们通过改造基本的政

---

① ［美］南茜·弗雷泽：《正义的中断——对"后社会主义"状况的批判性反思》，于海青译，上海人民出版社 2009 年版，第 29 页。

治经济结构来纠正不公正的分配。通过重构生产关系，这些矫正将不仅改变终结状态的消费品分配。而且也将改变劳动的社会分工，从而改变每个人的生存条件。"①

弗雷泽也看到，通过再分配矫正经济非正义"并未触动产生阶级弱势的深层结构。因此，它必须一次又一次地进行表面上的再分配。其结果是使这一最弱势的阶级显现出其固有缺陷和贪得无厌，因为它总是要求得越来越多。有时这个阶级甚至似乎像是一个享有特权的阶级，是特殊待遇和非应得赠予的接受者。因此，一种旨在纠正分配非正义的方法只能以造成承认非正义而告终。"② 的确，在现实中存在着弗雷泽所看到的这种矫正非正义的再分配又导致了非正义的问题。所以，她要求对分配进行区分，提出了"肯定性再分配"和"改造性再分配"。

其实，在分配的层面上去寻找正义供给的方案是不可能实现正义的。因为，分配本身就是建立在人的等级化的条件下的，一切分配都必须在人的社会等级差别中进行，而一切分配也都倾向于在人与人之间再造出等级。在工业社会中，我们是有着充分的时间去等待纠正非正义的分配所导致的非正义显现出来，甚至等待着这种非正义问题恶化后，再去调整分配加以纠正。也许我们乐意于享用着这种周而复始的过程。然而，在高度复杂性和高度不确定性条件下，社会运行速度的加快可能会使这个过程变得极短，也许我们还未来得及用分配的方式去纠正非正义，作为一个问题，已经爆发为群体性事件。事实上，在高度复杂性和高度不确定性条件下，我们也无法去用分配的方式去纠正非正义，更无法用分配的方式去供给正义。其实，分配本身的合理性已经丧失了，由于人的流动性的增强，分配的方式已经无法获得稳定的和明确的对象了。

在从农业社会向工业社会的转变过程中，随着社会的领域分化，在私人领域中已经培育出了交换关系。尽管这种交换关系并不能在公共领域和日常生活领域中同样建立起来，但交换关系赖以建立的平等原则则是适应于公共

① ［美］南茜·弗雷泽：《正义的中断——对"后社会主义"状况的批判性反思》，于海青译，上海人民出版社 2009 年版，第 27 页。

② ［美］南茜·弗雷泽：《正义的中断——对"后社会主义"状况的批判性反思》，于海青译，上海人民出版社 2009 年版，第 28 页。

领域和日常生活领域的。如果说在日常生活领域中分配与交换都不是一个值得进行科学研究的问题的话，那么，在公共领域中，也不能够去建构分配模式，更不应把人与人之间的关系建构成分配关系。特别是社会治理过程，是不能定位于从事分配甚至垄断分配事务的。也就是说，社会治理的正义供给是不可能通过分配的途径进行的，无论是肯定性分配还是改造性分配，都不应被寄予正义供给的功能。

在我们看来，社会治理恰恰应实现对分配的超越。特别是在全球化、后工业化进程中，分配以及由分配而造成的分配关系本身，就是一个失去了历史合理性的问题。分配不仅需要得到权力和权威的支持，而且，分配本身就是在等级差别的基础上进行的。虽然在近代以来的社会中分配是作为纠正的正义供给和维护的手段而存在的，所提供的是纠正的正义，但是，一旦分配的行为对"作为公平正义"的交换正义造成冲击的时候，势必使其显现出非正义的一面。也正是在此意义上，我们对福利国家不去从根本上改变政治、经济结构的做法表示怀疑。在全球化、后工业化背景下，在社会的高度复杂性和高度不确定性条件下，我们怀疑一切分配的方式在正义实现方面的有效性。我们认为，只有在合作行动中，才能够解决一切非正义的问题，并获得一种流动性的正义。

三、正义的类型

关于正义，可以从多个视角出发来加以考察，或者说，可以从多个方面提出正义的要求。从应得与所得的角度看，社会正义包含着让每一个为社会作出贡献的人得到他应得的那份报酬。然而，从需要的角度看，社会正义则包含着每一个社会成员的基本生活需要得到保障的要求。如果对社会正义的这两重内涵进行比较的话，基于需要的正义是基本正义，在工业社会的历史背景下，基本正义也是以法理正义的形式出现的。实际上，则是包含着道德属性的正义，应当被理解成道德正义。而基于应得与所得而提出的正义则是发展正义。在此意义上，发展正义更多地包含着效率取向，不具有道德属性。也就是说，社会成员基本生活需要的满足可以保证这个社会得以延续，在积极的意义上，可以防止社会矛盾的积累，从而消除社会中的不安定因素。当社会正义包含着谋求应得与所得的平衡这样一项内容时，就是去积极地处理基本正义与发展正义间的关系了。其积极意义就在于不仅可以消除因应得与所得的矛盾而带来的抱怨，而且还可以自动地生成一种社会激励机制，使社会成员因其所得与应得的平衡而去通过为社会作出更大贡献的方式争取所得。

不过，我们也看到，基于人的需要去对正义提出要求，可能会使问题变得复杂化。因为，一些人的需要表现为一日三餐能够得到保障，有的人的需要可能是由尝尽天下美食的愿望所激发出来的。这说明，把需要的满足本身作为正义的标准就是可疑的。但是，社会正义又不可能脱离社会成员的需要而被识别，因而，就必须对人的需要进行定义。这样一来，就可以清晰地看到，社会正义所观照的是社会成员的基本生活需要。在任何一个社会中，如果存在着其社会成员的基本生活需要持续地无法得到满足的话，就肯定存在着严重的非正义的问题了。当然，在人类社会的不同历史阶段，人的基本生活需要的内容也是发生变化的。在农业社会的历史阶段中，皇帝也许没有表达出对空调的需要，而在今天，空调也许已经进入了普通家庭生活需要的内容清单了。就需要的历史性而言，仅仅表明人的基本生活需要内容的变化，而在社会正义必须关注人的基本生活需要的满足这一点上，却是一个不易的原则。至于超出了人的基本生活需要的那些奢侈的需要，则是应当加以适度调节的。这样，才显示出社会正义原则的规范功能。

当我们从需要的角度去理解正义时，实际上是默认了这种需要是人的正当需要，是正义的制度应当给予满足的，而且是在法律规定中体现了出来的。一旦法律规定以及制度包含着满足人的基本需要的内容，也就可以认为是包含了基本正义。也正是在此意义上，我们把基于人的需要而确立的基本正义称作为法理正义。在工业社会中，这一法理正义是与道德正义相重合的，可以认为是法律中所包含的道德内涵，因而也被称作道德正义。就人的社会贡献与其所得应当一致来看，在工业社会也是以法理正义的形式出现的，但它却是法理正义中的另一个部分。这样一来，我们就看到，法理正义实际上包含着两个部分的内容，一部分是道德正义，而另一部分则是发展正义。

也就是说，法理正义的内容并不仅限于基本正义，根据工业社会的分配原则，人在对社会作出了贡献之后而从社会中获得他的应得也属于法理正义的内容。发展正义应当被理解成效率与公平的合题。从中国改革开放 30 多年的历史进程来看，在其初期，所面对的是人民生活水平极其低下和国民经济面临崩溃的边缘这样一些问题，它要求人们高度重视生产力的发展，高度重视经济效率的提高，因而，正义的追求应当落脚在效率上。然而，在此过程中，道德正义受到了忽视，以至于在就医、就业、接受教育等许多方面都出现了较为严重的正义问题。随着我国经济增长速度的加快，这种正义问题引发了一系列社会问题。这样的话，社会发展也就会遇到更多的困难，以致发展正义也无法得到维护。就此而言，发展正义的追求并不能仅仅把着眼点放在效率方面，而是要把效率与公平放在同等重要的位置上，而公平又是发展正义与道德正义相衔接的部分。如果我们一味强调"效率优先，兼顾公平"的原则，就容易在实践中把重心放置在了发展正义的实现方面，从而忽视了道德正义。

但是，我们可以假设，当一个人对社会做出了突出贡献的时候，这个社会却不承认他，或者说，他应当从这个社会中获得的奖赏或报酬并没有给予他。如果出现了这种状况，那就只能说这个社会是一种病态的社会。事实上，我们是不难发现存在着这类问题的社会中有着一种文化上的卑污性的。也就是说，这个社会的成员会普遍地有着嫉贤妒能的卑污心理，对社会做出突出贡献的人受到了其他社会成员的嫉妒而无法得其应得，甚至会出现受到排挤的情况。但是，嫉贤妒能仅仅是一个社会的心理环境，当这种心理环境表现为一种现实力量的时候，表明这个社会的制度包含着让卑污心理发挥作用的空间。甚至可以说，这个社会的制度本身就是非正义的。是由于制度的非正义性而让那些对社会作出贡献的人无法得其所得，而那些并未对社会作出贡献的人却总能从社会中得到其不应得，并使所谓"小人得志"的现象成为这个社会中的普遍现象。在这样的社会，可以说是人的能力而不是道德在人的社会生活中发挥着基础性的作用，而且，人的能力并没有得到规则的调控，以至于能力成为一切社会非正义的渊薮。所以，在对这一社会现象的观察中，我们也倾向于形成这样一个看法，那就是发展正义也需要得到道德的支持。虽然我们说发展正义不具有道德属性，它不是基于道德而形成的正义观念，也不是为了实现某个道德目标，但是，如果仅仅获得了法律上的规定而得不到道德的支持，也是无法实现了。或者说，它仅仅停留在法理上应当如此的地步，而不是作为一种现实的力量作用于社会，并不能真正地促进社会发展。

总的说来，一个健全的社会可以在两条路径上去加以建构：一条路径是建立健全规则体系，让人的能力在规则所规范的空间中展现，使人的能力尽可能少地发挥负面作用；另一条路径就是并不冀望于详尽而系统化的规则，让人的能力的运用得到道德的规范。当然，与规则相比，道德的可操作性是很弱的，也正是由于这个原因，社会治理长期以来对道德的功能持怀疑态度，也不愿意在道德建设方面投入过大的精力，即使道德观照必须得到考虑，也是首先被放置到了法律规定之中的。现在情况不同了，当我们的社会呈现出高度复杂性和高度不确定性的时候，规则的正向功能在减弱，而其负向功能则迅速增强，以至于规则已经无法实现对人的能力应用的规范，反而束缚着人的能力，使人在高度复杂性和高度不确定性条件下无能为力。就此而言，对道德功能的期许完全是被迫的，是因为社会的高度复杂性和高度不确定性而迫使我们不得不在道德的路径上去寻求社会建构的方案，以图我们的社会能够成为正义的社会。事实上，我们已经进入一个需要把人的共生共在放在突出位置上的社会，以至于道德正义不能完全以法理正义的形式出现。在我们看来，道德正义将会突破法理正义的形式，从而反映和体现在每一个意识到了人的共生共在的重要性的人的行动之中。

法理正义中的发展正义在工业社会得到了人们的普遍接受，这不仅是由于个人主义的意识形态征服了人，而是因为人们更乐意于看到社会发展将会使人的基本需要得到更好的满足，而且能够得到逐步提升，至少人们是带着这种期望的。所以，人们充分理解了按人对社会的贡献而获取他应得的社会回报这一法理规定的合理性，并被认为是除了人与人之间的平等之外的另一种平等观念的体现，即不是在人与人之间搬用平等，而是在人与事之间要求平等。也有许多学者认为，如果像近代早期的启蒙思想家那样把公平的原则用于塑造人与人之间的平等的话，所导致的往往是非正义，只有在人与事之间进行平等的安排，即让人的所得与其对社会的贡献相一致，那才是正义的。这可以说是在法理正义的追求中对启蒙思想的一项发展。

但是，我们必须指出，平等的观念在人的应得与所得的问题上是不应当被机械式地搬用的。虽然人与人之间的平等是正义的基本内涵，但是，在思考人的应得与所得的关系问题时，正义与平等的不同应当得到承认和遵循。或者说，在处理人的应得与所得的问题时，发展正义需要让位于道德正义。也就是说，基于发展正义，人的所得应当与其对社会的贡献一致。然而，在道德正义的视角中却不必然如此。根据罗尔斯的"最少受惠者的最大利益"原则去考虑问题，是可以不把人的所得作为对一个人的社会贡献的奖赏对待的，而是需要在社会和谐的维度上去考虑人的所得问题。在个人这里，社会贡献与其所得的一致则不应成为追求的目标，而是应当将自己的所得放在道德评价上。

在全球化、后工业化进程中，随着人的共生共在的主题被提出后，正义的内涵发生了变化。不是社会因人的贡献而给予人以什么样的以及多少回报，而是人的行为是否增益于人的共生共在。人的能力大小不同，但只要是有益于人的共生共在的，就是正义的行为。同样，人的专业技能有差异，人会因为非常偶然的原因而在不同的行业和不同的岗位上开展活动，但每一项技能、职业和岗位作为既已存在的社会设置，都必然是合乎社会需要的，是具有合理性的。人只要用自己的行为去展现专业技能，只要按照职业和岗位的要求去行动，就肯定是有益于社会的，就能够增益于人的共生共在。对人的这种行动给予承认和肯定也就是正义的，甚至是对正义的最好诠释。

当然，在我们讨论正义的问题时，总是用正义的模糊概念去对社会进行评判，所以，我们惯常使用的也就是"社会正义"一词。其实，社会并不是一个可以度量的实体，离开了人，社会也无法提供正义，社会正义无非是个人的正义行为的总和。当个人行为普遍地表现出对个人利益的追求时，就会抽空社会正义，从而使社会正义成为一个问题，以至于人们把正义的获得寄托于限制和规范个人利益追求的制度建设方面。相反，如果个人的行为是指向人的共生共在之目的的，虽然也会要求相应的制度与之伴随，但那种制度将只是作为一种客观保障而存在的，即为所有能够增益于人的共生共在的行为提供保障，而不是出于限制和规范人的自利追求行为的目的。就此而言，自亚里士多德以来围绕着分配正义和交换正义而开展的所有争议也都将不再有意义。当然，我们这里所说的人是与以往一切理论所谈论的那种抽象的人不同的，而是为了人的共生共在而开展行动的人，他从来也不会纠结于个人与集体的关系，而是把自己放置在人的共生共在目标的实现之中的人。正是这种人，承载着正义实现的责任。而且，正义实现的根本途径就是人的合作行动。

第　七　章

作为行动者的组织

在全球化、后工业化进程中，作为人类集体行动基本形式的组织也处在变革之中。实际上，20世纪后期以来，面对风险社会和危机事件频发的局面，需要以新的组织形式去开展集体行动的问题已经显现了出来。我们从实践中已经看到，官僚制组织正在失去既往的魅力，显得行动迟缓，不能适应这样一个高度复杂性和高度不确定性的社会。在这种情况下，我们构想了一种全新的人类集体行动模式——合作制组织。这一新的组织形式将以其灵活性而在应对各种各样的危机事件中表现出优势。工业社会是一个组织化的社会，在这个社会中，组织成了社会控制的工具，而且，社会控制也反映在了组织之中。也就是说，组织的控制包括两个方面：其一，是对自身的控制；其二，是对环境的控制。工业社会的组织正是通过这两个方面的控制去实现组织目标的。可是，在高度复杂性和高度不确定性条件下，包括社会控制和组织控制在内的一切控制都陷入了失灵的状态。我们正是基于这一现实而做出了合作制组织的构想。合作制组织是高度复杂性和高度不确定性条件下的合作行动体系，它将是非控制导向的。通过合作制组织，我们也将迎来一种非控制导向的社会治理模式。

第一节　组织模式的变革

一、对集体行动的新要求

工业化、城市化的成果也体现在社会组织化程度的不断提高上，在某种意义上，工业社会是一个充分实现了组织化的社会。在这个社会中，人们的几乎一切目标的达成，都需要通过组织的途径，更不用说人的一切社会生活都是借助于组织展开的。无论是在政治的领域还是经济的领域，组织无所不在。离开了组织，人的任何一项社会活动都无法展开，人的任何目标都无法实现。即使人的个人生活，也需要借助于组织去获得生活资料，也需要通过组织去诠释生活的基本内容。

就组织的性质而言，在近代社会组织化的过程中所建构起来的所有组织都是一种协作系统。尽管存在着众多的组织形式，但是，在所有组织都是以协作系统的形式出现的方面，却是一致的，组织间的差别也仅仅体现在协作的科学化、技术化程度上，或者说，不同的组织仅仅在形式合理性的程度上存在着差别。然而，在全球化、后工业化进程中，作为协作系统的组织遇到了协作失灵的问题，这意味着人类赖以开展社会活动的组织正在面临着根本性变革的压力。从人类社会的发展来看，任何一种社会现象的产生都是与特定的社会条件联系在一起的。随着社会条件的变化，与特定社会条件相联系的社会现象，要么面临着消失的命运，要么在形式上和性质上去通过一场根本性的变革而获得新生。组织亦如此。作为协作系统的组织是与工业社会联系在一起的，在全球化、后工业化的进程中，这一组织形式需要被提升或改造成合作系统——合作制组织。

显而易见，全球化、后工业化意味着集体行动的方式正在发生变化，包括规范集体行动的因素，也在发生变化。我们看到，不仅在农业社会，而且在工业社会，惯例亦然发挥着重要的规范作用，惯例构成了一种支配模式，"这种支配模式为寻找系统矛盾的个体解决方案创造了条件。"① 因而，使社会治理的成本得到了节约。或者说，社会治理活动如果能够有效地利用惯例而不是破坏惯例的话，可以花较小的力气而达成较优的治理效果。然而，在全球化、后工业化时代，情况发生了变化。"情况现在突然改变了，进而挑战了合理预测的各种力量，因为情况的变化并没有遵循稳定的逻辑或清晰的模式。由一个个非预期的片断组成的经历削弱了'人们把他们的角色转换

---

① ［英］齐格蒙特·鲍曼：《被围困的社会》，郇建立译，江苏人民出版社2006年版，第53页。

成连贯的故事的能力'。"[1] 高度复杂性和高度不确定性使一切都变得断断续续，以至于人的行为不得不随时做出调整，即表现为间断式的随机行为。惯例失灵了，甚至没有惯例可以遵循了，每一项行为的发生，所面对的都是新的环境，以至于必须做出新的判断和在新的起点上做出行为选择。也就是说，在高度复杂性和高度不确定性条件下，人们必须做出每前进一步都是新的开端的准备，过去取得的成功和业绩，并不是新的行动的"本钱"。也就是说，每一个人都没有什么"老本"可吃。我们也可以将此命名为"零点行动"，以便于我们在"零点行动"所指示的某种意义上确立起新的行动理念。

总体看来，20世纪后期以来，在社会的组织化已经变得非常充分的时候，在一切社会生活和社会活动都需要通过组织进行的时候，组织环境发生了根本性的变化。诚如鲍曼所指出的，"全球化把速度提高到极限，把距离甚至缩短为行动计算可忽视的因素，因此，它不可能是昔日的地域扩张。"[2]在今天的世界中，"速度不再是手段，而是环境……速度是一种融入世界的永恒的物质，而正是在这样的世界中，越来越多的行动被做出，并在这种进程中获得了只有这种物质才能使之成为可能（和不可避免）的特性……由接近域限速度的行动带来的最根本的变化，与其说是突然的到达/出现，不如说是迅速的消失（甚至是行动者在行动舞台上的缺失。行动者的在场不存在了，出现与消失融为一体）。新的速度不仅使行动成为临时的，实际上是不可阻止的，而且也使行动在本质上是不受惩罚的。行动的不受惩罚性表明，它的对象在本质上是极其容易受到攻击的。"[3]

鲍曼在这里描述的是基于美国"9·11事件"经验的思考。实际上，鲍曼所要表达的是，发生在全球化进程中的恐怖袭击不同于历史上的任何一种暴力攻击。虽然人们能够证明这类暴力事件是可以防止的，罪犯能够得到其应得的惩罚，但那只是在具体的某一件事上能够得到证明，至多也只是在某

---

① ［英］齐格蒙特·鲍曼：《被围困的社会》，郇建立译，江苏人民出版社2006年版，第53页。

② ［英］齐格蒙特·鲍曼：《被围困的社会》，郇建立译，江苏人民出版社2006年版，"引言"第13页。

③ ［英］齐格蒙特·鲍曼：《被围困的社会》，郇建立译，江苏人民出版社2006年版，"引言"第13页。

个时期中能够得到证明。实际情况则是，在旧的民族国家框架下，预防或阻止此类事件的成本投入之巨大，有可能让一个社会无法承担。当然，在既有的世界体系中心—边缘结构中，中心国（如美国）可以将"反恐"的巨大成本转移给那些依附于它的边缘国，但是，随着中心—边缘结构的松动，随着依附性的减弱，这种成本转移的做法将会变得困难起来，而且会呈现出越来越困难的趋势。即便是为了"反恐"这一共同目的结成的国家联盟，运行起来也会显得没有效率，根本无法应付那种忽而出现、转瞬消失的恐怖袭击。所以，面对包括恐怖主义在内的所有新的问题，传统的解决问题的思路已经不可行了。

我们看到，诸如恐怖袭击等有害于社会的行动，在很大程度上不是由一个利益共同体的成员发起的。同样，我们还看到，恐怖袭击活动虽然在表现上会拥有组织者和领导者，但这种组织者和领导者不具有传统的领袖特征，而是临时性的。即使消灭了组织者和领导者，而对那个组织即行动体来说，似乎没有多大影响，反而会使更多的人去努力修炼出作为组织者和领导者的能力。更为恐怖的是，似乎随时随地随便一个你意想不到的人，都可能突然实施恐怖袭击。这些新的问题所具有的新的特征都表明，行动者心中的不满和怨恨是引发反社会、反人类行动的根源。只有从根本上消除了这一根源，才是解决这些问题的正确出路。现实情况是，无论是在国际社会还是在一国内部的社会治理过程中，都存在着广泛的制造不满和怨恨的根源，然后等待着不满和怨恨发泄到无辜者身上。

在这种情况下，我们需要优先考虑的依然是如何把人们组织起来的问题。也就是说，社会生活的一切，归根到底，都是一个如何把人们组织起来的问题。在组织意识很弱的条件下，地域隔离使弱组织状态中的社会依然可以获得社会秩序。随着地域范围的扩大化，组织化的要求也就变得越强。由于社会的分化，不同的社会生活领域也提出了不尽相同的组织要求，从而使组织模式多样化。在人类历史的演进中，"脱域化"是一条基本线索，全球化甚至会给人以民族国家边界消失的想象。这样一来，地理上的无边界世界也许就是人类的未来，它对如何组织人们开展社会生活的问题也会表现出更强烈的关注。

工业社会最大的组织就是民族国家，或者说，国家无非是一种组织。在全球化、后工业化进程中，我们看到，作为这一组织的必备条件的国家边界正在走向消失，更准确地说，关于国家主权的观念变得越来越淡。可以相信，当民族国家主权逐渐淡出人们的视野后，尽管它在一个很长的时期内依然是专业的政治活动家们用以支持自己活动的资源，而普通民众则会把利益的增减作为其关注点。比如，当巴黎的零售业出现了萎缩迹象时，迎来了中国的购物团，有些人因此而变得欣喜若狂。然而，随着中国购物人数的增长，作为这一地区市民必需品的奶粉一下子变得货源紧张，从而对当地的消费者形成了压力，引发了某种紧张。这些问题看似与主权扯不上边，但都是因为主权的淡化而引发的新的现象。

作为一个巨型组织的民族国家之所以具有一定的封闭性，是因为维护主权的需要而采取了封闭的措施。然而，当人们的关注重心从主权转向了经济利益，就会主动地开门迎客，希望更多的客人带来经济利益的增长。当然，在经济利益的增长中也产生了负面的影响，却没有理由因为这些负面的影响而关门歇业，即重新把客人拒之于门外。更不应当把诸如购买奶粉之类的事情提升到主权的争论和思考中去，而是需要围绕着利益的得失去谋求对策。所以，全球化中不断增长的人的流动，所造成的实质性影响就是对国家主权的消解。一个显而易见的事实已经呈现了出来："伴随着经济、军事和文化自我管理很快变成了过去的事情，并日益成为想象或空洞的假说，国家倾向于退化为一个扩大的和受尊敬的警察管区。它被期望执行的功能就是维持当地的法律和秩序，并因此防止这片土地变成流动资本的'禁区'。"① 如果购买奶粉是法律所允许的，警察也就没有权力去做出控制，政府更不应当因为此事而大惊小怪。对于政府而言，当市场中一时出现了某种物品的匮乏或货源紧缺，是一个需要通过市场手段去解决的问题，而不是滥用权力的理由。

在整个工业社会中，我们看到的所谓社会结构在某种意义上是可以归结为组织结构的。当我们把民族国家作为一个组织来看待时，整个社会都被纳入了民族国家的框架之中了，所以，形成了一定的结构。在民族国家之中，所呈现给我们的又是层层叠叠的组织，在纵向和横向两个维度上排列起来，并在运行中实现了互动。因而，我们认为，工业社会的行动者就是组织，即

① ［英］齐格蒙特·鲍曼：《被围困的社会》，郇建立译，江苏人民出版社 2006 年版，第 63 页。

便是把个人作为行动主体看待时，如果脱离了他所在的组织，也就无法真正理解他的行为。当然，工业社会的科学总是努力通过对人的行为动机的解读去实现对人的行为的理解，而一旦希望对它的理解做出应用，依然要通过组织的方式去做。正是在此意义上，我们把工业社会定义为组织化的社会。在全球化、后工业化进程中，我们看到，社会的组织化程度会得到进一步增强。在高度复杂性和高度不确定性条件下开展行动，离开了组织是不可想象的。但是，高度复杂性和高度不确定性条件下的行动显然不同于低度复杂性和低度不确定性条件下的行动，这意味着我们需要一种新型的组织去替代工业社会的组织模式。

总的说来，或者说，综观人类历史，虽然可以从不同的角度去描绘出不同的进化图谱，如文化的演进、科技的进步、物质生活水平的提高、社会治理的文明化、民主对集权的替代、理性的持续增强……然而，所有这些方面，如果离开了社会的组织化都是不可思议的，组织才是人类进步的奥秘所在。当我们把视线放在组织的问题上，立即就发现，官僚制组织代表了工业文明。事实上，工业文明也可以被认为是由官僚制组织所创造的。同理，我们认为，合作制组织将是后工业文明的标志，我们关于合作制组织的构想以及实践建构，也就是建构后工业社会的行动。

在全球化、后工业化进程中，面对着社会的高度复杂性和高度不确定性，我们一直在谈论合作行动，那么，合作行动将以什么样的形式出现呢？答案就是合作制组织。所以，在我们走向后工业社会的征程中，需要把重心放置在对合作制组织的建构上来。实际上，在我们看来，解决我们当前所遇到的几乎所有问题，都需要在合作制组织的建构中去寻求破解症结的出路。比如，在反恐的问题上，官僚制组织的僵化及其行动上的蠢笨已经证明了，它是很难取得任何一项所期望的效果的。然而，在合作制组织建构的思路上，不仅是一个直接应对恐怖威胁的问题，而是能够发现从根本上解决恐怖主义的路径。其实，在高度复杂性和高度不确定性条件下的合作行动必须以合作制组织的形式出现，如果说在这一个社会中还可以看到官僚制组织发挥作用的情况，那必然是因为这个社会中还存在着某些低度复杂性和低度不确定性的领域或事项，超出这些领域或事项，官僚制组织就不再能够成为有效的行动体系。

二、官僚制组织受到挑战

法默尔认为，在全球化、后工业化的历史背景下，"新的情境已经出现，公共行政领域也处在其中。组织理论和经济学的某些发展暗示了在理解非层级的和消解官僚化的安排方面的问题。作为不受控制的艺术的批判的深刻意义则是另一个例子。"① 在工业社会，商品征服了世界以及世界上的一切，它破坏了一切不能实现商品化的因素得以存在的基础。然而，全球化、后工业化的开放性和流动性打破了一切领域的限制，呈现出一场非领域化的运动。这种非领域化意味着："围墙已成为过去；商品已成为过去。我们所理解的那种官僚制也已成为过去。在文本的世界中，有的只是多样化的书写，但思维方式是根茎的、非线性的和游牧式的。这是非地域化的世界。我们没有一个专属公共行政理论的独特语言。"② 法默尔认为，在后现代主义这里，"思考对象的结构变化将推进非地域化的过程。我们必须对地域化手法的局限有所认识。后现代主义的交叉学科研究和跨学科研究力图恢复已失去的知识统一性的企图受到了误解。然而，随着人为的学术边界时代的完结，后现代性也鼓吹学科自足性的终结。公共行政的结构随着学科与分支专业之间的围墙的倒塌而倒塌。"③ 其实，不仅学科的围墙倒塌了，行动的边界也被踏平了。不仅公共行政必须接纳正在迅速生成的广泛的社会治理力量的介入，而且整个社会的领域边界都正在消融，一个领域融合的时代呼之欲出。

我们知道，在现代化取得了长足进展的时代，韦伯是从多种多样的组织形式中概括出了官僚制。但是，在那个时期，尽管文官制度已经建立，官僚制还是无法在现实中找到其原型的，而是作为一种理论存在的。官僚制作为一种理论，是对现实中多样化组织中的一种共同特征的抽象。随着官僚制理论的传播和得到专家们的接受，对现实中的组织进化产生了影响，或者说组

---

① ［美］戴维·约翰·法默尔：《公共行政的语言——官僚制、现代性和后现代性》，吴琼译，中国人民大学出版社 2005 年版，第 303 页。

② ［美］戴维·约翰·法默尔：《公共行政的语言——官僚制、现代性和后现代性》，吴琼译，中国人民大学出版社 2005 年版，第 300 页。

③ ［美］戴维·约翰·法默尔：《公共行政的语言——官僚制、现代性和后现代性》，吴琼译，中国人民大学出版社 2005 年版，第 302 页。

织的自然进化开始受到了官僚制理论的强力干预。因而，呈现出同形化的趋势，经过几十年的时间，组织的同形化达到了很高的程度。所以，对于20世纪的组织发展而言，官僚制理论构成了一种先验模式，使组织努力去获得这一模式的理想特性成了几乎所有组织变革的目标。在每一个组织都走向这一目标的过程中，则实现了同形化。就此而言，官僚制理论也可以看作是造成组织同形化的原因之一。

　　然而，在今天，官僚制组织正面临着挑战，根据法默尔的看法，在当前，"解构官僚制的第一个候选对象就是把好的公共行政理论等同于客观性这一'宏大'叙事；根据这一叙事，理论越是优秀，客观性就越大。"① "解构官僚制的第二个候选对象，要记住，就是这样一个叙事：效率是公共行政实践可行的目标。现在我们的讨论目标就是要说明如何运用这一解构策略，而不是让这一策略自行其是。这也意味着类似的概念，如效率，将被纳入类似的解构分析。"② 不过，我们也看到，虽然所谓"后官僚制"时代的提法在20世纪后期以来总是断断续续地被人们反复提及，但是，由于工业社会的各个领域都依然需要通过官僚制组织去实施管理，一直缺乏寻求替代组织形式的认真探讨。只是到了社会的复杂性和不确定性增长到令官僚制失灵的地步，寻求替代性的组织形式的追求才成为一项严肃的任务。即便如此，由于工业社会管理行为的惯性，这项严肃的工作也并没有引起人们的普遍关注。比如，面对危机事件频发的局面，面对信息技术迅速成长和广泛应用的现实，人们并没有在组织的结构性变革方面去进行负责任的探讨，反而是在官僚制的组织框架下去谋求所谓的应急预案，甚至把信息技术作为强化官僚制组织结构的手段。对于正在发生的社会变革而言，这些做法都是非常消极的。我们正处在全球化、后工业化进程中，在这个运行速度迅速加快的社会，在这个呈现出高度复杂性和高度不确定性的社会中，需要一种不同于以往的全新的组织来集结人们的共同行动。合作制组织的构想就是因应这种要求而提出的。

---

　　① ［美］戴维·约翰·法默尔：《公共行政的语言——官僚制、现代性和后现代性》，吴琼译，中国人民大学出版社2005年版，第254页。
　　② ［美］戴维·约翰·法默尔：《公共行政的语言——官僚制、现代性和后现代性》，吴琼译，中国人民大学出版社2005年版，第259页。

当然，就官僚制组织而言，它也是出于解决复杂问题的需要而出现的。因为，在人们需要处理的问题较为简单的情况下，并不表现出对官僚制的需求，只有当需要处理的问题较为复杂时，才需要求助于官僚制组织。但是，官僚制组织在处理复杂问题时所遵循的是一种"化简原则"，所采用的是一种"以不变应万变"的思路。在社会处于低度复杂性和低度不确定性的状态中，这样做是可能的，也是必要的。当社会进入高度复杂性和高度不确定性的状态之后，官僚制组织的功能也就丧失了。我们发现，从克罗齐耶和费埃德伯格的一些论述中，就可以看到构想一种新型组织的追求。他们说，"诸种新的组织得以被建构，对合作与冲突进行规制的新系统能够形成，甚至新的市场也能够建立起来。"[1] 这说明，我们已经进入一个需要扬弃官僚制组织的时代。

只要深入地理解我们时代的需求，就不能不在对新型组织的构想中去想象人类集体行动摆脱当下困境的出路。正是因为我们走进了高度复杂性和高度不确定性的时代，才有了这样的要求，那就是，"人们可以指望通过满足一切目的的抑或非常具有弹性的组织，来灵活机动地行事，而且，毋庸置疑，在此方向上会取得极大的进展。"[2] 尽管存在着很多困难，但是，如果我们深切地体察现实的要求，就不会躺在前人的理论成就之上贪享片刻安逸，而是需要去积极地开展行动，创造性地构想新型组织，并努力付诸实施。总之，"当现存的结构安排的权变特征，亦即人为的特征，变得越来越显著，而且由此越来越难于对其加以合法化时，我们的智能工具——而且首要的是，占统治地位的那种从结果到手段的推论模式——变得越来越不适用于用来解决我们诸种难题。"[3] 这就迫使我们必须从刷新我们的观念开始，去清除一切妨碍我们展开创造性思维的因素，进而致力于合作制组织的建构。

组织是提高生产率的重要途径，毋宁说组织就是为提高生产率的目的而

---

① [法] 米歇尔·克罗齐耶、埃哈尔·费埃德伯格：《行动者与系统——集体行动的政治学》，张月等译，上海人民出版社 2007 年版，"英文版序"第 13 页。

② [法] 米歇尔·克罗齐耶、埃哈尔·费埃德伯格：《行动者与系统——集体行动的政治学》，张月等译，上海人民出版社 2007 年版，"英文版序"第 13 页。

③ [法] 米歇尔·克罗齐耶、埃哈尔·费埃德伯格：《行动者与系统——集体行动的政治学》，张月等译，上海人民出版社 2007 年版，"英文版序"第 13 页。

生的。但是，生产概念在内涵上的扩大以及性质的变化，使一些组织方式不再能满足提高"生产率"的要求。因而，一些组织类型正在被淘汰或被挤压到边缘地带。就官僚制组织而言，无疑最适宜于工业社会"大生产"的要求，而社会的进步和科学技术水平的提高，又逐渐地使它显得不适应了。特别是科学技术水平的提高，使投入直接生产的人力大大减少，组织的任务更多地集中在了如何调动和配置直接投入生产的人力和物力，即通过协调人力和物力而进一步提高"生产率"。其中，首先是组织自身的协调。正是这种组织自身协调的要求，又提高了突破官僚制组织框架的要求，即要求以合作制组织取而代之。由此可见，合作制组织的出现是根源于组织自身协调的追求。也正是这一点，为我们指出了合作制组织建设的一个基本方向，那就是对组织信息沟通的重视。

三、生成中的合作制组织

当工业社会实现了充分的组织化之后，官僚制组织成了形式多样性的组织的基本原型，组织管理模式与民主社会及其文化的离异倾向也愈益显现了出来。因此，整个社会在实质的意义上产生了分裂。一方面是民主政治不断受到新理论和新观点的修缮；另一方面则是从属于合理性追求的一种不断刷新效率的组织管理模式得到发明。这两个方面尽管在社会的总体运行意义上被捆绑在了一起，而它们之间的那种根源于内在逻辑的冲突，却不时地以各种难以臆测的形式暴露出来，并产生了让人们难以承受的恶果。工业社会的这种内在冲突总是以周期性社会功能障碍的形式出现，特别是经常性地以牺牲社会公平和正义为代价。随着工业社会走到了其发展顶峰的时候，这种内在的冲突在每一次反射到表象的层面时，都显得尤为剧烈。比如，2008年的金融危机就使全球承受了持续很长时间的痛楚。所以，最为根本的社会改造方案就应当从解决工业社会的民主政治和文化与组织管理模式间的这种结构性冲突入手，应当使民主融入组织的管理中，也使组织管理成为政治的基本甚至主要内容。这种政治与组织管理的融合形态必然是一种全新的形态，在社会的意义上，它是合作的社会；在组织的意义上，它是一种扬弃和超越了官僚制组织的合作制组织。

在低度复杂性和低度不确定性的条件下，官僚制组织确实表现出了这样一种令人赞叹的优势："同样一个行动逻辑，却能适用于许许多多复杂多变的境遇，并在不同决策中体现出来。"① 这是因为，深深地蕴藏于组织之中的设计理念是成功的，那就是"以不变应万变"。在对官僚制组织进行解剖时所看到的是，它无非是一些要素的机械性组合，甚至并不比一架钟表复杂多少。如果撇开官僚制组织的知识和智能系统的话，其结构可能要比一架钟表简单得多。然而，官僚制组织能够应对许多复杂情况。可是，当社会的复杂性和不确定性程度达到某个临界点的时候，官僚制组织所展现出的这种令人赞叹的能力一下子就全都消失了。也就是说，在高度复杂性和高度不确定性条件下，官僚制组织所拥有的"以不变应万变"的终极性设计理念失效了。这显然是告诉我们，官僚制组织赖以成立的基础被抽空了。这个被抽空了基础的大厦又怎能不轰然坍塌呢？这就是官僚制组织的命运。然而，在官僚制组织命悬一线的时候，人们为了挽救其生命而搜肠刮肚，不断地提出新的方案。当这些方案在延续官僚制组织生命中发挥作用的时候，却让社会为之付出代价，那就是承受危机事件的频繁骚扰。

根据达尔文的观点，进化是以生命的复制为前提的，没有基本方面的复制，进化也就无从理解。但是，当进化由量变而引起质变的时候，一个新种出现了，会以新的面貌展现在我们面前。组织的发展也是这样，它在人类社会发展的总体环境下呈现出了不断进化的特征。在20世纪后期，虽然组织还在不断地复制官僚制，但边缘性意义上的进化也呈现出加速的态势。特别是在人类跨入21世纪后，人类社会的各种各样的新特征都反映到促进组织变革的要求上来了。尽管在一个相当长的时期，官僚制组织还会不断地复制下去，而合作制组织的特征正在呈现出从量的增长到质的变化的趋势。所以，我们正处在这样一个组织模式变迁的时代，合作制组织正在生成。

合作制组织尽管也会复制官僚制组织的那些基本的方面，但这些复制于官僚制组织的内容将会在合作制组织的演进中变得越来越少，直到有一天，这些内容将会退居到无足轻重的地位。当然，社会的变革促进了组织的变

---

① ［法］米歇尔·克罗齐耶、埃哈尔·费埃德伯格：《行动者与系统——集体行动的政治学》，张月等译，上海人民出版社2007年版，第65页。

革，向合作制组织进化的历程是由社会的变革所推动的。但是，如果正在生成中的合作制组织因素不能被复制下去的话，就很难最终成长出合作制组织这种新的组织类型。就此而言，合作制组织的研究是为了改变官僚制组织的组织记忆，是要把那些新生成的因素纳入到组织记忆中来。随着官僚制组织的组织记忆日益式微，同时，随着合作制组织的记忆日益增强，组织的进化也就取得了新的重大进展。那样的话，合作制组织作为组织的一个"新种"，就能够被正式确立下来。更为重要的是，这一图景相距我们并不遥远，甚至是触手可及的。

合作制组织是一种具体的行动体系，尽管它有着与既有组织不同的各构成要素按照一定的结构重新组合起来的特征，但与我们常见的集合体还是有着本质性区别的。也就是说，合作制组织决不是乌合之众，它的去结构化只意味着它的结构不是一种一经生成就相对稳定的结构，而是一种具有充分灵活性的结构。合作制组织之所以依然是一种行动体系，是因为组织目标是明确的，在一定时期（也许是非常短暂的时期）内，也具有明确的任务以及所要解决的重点问题。同时，合作制组织的各构成要素的相互依存度也非常高。在某种意义上，恰恰是这种高依存度而使稳定的结构失去意义。或者说，这种高依存度使合作制组织在没有稳定结构的情况下依然可以以一个整体的形式存在。其实，当一个系统需要依靠其结构的支持而成为一个整体的时候，这个系统是一种拥有弱整合力量的系统。如果一个系统不需要以稳定的结构来加以支撑的话，反而是具有强整合力量的系统。合作制组织正是因为拥有非结构性的整合力量，所以，才是一种有机性更强的行动系统。

在全球化、后工业化的背景下，在高度复杂性和高度不确定性的条件下，我们的社会其实已经表现出了对合作制组织的热切期望。只不过这种热情流于经验，没有得到理论自觉而已。也就是说，我们今天的一切社会性行动都在越来越清晰地展示出一种要求，那就是，需要用一种完全不同于以往的和既存的组织模式去应对高度复杂性和高度不确定性条件下的各类问题。虽然我们认为新的组织形式应当是集体行动的合作模式，但是，一旦付诸行动，即进入合作制组织建构的过程之中，那就必须是一个自觉行动的过程。这就是克罗齐耶等人所指出的，"组织模式可以是为解决集体行为问题而构建的，因而也是人为的。"① 仅仅就合作制组织的理论构想而言，也需要广泛的合作。学者们有义务在这样一个共同关注的主题下，用自己的探索去实现合作制组织理论建构的合作行动，把自己的研究汇入合作制组织建构的合作进程中来。

不过，需要指出的是，在任何时候，我们所强调的都是对官僚制的扬弃或超越，而不是简单的否定。我们把官僚制与工业社会联系在一起是包含着这样一个判断的，那就是官僚制是工业文明整体上的一部分，也是我们必须加以继承的文明成就，如果简单地否定它，那是极不负责任的做法。所以，面对官僚制，最积极的做法是更加明确地把它放置在工具的地位上，而且，"更重要的是要找到一些方法，把公共官僚制转变成实现我们共同梦想的更积极的力量。"② 总之，扬弃官僚制决不意味着把它从我们的社会中简单地清除出去。就官僚制是人类组织文明的一种形式而言，是有生命力的，在处理低度复杂和低度不确定性事务方面，它的效率优势是非常明显的。只有这样去认识官僚制，才是科学的态度。

组织天然地就是集体行动的形式，无论组织规模的大小，都无非是人们为了实现集体行动而集合到一起的。但是，不同的组织在达成集体行动时是有着不同表现的。官僚制组织在集体行动中的表现取决于组织设计的科学性，而合作制组织在集体行动中的表现，除了需要得到组织设计科学性的支持之外，还取决于组织成员的合作意愿以及道德状况等。在合作制组织得以成为一种普遍性的组织形式时，官僚制组织依然可以在那些低度复杂性和低度不确定性的领域中发挥作用。但应当看到的是，它所发挥的是补充和辅助的作用。社会的高度复杂性和高度不确定性决定了，在这一条件下开展行动，需要更多地运用合作制组织。所以，我们在全球化、后工业化进程中所提出的是对合作制组织的构想，所希望的是找到一种适应高度复杂性和高度不确定性条件下开展行动的组织形式。

---

① ［法］米歇尔·克罗齐耶、埃哈尔·费埃德伯格：《行动者与系统——集体行动的政治学》，张月等译，上海人民出版社 2007 年版，第 7 页。

② ［美］戴维·约翰·法默尔：《公共行政的语言——官僚制、现代性和后现代性》，吴琼译，中国人民大学出版社 2005 年版，第 8 页。

第二节　非控制导向的组织

一、管理与控制

从 20 世纪组织的运行来看，"一个刻板僵化的组织，它的管理手段就是等级、保密、规则、距离和分隔，其主要游戏（最小类型的）为保护性的游戏。这样它就无法，至少在现阶段，无法采取分散的结构来更好地控制和它与'动荡的'环境之间的关系所引发的冲突和问题。"① 所以，在如何处理组织与环境的关系问题上产生了"权变理论"，这一理论要求组织面对多变的环境采取灵活性的策略。为了使组织策略的灵活性获得得以发生的根据，它进一步要求组织结构具有一定的弹性，以求从中产生灵活性策略去应对环境的挑战。从理论上看，这是一个很好的思路，被赋予了打破组织的刻板僵化之意义。然而，在实践上，我们却很少见到对此给予充分证明的案例。即使有，也可能是由于诸多原因造成的，并不能简单地归结为组织结构的弹性化和组织策略的灵活性带来了组织与环境之间关系的改善。

权变理论也是基于近代以来组织的控制导向而提出的一种柔性方案。事实上，在权变理论出现的时候，组织的控制导向已经显现出了诸多困难。正是由于这个原因，才会出现权变理论提出通过组织结构上的弹性和策略上的灵活性去改进控制的要求。由于权变理论在本质上依然是走在控制导向的道路上的，是以更为温和的形式去表达组织的环境控制，所以，它无法真正发挥回应高度复杂性和高度不确定性条件下组织开展行动的要求。应当承认，在低度复杂性和低度不确定性条件下，组织的控制导向是可能的，而且也确实是成功的。但是，在高度复杂性和高度不确定性条件下，无论通过什么样的方式、方法上的改进，也无法维持组织的控制导向。事实上，组织的任何一种控制导向追求都是不正确的。这说明，当我们的社会实现了从低度复杂性和低度不确定性到高度复杂性和高度不确定性的转变，也就需要对行动者

---

① ［法］米歇尔·克罗齐耶、埃哈尔·费埃德伯格：《行动者与系统——集体行动的政治学》，张月等译，上海人民出版社 2007 年版，第 202 页。

本身进行根本性的变革。而且，这是作为行动者的组织所面临的模式上的根本性变革。我们已经指出，这一变革应当被理解成从官僚制组织向合作制组织的转变，也是从组织的控制导向向非控制导向的转变。

自从组织理论兴起以来，它的中心任务"就是描述和说明组织理性的正式结构得以形成的条件或背景。传统的组织理论假定，理性的正式结构是协调和控制与现代技术或工作活动相关的复杂关系网络的最有效方式"。① 的确，组织的运营以及所开展的各种各样活动，都是立足于组织结构的基础上的。一个组织的生成，首要的工作就是赋予它一定的结构。即便在组织发展过程中出现的那种具有自然属性的结构化过程，也都应当被看作是在最初所赋予的结构之上而进行组织结构调整的过程。但是，当组织理论把组织的结构作为关注重心的时候，实际上是基于两个前提展开的：第一，是在组织本位的意识形态之下开展理论建构的，即以组织为中心而把其他的方面要么作为组织的环境来看待，要么作为组织的职能来认识。往往是先验地假定，组织是可以自为地存在下去的。在组织与其他组织以及整个社会的关系中，认为组织可以凭着自己的意愿、偏好和能力去做出选择，而不是认为它们处在互动的过程之中。第二，是在低度复杂性和低度不确定性条件下去开展组织描述的，往往假定环境因素对组织的存在和运营并不产生关键性的影响，抑或认为组织在其结构不变的基础上可以通过技术上的和策略上的调整而实现对环境的控制。前者所假设的是组织实现对自身的控制，而后者则相信组织能够有效地控制环境。所以，组织的立足点就是控制，即控制自身和控制环境。在这两个方面都实现了有效的控制，组织的运行也就是平稳的，能够不受非预期因素的干扰，并能够实现组织目标。这就是我们所说的"组织控制导向"。

在组织的视角中去看政府，唐斯认为，"官僚组织中各种行为之间的相互依赖性越复杂和越细微，只要这些行为之间的关系是可预测的，以满足高度的专业化的要求，那么，其等级组织就越垂直。大量专业化活动需要细微的协调，这使得协调员与从事直接生产的成员的比例较高。"② 这就是说，

---

① ［美］迈耶·罗恩：《制度化的组织：作为神话与仪式的正式结构》，载［美］鲍威尔、迪马吉奥主编：《组织分析的新制度主义》，姚伟译，上海人民出版社 2008 年版，第 46—47 页。

② ［美］安东尼·唐斯：《官僚制内幕》，郭小聪等译，中国人民大学出版社 2006 年版，第 62 页。

组织中各种行为之间的关联性状况决定了组织结构的垂直特征。而不是表面上所看到的那样，是由于组织规模的扩大而决定了专业化，进而产生垂直结构。官僚制组织的垂直结构是由两个原因造成的：其一，组织中的行为相互之间依赖性程度较高，每一种行为都会直接或间接地影响到其他行为。因而，必须尽可能地对所有这些行为加以控制，即协调行为之间的关系。在协调性不足的情况下，又会提出增加协调层级的要求，以至于造成了组织规模的膨胀，陷入新的协调困难的境地中。其二，组织中的行为及其影响具有可预测性，在一种行为会直接作用于什么对象和产生什么直接影响的问题上，是可以做出预测的。如果以对象为视点的话，就会发现一个稳定地作用于某一对象的行为集。根据行为集的线索而把行为主体集中起来，就形成了一个部门。同样道理，一些行为在组织中呈散射状态，作用于不同的对象，但是，它们在内容上甚至性质上都是相同或相近的，而且引发的结果也会大致相同。这样的话，就可以把它们归类为一类行为，然后，把这些行为主体集中起来，也形成一个部门。这就是组织专业化的结构图谱。

一般说来，一个良好运行的组织都会包含着上述两种类型的部门，而且这两类部门也都可以发挥相互补充的作用。但是，如果一个组织仅仅根据"行为集"来划分部门，就会在科学合理性上大打折扣，而且会导致组织规模的恶性膨胀。不过，即便一个组织拥有了上述两种类型的部门，虽然使专业化表现出合理性的状况，但也依然会在平行的部门之上提出一个协调层级建立的要求。结果，在造就了组织的垂直结构的同时，也助长了组织规模的膨胀。事实上，组织的协调取决于控制的状况，在某种意义上，有效的控制也就意味着高度协调。由于控制是协调的逻辑前提，所以，组织的部门划分、结构设计等，都优先考虑的是能否实现有效的控制。只有能够被证明实现了有效控制，才被认为是实现了有效的协调。或者说，只要控制是有效的，协调也就寓于其中了。总之，现代组织是控制导向的组织，组织这个概念本身就意味着控制，就是控制系统。而且，组织既是控制者也是控制对象，当组织实现了对自身的控制时，是控制者与控制对象的统一；当组织实现了对环境的控制时，是控制者与控制对象的分立。

组织的控制导向是与其社会背景相一致的，或者说，这个社会的控制导向反映到了组织之中。进一步地说，这个社会需要通过组织的控制导向而实施社会控制。弗雷泽指出，"资产阶级公共领域中的话语互动，既受到本身相互联系的生活方式和行为风格的束缚，也受到地位不平等的支配。"① 在社会治理的整个过程中，无处不是以控制的方式去定义社会治理的。虽然控制的方式是多种多样的，但在控制目标上则是一致的。所以，即便是哈贝马斯所极力推荐的"商谈"，在实质上，也只是用以掩盖控制的另一种形式。从资产阶级公共领域运行的现实情况来看，"在商谈中排除社会不平等，是指在这些不平等仍然存在的时候却像是不存在一样被排除了。就此而言，这并没有促进参与平等。相反，这种排除通常对社会中的统治群体有利，而对从属群体不利。"② 实际上，它对事实上存在着的不平等做出了有意识的忽视，从而造就了一种形式平等。正是由于这种形式平等，掩盖了实质不平等，让人们承受着不平等之苦的时候却无处诉说，甚至找不到不平等之于他的压迫力量来自何方。这就是现代控制的基本特征。它不是直接的权力控制，而是表现为以非人格化的方式去实施控制，是通过组织，而且是通过组织的制度、体制、程序等方式去实现控制。这样一来，即使这一控制的压迫性质被感知到了，人们也无法找到控制的主体，无法认定是谁操纵和实施了控制。

在管理主义的思维框架下，毫无疑问，激励也是控制，是利用人的心理动机和通过对人的心理过程施加操纵来达到对人及其行为进行控制的目的。在具有人本主义管理理想的一些管理理论那里，大都强调"尊重人"和"以人为本"，这显然是一大进步。但是，这种进步还仅仅体现在管理过程中。就其"尊重人"和"以人为本"依然是从属于控制的目的来看，显然是把对人的尊重以及以人为本作为实现控制的工具而加以使用的。所以，我们很难说它突破了管理主义的思维框架。其实，行为主义是在促进个体的发展和丰富个人的活动的名义下去寻求组织管理方式的改善的，甚至也要求组织的结构以及运行方式得到改善。实际上，它只是为了组织绩效的改善这样一个目的而要求把对人的行为控制变得更加隐蔽而已，是希望通过隐蔽的控制而使个体自愿地放弃自己的自由。在行为主义提供的方案中，作为组织

① ［美］南茜·弗雷泽：《正义的中断——对"后社会主义"状况的批判性反思》，于海青译，上海人民出版社 2009 年版，第 83 页。

② ［美］南茜·弗雷泽：《正义的中断——对"后社会主义"状况的批判性反思》，于海青译，上海人民出版社 2009 年版，第 84 页。

成员的个体行为选择表面看来是出于自愿的，而在实际上，则是管理者在对被管理者的心理控制中发生的，被管理者的行为所表现出来的依然是按照管理者为其行为设定的路线进行的。因而，按照行为主义理论设计出来的组织系统，在运行上也不是根源于组织成员的自主活动。所以，在我们看来，行为主义所给出的组织管理方案依然是从属于控制导向的组织原则的。

权变理论不同于行为主义，但是，它依然是在组织的控制导向思维中去寻找组织的环境控制策略的。也就是说，权变理论试图在组织环境中抽象出一组关键变量的做法尽管有着科学的形式，而在实际上，则是十分不科学的。因为，"环境不是一组独立变量的集合体，环境是诸种彼此相异的结构系统抑或亚结构系统的集合体，它因此呈现出数种具体的问题，而对于这些具体的问题，每一个组织的行动者都不得不加以解决。"① 也就是说，组织环境也是一个系统，构成环境的各要素是有机联系的整体。对于作为一个系统整体的环境，如果仅仅从中抽象出一组关键变量，实际上是破坏了环境系统的总体性的质。当然，在低度复杂性和低度不确定性的条件下，把握住环境的一些关键变量，是可以对组织的行动做出指导的，也能够实现环境控制。然而，在高度复杂性和高度不确定性的条件下，仅仅去把握环境的一组关键变量已经丧失了意义，是无法实现环境控制的。反映到组织之中，也会使组织对自身的控制变得困难。所以，我们在这种情况下所看到的往往是控制失灵。

总的说来，自有组织以来，组织管理的问题都是通过控制来加以表现的。正是在此意义上，人们才会经常说"管理就是控制"。这似乎是在表明，组织管理天然地采取了控制的形式。所以，组织的控制导向从来也没有受到过人们的怀疑。然而，在全球化、后工业化的进程中，人们发现，"组织即便是对已有问题加以控制和管理，其他的问题依然会出现。从某种角度上说，这类新生的问题就是它自身产生的'反常效应'，更为确切地说，是系统的'继发性'反直觉效应，实际上就是我们在日常生活中遇到的那些问题。"② 随着组织环境复杂性和不确定性程度的迅速攀升，这类问题变得

---

① ［法］米歇尔·克罗齐耶、埃哈尔·费埃德伯格：《行动者与系统——集体行动的政治学》，张月等译，上海人民出版社 2007 年版，第 152 页。

② ［法］米歇尔·克罗齐耶、埃哈尔·费埃德伯格：《行动者与系统——集体行动的政治学》，张月等译，上海人民出版社 2007 年版，第 6 页。

越来越突出了，以至于组织预先设立的任何控制和管理方案都无法应对纷至沓来的各种各样的问题。

在高度复杂性和高度不确定性条件下，我们发现，当组织解决了某一（类）问题时，另一些（类）问题立即涌现了出来，尽管许多问题并不表现为是由组织解决某一（类）问题的方式、方法所直接引发出来的。这种情况要求组织不仅要提高系统化的认识问题和解决问题的能力，需要有前瞻性地判断当下行动后果的能力，而且更需要提高应变能力，需要在一个新的问题甫一出现之时就对问题的性质和可能性的演化趋势做出准确判断，并在问题演变势头的前端实施有效阻断。这些做法将不是控制的，而是回应性的，可以在我们今天常说的"应对突发事件"的意义上来理解这种组织行为模式。总之，在高度复杂性和高度不确定性条件下，组织的控制已经不再可能，而是需要在非控制导向上去寻求组织重建的方案。我们把这一组织重建看作是一种新型的组织模式的出现，具体地说，是从官僚制组织向合作制组织转变的过程。这也可以视作为人类历史上的又一场伟大的变革。鉴于工业社会已经实现了社会的组织化，组织模式的根本性变革也将意味着同时是一场伟大的社会变革。

二、打破控制导向

鲍曼通过引用托克维尔的《旧制度与大革命》来阐释当下正在发生的革命，认为商业是驱动这场革命的引擎。鲍曼说，由于商业不愿意待在旧的制度中，试图挣脱旧制度的罗网，因而引发了法国革命。在这场革命中，"由法国革命者创建的、干预较多的、新型的国家政权之所以会做出开创性的举动，是因为它急于修补由旧制度极其明显的弱点带来的破坏；而这个旧制度则竭力反对这种做法，但它阻止社会秩序的迅速瓦解，也无法减慢社会秩序瓦解的速度。"[1] 类似的情况再一次发生在今天，"商业又一次从地方纽带中把自己解放出来，不过这个纽带不再是家庭，而是民族—国家。"[2] 正是这种解放的过程构成了全球化运动的基本特征，或者说，汇入了全球化进

---

① ［英］齐格蒙特·鲍曼：《被围困的社会》，郇建立译，江苏人民出版社 2006 年版，第 60 页。
② ［英］齐格蒙特·鲍曼：《被围困的社会》，郇建立译，江苏人民出版社 2006 年版，第 60 页。

程。而且，也在全球化中汲取了能量，进而把这种能量贯注到政治、社会等各个领域之中，促进了人流、物流、信息流以至社会的全面流动，践踏和蹂躏着民族国家的边界，试图一下子就把民族国家边界上的那些界碑踢平。

我们知道，无论是对于一个组织还是民族国家，都必须有着明确的边界才能实施有效的控制。一旦边界变得模糊，就意味着开放性与流动性的增强，以至于控制难以为继。也就是说，所有控制都是封闭系统中的控制，一旦一个系统不再是封闭系统而是开放系统，就不再是可控制的了。不仅如此，就全球化、后工业化是一场变革运动而言，"在这里，它实际上可以自由地制定规则。当前的'旧制度'（即大量的具有主权的民族—国家）似乎越来越没有能力减慢商业力量从民主控制中逃离出来的速度，更无法阻止商业力量从民主控制中逃离出来。"①事实上，全球化对民族国家框架内的政治所造成的挑战是明显的，不仅对民主政治，而且也对其他非民主的政治造成了同样的冲击。显而易见，在近代以来的社会中，民族国家是在民主政治的成长中建立起来的。但是，在民族国家主权得到确认后，既为民主政治提供保护，也为非民主政治提供了同样的保护，从而造成了政治形式在全球范围内的多样性，也因为这种多样性而引发了诸多无谓的政治冲突。

在全球化进程中，随着民族国家这一"旧制度"的瓦解，全球政治的趋同已经是一个明晰可见的目标。而且，这种政治决不是民族国家内部政治在全球范围的推广，而必将是一种全新的政治形式，是对民族国家内部的民主和集权政治的全部扬弃。也就是说，它并不会对既往的民主政治或集权政治表达任何偏爱，而是一种全面的超越。在社会组织化的条件下，政治方面的变革必然会反映到组织上来。或者说，政治变革必然会引发社会的全面变革，也自然而然地会引发组织变革。即使在最低限度上来理解政治变革对组织的影响，我们也必须承认，旧制度是通过控制的方式来阻碍变革的，而正在发生的一切变革，又都无疑是对控制的挑战和冲击。

托克维尔的《旧制度与大革命》所描述的是西方从农业社会向工业社会转变的那场革命过程，而在今天，我们所面对的是从工业社会向后工业社会转变的又一场革命。在从农业社会向工业社会转变的过程中，虽然终结了

---

① ［英］齐格蒙特·鲍曼：《被围困的社会》，郇建立译，江苏人民出版社2006年版，第61页。

权力控制，却建立起了新的控制形式。在社会的意义上，所实施的是法律控制，而这种法律控制又是通过组织来执行的和借助于组织而付诸实施的。正是由于这个原因，使担负着社会控制职能的组织成为控制导向的组织。所以，我们看到，在社会治理的问题上，长期以来，"人们热衷于制定规则，着魔于行政管理的控制，迷恋于一切合法但却无力的权威，这一切业已登峰造极，而问题的症结就在于此。"①　于此之中的逻辑是，因为社会问题变得越来越多，甚至已经对社会的安定、和谐构成了威胁，所以，必须不断地去增强控制。也就是说，控制本身是出于解决问题的需要，但是，控制导向的社会治理以及控制导向的组织都不仅没有使问题变得越来越少，反而使问题变得越来越多。而且，由控制引发的问题既挑战着控制又助长了控制的升级。

在控制的轮番升级中，控制力量愈是得到强化，问题就变得愈加严重，解决起来也就愈加困难。所以，到了 20 世纪 80 年代，人们开始意识到了改革的必要，试图通过改革而走出控制与问题不断攀升的循环怪圈。在这场改革运动中，最引人注目的是新公共管理运动，它提醒人们把注意力放到公共服务过程的末端而不是过程上，以求借此而把人们从控制导向的思路中引领出来。也就是说，近代以来逐渐成型的公共行政一直专注于过程控制，由于这种对过程控制的专注，致使规则体系的日渐繁复，陷入程序合理性的无尽追求，动辄要求对行政行为进行严格约束。既然对过程的关注引发了控制导向，即要求对过程本身进行严密的控制，那么，把人们的视线从过程引向结果，也就被赋予了弱化控制导向的意义。所以，在新公共管理运动中，我们发现了这一基本精神，那就是直接地关注结果，以便把公共服务以及整个行政过程从严密的控制中解脱出来。

20 世纪 80 年代开始的改革运动是与全球化、后工业化联系在一起的，也可以说这场改革运动是发生在全球化、后工业化的背景中的。全球化、后工业化把许多新的社会特征呈现给了我们，其中，社会的流动性就是一个最为显著的新特征。在全球视野中，我们看到，流动性是全球化的最重要标

---

① ［法］米歇尔·克罗齐耶：《法令不能改变社会》，张月译，上海人民出版社 2007 年版，第 34 页。

志，也正是这一点，使全球化不同于近代早期的资本主义世界化。如果说资本主义世界化中的军事和资本征服是为了最终把征服的收益"带回家"的话，那么，全球化中的人的流动则是为了在目的地获取机会。这就是鲍曼所说的，"既然在全球相互依赖的制度下，有效行动及其获得满意的行动结果的机会是变化无常的，流动就变成了最珍贵的和最受欢迎的资源。如果机会不能'固定在某个地方'保持不变，那么，人们就去机会较多的地方，并试图抓住机会。但是，机会从来不会受到地方规则的限制，因为它们可以自由地切断同地方纽带的联系，随即收拾行囊，丢掉不动产，然后轻装上路。"①

如果说工业化打碎了农业社会中人们的"安土重迁"观念，使人们流向了城市，那么，当后工业化通过全球化运动来为自己开辟道路时，首先打破的就是民族国家边界对人的流动所造成的束缚。比如，在美洲，首先需要废除的就是那些旨在防止"墨西哥人"变成美国人的法律。尽管人的流动可能存在着抢夺了当地人的机会这样一些问题，但是，国家没有理由通过拒绝外来人获得机会的方式去保护懒惰和不思进取等特权。特别是不应出现这种情况，如美国的政治家们那样对他的公民说，制造业向中国转移是中国人有意盗取了美国人就业机会的行为。就这种说法而言，不仅是民族国家意识的滥用，而是一种有意挑起冲突的政治骗术。既反映了一种过了时的观念，也是极其不道德的。在全球化、后工业化背景下，我们恰恰应当像鲍曼所说的那样：国家应当"使本国的生产者和消费者的情况尽可能不稳定"。② 只有这样，才能在我们的地球上再一次激发出巨大的能量，才能使我们的社会重新焕发出生机和活力。在社会的以及组织的控制导向这一问题上，显而易见的事实是：一方面，流动性的增强使控制变得困难，甚至变得不再可能；另一方面，控制导向已经成为流动性的直接敌人，成了阻碍全球化、后工业化的保守因素。所以，在全球化、后工业化所带来的变革中，终结控制导向是第一要务。

在近代以来的社会中，社会控制以及组织中的管理控制都是基于法律做

---

① [英]齐格蒙特·鲍曼：《被围困的社会》，郇建立译，江苏人民出版社 2006 年版，第 64 页。
② [英]齐格蒙特·鲍曼：《被围困的社会》，郇建立译，江苏人民出版社 2006 年版，第 63 页。

出的，是出于创制和维护秩序的目标而开展控制和实施控制的。无论是在国家的层面还是在组织的层面，只要控制是有效的，就会带来意欲追求的秩序。然而，由于法律是外在于人的，是作为客观性的规则系统而作用于人的，对于由法律所提供的创制秩序而言，是不同于自然秩序的。所以，"要想成为维护秩序的有效方式，法律就必须值得并且赢得百姓的效忠，并且去做那些其必须能够被证明为正当的事情。对法律的证成存在于这样的表明之中，表明对人们为舒适、权力与光荣而进行的奋斗所施加的限制是公平的，因为没有任何人的自由被毫无理由的永定为超越另外一个人，并且只要对主观选择偏好的禁止相一致，每个人都被允许了最大限度的自由。"①

显而易见，自然（发）秩序并不需要系统的法律来提供。虽然在秩序的维护方面会存在着对规则的要求，但这些要求是较弱的。一般说来，在农业社会的历史阶段中，世界各个地区所拥有的基本上都是自然秩序，尽管在少数地区也发展出法律的规则系统，但它们基本上都处于不发达的状态，而且未表现出持续发挥作用的状况。工业社会所拥有的是创制秩序，这种秩序本身就是由法律所创制的，也需要依据法律来加以维护。所以，法律体系的健全与否，决定了秩序的状况。而且，对于法律，也有着上述昂格尔所提出的要求。由于法律相对于人的外在性，以至于创制秩序成了相对于人而言的压迫力量，是以外在性的压制、强制的形式出现的，而且极易变得僵化。也就是说，创制秩序是以控制的方式赢得的秩序，这种控制表现出了压制和强制的特征，限制着人的行为，使系统封闭。

我们的社会要求以法治理，而我们这个社会中的一切组织也都被推荐了以规则治理的方式。无论是法律还是规则，都无非是出于控制的要求，都表现为和反映出控制的特征。的确，在近代以来的这个历史阶段中，由于社会处于低度复杂性和低度不确定性状态，依法治理和依规则管理都取得了巨大成效。这证明了控制是一种切实可行的手段。正是由于这个原因，生成了对控制的迷信。人们认为，如果说我们的社会中存在着与秩序不一致的因素，就必须通过强制性的控制而加以消除，否则，它就可能成为挑战秩序和冲击

---

① ［美］罗伯托·曼戈拉·昂格尔：《知识与政治》，支振峰译，中国政法大学出版社 2009 年版，第 121—122 页。

秩序的因素。但是，控制的每一次强化都不仅没有消除挑战和冲击秩序的因素，反而必须面临更严峻的挑战和冲击。

可见，通过控制的方式而创制出来的和进行精心维系的秩序始终处在一个尴尬的状态中。如果缺乏挑战和冲击的话，我们的社会以及这个社会中的组织就会陷入僵化状态；如果遇到了挑战和冲击的话，我们的社会或这个社会中的组织就会面临着失序的危机。正是由于这个原因，在全球化、后工业化进程中，创制秩序的僵化显现出了难以适应高度复杂性和高度不确定性的状况。因此，面向后工业社会的秩序构想被引向了合作秩序。合作秩序虽然也需要得到规则系统的维护和支持，但它主要还是存在于人的行动之中的，是合作行动中的秩序，是由合作行动提供的和通过合作行动来加以维护的秩序。合作秩序在形式上具有自然秩序和创制秩序的双重特征，但在本质上又是不同于前两种秩序的。合作秩序既是对自然秩序和创制秩序的综合，也是对它们的超越，最为重要的是，不从属于任何静态的把握。因而，也不再需要通过控制的方式去加以创制和维系。

在工业社会中，除了权力和法律被应用于控制，而且，知识也在社会控制中发挥着重要作用。总的说来，在社会较为简单的情况下，运用权力以及使用以权力为后盾的暴力，就可以实现对社会的控制。但是，这种控制会经常性地遇到同样援用暴力的反控制，而且也形成了控制与反控制所构成的循环运动。近代以来，权力与知识结合了起来，建立起了权力与知识相互支持的控制体系，从而使权力与暴力的联系变得较为隐蔽，往往是在非常特殊的条件下才求助于暴力。一般说来，只是对于国家这样的控制系统才有资格运用暴力，而广泛存在于社会中的行动系统——组织则没有这样的资格。甚至作为国家的各种次一级的行动系统，在未经国家权力部门授权的情况下，也不被允许使用这种暴力。这应当被看作是具有合理性的。因为，既然可以通过知识去实现控制和达致控制的目的，援用暴力也就不再显得那么必要了。

我们看到，权力和暴力所代表的社会力量可以由控制者所掌握，也同样会在被控制者那里积聚起来。与此相同，控制者可以利用知识去实施控制，而被控制者也同样可以利用知识去反控制。就知识可以生成控制的技术而言，它本身就意味着可以同时生成反控制的技巧。这就是控制依据上的功能性矛盾，从而使控制与反控制都成为可能。我们对此问题的陈述虽然是一种逻辑性的推断，然而，却揭示了人类在控制问题上出现周期性危机的根源，指出了现代社会为了控制而发展出的具有合法性的机构和具有合理性的技术等不可能拥有控制永远不受反控制挑战的优势。所以，人类社会前进的目标应当确立在终结控制的方向上，应当把共同体的维系建立在合作而不是控制的基础上。

三、非控制导向

在我们这样一个伟大的社会变革时代，以全球化、后工业化为标志的这场变革运动所指向的是后工业社会，即实现从工业社会向后工业社会的转变。这场变革将是全面的，发生在整个社会的每一个方面和每一个层次上。其中，所有方面的变革都包含着共同的内容，那就是控制的终结。根据克罗齐耶的看法，"每一种变革，在任何一个领域，都会遭遇到这种或那种形式的阻挠与对抗。此类阻挠与对抗由集体决策实践构成，而这种实践直接或间接地依赖于行政管理体系。"① 在改革的时代，行政管理部门也许会借着改革的名义去开展各种各样的活动，但透过其活动的表象，人们所看到的可能更多的是阻挠改革和对抗改革的行为，可能更多的是趁改革之机而浑水摸鱼，即利用改革之机去集中自己的权力和强化控制，把一切与自己的利益不一致的、与自己的意志相左的因素都作为加以压制的对象对待。在这种情况下，主张改革的政治部门以及社会即便是识破了行政部门行为的实质，也往往是有苦难言，更不用说找到适当的解决方案。所以，在全球化、后工业化的压力增大的情况下出现了改革的要求，而在经历了30多年的改革后，社会控制以及组织控制都有增无减。同时，控制失灵的状况也变得越来越严重，而控制的冲动却变得更加强烈。

克罗齐耶和费埃德伯格指出，"组织是一种人类建构，人们希望运用组织来解决诸种问题，只要人们为集体行动的单一逻辑所限制，这些问题就会依然无法解决。"② 我们看到，线性思维、控制的逻辑，都使组织面对高度复杂性和高度不确定性的环境而显得无能。在高度复杂性和高度不确定性的

---

① ［法］米歇尔·克罗齐耶：《法令不能改变社会》，张月译，上海人民出版社2007年版，第58页。

② ［法］米歇尔·克罗齐耶、埃哈尔·费埃德伯格：《行动者与系统——集体行动的政治学》，张月等译，上海人民出版社2007年版，"英文版序"第9页。

条件下，组织已经无法通过对环境以及组织交往对象的征服和控制而实现其功能。组织的内部控制也不再是增强组织能力的唯一途径，反而使组织的环境反应能力变得更差。现在，我们看到，这类组织理论赖以成立的先验性假定都不存在了。因为，组织的互动在迅速增强，并对组织的自我中心主义形成了越来越大的压力，使组织无法在以自我为中心的条件下去与其他组织开展交往。与之相比，组织间的互动反而使那些并不谋求自身确定性结构的组织显示出了更大的优势。

同样，社会的高度复杂性和高度不确定性也不支持任何谋求组织结构确定性和稳定性的做法，更不对组织的控制导向形成支持。因为，组织的任务已经变得越来越具有复杂性和不确定性，单凭某个组织的努力往往无法承担起这类具有高度复杂性和高度不确定性的任务，而是需要通过与其他组织的合作去承担这类任务。对于这种合作而言，组织必须根据所承担的任务以及合作互动的要求去开展行动。如果组织的结构束缚了合作和对承担任务起到妨碍作用，就必须改变其结构。实际上，在这种条件下，组织已经无法建立和维系某种确定的和稳定的结构了，更不用说基于稳定结构的控制还具有合理性了。因此，在高度复杂性和高度不确定性条件下，组织理论需要实现关注点的根本性转变，需要从对组织结构的关注转向对组织行动方式的关注。

近代以来，在官僚制组织的标准配置之外，无论做出何种改进，都无非是对一种更优的控制方式的寻求，总是出于控制的目的而去对手段加以改进。本来，组织的存在是出于承担任务的要求，然而，由于存在着一个先验性的判断——组织能否承担任务或如何承担任务取决于组织自身的情况，致使管理者的工作基本上被集中到了组织规则的执行上来了。在这种情况下，无论选择什么样的管理方式，都无非是出于控制组织的目的。规则的制定以及维护也都是服务于控制的，至于组织所承担的任务，则受到管理者的忽视。或者说，被假设为控制的副产品。在这一点上，合作制组织恰恰颠倒了过来，整个组织以及它的全体成员都将视线投向了其承担的任务上来，至于组织自身的管理，则被放在了次要的位置。其实，当合作制组织的任务关注上的优先性得以体现之后，组织自身的管理也就变得极其简单了。相应地，合作制组织中的专家地位将得到极大提升，管理者凌驾于专家之上颐指气使的情况也将不会再出现。这是因为，对组织任务的优先关注自然而然地突出了专家在组织中的重要地位。

全球化、后工业化进程给我们展示的是风险社会和危机事件的频发。在应对风险和危机的过程中，人们更倾向于相信共同行动的伙伴，更乐意于合作，更愿意建立平等关系。此时，外在于人的规则，往往会成为行动者视而不见的设置。那些试图约束和控制行动者的机制以及权威，也相应地会受到藐视。对于行动者而言，风险和危机就是他们开展行动的全部理由。合作制组织是因应全球化、后工业化时代应对风险和危机的要求而产生的，在它承担任务的过程中，不是以建立起稳定的组织结构为前提，更不是通过控制的方式而求得行动的一致性。在风险和危机面前，行动者将是平等的。正是这种平等，决定了合作制组织中的权力将会失去组织结构和规则的支持，而是更多地来源于知识、经验、智慧、决断力和道德等人的素质和能力。同时，在应对风险和危机的过程中，合作制组织将会形成一种合作文化，而且这一合作文化能够内化为组织成员的道德意志，从而使组织成员故意不合作和故意犯错的事情不再会发生。因而，不需要求助于过程控制去防止这些问题的出现。即使由于某种主观的和客观的原因而出现了行为失误的问题，组织的领导者以及其他组织成员也不会因此而使用恐吓、威胁和惩罚，而是表现出极大的宽容。恰恰是这种宽容，会使行为失误的组织成员产生一种负罪感，并激发其自觉地加以矫正的冲动。

我们已经指出，流动性是全球化、后工业化运动的一个基本特征和主要标志，正是这种流动性，对于理解合作制组织有着至关重要的意义。因为，合作制组织在一切方面也都具有与这个时代相同的流动性特征。比如，合作制组织将不去追求稳定的结构，不会把组织成员看作组织无条件的所有物和工具，将不会用规则去限制行动者的行为选择自由，更不需要用组织的利益要求去让组织成员做出牺牲。在合作制组织这里，唯有组织任务是至高无上的，组织成员基于承担任务和解决问题的基本需要而选择进入该合作行动系统，基于相互信任以及对组织的信任而参与合作行动。在合作制组织这里，任何通过组织去谋求个人权力和地位的做法，任何把个人利益置于组织利益之上的要求，都不仅不具有加以实现的道德可能性，而且也得不到组织任何一个方面的支持。

合作制组织的流动性使一切不愿意合作或对合作持有怀疑态度的人被排除出行动系统之外，从而让那些愿意合作和乐意于合作的人进入行动系统之中。当然，人们也许会想到，如果合作制组织的边界是开放的，人们可以自由地在组织内外流动，显然是可以让组织失去实施控制的基础，但会不会遇到另一个问题呢？那就是出现合作行动者匮乏的问题。其实，这种担忧是没有必要的。因为，合作制组织无非是合作社会中的组织形式，一个行动者可以被排除在某个组织之外，但他（它）不可能做出独立于所有组织之外的选择，只不过他（它）会选择更适宜于与他（它）开展合作行动的群体而已。所以，当流动性此时已经成为一个基本的社会特征时，在不愿意参与这一组织合作的人流动出了组织之外时，并不会带来组织解体的命运。也就是说，只有一个控制导向的组织才会通过控制的方式去维系组织成员的数量。一旦控制失灵，组织成员大量流动出组织之后，组织也就会面临解体的命运。合作制组织的非控制导向决定了只有愿意参与这一组织的人才会成为组织成员。充分的流动性和开放性也决定了，组织成员一旦在某一合作事项上产生了分歧，也就可以流动出这个组织，而愿意接受此一合作事项的人则会进入这一组织。

合作制组织的去结构化使组织内部的任何控制都失去了发生的基础，虽然在行动的过程中会产生临时性的权力和权威，但这种权力和权威不会以命令—服从的方式去加以表现和加以证明，而是会成为用来支持解决那些专业性较强的问题的方案的力量，对组织的运行以及合作关系的建构，并不发生影响。也就是说，合作制组织中并不存在一个命令—服从的体制。事实上，哪怕是极其微弱的命令—服从迹象，都会对合作构成破坏。合作制组织的合作意识形态能够有效防止命令—服从关系的出现，更不可能任由其演化为一种组织体制。当合作制组织的合作意识形态清除了命令—服从关系得以产生的土壤后，也同时促进了组织成员自我制约机制的生成，每一个进入合作系统的人都能够自觉地检视自我不利于合作的问题，并主动地加以解决。这就是克罗齐耶和费埃德伯格所说的，"在我们称之为具体的行动系统的人类系统中，规则的运行既不是通过对调节机构的服从，也不是通过哪怕是感觉不到的限制的作用，更不是通过自动的相互调整机制，而是通过游戏机制来完成的。"① 更何况合作制组织并不运行于严密的规则体系所框定的空间之中，

① ［法］米歇尔·克罗齐耶、埃哈尔·费埃德伯格：《行动者与系统——集体行动的政治学》，张月等译，上海人民出版社 2007 年版，第 276 页。

也不是按照事先确定的游戏机制而开展集体行动。所以，合作制组织更多地受到组织任务的引导和受到合作意识形态的规范。

总之，我们所构想的合作制组织是一种非控制导向的组织形式。在合作制组织中，由于一切谋求控制的冲动都失去了赖以发生的前提和基础，也就不再会存在控制与反控制的矛盾。所以，合作制组织可以有效防止因为控制与反控制的矛盾造成的组织运行成本，即不因控制与反控制的行动而造成组织资源的消耗，而是把组织资源集中运用于承担任务的合作行动中去。当然，合作制组织的非控制导向并不意味着它只能被动地适应环境。虽然合作制组织不去控制环境和支配环境，但它会把环境应对力量集中到对环境的选择上来。首先，合作制组织会积极地去提高对环境的认识和识别能力；其次，合作制组织将灵活地规避对组织可能产生不利影响的环境和积极地获取对组织友好的环境；最后，合作制组织会在组织间灵活的合作机制中主动选择并承担组织任务，形成有机性的环境应对合力，及时地化解环境中的消极因素。在这些方面，合作制组织都是积极的和主动的，而且远远地超越了环境控制意义上的主动性。

虽然合作制组织不再是控制导向的组织，不再对组织内部和外部实施控制，而是把组织的全部资源和能力都调动起来去承担任务和实现其功能，但是，这并不意味着合作制组织可以对诸种限制力量不管不顾，也不是被动地受到各种限制力量的支配。相反，合作制组织恰恰需要在合作的理念下和在合作的行动中去对各种各样的限制力量进行积极整合，去把限制性力量转化为行动的助力。可以相信，合作制组织所遇到的"诸种限制性力量对于行动者的理性以及选择的自由构成制约，但它们不能完全取消行动者的理性与自由。"[①] 合作制组织以及组织成员所拥有的这种"理性与自由"使他（它）们在开展行动的过程中拥有了主动性，能够积极地去对所遇到的各种限制力量进行整合，以力借力和借力打力，化限制力量为动力。

为了做到这一点，合作制组织需要关注的是："在什么样的条件下并且在什么样的限度内，用于解决由环境提出的问题的方案，对于组织内部的行

---

① ［法］米歇尔·克罗齐耶、埃哈尔·费埃德伯格：《行动者与系统——集体行动的政治学》，张月等译，上海人民出版社 2007 年版，第 138 页。

动者的协商能力与游戏地位发生影响？反过来说，诸种组织的游戏的逻辑，如何并且在什么样的限度之内决定环境的诸种限制性力量的反抗与回应，并在事实上对于这些限制性力量起着决定性作用？"① 解决这两个问题，或者说，在合作制组织的建构过程中充分地考虑到这两个问题，并从此出发去选择行动方案，就会展现出一种完全不同的景象。那就是，能够有效地化解诸多限制性力量，甚至将这些限制性力量转化为合作行动的支持性力量。

① ［法］米歇尔·克罗齐耶、埃哈尔·费埃德伯格：《行动者与系统——集体行动的政治学》，张月等译，上海人民出版社 2007 年版，第 138—139 页。

第　八　章

理性的重建

　　理性是在工业化、城市化进程中所取得的一项伟大成就，特别是经历了启蒙运动后，工业社会走上了理性建构的进程。但是，在随后的理性进化进程中，却走上了工具理性、技术理性片面发展的方向，以至于价值理性和经验理性衰落了。正是因为工业社会的制度以及人的行为模式中所包含的是工具理性和技术理性，也引发了诸多消极后果。在人类社会呈现出高度复杂性和高度不确定性特征时，工具理性和技术理性在人的行动中将发挥着消极的而不是积极的作用，从而提出了重建价值理性和经验理性的要求。特别是经验理性，不仅广泛地存在于日常生活领域中，而且在私人领域和公共领域中也发挥着巨大作用。比如，中国的"政策试点"这样一种政策生成模式就是经验理性的应用。现在，人们不得不在高度复杂性和高度不确定性条件下开展行动，工具理性和技术理性已经不再能够在人的行动中发挥作用。在这种情况下，人的行为选择以及一切行动如果是理性的话，就只能是经验理性的。人的经验理性与人的情感和道德具有相容性，而且，能够使人的情感和道德的重要性显现出来。所以，在高度复杂性和高度不确定性条件下，合作行动需要拥有经验理性。

第一节　发现经验理性

一、理性的自反

　　理性是人的集体行动的必备特征，也是社会建构的基础，更是社会生活秩序的保障。在现代社会中，人的一切对他人产生影响的行为都被要求建立在理性的基础上，更不用说人的集体行动了。在人的集体行动中，从决策到行为选择，都被要求按照理性的原则和程式进行，一切非理性的行为都会受到谴责和制止。在社会治理过程中，人们对民主和法治所投注的全部感情也都可以看作是因为对理性的信仰而生发出来的。所以，理性是一切社会生活和集体行动的原则和标准。

但是，理性的概念是模糊的。在近代以来的科学建构活动中，人们对理性的概念有着无限多样的理解，而且，也通过给"理性"一词加定语的方式提出了数不尽的理性概念。总的说来，在工业社会的低度复杂性和低度不确定性条件下，社会生活和集体行动的理性追求走向了工具理性和技术理性的方向。在全球化、后工业化进程中，随着社会呈现出了高度复杂性和高度不确定性的特征，基于工具理性、技术理性的科学和实践都陷入了困境。这就迫使我们必须去重新认识理性，以求发现高度复杂性和高度不确定性条件下的社会生活和集体行动需要什么样的理性。

如果说全球化、后工业化意味着一场新的启蒙运动的兴起，那么，我们在这场启蒙运动中应当呼唤什么样的理性？或者说，我们应当基于什么样的理性去开展行动？就是一个需要探讨的问题。我们已经看到，对于工业社会的启蒙思想家意欲构建的社会来说，是需要这样一种理性的，那就是，"对于人类来说，甚至在他们以若干个人的面目出现时，也是有绝对约束力的，尽管他们从无任何固定的组织，彼此之间也从无关于应该做什么或不做什么的庄严协定"。① 但是，对于全球化、后工业化进程中兴起的新的启蒙运动来说，这样一种理性是否还应有同样的地位和功能，就是必须怀疑的了。可以肯定地说，在全球化、后工业化进程中将要建构起来的社会同样需要理性，因为这个社会决不可能是向农业社会权欲泛滥的那种状态的回归。但这个社会所需要的或者说赖以建构的理性又肯定不是工业社会中居于支配地位的那种理性，而是一种能够在高度复杂性和高度不确定性条件下对人的行动给予引导的理性。

---

① ［英］约翰·洛克:《政府论》下篇，叶启芳，瞿菊农译，商务印书馆1964年版，第11—12页。

回顾近代以来的社会建构史，我们看到，就如福柯所说，"16 世纪的学识就是理性知识、源于魔术实践的观念和整个文化遗产的不稳定的大杂烩。这样看来，16 世纪的科学就其结构而言，似乎是脆弱的……事实上，16 世纪知识所遭受的并不是结构的不充分性。相反，我们早已看到，限定 16 世纪知识空间的那个构型有多么的小心谨慎。正是这一严肃性才使得魔术与博学之间的关系成为看不见的——它们并不是所选的内容，而是所需的形式。世界充满着必须被译解的符号，所有这些揭示了相似性和亲和性的符号本身，也只是相似性形式。因此，要认识就必须去译解：去发现一条从可见的标记到由标记所说的一切的通道，要是没有这个标记，这一切就像沉默的言语一样，将潜藏在事物当中。"① 基于福柯的这一描述，可以认为，在 16 世纪，理性的话语尚未被塑型为霸权，相对于其他思维方式，还没有取得统治地位。因而，相似性思维还是人们认识世界时经常援用的思维方式。然而，经历了启蒙和狂飙突进的运动，理性的知识最终扬弃了魔术，并建起了独享的理性结构。但是，理性在自我建构中却再次唤醒了"多元魔术"。② 特别是当理性被改写成了工具理性和技术理性后，人们则在科学的名义下去大玩其魔术。对此，福柯的解释是，"因为知识的基本构型用标记和相似性相互观照。魔术形式是这种认知方式所内在固有的。"③

理性及其知识可能还不像福柯所想象的那么简单，不是仅仅有着魔术形式的认知方式，而是包含了更为根本的思维方式上的缺陷。可以认为，这种缺陷主要反映在用分析性的抽象思维去把事物的整体打碎，并在无限分割之后而到每一个碎片中去寻找真知。结果，知识变得神秘了，与认识的原初对象完全无关了。比如，面对社会问题，我们运用理性抽象的方法对其进行定量分析，为了获得量化指标，就必须对所要认识的对象进行分析分解，而且分解得越细，也就被认为越能够形成科学的认识。然而，结果往往相反，不仅会时常在对每一个分解后的碎片进行分析时迷失方向，即使没有忘记原初

---

① ［法］米歇尔·福柯：《词与物——人文科学考古学》，莫伟民译，上海三联书店 2001 年版，第 44 页。

② ［法］米歇尔·福柯：《词与物——人文科学考古学》，莫伟民译，上海三联书店 2001 年版，第 45 页。

③ ［法］米歇尔·福柯：《词与物——人文科学考古学》，莫伟民译，上海三联书店 2001 年版，第 45 页。

的研究动机而转回来把碎片重新拼成整体，也无法复原。勉强拼出了一个东西，也不再是原初所感知到的那个社会问题了。所以，我们经常看到公共政策失败的案例。也就是说，政策科学家出于解决某一社会问题的目的而对确认为政策问题的事项进行分析分解，通过获得大量数据而提出了科学的解决方案。但是，在付诸实施后，不仅不能使那个社会问题得到解决，反而会使问题变得更糟，甚至导致了新的问题。在此意义上，也就是福柯所说的，科学演化成了魔术，只可以观赏，不可以应用。特别是在高度复杂性和高度不确定性条件下，科学既不具有预测功能，也不能对解决复杂问题提供适切的可操作性方案，更不用说取得令人满意的效果了。

理性的发展史告诉我们，在近代社会的早期，理性被赋予了解放的功能。如果说理性是与神性相对的，那么，"理性"概念的提出恰恰是要消除"神性"，使人从神性的笼罩中解放出来。后来，虽然理性概念提出时的那一近代早期的语境在理性的发展中逐渐消失了，但是，对理性解放功能的期许一直没有发生变化，人们一直以为理性是人的解放的一条重要路径。福克斯和米勒认为，"哈贝马斯的理性也是解放的，它要求对话的参与者本质上是平等的（反对表面上的平等）。主导对于人来说必须被超越以实现彼此间真正的对话，这就是为什么社会平等作为公共政策的事物为人们所追求。对于我们作为社会动物的人类来说，彼此间自由的对话是必需的，因为我们就处在社会关系的网络中。因此，从主导的社会结构中获得解放是最终目的或者说是终极点。像被磁力吸引一样地追求这样的终极点规定了人类的进步。我们之所以了解这一点，是因为话语和我们每一个人的社会性需要这种摆脱主导的自由。因此真正的交往不仅仅是一种道德上的说教；它是人类不断走向进步的指导原则。"① 但是，当理性被转换为工具理性和技术理性后，人不仅没有得到解放，反而被带上了由工具理性和技术理性所建构起来的制度等所构成的枷锁。因而，人成了异化的人，受到奴役却又不知奴役者是谁。

我们看到，工具理性和技术理性具有两张面孔，一张面孔所呈现给我们的是积极的和进步的力量；另一张面孔展示给我们的则是不断地去摧毁人的

① ［美］查尔斯·J. 福克斯、休·T. 米勒：《后现代公共行政——话语指向》，楚艳红译，中国人民大学出版社 2002 年版，第 113 页。

道德价值甚至生存基础的邪恶力量。在技术理性高扬的背景下生成的公共领域也将这两种力量结构化到了公共生活之中，从而使"公共生活中的任何职业，如果只是认同那代表秩序、效率、高产、创造性以及现代文明的伟大成就的一面，实质上就是在掩盖现代化历史上最基本的、反复出现的另一面——这是一张毁灭性的甚至邪恶的面孔"。[①] 在社会分化为公共领域、私人领域和日常生活领域后，公共领域对技术理性的衷情事实上导致了道德价值的失落，以至于法律、政策以及具体的社会治理行动都按照技术理性的要求进行，使公共生活显得处处都具有科学性，却处处都是人的异化，让人在受到了数不尽数的无情压迫时却不明原因也无法诉说。

在学术史的梳理中可以看到，当康德对理性做出了明确定义后，就使它成了与人的感性相对立的一种思维形态。当然，康德也发现，在感性与理性之间存在着一些无法归类的因素，因而，他发明了"知性"概念。在这个概念被发明出来之后，康德又发现这些被名之为"知性"的因素可以在从感性向理性过渡的过程中发挥作用，从而使认识论的逻辑线条更加分明。在康德之后，"知性"的概念逐渐地被人们所忘却，又重新归于感性与理性的区分。或者说，是把知性归入到了理性的类别之中，并认为这能够较好地消除康德思想中的先验论色彩。但是，在理性概念的演进中走向了工具理性和技术理性的方向，知性部分中的那些因素则被从理性的概念中剔除了。其实，这个部分的内容也是理性的重要构成部分。在今天看来，知性其实就是经验理性。完整的理性概念应当包括两个方面的内容：一方面，是工具理性和技术理性；另一方面则是价值理性和经验理性。工具理性、技术理性具有分析的特征，或者说，可以用于分析。价值理性、经验理性则需要以更为直接的方式去加以展现。

由于理性在演进过程中被改写成了工具理性和技术理性，也由于价值理性和经验理性的失落，以至于科学研究不相信和不承认人的直觉能力，而是在一切与人相关的理论建构中极力祛除人的直觉能力的干扰。然而，在价值理性、经验理性回归到了理性的概念之中时，人的直觉能力在社会生活和活动中的意义将会重新显现出来。这个时候，也就不可能再运用分析性思维去

① ［美］艾赅博、百里枫：《揭开行政之恶》，白锐译，中央编译出版社 2009 年版，第 56 页。

对人加以抽象，而是需要把人作为完整的人看待，要求理解人的直觉能力，把握人的直觉能力对其行为选择的影响。事实上，在人的日常行为模式中，人的直觉能力发挥着更基本、更主要的作用。比如，我们看到，根据工具理性和技术理性的标准，文化是非理性的，因为文化在型塑出一个社会公众普遍的生活习惯之后，赋予了他们以直觉行动的能力，使他们无须在每一行动之前都进行细致的计算和谋划。但是，这并不能成为判断文化具有非理性属性的理由。在某种意义上，文化的这一功能恰恰是因为它包含了价值理性而获得的，或者说，是因为价值理性而使文化拥有了这样一种赋予人直觉能力的功能。

价值理性、经验理性是人的直觉能力的源泉，人们因为拥有价值理性和经验理性而在日常生活中不去进行精密的计算和谋划而开展行动，并使行动具有道德的内涵和能够增进人际关系的和谐。相反，在日常生活领域中，如果人的行动是在精心计算和谋划后做出的，就会在把他人置于工具地位的同时而破坏人际关系的和谐。在全球化、后工业化进程中，特别是在社会呈现出高度复杂性和高度不确定性状态后，人在行动之先而进行精心计算和谋划已经变得不再可能，而人在面对各种各样的问题时又不得不开展行动。而且，绝大多数行动都是随机性的，是一种即时反应的行动。尽管这种行动得不到工具理性、技术理性的支持，却又必须是理性的行动。在不再具有工具理性和技术理性内涵的情况下，这些行动应当包含的是什么样的理性呢？显然是价值理性和经验理性。总之，人在高度复杂性和高度不确定性条件下的行动恰恰需要建立在人的直觉能力之上，而人的直觉能力则来自于人所拥有的价值理性和经验理性。

哈贝马斯提出了"交往理性"的概念，他在阐述交往理性时指出，"如果一种理论使我们误以为我们可以得到理性理想，那它就会倒退到连康德的论证水平都不如的地步。"① 就此而言，交往理性也应被视作为西蒙所说的有限理性，是不应被理解成理想形态的理性的。其实，哈贝马斯对交往理性的这一界定也是适用于理解经验理性的。自康德以来，对经验的轻蔑已经根深蒂固，甚至将经验排斥在了理性范畴之外。在我们看来，经验并非与理性

---

① ［德］尤尔根·哈贝马斯：《后形而上学思想》，曹卫东等译，译林出版社2001年版，第167页。

无缘，恰恰相反，经验中包含着理性。而且，经验可以构成理性的一种形式，只不过它不是纯粹理性而已。经验理性属于实践理性的范畴，或者说，经验理性的发现拓展了实践理性的范围，使实践理性不再像康德所理解的那样，仅仅与道德观念联系在一起。当然，经验理性也包含着道德方面的内容，但不能等同于道德，道德更多地需要从价值理性的角度去加以把握。

在高度复杂性和高度不确定性的时代，我们也许应当重新认识和重新评价理性。在对理性行进的历史做出回顾后，我们倾向于认为，当理性被诠释得无比科学的时候，人文社会科学的研究应更多的求助于领悟和直观的观想。读了福柯的《词与物》之后，我们发现，他在第一章中是通过一幅名为《宫中侍女》的绘画去交代"人文科学考古"方法的。尽管福柯对整幅画的构图、人物角色的描绘具有分析性的色彩，而在画中发现君王权威的在场，则是领悟的结果，而且这一领悟是那样的准确。其实，这不仅仅是福柯人文科学考古的方法，也是我们今天面对人文科学以及社会科学的各种新问题时可以尝试的新方法。

从工业社会的社会发展和科学进步来看，在理性的抽象、科学的分析获取了极大成功的时候，为我们留下的可以腾挪的空间却变得越来越小了。而且，在我们乐意于按照近代以来所开创的传统去开展创新活动时，往往走向用既有的理论剪裁现实的方向。这不仅无法回答现实向我们提出的问题，反而时常曲解现实，并导致诸多意想不到的消极后果。在这种情况下，科学重建的任务又再一次把我们引向了对理性的关注。其实，全球化、后工业化进程中的整个社会建构也需要在对理性的重新梳理中进行。一旦我们的思考对象集中到了理性上来，对工具理性和技术理性的审查结果就直接地引发了对价值理性和经验理性的渴求。

二、工具理性的后果

工具理性一词表达的是对理性性质的界定，当工具理性进入应用过程时，其应用特征则会表现为技术理性。所以，"工具理性"与"技术理性"两个概念所表述的是同一种理性。在此意义上，"工具的"和"技术的"只是这种理性的两个面相。汤普森从另一个角度对技术理性所做出的描述则是：工具的和经济的。汤普森认为，"技术理性有两个衡量标准：工具的和经济的。工具性问题的实质是设定的行为是否在事实上生产了欲求的结果；具有完美工具性的技术会不可避免取得该结果。经济性问题的实质在于结果是否是在资源的必要耗费最少的基础上取得的，因此也就缺乏一个绝对的标准。实现相同欲求结果的两条不同路径可以就成本或某些抽象的理想目标进行比较，但是就实际情况而言，对经济性的评估是相对于评价期间人们的知识状态而做出的。"①

与工具理性相比，技术理性的概念包含着更为丰富的内涵。因为，技术理性意味着认识论模式中的科学理论及其逻辑等在应用层面上的复现，而工具理性只是相对于目的而言的功能界定。不过，如汤普森所指出的："作为一个导向所欲求结果的因果关系的系统，技术理性是一个抽象概念。"② 工具理性和技术理性不仅是理性内涵的一个部分或理性的一种形式，而且在排斥了价值理性和经验理性的情况下，是不可能在目的实现中成为完整的工具的，而是需要在对目的进行限定之后才能找到达至目的的路径。在这样做的时候，所实现的是对行动及其环境和诸多制约因素的抽象，或者是把部分因素剔除了出去。也就是说，不是完整地接受了影响目的实现的全部影响因素。

在社会治理实践中，工具理性和技术理性往往是由专家所承载的，人们往往以为，专家的介入是科学决策的标志。但在一些复杂的问题上，专家的介入并不能够保证决策的科学性。正如西蒙所指出的："在问题变得争议极大的情况下——当问题被不确定性和冲突的价值所包围时——就极难得到中肯的专家意见了，而且也很难使专家的地位合法化。在这些情况中，我们发现既有持肯定意见的专家，也有持否定意见的专家。我们不能把这类问题委托给某些特定的专家组去处理。"③ 这是因为，技术专家所拥有的是技术理性，而决策所要解决的是实践中的问题。实践是非常现实的事情，是不允许抽象地对待实践中的任何问题的。

---

① ［美］詹姆斯·汤普森：《行动中的组织——行政理论的社会科学基础》，敬乂嘉译，上海人民出版社 2007 年版，第 18 页。

② ［美］詹姆斯·汤普森：《行动中的组织——行政理论的社会科学基础》，敬乂嘉译，上海人民出版社 2007 年版，第 22 页。

③ 转引自郑也夫：《信任论》，中国广播电视出版社 2001 年版，第 217 页。

技术理性的最重要功能就在于消除实践的不确定性。在低度复杂性和低度不确定性条件下，技术理性确实取得了巨大成功，向世人展示了其优势。然而，当人类进入高度复杂性和高度不确定性状态后，技术理性过往所显示出来的优势荡然无存，反而在不确定性得以解放的过程中任由社会陷入了风险状态。不过，我们也必须承认，近代社会发展起来的技术理性的实用意义是永恒的，无论人类社会发展到何种更为高级的阶段，只要存在着可复制行为，技术理性都会发挥其不可替代的作用。即便是在高度复杂性和高度不确定性的社会中，也存在着低度复杂性和低度不确定性的领域或事项。在这些领域或事项中，技术理性的追求依然在行动方案中具有基础性的意义。

就 20 世纪的情况看，在工具理性的驱使下，公共行政表现出了对效率的无比衷情，把效率作为公共行政的唯一目标，甚至赋予了效率概念以道德的内涵。法默尔在分析公共行政的这一研究取向时不无惋惜地指出，"效率作为一个道德概念是不幸的。"[1] 这是因为，道德任何时候都是以规范的形式出现的，具有规范的功能。然而，"效率是一个模棱两可的概念，它必然会激发不合乎需要的行为。"[2] 事实上，"效率为人所不欲的例子有很多。如果把效率定义为选择最优化的方法去实现某一或更多既定目标，那么，只要那目标是人所不欲的，效率也就是人所不欲的。在那一情境中，无效率会被认为是人所欲的，如果它——比如说——能导致更好的结果。""关键在于，效率不受人欢迎的情形是存在的。"[3] 在经济学的视野中，我们就看到，效率追求制造出了消费社会，以至于生产不再是因为需求而引起的，反而，人的需求是由生产刺激出来的。为了刺激人的消费，任何不道德的手段都可以使用，至于对能源、资源的破坏性消耗，至于是否把子孙赖以生存的环境从根本上毁灭了，都不在考虑之列。

在人类历史上的每一个时代，思想家们都对他们时代中的恶进行了揭露。然而，如果说恶是可以量化的，那么，人类历史上的所有恶的总和，也

---

① ［美］戴维·约翰·法默尔：《公共行政的语言——官僚制、现代性和后现代性》，吴琼译，中国人民大学出版社 2005 年版，第 265 页。

② ［美］戴维·约翰·法默尔：《公共行政的语言——官僚制、现代性和后现代性》，吴琼译，中国人民大学出版社 2005 年版，第 265—266 页。

③ ［美］戴维·约翰·法默尔：《公共行政的语言——官僚制、现代性和后现代性》，吴琼译，中国人民大学出版社 2005 年版，第 266 页。

不会比我们的时代所拥有的更多。为什么会这样？显然是拜工具理性和技术理性所赐。当工具理性以技术理性的形式出现时，它所实现的社会建构却让我们看到，"高效而合法的机构既可以服务于建设性的事业，也可以服务于毁灭性的目的。由于行政之恶无所不在，公共事务的根本问题就在于培养一种对公共机构、权力运用以及普遍文化的批判与反思的态度。"① "社会结构与角色在形成我们的行为方面，起着远较人们想象中大得多的作用。在技术理性文化中，排除了伦理与道德说理的专业主义模式，为行政之恶提供了肥沃的土壤。"②

根据艾赅博和百里枫的意见，"防止未来行政之恶发生的责任，部分地在于理论家与实践家们，他们理解自己的角色与身份，能够抵制那些源于道德错位的充满吸引力的诡异诱惑，不至于为了解决目前公共生活中的众多难题而采取功利性的或者意识形态味浓厚的办法。"③ 其实，冀望于行政人员道德意识的提高并自觉地抵制邪恶，是不能够铲除这种所谓行政之恶的。因为，当抵制邪恶的行为有可能危及了自身的职业安全、损及了个人的利益时，我们是无法指望抵制邪恶的行为得以发生的。所以，我们需要看到行政之恶是产生于近代成长起来的这种制度中的，是因为制度的建构基于技术理性而不是价值理性而致使机构的和人的行为之恶得以产生并被制度所容许。要改变这种状况，最根本的出路就在于对制度进行重新设计和重新建构。

我们知道，知识是理性的产物，但当理性蜕变成技术理性时，当技术理性以实证的方法出现时，当实证的方法被广泛地应用于人文社会科学之中时，所造就的知识却包含了向非理性转化的潜质。特别是在知识与权力结合到了一起，会表现出一种疯狂，会比一切非理性的存在都更加疯狂地促进和激发集权的欲望。最为重要的是，近代以来，在知识增长和各个专业方面的知识工具化、技术化的条件下，一种价值中立的主张开始流行了起来。这样一来，知识既可以用于善业也可以用于恶业。二战期间，德国的公务员队伍成为纳粹大屠杀中最为高效的工具。正是这一点，在战后反思中，让学者们对文官制度的"价值中立"原则感到不寒而栗。

① ［美］艾赅博、百里枫：《揭开行政之恶》，白锐译，中央编译出版社 2009 年版，第 20 页。
② ［美］艾赅博、百里枫：《揭开行政之恶》，白锐译，中央编译出版社 2009 年版，第 57 页。
③ ［美］艾赅博、百里枫：《揭开行政之恶》，白锐译，中央编译出版社 2009 年版，第 20 页。

艾赅博和百里枫是通过揭示公务员在纳粹大屠杀中所扮演的角色而形成了激烈否定价值中立的意见，他们表面冷静其实不无激情地指出，"虽然公务员队伍与纳粹大屠杀的历史几乎没有提供人们聊作慰藉的材料，但它确乎告诫我们，公共生活中的所有专业人士——学者、学生以及专业者等——都应该努力反思自己的制度与行为是否可能导致最糟糕的人类行为，反思自己的伦理标准与职业训练是否可能不足以对付行政之恶的潜在破坏力。在这个日益意识形态化与极化政治的时代以及不受欢迎的、多余人口的时代，如果没有仔细思量可能让公务员们将公共利益与反人道及毁灭的行为混淆不清的那些心理动力、组织动力及社会动力，那么就根本不应该教授实践或者讨论任何职业。"[①]

确实如此，公务员的职业活动内容以及开展职业活动时的环境越是复杂，也就越是突出了它的道德意识以及实践理性的重要性。但是，如果进一步追问的话，就会发现，并不是公务员所经历的职业训练，也不是学者们所制作出的道德教条，能够为公务员的善行提供保障，而是公务员开展活动的制度性空间，决定了公务员公务活动的性质。任何时候，我们在思考集体而不是个人的行动应当具有什么性质的问题时，都不应过多地期冀意识形态的因素去发挥根本性的保障作用，而是需要谋求客观性的保障。其中，制度建设是首要的选项。因而，我们希望去探索一种具有道德属性的制度，也就是说，我们希望制度不是基于工具理性和技术理性的建构物，而是基于价值理性和经验理性建构起来的。

哈贝马斯认为，"在日常交往实践的有效范围内，出现了一种跨越多种层面的交往理性。这种交往理性同时还为彻底扭曲的交往和生活方式提供了一种准绳。这些被扭曲的交往和生活方式具体表现为对在向现代性过渡过程中所获得的理性潜能有选择地加以充分利用。"[②] 就提出"交往理性"的概念来看，显然包含着哈贝马斯对工具理性和技术理性的怀疑和不满。这说明，哈贝马斯希望通过提出"交往理性"的概念而实现对工具理性和技术理性的超越。或者说，哈贝马斯希望把工具理性和技术理性纳入到交往理性

---

① ［美］艾赅博、百里枫：《揭开行政之恶》，白锐译，中央编译出版社 2009 年版，第 82 页。

② ［德］尤尔根·哈贝马斯：《后形而上学思想》，曹卫东等译，译林出版社 2001 年版，第 49 页。

之中而实现一种综合。但在理性得到充分张扬的时代，技术理性却成了唯一标准，生活以及行动都被结构到科学的框架中，成为模式化的程式，从而使社会呈现出单向度的特征，人也成了单面人，以至于同工具理性、技术理性争夺话语权的斗争变得非常困难。可能是由于这个原因，哈贝马斯在《后形而上学思想》一书中转向了对生活世界的关注。哈贝马斯发现，唯有在生活世界中，还保留了一点非常可怜的交往理性，并发挥着矫正这个被扭曲了的世界的作用。

需要指出，哈贝马斯是在低度复杂性和低度不确定性条件下通过对一个相对静止的世界进行静态观察时发现了交往理性。虽然这一发现在现代哲学史上是一项了不起的贡献，但是，放在高度复杂性和高度不确定性条件下，依然是一种难以捉摸的理性。所以，哈贝马斯仅仅是想恢复理性的原始完整性，尚无勇气对理性本身做出怀疑，更不可能想到，理性本身需要实现一种根本性的蜕变，以便适应高度复杂性和高度不确定性条件下的行动需要。不过，在哈贝马斯的这一发现中，我们也更加清楚地看到了日常生活领域在近代以来领域分化后所具有的特殊地位和所发挥的独特作用。在公共领域的科学化、技术化和私人领域的自利性将我们的世界扭曲之后，恰是日常生活领域努力去维护人的完整性，使职业活动中被扭曲的人性在日常生活中得到疗养和恢复。既然日常生活领域在工业社会发挥了如此特殊而重要的作用，那么，在全球化、后工业化进程中，我们对它寄予某种期望也就是合理的了。也就是说，日常生活领域中的理性完整性对于高度复杂性和高度不确定性条件下的行动者获得自主性等是有益的。

在日常生活中，我们之所以能够把桌子和椅子分开，显然是我们在生活中形成的一种能力，而且无须在这种能力中注入逻辑分析。但是，我们必须认识到，不包含逻辑分析并不意味着人的认识就是感性的而非理性的，能够把桌子和椅子区分开来本身就是理性的。或者说，这是一种理性的能力，只不过它不能被归入技术理性、工具理性的范畴，而是一种经验理性。在康德和黑格尔的哲学中，经验都不被接纳到理性的范畴中。我们并不能因为他们不在理性中接纳经验，也不能因为自康德以来的哲学史对经验的轻视而低估经验在人的生活和活动中的价值。相反，经验确实存在于人的行为中，而且表现为人的理性能力。认识到这一点，对于高度复杂性和高度不确定性条件下的社会行动而言，是非常重要。因为，在高度复杂性和高度不确定性条件下，人们在所有的行动中都会遇到迅速反应和随机决策的问题，而在这种迅速反应和随机决策中，必然会表现出对经验理性的更多倚重。所以，在全球化、后工业化进程中从事哲学以及社会科学研究，一项迫切的任务就是应当去认识经验理性，并需要基于经验理性去提出系统化的理论建构方案，从而对实践中的人的经验理性的发展和运用提供理论上的支援。

三、基于经验理性的行动

理性是工业社会的几乎所有与人的集体行动相关的事项的标准。在这个社会中，我们判断一切社会活动和人的一切对他人有影响的行为，都可以用理性这个标准来做出评价。到了后工业社会，理性依然会是一个标准，但是，却是一个逐渐变得模糊了的标准。在把理性作为一把尺子而用来丈量人的社会生活和活动的时候，它的刻度逐渐变得看不清楚了，甚至成了一把没有刻度的尺子。这是因为，理性的内涵已经发生了变化。在工业社会中，作为标准来加以使用的理性是工具理性和技术理性，而在后工业社会中，我们依据的和凭借其开展行动的理性则是价值理性和经验理性。就价值理性和经验理性主要反映在创设目的的过程中而言，它并不是标准，而是视角或视野，让我们依靠它去发现问题和确立行动目标。其实，即便是在工业社会的历史条件下，在创设目的的过程中所存在的也是价值理性和经验理性。只不过在低度复杂性和低度不确定性条件下，我们并未感受到这种理性的力量，没有给予它足够的关注而已。

任何一种行为都是由某种动机引发的，或者说，在行为之中就包含着某种动机，是有目的性的行为。当然，我们往往会对人的行为进行类型区分，即区分出人的感性的行为与理性的行为这样两种基本类型。一般说来，人的感性行为具有自发性，很难于其中看到目的。而人的理性行为往往是自觉性的行为，其中包含着清晰可见的目的。就此而言，理性本应是与目的相联系的，是先有了理性然后才会在行为中包含着目的。实际上，并不是理性创设了目的，而是论证了目的，表现给我们的印象是，理性使行为中本来就已包含的目的清晰化了。正是在此意义上，昂格尔说："理性不能为行为创设目的，对于那些我们碰巧同意的一般价值来说，它也不能确定其具体含义。"①
当然，这是在笼统的意义上谈论理性时所看到的情况，或者说，是与工业社
会的语境一致的。

在工业社会的语境中，理性就意味着一般性、普遍性，是抽象的形式
（也正是在此意义上，朱光潜先生建议将"理性"一词翻译成"理式"）。
所以，它只具有使行为（动）目的明晰化的功能。行为中的目的是具体的，
所要解决的是具体的问题并达成具体的目标，而且受到环境以及可资利用的
资源制约。理性的一般性、普遍性无论在何种意义上都不可能发挥创设目的
的作用，特别是在理性被等同于工具理性和技术理性之后，确实只是论证了
目的和实现了目的，而在创设目的方面是无能为力的。不过，如果走出工业
社会的语境，就会发现，理性并非只有一种类型。即便是在工业社会的哲学
探讨中，也已经提出了价值理性、实践理性等概念。虽然价值理性、实践理
性等概念的内涵尚不确定，却包含着不同于一般性、普遍性的抽象理性形式
的探索。沿着这个方向，肯定能够建立起新的理性概念，甚至建立起新的理
性范式。这种理性是包含着和反映了价值的具体性的，是根源于实践和能够
适应实践的多样性需求的。所以，我们用康德的概念将其命名为实践理性。

实践理性包含着价值理性和经验理性两个方面。就康德的认识论是把经
验与理性对立起来而言，是不承认有经验理性存在的。这可以说是因为康德
在理性界定问题上的狭隘性决定的。其实，经验是复杂的，有些经验本身也
是理性的，从人的行为的角度看，显然是存在着经验理性的。在这一点上，
马克思对实践概念的无比衷情显然是一项在对康德的反思中所做出的科学贡
献。实践是具有统合意义的，它包含着经验和价值两个基本层面。因而，当
我们谈论实践理性的时候，也就看到了实践理性中包含着价值理性和经验理
性。我们认为，正是价值理性和经验理性，构成了完整的实践理性。

对于行为载体来说，或者，当人在开展行动的时候，因为有了经验理性
和价值理性而能够创设目的。也就是说，工具理性和技术理性是服务于对目
的的论证的，是能够在目的的实现过程中发挥路径设计和手段搜寻的功能，

---

① ［美］罗伯托·曼戈拉·昂格尔：《知识与政治》，支振峰译，中国政法大学出版社2009年版，
第108页。

但不能创设目的。与之不同，价值理性和经验理性恰恰能够在创设目的中发挥作用。在低度复杂性和低度不确定性条件下，人们是在直觉中确立目的的，进而通过工具理性和技术理性去帮助他实现目的。因而，并不表现出对价值理性和经验理性的渴求。然而，在高度复杂性和高度不确定性的条件下，人的目的是否具有合理性本身，就成了必须关注的问题了。这样一来，在创设目的和确立目的的过程中，也需要得到理性的支持。因此，价值理性和经验理性就进入了人们的视野。

经验理性广泛地存在于日常生活领域。也许人们会以为日常生活中的行为更多地属于感性行为。其实，如果仔细观察的话，就会发现，日常生活行为中的绝大多数是具有理性特征的，只不过它们无法被纳入到工具理性和技术理性的范畴中去。在日常生活领域中，人们所追求的不是共识而是一致和和谐。因为，在这里，共识是没有多大意义的，和谐也是本应有的状态。在无须共识的领域中，人们的行为的一致性往往来自于默会，进而反映在行为上的默契。所以，人们对日常生活领域中的行为往往并不给予形式上的关注，更不会去谋求工具理性和技术理性对日常生活领域中的行为的支持。如果说人的感性行为是自发的和更多地表现为冲动的话，那么，非自发性的和不表现为冲动的行为就不能够被归入感性的范畴中去，而是应当在理性的意义上去加以理解。这样的话，我们所应援用的理性应当是什么样的理性呢？显然，不是工具理性和技术理性，甚至不能在直接的意义上被视作为价值理性。尽管这些行为中肯定包含着价值理性的内涵，但那是由于文化的、道德的（也可能是宗教的）等方面的原因而赋予这些行为的，是隐含在行为中的更为深层的因素，而在这些行为表面所反映出来的理性则显然是经验理性。

谈到共识的问题，应当说在私人领域也是不需要共识的。在私人领域中，只要人们能够恪守承诺并遵守规则，就可以开展活动，就可以实现自己所欲追求的利益。只有在公共领域即政治生活中，共识才是重要的。因为，在公共领域中，人们是需要在共识的支持下去开展共同行动的。但在多元化的社会中，在公共领域中去达成共识也是困难的，或者说，人们不可能在政治生活的每一个方面都取得共识。正是由于这个原因，罗尔斯不得不退而求其次，要求在多元主张的背后去达成"重叠共识"。就这种"重叠共识"是存在于分歧背后的共识而言，它已经是对形式层面上的共识的超越了，"就民主社会的公民所能得到的而言，这是政治统一和社会统一之最合乎理性的基础。"[1] 尽管在罗尔斯这里这个所谓理性还包含着工具理性取向，但就它扬弃了片面的形式而言，又是可以理解成一种导向价值理性的探索。

根据价值理性去审查共识，就会发现，共识会因人的具体行动而发生变化。在此一处是积极的有价值的共识，而在彼一处可能就是消极的误导行动的共识。特别是在高度复杂性和高度不确定性条件下，一切行动都是在具体的环境中发生的，人们的一切意见都是关于具体行动的意见。如果说存在着共识的话，也是在具体行动中产生的关于这一行动的共识，并不具有推广的价值，更不可能成为一个社会的普遍性共识。所以，经验理性是解决这类问题的唯一可行的途径。也就是说，当人按照经验理性去开展行动时，就会根据环境、任务、目标、资源等的具体性而去确立行动的方向和选择行动的形式。至于行动是否基于共识而展开，则不是行动者所关注的重心。甚至可以认为，行动者所关注的是承担任务和达致目标的有效性，而不是共识。

其实，在公共政策的形成过程中，我们发现，大致存在着两种基本模式，那就是经验理性模式和技术理性模式。总体看来，西方国家所拥有的是一种技术理性的政策生成模式，而中国所拥有的则是经验理性模式。虽然中国社会自 20 世纪 80 年代开始努力学习西方的政策制定方式，引入专家，开展民主，接纳参与，但是，这往往局限于一些层级或能级较低的专门领域的政策制定方面。对于那些关涉到经济、社会发展的基本政策，则一直坚持不懈地进行先行试点，然后再对试点经验进行总结和形成全国性的政策。这一方式显然是科学的，也包含着许多操作性技术，但与技术理性的政策形成方式相比，则有着显著区别。我们将中国习惯于开展的这种政策制定行动视为经验理性的应用过程，将这一政策形成方式的普遍的和持续的应用称作为经验理性的政策形成模式。

在低度复杂性和低度不确定性条件下，上述两种政策形成模式各有所长。在某种意义上，经验理性的政策形成模式往往被认为是低技术性的，同

---

① 约翰·罗尔斯：《作为公平的正义——正义新论》，姚大志译，上海三联书店 2002 年版，第 55 页。

时，也是低成本的，在试点过程中形成的经验推广起来也更加容易。因为，试点中所产生的政策效益本身就具有示范作用。与之相比，技术理性的政策形成模式往往被认为是更具有科学性的，它是通过科学的方式而对政策问题识别后制作出政策的。一般说来，这是通过分析和抽象而从大量的社会问题中找到了具有普遍性的政策问题，并根据对政策问题的再度分析而制定出政策。从决策过程来看，在前决策阶段会显现出对信息占有、对分析方法等方面的依赖，决策的科学性也与科学技术发展水平相关联。在关于重大问题的决策中，不仅需要求助于科学和技术，还需要广泛的公众参与，进而，还会在基本的政治以及社会制度方面提出要求。所以，技术理性的政策形成模式也是与民主制度联系在一起的，尽管它更多地表现出了对技术专家的依赖。

总的说来，这两种政策形成模式都需要得到时间方面的支持，经验理性的政策形成模式在从试点到扩散的过程是需要一定时间的，而技术理性的政策形成模式所需要的各项条件的具备也同样需要时间。这样一来，在高度复杂性和高度不确定性的社会形态中，都显得无法适应。因为，高度复杂性和高度不确定性本身就意味着社会运行速度的高速化，产生于这种社会形态中的问题往往并不给人们留下足够的去加以解决的时间，而是会更多地要求人们通过随机性决策的方式来应对那些迅速恶化的问题。所以，在政策形成方面需要同时扬弃既有的经验理性的和技术理性的两种政策形成模式。

不过，如果在空间形态上去审视这两种政策形成模式的话，我们会发现，经验理性的政策形成方式所走的是一条从"点"到"面"的路线，而技术理性的政策形成方式则在这条路径中反向运动，即走了从"面"到"点"的路线。在高度复杂性和高度不确定性的社会形态中，在"面"的意义上形成具有普遍性的政策已经不可能了，所以，也就不再会有走向"点"的可能性。相反，从"点"到"面"的路线却是可能的，其限制条件主要是时间的不容许。但是，在信息技术和网络技术日新月异的今天，我们却看到经验理性的政策形成模式如果得到了信息技术和网络技术的支持，是可以打破时间约束的，并能够在高度复杂性和高度不确定性的社会形态中发挥作用。也就是说，这并不是先刻意安排试点试验然后再加以推广和扩散的政策生成方式。比如，我们可以设想，行动者可能把自己解决问题的经验发布到网络平台上，让他人在处理相关问题时分享他的经验。当然，这只是经验理性得到应用的一种方式，如果我们致力于探讨的话，可以发现无数种适应高度复杂性和高度不确定性条件下合作行动的经验理性实现途径。

经验理性来源于经验却不能等同于经验。这是因为，经验容易导向复制，而经验理性则寻求经验的启发意义，要求在既有经验的基础上引入想象，实现创新。在低度复杂性和低度不确定性条件下，我们所看到的行动机制如哈贝马斯所描述的那样，"由于行为者完成了一种行为计划，他也熟悉了一个语境，这样行为语境就构成了行为者所解释的周围环境的一个部分。这个部分是在一种可能的行为的作用下构成的，行为者认为这种行为可能性对于计划的完成具有十分重要的意义。一旦行为者只能从互动的角度，也就是说，只能依靠至少一个他者的行动（或非行动）来完成他的行为计划，行为协调的问题也就出现了。自我的计划和行为与他者的计划和行为相互联系的方式不同，所产生的以语言为中介的互动类型也就不同。"① 尽管存在着这些不同，但经验是具有权威性的，是可以依据经验去加以协调的，或者参照经验并做出一些情景分析而发现妥协方案。然而，高度复杂性和高度不确定条件下的行动则要求抛弃这种行为调适模式。

因为，行动者在高度复杂性和高度不确定性条件下所开展的每一项行动都可能面对全新的语境，不仅不可能事先制定周密的计划，而且在遭遇他者时，也不会面对一个携带计划而来的人。所以，不会出现经验与计划的协调问题，而是在不设计划条件下直接地进行经验交流。这样一来，所要审视的就是经验，而不是依据经验去审视计划。既然要对经验进行审视，那种在低度复杂性和低度不确定性条件下已经习惯于用来制订计划的理性就不会出场，而填补这个理性空场的，也就只能是经验理性了。所以，高度复杂性和高度不确定性条件下的行动者在行为选择中所直接应用的是经验理性。在共同行动中，行动者之间的交往、沟通和协调，也都会依据经验理性行事。作为个人的经验，在经验理性的审视和检验中则得到扬弃。也许会存在着经验向知识转化的情况，但在它实现这种转化之前，则具有明显的不确定性，只有在转化为知识时，才能够获得某种确定性。在经验向知识转化的过程中，

---

① ［德］尤尔根·哈贝马斯：《后形而上学思想》，曹卫东等译，译林出版社 2001 年版，第 58—59 页。

我们将很少看到康德所讲的知性范畴发挥作用的状况，反而恰恰是因为经验理性的审查而对经验做出了确认，使其成为知识。

从近代以来的科学研究看，对人的日常生活的研究是较少的。即使在20世纪产生了旨在探讨日常生活的哲学流派，也是在面向整个社会的意义上去表达对表象世界的关注，而不是对人的真实生活的研究。这是由理性主义传统决定的。之所以理性主义者回避对生活的探讨，是因为生活中包含着更多的常识，往往表现为常识在发挥作用，而常识往往又被看作是感性的，是不可靠的。的确如此，在人类社会的历史演进中所生成的常识有很多是难以经得起理性检验的。特别是在社会行动方案的选择中，常识的模糊性是很难提供清晰明白的未来预测的。所以，理性主义者对常识抱持轻蔑的态度是可以理解的。但是，在日常生活中，常识又实实在在地发挥着无法替代的作用。如果我们考察我们的生活，任何对常识的轻视都是不可原谅的。

其实，"常识倾向于认为每一事件总是由在先的某些事件所引起，所以每个事件是可以解释或预言的……另一方面……常识又赋予成熟而又心智健全的人……在两种可能的行为之间自由选择的能力。"① 理性主义的这一问题是由理性概念的片面性引发的。也就是说，近代以来，特别是在康德之后，理性概念中的经验理性内容被排除了，而到了20世纪，理性基本上被改写成了工具理性和技术理性。不仅经验理性的内容被剔除净尽，即便是价值理性，也受到了排斥。在这种情况下，仅仅在日常生活领域中还保留了常识。而且，也只有在这个领域中，人们在生活和活动中更多地倚重于常识。也就是说，在公共领域和私人领域中，常识是被拒绝的，对每一项行动，人们都被要求进行一番理性审查。事实上，在这种理性审查中，是要让每一项行动都接受工具理性和技术理性的审查。

如果说常识能够使人成熟和获得健全心智的话，那是因为常识中包含着丰富的经验理性，或者说，是因为包含着经验理性而显现出了使人变得成熟的功能。所以，在对理性主义的反思中，我们不仅要确认理性中的实践理性内容，不仅要对实践理性中的价值理性这一必不可少的部分给予肯定，而且

---

① ［比利时］伊利亚·普利高津：《确定性的终结》，湛敏译，上海科技教育出版社1999年版，第1页。

要认识到经验理性也是实践理性中的重要构成部分。认识到了这一点，我们就将迎来一个经验理性自觉的时代，即自觉地去建构经验理性。总之，在今天这样一个全球化、后工业化时代，当人们不得不在高度复杂性和高度不确定性条件下去开展行动的时候，我们的社会科学研究也就面临着突破近代理性主义窠臼的任务。这样一来，我们的研究工作不仅要去在常识中发现经验理性这一理性资源富矿，而且要找到常识生成的路径，去努力把各种各样的科学结论转化为常识，进而融入我们的生活。比如，系统论作为解决复杂性问题的理论方案是把复杂性作为一个科学问题来看待的，而实践理性则完全可以把复杂性还原为人们的日常观念，让它作为一种常识而被人们所接受。

第二节　经验理性的功能

一、理性的社会治理

在高度复杂性和高度不确定性条件下，无论是开展科学研究还是社会行动，都会遇到对象的模糊性等问题。其实，模糊性是一个长期存在的问题，官僚制组织也会遇到类似的问题，而且会感受到这些问题对组织成员的行为形成一定的压力。根据汤普森的研究发现，"当对模糊性感觉不适的人被放置在一个其行动具有未来影响的职务上时，他会存在短期的倾向。随着时间视野的延伸，行动的结果越发难以预测，因为这些结果在向未来演进时不断地分化。先例和对于未来和过去的相似性的假设在那些难以容忍模糊性的行政官僚那里也颇有市场。"[①] 也就是说，当官僚制组织被置于一个不确定的环境中的时候，就会遇到诸多模糊性的问题，以至于对模糊性不适的组织成员在行为上会变得难以预测。

一般说来，在遭遇了模糊性的问题时，需要通过培训或更换相应职位上的组织成员以使组织不至于因模糊性的问题而遭受损失。然而，在全球化、后工业化背景下，对象以及目标的模糊性已经不再是组织的遭遇，而是整个

---

① ［美］詹姆斯·汤普森：《行动中的组织——行政理论的社会科学基础》，敬乂嘉译，上海人民出版社 2007 年版，第 178 页。

社会都遇到了此类问题。高度复杂性和高度不确定性把人的几乎所有行动都引入了对象和目标的模糊性地带，迫使人们必须适应这种模糊性，必须在这种模糊性的条件下开展行动。我们发现，由于出现了这类问题，在20世纪的学术语境中，往往把不确定性视为对"理性"的挑战。其实，这一点应当被准确地理解为：不确定性是对工具理性、技术理性的挑战。相反，对于价值理性和经验理性而言，不确定性恰恰是激发其创新潜力的诱导因素。正是不确定性，将使价值理性和经验理性获得指导人的行动的功能，而且也能够在人的行动中去得到进一步的完善。

在近代社会的早期，或者说自斯宾诺莎起，理性与非理性被看作是对立的，人们崇尚理性而贬抑非理性，甚至认为一切非理性的行为都是不可容忍的。而且，非理性的概念也被广泛地用来贬斥一切被认为没有能够体现理性的行为。在这种语境中，一切不合乎理性标准的行为都会被冠之以非理性。事实上，人们总是用"非理性"一词去对人的行为做出否定性的评价。叔本华、尼采之后，非理性得到了重新评价，不再是一个否定性的、贬斥性的概念，而是在一定程度上实现了中性化。但是，就非理性的指称来看，是指那些不合乎科学理性的思维及其产品。无论是在对"人"还是"事"的判断中，如果使用了"非理性"一词，那么，判断指向的对象必然会表现出这两种情况，或者，表现出这两种情况中的一种：其一，工具性不明确；其二，技术的可操作性很弱。在这里，"非理性"一词中的"理性"，实际上是可以等同于"科学理性"的。

在理性被等同于模糊的科学理性时，人们一般是把与理性相联系的事物评价为"合理性"。所以，"合理性"也是一个较为模糊的评价，并不是指合乎工具理性或技术理性，而是合乎较为模糊的科学理性。虽然这与工业社会的分析性思维所要求的"概念清楚明白"不一致，但是，合理性的模糊性往往并不被科学所追究，而是作为科学评价的标志呈现出来的。也就是说，当人们把理性作为对各种各样的事物或社会现象的评价标准来看待时，"合理性"则成了一个标识性的用语。韦伯显然是看到了合理性概念的模糊性，所以，希望通过对"合理性"进行再界定的方式去解决这一问题。所以，在韦伯那里，合理性被再度确认为形式上的合理性。这样一来，韦伯实际上是做出了某种排除，即排除了实质合理性。因为，在实质的方面，是否具有合理性往往是没有办法去进行科学证明的，而且也无法在实践上进入操作的层面。所以，自韦伯之后，我们在使用"合理性"这个概念时，所指的一般都是"形式合理性"，除非刻意去对合理性一词进行区分，才会指出合理性应当具有多重含义。其实，理性并不仅有科学理性这一种形式或者这一重内容，而是具有多种形式和多重内容的。比如，康德就是在与纯粹理性相对应的意义上提出了实践理性，即在认识论的意义上界定了纯粹理性，又是在社会生活和活动中定义了实践理性。既然理性具有多种形式和多重内涵，合理性其实也应有多种理解。

就理性的概念来看，如上所述，人们通过为其加上限定词的做法而提出了许许多多类型的理性，至少，人们是认为理性具有许许多多表现形式的。如果把人们对理性的各种各样的标识用语汇集到一起，我们还可以看到出这些概念构成了一个语用系统。这个系统也是有着一定结构的，概念之间会被赋予一种从属关系和历史联系。比如，科学理性可以认为是从康德的纯粹理性演化而来的，而科学理性又包含着技术理性。就技术理性只是社会行动的工具而言，又可以被命名为工具理性。科学理性是从属于分析性思维的，也是分析性思维的基本特征。与之不同，作为分析性思维对应形态的相似性思维就不具有科学理性的特征，也不会把对科学理性的应用作为一个重要指标对待。但是，相似性思维也要遵循理性的原则。相似性思维中的理性属于经验理性，或者说，相似性思维应当成为拥有经验理性的思维方式。在农业社会的历史阶段，相似性思维的不成熟也就表现在它没有按照经验理性的原则去开展思维活动，所以，创造了大量非理性的创造物。在工业社会的历史阶段中，由于分析性思维占据了支配性的地位，相似性思维受到了抑制，因而，经验理性也受到排斥。在全球化、后工业化进程中，由于人们需要在高度复杂性和高度不确定性的条件下开展行动，使分析性思维及其科学理性都丧失了指导实践的功能，也同时逐渐地使经验理性的功能显现了出来。

理性的多样性经常性地导致诸多无谓的争论，事实上，理性也包含着自反的逻辑。特别是在理性的功能实现的过程中，往往会走向其预设目标的反面。比如，理性地考察宗教，就好像是站在静止的河岸上观察水的流动一样，得出的结论可能是合理的和可接受的，但是，却可能是不真实的。基于理性，可以对宗教的形成以及能够发挥的作用做出科学解释，也可以宣布宗教信仰的非理性。而信徒可能会争辩说，他们的信仰是百分之百理性的。而且，与那种总是给人带来烦恼、痛苦、遗憾的世俗理性不同，他们的信仰是唯一给人带来了幸福的理性。这样一来，争论一代一代地持续下去，分歧甚至敌视也会时而激化时而缓和，而问题却无法得到解决。造成这种结果的原因是什么？显然是理性的冲突。如果人们不是执着于某一形式的理性，而是寻找理性共鸣的途径，争论还会无解地持续下去吗？

在韦伯那里，卡里斯玛的出现显然是非理性的，事实上，韦伯根据理性的原则而对卡里斯玛作出了否定。我们认为，在国家的意义上，韦伯对卡里斯玛的否定是值得称道的，但是，如果进入到微观组织内部，特别是考虑行动层面的问题时，却是需要对韦伯否定卡里斯玛的做法给予几分怀疑的。将卡里斯玛精神与理性相对立，显然是一种非此即彼的形而上学思维习惯的反映。就社会运行的现实而言，特别是在组织的运行中，卡里斯玛精神的积极性是随处可见的。即便是在官僚制组织之中，现实也没有表现出对韦伯纯粹技术主义的工具理性的严格执行，而是在一切可能的地方，都为卡里斯玛精神的张扬留下了空间。特别是在职位与岗位上的不同官员的不同表现中，可以清晰地看到卡里斯玛所发挥的作用。也就是说，在同一个职位上，前任与后任官员可以在对其职位性质与功能的诠释上有着霄壤之别，其原因就在于是否运用了卡里斯玛精神于其职位活动之中。

在韦伯对官僚制的定义得到了普遍流行的时代，卡里斯玛精神失去了意识形态意义上的合法性，也被剥夺了实践意义上的合理性。结果，工具理性、技术主义等也就成了形塑组织病态形象的基本元素，使官僚成为"非人格化"的，或者说失去了人性的"机器人"。同样，当工具理性、技术主义的意识形态功能开始衰落的时候，卡里斯玛的价值也许会重新引起人们的重视，特别是在合作制组织的每一项具体行动中，卡里斯玛精神也许都能够发挥出重要功能。但是，在国家制度的层面上，卡里斯玛精神的辉煌将会被永远封存在历史的记忆之中，政治理性对卡里斯玛的祛除可以是永恒的，永远也不会予卡里斯玛以复活的机会。

这样一来，我们看到卡里斯玛得以畅行的将是组织具体行动的每一个舞台。这些舞台是分散在社会生活的每一个方面的每一个角落中的。而且，打破了在具体存在中生成普遍性的逻辑，将永远不会因合作制组织的每一项行动中都拥有卡里斯玛而造就出一个统一的、普遍性的卡里斯玛。也就是说，合作制组织并不排斥卡里斯玛，在某种意义上，合作制组织在每一项具体的行动中都呼唤着和期待着卡里斯玛的出场。但是，合作制组织将严格地把卡里斯玛精神限制在其每一项具体行动中，决不允许卡里斯玛沿着组织层级结构的阶梯攀援而上，不允许卡里斯玛汇聚成面向整个组织的支配力量，更不允许卡里斯玛走出合作制组织的边界而转化成面向整个社会的支配力量。

在对卡里斯玛的讨论中可以看到，理性的追求会经常性地走向非理性的方向。正如唐斯的研究所发现的那样，"官僚化的官员（以及其他社会代理人）试图理性地实现他们的目标。换言之，在有限的能力和信息成本的条件下，他们尽可能以最有效的方式来行动。因此，我们理论中的所有代理人都是效用最大化者。实际上，这意味着不管达到目标的时间、努力、金钱等成本提高到何种程度，在其他条件相同的情况下，他们至少试图实现更多的目标。"[1] 就 20 世纪的情况来看，在私人部门，效用最大化的追求往往是能够在行为中表现出理性的。而在公共部门中，效用最大化的追求则会表现为无限攫取权力的非理性行为。

正是由于这一原因，公共部门更倾向于突出理性建构，并以要求官员照章办事的形式出现。一方面，由于近代以来的社会治理体系是根据人民主权的原则建立起来的，必须在社会治理过程中反映出公众的要求并致力于满足公众的要求。在此逻辑的延伸中，就会把效用最大化作为社会治理的目标。另一方面，社会治理又必须经得起理性标准的衡量，必须避免非理性行为。这样的话，就不能不要求官员照章办事和遵从规则。或者说，官员照章办事和一切行为都遵从规则是具有合理性的，却可能引发非理性的行为。事实上，官僚制组织一直是处在这种悖论之中的，受到这两种不同要求的牵扯，以至于在如何平衡这两种不同要求之间耗费了大量精力。即便如此，也还会周期性地陷入失衡的状态，并不得不每过几年就通过一场改革运动去恢复平衡或追求某种平衡。

历史的发展往往表现出渐进的特征，而不是可以在某个点上把历史截然划分为前后不同的两个部分的。比如，我们看到卡里斯玛总是与一些排斥行

①　[美] 安东尼·唐斯:《官僚制内幕》,郭小聪等译,中国人民大学出版社 2006 年版, 第 2 页。

为联系在一起的。一个拥有卡里斯玛权威的人，必然会排斥任何可能对这种权威表示怀疑和提出挑战的人。随着资本主义法制的确立，在公共生活中，卡里斯玛权威得以产生的土壤被铲除了。在组织方面，由于官僚制组织模式的出现，卡里斯玛也在很大程度上从人们的视线中消退了。因而，人的知识、才能等成了能否胜任职位和岗位的条件。

但是，这种情况在私人领域和公共领域中的表现还是不同的。相对而言，在私人领域中，较为重视人的知识和才能，而在公共领域中，特别是在政治生活中，人的知识和才能依然没有得到足够的重视。正如桑内特所指出的，"科层组织中的社会位置应该由能力来决定；18 世纪末期那种任人唯才的观念在这里被发挥到极致。但上层的人往往没有什么才干，他们通过勾结营私排挤有才能的人，从而得以维护自身的地位。因而，如果你处于社会的底层，那么没有地位不是自己的错误；他们夺走了你的正当权利。但仅有这种自我尊重的迷思还不能定义仇恨的全部感觉。因为大权在握的人都很自信；他们并不需要为自己担忧，为面子担忧，而像小布尔乔亚这样的小人物总是有一种被排挤的感觉。在英国、法国和美国的职业结构中，下层的白领都同样地和强烈地感受到这种由用人制度不合理的感觉和被排挤的担忧组成的身份焦虑。"①

即使到了 20 世纪，即便是在发展得非常典型的官僚制组织中，桑内特所说的这种状况也一直有增无减。虽然卡里斯玛的权威形象与功能都在人们的视线中消失了，但作为卡里斯玛阴暗一面的因素，却是官僚制挥之不去的。官僚制组织的形式合理性祛除了卡里斯玛权威的支配形式，却无法在非人格化的追求中让官僚放弃人格化的"勾结营私排挤有才能的人"。所以，无论官僚制的工具理性和技术理性是何等的清醒，都无法告别卡里斯玛的梦魇。正是因为官僚制组织在抛弃了卡里斯玛后依然存在着这些严重的非理性行为，我们才希望在总体上抛弃官僚制组织，希望建立起作为官僚制组织替代形式的合作制组织。当我们思考如何用合作制组织取代官僚制组织的时候，既不是要呼唤卡里斯玛权威的回归，也不是沿着官僚制技术合理性的路线进一步清除卡里斯玛，而是在组织行动的层面对卡里斯玛做出适当的承

---

① ［美］理查德·桑内特：《公共人的衰落》，李继宏译，上海译文出版社 2008 年版，第 354 页。

认，进而，在此基础上去寻求卡里斯玛发挥正向功能的制度安排，使卡里斯玛那些阴暗面的元素得到有效的约束。正是这样，合作制组织将从根本上消除官僚制组织中所存在的一切非理性，并让一切行动都包含着理性和体现着理性。

理性的概念也经常被用来定义具有某种行为特征的人，比如，对于"经济人"这类抽象的存在，就是用理性来定义的。所以，我们经常看到的是"理性经济人"这个提法，意思是说这类人能够精心谋划自己的行动及其目标，能够在社会规则允许的条件下不择手段地使自身的利益最大化。显然，理性经济人假设中的"'理性'这个术语用词不当，因为这个术语看上去隐含着行为者有能力为行动提供理由、行动客观、不为反复无常的情感所左右，甚至采取自利行动。然而，人们很早就发现了这是肤浅和具有误导性的。"① 即便是在分析性思维的框架下，理性也具有多重含义。当康德推出"实践理性"的确切性后，斯宾诺莎模糊的理性概念已经失去了意义。此后，人们对理性又做出了边沁式的解读和应用。即使在亚当·斯密的温和意义上使用理性概念，也是不客观的。总之，理性具有丰富的内涵，也具有多种形式，把理性与经济人相混同，实际上是对理性的阉割。正如牛被阉割后在何种意义上还是公牛一样，当理性受到阉割时又在何种意义上还是理性。难道这不是一个非常可疑的问题吗？如果这种理性是可疑的，当它反映到人的行为和行动策略中来，就是消极的。如果社会治理以此为据或以此为前提展开的话，就会把社会导向一个与人性相冲突的方向。其实，在"理性经济人"这个概念中，用来界定人的"理性"一词是应当准确地理解成工具理性和技术理性的，是反映在利益谋划方面的理性，而且，仅仅反映在人的利益谋划方面。

我们看到，在完全基于理性建构的公共行政中存在着这样的问题：比如，公共政策的运用看上去是对公共行政的工具理性所做出的最好的诠释。而且，在政治与行政二分的框架下，公共政策也是最为人们推崇的管理工具。可是，政策却包含着否定行政与政治相分离的内容。也就是说，政策作

---

① ［美］赫伯特·金迪斯、萨缪·鲍尔斯等：《走向统一的社会科学——来自桑塔费学派的看法》，浙江大学跨学科社会科学研究中心译，上海人民出版社 2005 年版，第 138 页。

为社会治理的工具恰恰包含着对工具理性的挑战。"因为政策争论是一种政治推理，而不是抽象的、具有分离的确定意义与恒定单位的逻辑演算。政治推理依靠隐喻和类比进行，话语参与者总想说服对方相信某一问题或解决方案是这样的而不是那样的。"① 所以，每一项政策的出台，都直接包含着对利益分配格局的维护和调整，而不是像行政活动那样遵从形式合理性的原则。当然，大致从罗斯福"新政"时期开始，行政部门出于集权的要求而在自己所控制的政策制定过程中引入了严格的科学分析，以便把那些往往被认为是科学"门外汉"的政治家们搞得一头雾水。就此来看，工具理性、技术理性完全成了政治斗争的工具和技术，或者说，它们本身就贯穿着政治的考量。

最值得人们关注的，或者说，我们一刻也不能忘记的是，我们上面已经提到的重要一点就是，工具理性和技术理性存在着把社会治理导向恶的方向的可能性。也就是说，在理性遭受阉割而成为工具理性和技术理性后，包含着走向人类难以承受的恶的方向，即生成了美国学者艾赅博和百里枫等人所说的"行政之恶"。"因为技术理性文化根本排除了考虑伦理道德的可能，更谈不上要理性地计算多少善可以合法地牺牲为恶的代价。因为行政之恶是被掩盖着的，我们在现实的情形下意识不到伦理问题的存在，这也意味着我们甚至不能有选择地来衡量善的多寡。"② 在此，我们仅仅是粗略地例举了工具理性、技术理性在社会治理中的一些表现，但是，已经能够说明扬弃甚至否定工具理性和技术理性是有着充分理由的。

二、关照人的情感与道德

基于人的本性的观察可以给予我们这样一种描述，"每一张慈善的面孔都唤起友好的感情，每一个遭受灾难的孩子都引起同情，每一个勇敢的人都引起尊敬。人人都应该有的感情比如说正义感，在我认识的每一个人的观念中都占有一席地位。这些感情是社会经验累积的产物，而不是单独属于任何个人的特点。一种情感，若我们只从它本身考虑，它就是模糊的、不确定的

---

① ［美］查尔斯·J. 福克斯、休·T. 米勒:《后现代公共行政——话语指引》,楚艳红译,中国人民大学出版社 2002 年版,第 109—110 页。

② ［美］艾赅博、百里枫:《揭开行政之恶》,白锐译,中央编译出版社 2009 年版,第 17 页。

个人的情感；它可以一成不变地在生活中出现并与许多个人特征中的任何一个联系起来；它可以归诸此人，也可以归诸彼人，也可以同时归诸两人或更多的人，这取决于人们思想内部的联系，而这种情感就是在这种联系中被触动的。"① 一旦一种情感被触动，也就意味着一次"公共支付"的实现。也许一次"公共支付"显得那样微不足道，然而，社会的良性运行，恰恰依赖于无数的"公共支付"所集聚起来的力量的推动。②

反观工业社会，之所以求助于外在性规则的社会治理并未将人的正义感消除殆尽，之所以冷冰冰的制度并未完全摧毁人的情感，正是因为这个社会依然存续着"公共支付"。特别是在日常生活领域中，每日每时都繁衍着"公共支付"行为。正是那些被人们所忽视了的或者被人们认为微不足道的"公共支付"，唤起了不合乎理性判断却又是社会生活必不可少的正义感，至少让那些正义的观念存于人的心中。尽管在工业社会的几乎全部社会建构中都压制和排挤了人的这种情感，甚至可以说是扼杀了人的这种情感，在一切方面都把人们导向了利益纷争之中，使人相互怀疑、相互仇视、相互厮杀，但是，深深地隐藏在人们心中的一些正义观念即便是在其载体自身也认为那是非理性的情况下却从未彻底泯灭，从而让人在感到了自己非理性的时候，做出了一些"公共支付"，表现出了善行。

高蒂耶反对这样一种看法："道德的基础在于我们大多数人所具有的广泛的、同情的、指向他人的关切，并且这些关切的确约束着自我利益以及我们在待人接物上时常伴随的偏爱与偏私。"③ 高蒂耶所反对的这样一种关于道德的认识的确反映了一种庸俗的道德观，或者说，只是对道德的一种感性认知。如果人们持有这种道德观的话，就会对道德功能的普遍价值产生怀疑，即把道德看作人的行为的不甚可靠的规范。高蒂耶认为，这种把情感指认为道德基础的观点因为被康德的实践理性所抛弃而造成了道德的"基础危机"。这样一来，各种各样的道德证明陷入了循环论证的窠臼，以至于

---

① ［英］查尔斯·霍顿·库利：《人类本性与社会秩序》，包凡一、王源译，华夏出版社 1999 年版，第 90 页。

② 张康之：《寻找公共行政的伦理视角》，中国人民大学出版社 2012 年版，第 175—180 页。

③ ［美］高蒂耶：《为什么要诉诸契约主义?》，唐翰译，载包利民编：《当代社会契约论》，江苏人民出版社 2008 年版，第 61 页。

"没有什么要以证明道德的正当性……我们做出、接受、拒绝、证明以及批判道德判断。道德理论关切的乃是将那种实践系统化，从而让我们对于何谓道德证明更深的理解。认识的判断并没有认识之外的基础，同样，道德证明也没有外在于道德的任何基础"。① 高蒂耶在对基于康德的这种不对道德进行证明的做法做出批评后，要求对道德进行一种"审慎的证明"。

高蒂耶认为，对道德进行审慎的证明是必要的，"审慎的证明显然更为基本，只要我们是理性的行为者，那么审慎的证明就不要避免。所以，如果道德证明与之冲突，则道德就不仅得不到支持，而且会受到理性上更为基本的东西的反对。"② 在这里，高蒂耶的所谓"审慎证明"实际上是要将道德放在特定的框架中来加以认识，理性就是对道德进行"审慎的证明"的依据，而且，高蒂耶是把理性与人放置到了一起，只要道德与拥有理性的人不冲突，那么，道德就得到了证明，相反，就应当被视作为不道德的。在这里，高蒂耶并不去探讨道德的基础，而是直接地提出如何对道德做出证明的问题。这显然不是从近代认识论的逻辑中去认识道德的，即不再按照形而上学还原论的逻辑取向去为道德寻求基础。这一点是近代以来几乎所有的伦理学家们都没有做到的。不过，在"理性的行为者"的问题上，高蒂耶却遇到了这样一个问题，那就是使道德证明遇到了无法证明的问题。这样一来，"理性的行为者"所拥有的是什么样的理性？就是一个令人无法做出回答的问题了。

在这个问题上，高蒂耶其实又回到了边沁，那就是把利己的人视作为"理性的行为者"。这样一来，"理性的行为者"是从"利我"的目的出发去助人的，并希望助人的行为得到等价的回报，从而通过利他而达到"利我"的目的。在这个过程中，只要施助者与被施助者信守诺言，就达成了圆满的道德实践。高蒂耶对此所做出的概括是："我把道德等同为选择交往条款的理性人所赞同的那些约束……可证明的道德实践就是能在适当的前道德环境中得到我们事先同意的那些实践。假使我们处在某种状态中来决定那

① ［美］高蒂耶：《为什么要诉诸契约主义?》，唐翰译，载包利民编：《当代社会契约论》，江苏人民出版社 2008 年版，第 62 页。

② ［美］高蒂耶：《为什么要诉诸契约主义?》，唐翰译，载包利民编：《当代社会契约论》，江苏人民出版社 2008 年版，第 63 页。

些未来的交往条款（尽管这往往是不可能的），那么它们就是会被我们同意的那些实践。假想的协议因此对我们的现存道德实践的可证明性提供一种检验。"① 不过，我们在此所关注的并不是高蒂耶对道德的问题给出了什么样的意见，而是要看他的论证逻辑。因为，通过利他而利己无非是对工具理性原则的再申述。在我们去看高蒂耶的论证逻辑时，就会发现，高蒂耶的这个所谓"审慎的证明"其实是再直白不过的社会契约论表述，是如此直截了当地从两个互助的人出发得出了关于道德实践必然发生的证明。不用说罗尔斯的"无知之幕""原初状态"都被这把剃刀完全切除，就是早期的社会契约论者也不敢设想两个人的缔约就能够成为一个框架，更不用说能够在这个框架中生成对整个社会都具有普适意义的道德实践了。

由此看来，高蒂耶的所谓"审慎的证明"实际上对社会契约论作了太过简单的还原。即使启蒙时期的社会契约论在演化为功利主义时所建构起的也是一种个人中心论，个人可资利用的工具并不是另一个人，而是环绕在个人这个中心的所有人，而高蒂耶却试图在两个互助的人的契约中就想得出道德的证明。对于高蒂耶的这个做法，估计个人中心论也不会接受，甚至会对这种道德证明的做法表达嘲笑。所以，功利主义的个人中心论可以看作是一个框架，而两个互助的人间的契约决不可能成为理解道德实践的框架。然而，高蒂耶却自以为自己做出了一个重大发现，那就是从两个互助的人的订约中发现了"道德要求人们有自我负责及与同伴订立契约的能力，他的同伴放心地知道他能够并愿意践约，而不会考虑那些通常会进入其未来审慎思考的很多关切"。② 这无疑又给道德实践附加上了"能力"的条件。结果，道德只存在于两个能力相等的并订立契约的人之间，如果两个人在能力上存在着差异的话，就不可能订立契约。因而，道德实践也就不会发生。

然而，道德行为的发生也许恰恰是在人的能力不等的条件下，正因为人的体力、智力或因其所拥有的财富和权力给予他的能力与他人之间有着一定的差异，他的道德行为才有价值。至于两个能力相等的人通过订立契约而达

① ［美］高蒂耶：《为什么要诉诸契约主义?》，唐翰译，载包利民编：《当代社会契约论》，江苏人民出版社 2008 年版，第 70 页。

② ［美］高蒂耶：《为什么要诉诸契约主义?》，唐翰译，载包利民编：《当代社会契约论》，江苏人民出版社 2008 年版，第 75 页。

成互助的实践，那无非是等价交换，是从属于经济学的理解的。如果把这类交换行为纳入到道德的理解中的话，那么，对于道德建构以及社会的道德建构而言，显然是没有什么积极意义的。如此看来，理性已经成为一个无法突破的框框。在科学的视角中，人们按照科学理性、工具理性、技术理性去思考和行动，可以顺利地确立起霸权，即使在一些问题上发生了争论，也是为了使话语霸权进一步建立在更为坚实的基础上。而在对人文问题的思考中，则出现了对理性的选择问题，你选择了什么理性作为标准，你站在什么理性的视角上，就会形成不同于他人的意见。

一般说来，一旦在人文思考中出现了分歧，就会走向对近代早期尚未分化的、模糊的理性的援用上来。高蒂耶关于道德问题的证明就是这样的。的确，在人失去了道德意识后，或者说，当人的道德价值被技术理性置换后，在观察社会时，在所谓科学研究活动中，就会表现出一种选择性失明。对一些至关重要的社会问题，就会视而不见，因而，其全部关注点也就被放到了能够支持自己预设的结论上了。基于技术理性去从事科学研究，即便能够制做出科学的文本，但在文本中所包含着的也是思维的低能。在这种情况下，科学壮大了人的声威，却掩盖了人的肤浅。同样，在实践中，技术理性不仅不能对集权专制有丝毫减损，反而会让专制似乎有了科学的武装而变得更加霸道、更加专横。也许你从实践中发现了问题，但是，就像高蒂耶一样，绕了一个大大的圈子，最后又回到了工具理性的窠臼之中。

在高蒂耶关于道德的审慎证明中，所存在的问题主要是受到了工具理性的限制，他是在工具理性的逻辑中去破解如何理解道德的问题的。与之相比，哈贝马斯关于语言的表意功能的分辨则表现出了试图冲破工具理性的追求。哈贝马斯指出，"一种被认为是有效的表达和一种有效的表达之间显然是有区别的。"[①] 前者从属于价值判断，而后者则从属于科学判断。但是，哈贝马斯紧接着又指出，"理解一种语言表达的意义究竟意味着什么这样一个基本问题，不能与在何种语境下这种表达能够被有效接受这个问题隔离开来。我们如果不懂得如何运用语言表达的意义，来和别人就某事取得共识，也就认识不到理解一种语言表达意义的真正内涵。从理解语言表达的前提中

---

① ［德］尤尔根·哈贝马斯：《后形而上学思想》，曹卫东等译，译林出版社 2001 年版，第 131 页。

就可以看出，依靠语言表达建立起来的言语行为，其目的是要从合理的动机出发去领会所说的内容。因此，对表达可能具有的有效性的探讨不仅属于交往的实际前提，也是语言理解本身的实际前提。语言的意义层面和有效性层面是有着内在联系的。"① 可见，从交往的视角去观察语言的功能，因为涉及了意义的问题，也就可以导向与工具理性相去甚远的方向。如果依据工具理性的逻辑去回答"有效表达"的问题，必然会失去对意义的关注。这样的话，语言表达的意义以及所表达的意义，就会游离出视线之外。

哈贝马斯这里所揭示的，可以说仅距实践论一步之遥，在一定程度上，已经表达了实践论的基本精神，那就是对意义的关注，突出了语言的表意功能。事实上，在高度复杂性和高度不确定性条件下，随着工具理性的追求及其逻辑陷入困境时，行动者即使处在语言不能有效表达的情况下也必须开展行动。此时，凭借经验理性去发现和获得"被认为是有效的表达"，就可以成为交往和行动的依据。因为，与其他各种各样的理性相比，经验理性是综合性的。重要的是，在高度复杂性和高度不确定性条件下，随着人的共生共在成为人们的基本共识和共有的意识形态，行动者无论是以"言语者"还是"听众"出现，都能将其行为纳入道德规范之中。听从道德的命令，其言语的真值也就是可信的。所以，虽然不"被认为是有效的表达"，也因为得到道德的保障而能够唤起共识，并作用于行动。如果说在行动中发现了"被认为是有效的表达"出现了偏差，也能够得到及时的纠正。可以相信，合作行动是完全拥有这种随时纠正偏差的语境的。这种语境是由经验理性营造出来的，只要依据经验理性去开展合作，就会在合作行动中增益于人的共生共在。

三、基于经验理性

关于人的存在的现实性问题，库利认为，"人是一回事，而关于他的观念是另一回事，但后者才是真实的社会存在，人们就靠它彼此存在着，并对彼此的生活发生直接影响。因此，任何没有紧紧把握住人的观念的对社会的研究都是空洞无用的——只是教义而根本算不上知识。"② 应当看到，人的

---

① [德] 尤尔根·哈贝马斯：《后形而上学思想》，曹卫东等译，译林出版社 2001 年版，第 131 页。

② [英] 查尔斯·霍顿·库利：《人类本性与社会秩序》，包凡一、王源译，华夏出版社 1999 年版，第 88 页。

存在具有多重性，就人的肉体而言，只能说是一种自然性的存在，虽然在社会进化中人的这种自然存在也需要通过社会来加以实现，比如，支持这种自然存在的几乎所有因素都需要从社会中获得，但是，并不因为从社会中去获得维护人的自然存在的因素而使这种自然存在的性质发生了改变，你不可能代替他吃、喝和承受病痛。然而，人还有另一重存在，那就是人的社会存在，人需要在社会中去证实自己的价值，需要在与他人的共同行动中去达成自己的目标。

正是因为人拥有社会存在，决定了人的知识、道德和行为方式等都是与他人密切联系在一起的。而且，人并不能在与他人发生关系时仅仅以某一个方面——如知识——为依据，而是需要以完整的人的形式出现。否则，社会也会因人的片面性而发生变异，成为某种"单向度"的社会。所以说，"根本不面对社会的事实，而仅把人当作物质存在的派生物这样一种模糊的物质论，是对伦理学、政治学和一切关于社会和个人生活的看法错误的主要根源。"[1] 只要是人活动于其中的领域，放弃了对人的社会存在的完整性的观照，都会导致严重的错误，社会治理以及公共行政亦如此。社会治理即便将物质主义改良成了技术主义，也依然难掩其单向度的特征，不仅是对人的社会存在的蔑视，而且会造成对人的整体上的压抑。

事实上，在关于社会治理领域的研究中，迄今为止，依然可以看到机械唯物主义的身形。特别是在关于社会设置的建构中，更多地考虑物质的和经济的方面而较少地关注人的观念；在组织的运行中，不仅轻视而且极力排除人的能动性和主动性，甚至极力防止人的道德、情感等对组织行为的干扰。总之，把人的社会存在的许多方面排除了出去，仅仅保留了人的部分社会存在，以保证人能够适应秩序上的形式化要求。根据库利的看法，"如果一个人被设想为基本上是一种分离的物质，而这种物质里栖居着思想和情感，这些思想和情感经过对比研究也被认为是分离的，那么要形成社会就必须引入社会中心论、利他主义等等新的概念。但是，如果你起步时带着这种观点即社会的人主要是意识中的存在，并在意识中才能观察他，你会发现，他脱离

---

① ［英］查尔斯·霍顿·库利：《人类本性与社会秩序》，包凡一、王源译，华夏出版社1999年版，第89页。

意识整体后就没有存在，而意识整体包括对一切人的观念，是社会的一个独特的方面。正如我们所见，这些观念中的每一个人都是我们认识的所有的人的经验的产物，是我们关于全人类的总的观念的一个特殊的方面。"① 反过来看，当人的经验上升为社会观念时，是以经验理性的形式出现的，而不是对经验的否定。所以，人存在于人的经验理性中，而不是存在于抽象的原理和规定中，人的经验理性是人的社会存在的基本形式。人与社会的共同性，人与社会互动的可能性，都是以人的经验理性为依据的，以至于经验理性中的人是完整的和具有总体性的人。在高度复杂性和高度不确定性条件下，只有这样的人，才能够成为积极的行动者。

即便去研究人的社会存在，也需要看到，在人的社会活动中，因为环境和条件的不同，对人的社会存在的要求也是不同的。在高度复杂性和高度不确定性条件下开展行动，需要更多地求助于人的判断力。虽然判断力可以在知识的习得和思维的训练中养成，但就判断力本身来看，并不完全取决于人的知识方面的素养。心理学家认为，"判断的能力是直觉的，它诉诸想象而不是推理论证。"② 在分析性思维的语境中，往往认为这种能力是不可靠的和不具有可操作性的。所以，从理性中分离出了技术理性，并在技术理性的应用中实现了所有行动方案的可操作性。正是由于一切行动方案都具有这种技术理性的可操作性，以至于行动者的判断力萎缩了。或者说，人们在开展行动的时候，不需要凭借着自己的判断力去做出行为选择。

的确，根据工具理性的形式合理性要求，根据技术理性的可操作性要求，根据科学理性的可普遍化要求，人的判断力被认为是不可靠的，是需要加以祛除的。但是，高度复杂性和高度不确定性条件下的行动恰恰需要得到人的判断力的支持，特别是在应对突发事件时，开展行动往往无法求得科学原理、合理性的方案以及工具定位的明确性等的支持，这就决定了必须更多地倚重于行动者的判断力。那么，人的判断力从哪里来或如何得以养成？既然分析性思维排斥人的判断力，我们也就无法寄予分析性思维及其所包含的

---

① ［英］查尔斯·霍顿·库利：《人类本性与社会秩序》，包凡一、王源译，华夏出版社 1999 年版，第 89 页。

② ［英］查尔斯·霍顿·库利：《人类本性与社会秩序》，包凡一、王源译，华夏出版社 1999 年版，第 76 页。

理性了。因此，我们必须建构起完全不同于分析性思维的相似性思维，而相似性思维则是包含着经验理性以及价值理性的思维方式。有了相似性思维并形成了相似性思维的语境，就会发现，人的判断力是来源于经验理性的，是可以在相似性思维的训练中获得的。

哈贝马斯从 19 世纪以来的社会科学研究中发现，"社会科学家缺少一些概念，来把他们通过直觉所把握的现代性的特殊经验描述出来。"① 不过，哈贝马斯并不知道其原因。其实，这是由思维方式决定的。也就是说，现代人所拥有的和使用的基本上是分析性思维方式，而且，在社会科学这里，分析性思维方式获得了霸权地位。在科学话语意识形态化的条件下，由于社会科学的研究对象不像自然科学的研究对象那样清晰和明确，社会科学家的一种集体自卑感决定了他们在模仿自然科学的时候，会比自然科学家更加注重研究上的科学性。社会科学家们为了证明自己的志业是科学的，更加注重方法和思维方式的纯洁性。所以，非常注重运用和维护分析性思维方式，更加强烈地排斥直觉。结果，那些由直觉提供的经验无法得到重视，更不用说去对之进行着力描述了。

随着科学研究对经验的排斥成为科学纯洁性的标志，随着科学家对经验的蔑视成为标榜其理性信仰的标签，经验理性在人的行动中的功能也被彻底地阉割了。这在工业社会低度复杂性和低度不确定性的条件下并未在行动中使科学所设置的障碍显现出来，而在高度复杂性和高度不确定性条件下，这个问题将会变得非常严重。在高度复杂性和高度不确定性条件下，更多的行为选择具有直觉反映和策略互动的特征，从而决定了经验理性的功能更加凸显。也许在宏观层面上的原则性方案制定中，科学理性依然会得到遵从，而在开展行动的过程中，实践理性则发挥着更大的作用，尤其是实践理性中的经验理性，将为行为选择提供直接而又具体的指导。事实上，在高度复杂性和高度不确定性条件下，宏观上的原则性方案的制定将会变得很少很少，一般说来，人们会不再将注意力放在宏观上的原则性方案的制定方面，而是时时关注具体的行动。

近代以来，我们的社会逐步实现了组织化，组织成为人们开展社会生活

① ［德］尤尔根·哈贝马斯：《后形而上学思想》，曹卫东等译，译林出版社 2001 年版，第 171 页。

和社会行动的基本途径，是一切集体行动的基本形式。在高度复杂性和高度不确定性条件下，人们对组织的依赖会进一步加强。在对组织的观察中，克罗齐耶和费埃德伯格发现，组织的实际运行"正如对于公众政治一样，先验的纲要性模式以及经过调整的经验性模式从未或几乎从未以纯理论状态被应用过。大部分我们可以分析的经验是混合体，在这种混合体里，经验理性在通常情况下，用于改正纲要性模式所犯的错误，但是经常会发生这样的情况：一种纲要性类型的理性不可或缺，它让人们在随之而来的混乱、无序与不公正之中建立秩序和修正秩序，这种混乱、无序与不公正，在长期以来为偏袒性相互调节的理性模式所控制的组织与系统之中通常可以找到"。① 其实，克罗齐耶和费埃德伯格所说的"纲要性类型的理性"也就是官僚制组织所拥有的那种理性，往往是在非典型的官僚制组织中显现为纲要性类型的理性，是以具体的存在形式出现的和作为组织系统中基本逻辑线索而存在的理性。组织运行肯定会有着特殊的需要，组织承担某种类型的任务和所要解决的专业性问题的具体性也会产生特殊的需要，这些特殊的需要是产生所谓"经验理性"的土壤，从而出现了"经验理性"对"纲要性类型的理性"进行修正和补充的情况，进而把组织建构成多种理性的混合体。

如果在组织的生命周期中去考虑理性的功能，就会发现，在组织建构的初期以及在组织重大重建时期，"纲要性类型的理性"所发挥的是主导性的作用。而在组织平稳运行的阶段，"经验理性"则发挥着更为重要的作用。同样，在组织层级结构的图谱中来看，越是在组织的高层，"纲要性类型的理性"所发挥的作用越大；相反，越是在组织的低层，"经验理性"的功能越强。甚至可以认为，在组织与环境的直接关联的层面上，需要用"经验非理性"来对"经验理性"进行装饰。这就是我们在既有组织中所看到的一幅理性关系图，它对于我们描绘合作制组织中的理性关系图是有一定启发意义的。在合作制组织中，由于结构化的等级关系不再存在，也就没有严格的组织上层与下层的区分，而且，组织处在随机变动的过程中，也无所谓初建或重大重建的问题。这样一来，关于纲要性类型的理性与经验理性的区分

---

① ［法］米歇尔·克罗齐耶、埃哈尔·费埃德伯格：《行动者与系统——集体行动的政治学》，张月等译，上海人民出版社 2007 年版，第 305 页。

以及功能差异也就会变得非常模糊。

总的说来，在合作制组织这里，当我们借用了康德的实践理性概念时，是要与既往的各种理性概念区分开来，而不是说我们一定要把合作制组织中的理性命名为实践理性。其实，在高度复杂性和高度不确定性条件下，为了防止"实践"一词中所包含的静态观察视角沉淀为一种稳固的观念，我们是希望用"行动"一词来代替"实践"一词的。这样一来，是否一定使用实践理性这个概念，已经变得不是那么重要。当然，在赋予了实践理性以新的含义的情况下，是可以使用这个概念的。但那仅仅是在需要从形式上去描述理性的时候，实践理性的概念才有使用价值。也就是说，当我们在形式上去看理性的时候，是把经验理性、价值理性、合作理性等都看作是实践理性的具体表现形式。在不同的场景中，经验理性、价值理性和合作理性都是可以互为纲要性理性的。经验理性、价值理性、合作理性可以在行动中实现相互修正和相互补充的。当然，就合作制组织的合作属性而言，我们更倾向于把合作理性看作为纲要性理性。但这只是在既有的思维方式中所作的描述，一旦我们实现了对分析性思维的解构，并建立起了相似性思维，也就不会再去谈论所谓纲要性理性的问题了。

如果说合作制组织中依然会存在着某些纲要性类型的理性的话，那么，在这里，纲要性理性与经验理性之间不会出现矛盾和冲突的状况，也不会在组织的不同运行阶段和组织的不同层级中显示出不同的表现。合作理性以基本理念的形式贯穿于组织的每一个方面和发展的每一个阶段，经验理性虽然会有着无限多样的表现方式，但其内在的质却不会出现任何对合作理性的偏离。这一点也可以被理解成合作制组织的理性同一性，但是，它不是抽象的同一性，而是指经验理性、价值理性、合作理性等有着共同的性质。在合作制组织的形式方面，将不会有着可以纳入到同一性理解中的要素的。也就是说，合作制组织在合作理性的意义上有着实质同一性，而在形式上则表现为各种各样的具体的理性。

所以，作为合作理性的纲要性理性与行动中的经验理性之间，并没有功能性上不同，或者说，是无法在功能的意义上加以区别定义的。其实，在合作制组织中，与经验理性共在的是一种追求创新的理性，或者说，创新理性是合作理性的另一种表现形式，是合作理性中的价值理性赖以表现的方式。

在合作制组织这里，纲要性理性是通过经验理性和创新理性的对立统一而发挥作用的。经验理性发挥组织维系的功能，而创新理性则不断地为组织开拓生存空间，成为指向组织未来的理性。虽然经验理性与创新理性会产生矛盾，但是，合作理性能够发挥调节作用。就经验理性和创新理性都根源于作为纲要性理性的合作理性而言，在它们之间产生了矛盾的时候，是愿意接受合作理性的调节的，是能够在合作理性的调节中而达致统一的。

对于组织成员而言，组织所拥有的纲要性理性是先验的，是先于每个组织成员而存在的。在组织成员的行动中，这种先验理性是通过转化为组织的各种各样的设置而作用于组织成员的。而在组织成员的行为选择中，能够发挥更加直接的作用的则是经验理性。"经验理性"这个概念表面看来存在着某种悖论，而在实际上，"经验"一词所指的是那些得到淬化的经验，是具有了理性内涵的经验，因而，与组织的纲要性理性有着一致性。但是，就既有的组织来看，组织的纲要性理性一经确立就具有一定的稳定性，而且会被形式化，甚至会出现某种僵化的问题。经验理性则不同，它是在组织成员的行动中不断发生变化的，特别是在内涵方面，会不断地得到更新和不断地得到丰富。当创新转化为经验时，也就使经验理性得到了丰富和提升。因而，在把组织作为一个行动系统来认识的时候，就会更多地看到经验理性所发挥的作用。

在与官僚制组织的比较中可以看到，官僚制组织及其变形都倾向于强化组织的纲要性理性，总是极力抑制经验理性的成长，总是防范经验理性对纲要性理性的挑战和冲击。所以，造成了组织纲要性理性与经验理性的矛盾。由于组织的纲要性理性总能在这种矛盾和冲突中战胜经验理性，从而扼杀了组织成员的创新能力。与之不同，当合作制组织把合作理性确立为组织的纲要性理性时，并不把这种合作理性制作成形式化的和固定的设置，而是以一种组织意识形态的形式加予组织成员，并通过组织成员的经验理性去加以诠释和证明，从而避免了纲要性理性与经验理性的矛盾和冲突。

更为重要的是，在合作制组织这里，当纲要性理性与经验理性在得到价值理性的整合后，就会集中地体现为一种创新理性，从而赋予合作制组织创造性地承担任务和解决问题的能力。就此而言，合作理性是不能被视为一种先在于组织成员的先验理性的，而应是一种由组织成员通过行动去不断地加以建构的理性。总之，由合作制组织承担起来的社会治理将因为得到了这些理性的支持而具有充分的灵活性，不再会因为对外在于人的规则的强化而走向僵化。因而，能够适应高度复杂性和高度不确定性条件下的社会治理的要求，能够在应对各种各样的危机事件中使行动变得更具有针对性和更具有效率。

第　九　章

社会科学的使命

　　我们经常说社会科学研究应当从现实出发，但是，现实是多样的，包含着历史积淀下来的各种因素。实际上，社会科学研究从现实出发是要从那些新生的社会因素出发，只有这样，才能对面向未来的社会建构提出有价值的意见。在全球化、后工业化进程中，社会科学研究必须准确地把握社会发展的新趋势，必须实现一种面向未来的科学建构。这就要求社会科学研究必须对自身在工业社会中的全部表现进行系统性的反思，特别是应摆脱认识论逻辑的纠缠。面向未来的社会科学研究需要实现思维方式的重建，需要用相似性思维去替代分析性思维，而不是被分析性思维在工业社会中取得的巨大成功所迷惑。如果实现了思维方式的变革，社会科学一定能够成为一门真正独立的科学，并在面向未来的社会建构中发挥独特的贡献。在全球化、后工业化的历史背景下，社会的高度复杂性和高度不确定性使人的共生共在的主题显露了出来。在这一条件下，社会科学研究必须根据全球化、后工业化中的新的要求去进行科学建构，从而担负起指导人的合作行动的责任，帮助人们在实践中去探索人的共生共在的新模式。

第一节　转型中的社会科学

一、现实中的历史与未来

　　历史的积淀总会在每一个具体的历史截断面上保留其痕迹，许多在历史上出现过的社会现象都会在这个断面上铺展开来，从而使社会科学的研究似乎可以把历史放置在现实之中，而且也能够找到有力的证据去证明这种研究是从现实出发的。其实，在任何一个历史时期中，都有着属于这个时期的独特的社会现象，那些在历史上曾经出现过的并在现实中依然存在的社会现象，不应成为社会科学研究的关注重心。至多，历史遗存下来的社会现象也只是理解现实的辅助材料，是我们把握现实之历史脉络的材料。如果我们把历史积淀下来的因素作为科学研究的关注重心，就可能会对时代中新出现的因素闭目塞听，也就会对历史上的辉煌抱有诗意的幻想，甚至总会找到证据证明今不如昔。

事实上，在人类历史进步的足迹中，我们看到的恰恰是那些新生的社会因素逐渐成长了起来，并引导着历史前行的方向。我们今天处在全球化、后工业化进程中，这个时代已经呈现出了高度复杂性和高度不确定性，历史积淀的因素、新生的因素都汇聚在了一起，相互激荡，使我们的社会呈现出风险社会的特征。在这种情况下，社会科学研究应当把关注的重心放在哪个方面？我们主张从现实出发，但是，决不是从历史积淀下来的那部分现实出发，而是要从新生的社会因素出发。唯有如此，才能提升科学研究的价值，才能找到人类前进的方向，才能把人类从当前的风险社会中引领出来。

当然，科学发展是有着历史继承性的，特别是对于作为思维赖以进行之基础的知识而言，必须最大可能地加以继承。正是在此意义上，我们需要时时记住狄尔泰的告诫："在成熟科学中，新理论以及越来越新奇的发现不能从头诞生。相反，它们是从旧理论中涌现的，是在关于世界应包含什么现象和不应包含什么现象的旧信念的母体中涌现的。"① 但是，科学发展的历史连续性是建立在某种话语得以延续的基础上的，如果社会的发展出现了一种话语对另一种话语的替代，那么，历史上的科学就会消失，即便是它的一些技术性成果得以保留甚至仍然被应用，而在试图对其做出科学理解时，也会发现那是非常困难的事情，会感觉到它非常神秘。比如，中医的针灸是建立在经络理论的基础上的，而经络理论显然不是孤立的，它可能是与一个完整的科学范式联系在一起的。但是，属于这个科学范式的科学整体上消失了，

---

① ［德］威廉·狄尔泰：《人文科学导论》，赵稀方译，华夏出版社 2004 年版，第 26—27 页。

仅仅剩下了散落在各个方面的一些具体性的应用技术，尽管人们也能够感觉到这些技术之间有着某种关联性，却无法为其找到共有的理论基础。即使就我们现在所拥有的科学来看，之所以一个学科中相互对立的不同理论或学说之间会存在着相互重合的地方，那也是因为它们同处于一个话语体系之中，或者说是由于它们关注的对象的同一性所决定的。即使从发展的观点看，一种理论或一个学说对旧有的理论和学说所持的是批判的立场，而且它事实上也造成了科学进步，即实现了对旧的理论和学说的超越。但是，它们之间的交叉和重合又是难以避免的。正是因为存在着交叉和重合，才使新的理论和学说不至于出现理解和接受上的困难。其实，科学的发展就是在这种交叉和重合的重心转移中实现的。

根据费耶阿本德的看法，"科学是今天的神话，神话是过去的科学。"①在人类历史上的每一个阶段，都会有着属于那个历史阶段的科学，现代科学是在工业社会中成长起来的，是属于工业时代的科学。尽管科学史家们试图为现代科学寻找遥远的历史源头，但大都属于对历史的现代阅读，而不是历史的本来状况。科学是有历史的，但它的历史仅仅存在于它所在的历史阶段。现代科学仅仅是现代的科学，当人类走进一个新的历史阶段的时候，就会去建构新的科学，现代科学到了新的历史阶段，就会是不科学的了。正像现代人嘲笑神话和原始巫术一样，后人也可能会对今天的科学之肤浅表达相同的看法。所以，在全球化、后工业化进程中，我们无法指望把工业社会历史阶段中建构起来的现代科学完整地继承下来。如果说现代科学对面向未来的科学建构有什么积极意义的话，那就是在现代科学的解构中会留下一些构成要素，这些要素作为知识而被面向未来的科学建构所接受。但是，我们相信，这些知识将会以常识的形式出现，至于现代科学中的方法——这是科学研究工作者最为注重的方面——将会显得非常简单和粗糙，甚至会被认为是错误的东西。因而，也不会得到继承。

就现代社会科学而言，为了求得解释的科学性，往往对研究对象进行限定，即进行孤立的考察。例如，研究劳动的边际产品，就会假定有这样10

---

① ［美］保罗·费耶阿本德：《知识、科学与相对主义》，陈健译，江苏人民出版社2006年版，第48页。

亩土地，1 个人耕种的收益是怎样的，2 个人耕种时是怎样的，10 个人耕种又是怎样的，然后通过考察和计算，得出结论说 4 个人耕种时能够实现效益的最大化。这样一来，土地的贫瘠程度、种植什么样的作物、气候的状况、耕种的手段、人的勤惰状况、播种的时间、耕种者食量的大小、使用的种子、肥料和农具……都不予考虑了。在这种情况下，所得出的结论在何种意义上是科学的？显然是值得怀疑的。而且，可以相信，农民也决不会用这种科学的结论去指导自己耕种土地。其实，地球上并不仅仅只有这 10 亩土地，只要耕种者能够自由流动，而不是固定地被束缚在这 10 亩土地之上，边际产品就不再是一个值得研究的问题。

同样，当我们去思考机构改革的问题时，其实并不存在着机构规模大小的问题，相反，分工是否合理，协作是否协调，有无官僚主义的问题，服务意识是否确立了起来，有无发现问题和及时处理问题的主动性……才是需要重点关注的。所以，我们认为，在公共部门，在政府中，实际上并不存在着边际产品的问题，政府所提供的公共服务有着极大的弹性，正是这种弹性决定了机构规模无法在边际效益的意义上来加以衡量。这就是机构改革不能仅仅在其规模上做文章的原因。然而，从学术界的情况来看，关于政府机构的科学研究成果恰恰是在机构规模上斤斤计较的。如果我们的关注点不单纯是机构的规模，而是希望通过机构改革去建设服务型政府，那么，机构改革的意义就得到了提升。这样一来，建设服务型政府的目标又会反过来影响到机构改革行进中的具体目标。虽然具体目标是多样的，但有一点是最为重要的，那就是政府中的机构应该获得流动性，即打破既有的公务员制度所营建起来的封闭系统，从而让政府工作人员在机构内外流动。在此，人们也许会考虑到人的流动性可能带来的安全问题。其实，在政府中，只有极少的岗位会因为人员的流动而带来诸如公共安全方面的风险，而绝大多数岗位都会在人员的流动中变得更有活力，也会变得更加纯洁。流水不腐，政府工作人员在机构内外的流动也可以达到这样的效果。这才是当前我们思考行政改革时的科学态度。

工业社会的科学是从分类学开始举步前行的。有了分类学，纷繁万千的世界可以被分门别类地加以整理，变动不居的万物可以被静态地观察，每一件事物都被放置到了一个合适的位置，从而形成了一幅有序的图景。也就是说，世界变得可以理解了，而且可以通过这种理解去重建世界。就我们的社会而言，也是得益于对自然界的理解而实现了的重建。但必须指出的是，从分类学开始而发展起来的这一整个科学体系所理解的都一直是可以理解的世界，至于那些不可理解的也同样是作为世界构成部分的因素，则受到了有意识的忽视、排斥，或者交给了宗教以及其他的神秘主义理论。总之，工业社会的科学从来没有打算完整地把握世界，在抛弃了古代哲学希望完整地把握世界的努力后，即便是面对那个可以理解的世界，也抱持着独断论的态度，甚至拒绝了休谟、康德等人的怀疑主义。

在某种意义上，机械论的思维方式、静态的观察视角等，已经把科学带入了偏离它所理解的那个世界的方向了。虽然工业社会的科学建构是成功的，知识体系也是系统的和自洽的，但与科学所宣称的那个作为认识对象的世界并不一致，它在很大程度上是自我建构的产物。正是科学理论及其知识体系与客观世界的不一致性，而且这种不一致性在作用于世界的实践中得到了进一步放大，才使人与世界的关系变得越来越紧张。结果，不用说对世界的征服，即便是基于善意的对世界的维护，也带来了消极后果。比如，林木的砍伐破坏了环境，人们出于保护环境的善意而植树，随着再生林把光秃的山脊装扮了起来，生态链的裂痕却加深了，某些物种永久地消失了。

我们也看到，随着工业社会把人类认识世界的行为推到一个极高的境界时，阅读开始偷偷地置换了认识，即通过对作为认识结果的符号的阅读去把握世界和重新赋予世界以意义。现在，"阅读日益被看作一个普遍的文化现象，而不单单指我们细读书面文本时所投入的一项活动。事实上，一旦我们置身于这个世界，并试图去理解或解读周围的符号，阅读便成为我们自始至终参与其间的一个过程了。从这个意义上说，阅读是我们的社会存在枢纽上的最重要的机制之一。"① 实际上，阅读也属于认识的范畴，学者们之所以要用"阅读"一词去替代"认识"，是因为近代以来的科学发展已经把"认识"置于对表象世界的排斥方面了，总是希望通过分析的途径去对世界做出抽象的把握，希望在纷繁的表象世界背后发现同一性的、普遍性的存在。

① ［英］丹尼·卡瓦拉罗：《文化理论关键词》，张卫东等译，江苏人民出版社 2006 年版，第53 页。

在高度复杂性和高度不确定性的条件下，这种"认识"已经变得不再可能。因而，我们认识世界的观念需要改变，即转向对表象的直接解读。正是在此意义上，"阅读"一词要比"认识"更为准确地反映了我们这个时代认识世界的行为特征。

社会科学研究必须抱有历史进步的信念。我们发现，相对于工业社会来说，农业社会显然是人类的不成熟状态。所以，康德认为，"启蒙运动就是人类脱离自己所加之于自己的不成熟状态，不成熟状态就是不经别人的引导，就对运用自己的理智无能为力。当其原因不在于缺乏理智，而在于不经别人的引导就缺乏勇气与决心去加以运用时，那么这种不成熟状态就是自己所加之于自己的了。"① 然而，在人们经历了工业社会的历史阶段后，又发现了人类自身的行为为自己带来了那么多麻烦，以至于自 20 世纪后期起，遭遇了危机事件频发的问题。这说明人类还不够成熟，它还需要通过再一次启蒙去引导人类告别这种不成熟状态，即蜕去人类自己"加之于自己"的不成熟状态。

成熟与不成熟都是一种状态，是在比较中来加以确认的。我们并不认为经历了全球化、后工业化运动之后人类就完全进入了成熟状态。历史进步的足迹永远都不会停留在某一点上，人类的成熟也永远都在行进中。但是，在今天，我们必须通过揭示人类在工业社会历史阶段中的不成熟而去发现走向成熟的路径。这就是社会科学研究在人类从历史走向未来的道路上所应担负起的使命。人类走向成熟的道路将会由社会高度复杂性和高度不确定性开拓出来。恩格斯曾经断言，"人离开狭义的动物越远，就越是有意识地自己创造自己，未能预见的作用、未能控制的力量对这一历史的影响就越小，历史的结果和预定的目的就越加符合。"② 直到 20 世纪后期，这一直是全世界共有的信念，科学的发展似乎使一切都在人的掌握之中。

然而，进入新世纪后，在人类社会进入了高度复杂性和高度不确定性的状态后，人的这种信心又似乎正在丧失。不过，我们认为，风险社会虽然是社会高度复杂性和高度不确定性的现实表现，却不是一种必然结果，不是

① ［德］康德：《历史理性批判文集》，商务印书馆 1996 年版，第 22 页。
② 《马克思恩格斯选集》第 4 卷，人民出版社 1995 年版，第 274 页。

我们必须接受的人类命运。如果我们立足于高度复杂性和高度不确定性的现实而致力于科学建构，承认这一客观条件是新的制度和行为方式建构的前提，那么，人们在创造历史的意义上就会拥有更大的自主性和自觉性。因而，也将证明恩格斯的判断是正确的，所表达的是可资激励我们的信念。就全球化、后工业化意味着人类历史的又一次伟大的社会转型而言，社会科学研究应当在这个转型期中担负起探索走向未来的道路这样一项任务。在此过程中，对工业社会建立起的科学进行反思和再评估，则是开展面向未来的探索的先修功课。因为，只有通过对近代以来的科学的梳理，我们才能够明了所要抛弃的东西，也才有可能去开拓出建构未来的道路。这就是社会科学研究从现实出发的真实底蕴。

二、终结认识论思维

在今天，我们所面对的是一个不再单纯的自然界，而是一个处处都打上了人的意识及其活动印记的世界。虽然人的活动在科学追求中总是希望把一切原初复杂的事务简化，但正是所有具体的简化追求汇成了人类历史总体上向复杂化方向运动的趋势。由于人对自然过程的介入，由于人再造的世界已经成为我们思想和活动的基本环境，由于人的活动推动了世界的复杂化，使我们希望去认识和改造世界的行动表现出了对我们的各项努力都不配合的状况。总之，我们已经被置于一个高度复杂性和高度不确定性的世界中，以往认识和把握世界的方法和路径陷入了失灵的境地，我们无法找到一个合适的切入点，也无法从任何一个切入点介入而去获得合乎逻辑的对世界的整体性把握。哪怕是形成片断的正确认识也变得极其困难，从而使我们的行动失去了科学依据。在这种情况下，我们必须着手于思维方式上的根本性变革，以便建构起适应高度复杂性和高度不确定性条件下的思维方式，并通过种思维方式去引导我们形成对世界的科学把握。

当福柯在现代思想史上去观察人文科学时，发现它除了被分析性思维所征服而遵从了认识论的研究路径之外，也仍然保留了一些属于自身的特征。福柯将此概括为两个方面：其一，人文科学保留了认识论产生（19 世纪）前的古典知识，在思想空间中模仿了 18 世纪的哲学思维，通过对表象的趋近而超越业已生成的关于人的知识；其二，人文科学保留了批判传统，而不是狭义的科学探索，在前进的每一步中，都不断地实施着对自身的批判和指责。这两个方面是与作为科学的人文科学不一致的，却又是人文科学真实的特征。这门科学的所有致力于科学的努力，都未能将这两个特征消磨掉。正是人文科学所保留下的这些独特品质，在后工业化进程中向未来的科学指示了一种新的思维方式得以产生的方向。相似性思维是一种关于表象的思维方式，它一刻也不会脱离表象，更不奢求表象之外的真理。相似性思维所展示的一幅世界图景是：只要建构起完整的基于表象、来源于表象和关于表象的知识体系，就能够为人的合作行动提供较为充分的支持，尤其是可以防止人们在现代认识论所规划的路线中行走而耽搁了应对危机事件的有效时机。

根据福柯的考证，直到 18 世纪末，"人文科学并未出现，只是自 19 世纪开始，当人成为认识对象时，当人在西方文化中，既把自己构建为必定被思考的，又构建为将被认识的时，人文科学出现了"①。随着人文科学的出现，"现代思想所建构的人的存在方式能使人起两个作用：他在成为所有确实性的基础的同时，又以一种甚至不能说成是特许的方式出现在经验物的要素中"②。当人出现在人的经验中，也就成了可以分析的对象，进入认识论的程序之中，结果，完整的人被分解为诸多构成要素，而且是可以针对某一具体的构成要素进行建构、规范和改造的，从而使完整的人消失在片面化的各种各样的构成要素之中。正是这些构成要素中的每一种也都以人的名义存在，以至于我们所知的只是畸形化的人，甚至忘却了真实完整的人。由于完整的人的消失，使在人的名义下所进行的社会建构都与人的存在和发展之要求相去甚远，并成为人的异化。

由此看来，当人文科学出现后，当人成为观察和认识对象后，当人的主题得以研究和阐释时，人却消失了，剩下的只是以人的名义出现的那些从人那里分离出来的构成要素。正是由于这个原因，我们在社会建构中无论取得了什么样的成绩，都不仅没有使人的生存状况得到所许诺的改善，反而变得更糟，以至于社会在何种意义上是属于人的？成为一个无法回答的问题。其

---

① ［法］米歇尔·福柯：《词与物——人文科学考古学》，莫伟民译，上海三联书店 2001 年版，第 450 页。

② ［法］米歇尔·福柯：《词与物——人文科学考古学》，莫伟民译，上海三联书店 2001 年版，第 449 页。

实，人的完整性是不可分析分解的，任何试图从人那里分离出构成要素的做法，都是极其可疑的。当然，人是可以观察和可以认识的。因此，我们也需要拥有人文科学，但这一科学不应遵循认识论的逻辑，而是应当从人的完整性出发并对完整的人做出总体性的把握。福柯的这些意见也是适用于社会科学研究的。

根据福柯的研究，"从19世纪开始，认识论领域被分成了几块，更确切地说，它在不同的方向上爆裂了。人们难以像孔德那样避开线性分类和等级的魅力；但是，设法从数学出发去整理所有现代认识，就是使知识的确实性、其存在方式和其在那些可能性条件中的根源等问题服从有关认识客观性的单一观点：那些可能性条件在历史上，既赋予知识以对象，又赋予其形式。"① 特别是需要用数学模型来表示时，那些可能性无非是一些自变量或因变量，人作为人的所有因素都被形式化了，而且是可以加以运算的。至于那些不可纳入运算之中的实质性因素，则有意识地受到忽略，至多也只是向某种复杂模型开放的待开垦的处女地。这就是人文科学所赋予人的地位，让人在科学追求中去把一切都变成数字，从而满足于定量分析的要求，而且我们也满足于定量分析所提供给我们的结论。

在这方面，社会科学有过之而无不及。在社会科学的研究中，对社会整体以及研究对象进行分析、分解，从中去发现片面的、片断的构成要素，制作成各种各样的参数，使其纳入模型之中，甚至去进行运算，以至于所有实质性的因素都被祛除了。应当看到，在工业社会的低度复杂性和低度不确定性条件下，这样做能够让人获得真理性的认识。或者说，人们相信所形成的认识是真理，进而按照人的真理性认识去改造世界和重建世界。然而，随着人类走进了高度复杂性和高度不确定性状态，依此方式能否获得真理性认识则受到了怀疑，甚至在近代以来科学发展中所形成的知识都显得不甚可靠，从而要求人们去重新加以审视。所以，社会的高度复杂性和高度不确定性对社会科学研究提出了挑战，要求人们不是在近代科学发展的路径中去开展社会科学研究和认识世界，而是需要去探索一条全新的道路。

---

① ［法］米歇尔·福柯：《词与物——人文科学考古学》，莫伟民译，上海三联书店2001年版，第452页。

在认识论的原理运用于社会研究的每一处，我们都会发现，"研究的对象在其初期阶段是人们心中想象的念头或一些念头"①。在《寻找公共行政的伦理视角》中，作者在回顾人类认识史在不同阶段的特征时指出，存在着两种类型（即广义）的认识——觉识和认识，认为觉识无界限，认识有选择。也就是说，对于以觉识的形式出现的认识而言，不可能或者说没有能力去限定对象，而是试图去认识和理解一切进入视野中的事物。狭义的认识则不同，什么样的事物可以成为认识对象？是经过选择、限定后而加以确认的。② 所以，在社会科学的研究中，一旦去确定研究对象，就会发现，在确定研究对象的过程中已经是将来自于社会、历史的并由主体所承载的观念应用于对认识对象的选择中来了。人们在确定研究什么和不研究什么时，事先已经在想象中构思了这项研究的意义，并包含了得到什么样的收获的期望。而且，研究路径的设计也是在想象中完成的，甚至在研究工作开展后所运用的分析性思维的那些工具，也都是由想象来预先做出了设想和判断的。

然而，在我们看来，"认识"是不应成为分析性思维的同义语的。事实上，即便是在分析性思维占据了认识论时，或者说，在认识论中占据了主导性地位的情况下，认识过程依然须臾离不开想象。也就是说，需要得到相似性思维的支持。如果说近代哲学中的认识论排斥了相似性思维和表达了对分析性思维的更多推崇，那是认识论本身的错误，而不是说认识过程完全按照分析性思维所给定的模式去移动脚步了。事实上，就社会科学诸领域在工业社会中所取得的辉煌成就来看，人类认识世界的过程并未完全遵循认识论的逻辑，并未幼稚地相信分析性思维可以解决人类认识过程中的所有问题，而是凭着直觉而大胆地运用了经验理性，时时处处去验证想象的功能。

福柯在考察了 18 世纪末和 19 世纪初的认识论转型时情绪激动地宣布："我们看到了一个思想产生了，个体性及其形态、界限和需求在该思想中只是一个不确定的瞬间，它注定要被摧毁，它总共形成了一个在这个毁灭过程中要加以排除的简单的障碍；我们看到了一个思想产生了，物的客观性在该思想中只是假象，知觉的幻想，我们必须消除这个幻想并使它回到纯粹的、

---

① ［英］查尔斯·霍顿·库利：《人类本性与社会秩序》，包凡一、王源译，华夏出版社 1999 年版，第 87 页。
② 张康之：《寻找公共行政的伦理视角》，中国人民大学出版社 2012 年版，第 117—122 页。

无现象的意志，这个意志使得物产生并有片刻支撑物；最后，我们看到了一个思想产生了，对它来讲，生命之重新开始及其连续不断地重复，生命的坚持，都排除了为生命确定绵延界限的可能性，更何况，时间本身及其年代学划分和准空间的日历可能只是一种认识的虚幻。"① 其实，这是不真实的，虽然人类认识的历史在 18 世纪末和 19 世纪初出现了某种断裂，"批判哲学"在这一断裂中发挥了划时代的作用，然而，人类认识在此前与此后的连续性也是历史事实。

也就是说，人类的认识史的主流并未从客观主义而走向主观主义的立场，特别是在思维方式上，一直呈现给我们的是分析性思维的向前延伸。如果追根溯源的话，可以看到，分析性思维产生于更早的时期，在对神学的否定中已经可以看到分析性思维产生的某种端倪。只不过是，在 18 世纪末和 19 世纪初，由于康德等人的贡献而使分析性思维最终战胜了其他思维方式，确立了主导性的地位。所以，我们不认为福柯的上述这段论述是知识考古发现的总结性意见，而是应当看作福柯对他自己思想的抒发。如果确是福柯对自己思想的抒发的话，那是非常了不起的事。因为，他在 20 世纪 60 年代所形成的这一认识，恰是对 20 世纪后期开始的思维革命的预言。如果走出认识论的思想窠臼，不执着于主观性和客观性的争论，福柯的这一描述恰恰是历史演进的真相。那就是历史的连续性和间断性都不应仅仅在其表面的形式上去加以解读，而是需要深入历史的实质性层面，去捕捉历史的秩序，然后将这种秩序在平面上铺展开来，建构起全新的实质性的社会秩序。全球化、后工业化意味着人类社会的再一次重建，其中，科学的重建应当走在前列。对于社会科学研究而言，首先需要通过自己的思想建构去终结认识论的逻辑，并在新的起点上去重建社会科学。

三、与自然科学的关系

在对科学发展的期望中，近代早期的人们深信，"如果启蒙能够依靠人文科学，而且，人文科学的知识进步和自然科学的知识进步一样在方法论上

---

① ［法］米歇尔·福柯：《词与物——人文科学考古学》，莫伟民译，上海三联书店 2001 年版，第364 页。

获得了保障，那么，我们就不仅可以期待个人的道德有所进步，也可以指望文明的共同生活方式也取得进步"①。但是，在近代科学的发展中，由于社会科学的产生，在自然科学与人文科学之间架设了桥梁，特别是社会科学极力去按照自然科学的方法去开展研究时，也感染了人文科学，使人文科学开始向自然科学投降，成了自然科学的奴婢，因而彻底抛弃了它在近代早期的那种思想建构的勇气。原则上讲，人文科学与自然科学在方法上具有相通的地方，可以相互学习和借鉴。但是，这种学习和借鉴绝不意味着一方对另一方的征服和同化；相反，恰恰是建立在学科自主性前提下的学习和借鉴。可是，到了工业社会的晚期，在科学发展中表现出了人文科学殖民化的景象。人文科学除了在名称、研究对象上等这些形式的方面还被看作是区别于自然科学的，而在实质上，却成了自然科学的殖民地。结果，人文科学失去了对知识进步和社会进步提供科学保障的资格，而且，人文学者也受到社会的轻视、蔑视。在此过程中，社会科学所扮演的是帮凶的角色，即帮助自然科学去征服人文科学。

同时，自然科学在实现了对人文科学的征服之后，它自己也由科学而演化为宗主了，至少，在科学家或科学家的社会代言机构那里，是以宗主自居的。当我们看到，工业社会在其发展历程中创造了物质文明的同时却没有让个人的道德取得丝毫进步，没有让人的共同生活变得更加和谐，反而陷入了风险社会。反思其原因，可以说，在一定程度上，这是应归于科学发展的畸形化的。社会科学之所以能够成为自然科学的征服工具而协助自然科学去把人文科学变成殖民地，又是根源于启蒙思想的科学追求的。特别是启蒙思想家们所发现的理性，在自我成长和分化的过程中走向了对自然科学方法的神往，并模仿着自然科学的样子去研究社会，而且取得了巨大成功。具体地说，正是因为社会科学所取得的巨大成功而感染了人文科学，使人文科学渴望着转型，并完全失去了思想建构的功能。但是，在全球化、后工业化进程中，社会科学以往的辉煌正在失去光彩，已经无法在社会的高度复杂性和高度不确定性之中去实现对社会的科学把握，社会科学家们殚精竭虑的研究工作不仅不能有效资助于实践，反而经常性地对实践形成误导。其实，在全球

---

①　［德］尤尔根·哈贝马斯：《交往行为理论》，上海人民出版社 2005 年版，第 146 页。

化、后工业化进程中，社会科学面临着重建的任务，因而，需要对社会科学自身进行批判性的反思，并努力去发现社会科学的重建之路。如果社会科学迈开了重建的脚步，也将意味着人文科学走上了解放的征程。

即使在对社会科学的外在特征进行观察时，我们也会发现，近代以来的社会科学研究基本上都是站在静止的某个点上去观察世界和阐释理论的，基本上是牛顿原理的应用，至于相对论原理，一直未得采纳。当然，牛顿的机械原理应用于天文学上是成功的，而在用于社会学以及其他社会科学的时候，却经常性地受到质疑。尽管在整个社会科学的成长过程中，对照搬牛顿机械原理的做法一直存在着质疑的声音，但社会科学的这种不幸还是发生了，并占据了支配性地位。在自然科学的领域，相对论、量子力学早在20世纪初就宣布了一个与牛顿力学不同的范式的出现，而且在天文学方面也形成了新的解释框架，但社会科学直到今天，还在沿用牛顿的机械原理。这说明，即便社会科学努力去模仿和学习自然科学，也仅仅学了自然科学中那些陈旧的理念，对于自然科学的新范式，却显然没有能力融入其中。

社会科学的这一状况在实践中导致了严重的后果，那就是把人类引入了风险社会。更为可悲的是，在危机事件频发的条件下，应对危机事件的措施依然是在牛顿的机械原理中寻求出路。这是因为，在某个静止的点上观察世界，尽管也能够看到世界的运动以及复杂性和不确定性，但那依然是可以进行分类的，是可以进行分析和抽象的。当世界呈现出高度复杂性和高度不确定性状态，当世界进入高速运动中，上述观察和把握世界的方法不再有效。可是，由于人们的观念已经凝固，由于思维惯性使然，也总是试图把高度复杂性和高度不确定性的世界纳入既有的解释框架中，以至于所形成的认识成果肯定会丧失真值意义。应用于实践时，必然会造成对行动的误导，产生了与目的理性相悖的后果。在工业社会低度复杂性和低度不确定性条件下，这种谓之为科学的理论和观点阐释并未暴露出其缺陷，反而具有深刻的哲学意蕴。而在我们的一只脚踏上了高度复杂性和高度不确定性时代的门槛时，立马就发现理论的解释功能丧失了，更不用说能够对行动做出合理的指导。

在社会科学对精确性的追求中走向了数字化的方向。20世纪后期以来，"数字化"的术语得到了广泛流行，人们用这个概念描述我们的社会所发生的新的变动。表面看来，现实生活的确有着数字化的特征，而且，信息技术也在数字化的思路中为我们建构了一个新的世界。但是，我们认为，使用"数字化"这个概念是不准确的，甚至会对人的观念以及认识社会的行动形成误导。这是因为，"数字"一词包含抽象的内涵，是在抽象掉了事物的质的方面的内容后而获得的对事物形式方面的把握。"数字化"的概念所依据的是不同事物之间可以通约的那个方面，是事物中的一般，或者说，是抹去了事物特殊性之后而看到的普遍性。在工业社会的历史阶段中，这是人的思维方式和认识逻辑中所拥有的基本程式。也许正是由于这个原因，人们把正在发生的社会变化称作为"数字化"。其实，数字化仅仅在工具或手段的意义上才是可以接受的，一旦超出这个范围，数字化的科学性就是反科学的了。

就"数字化"一词在我们时代中的滥用而言，就"数字化"已经被神化来看，在某种意义上，可以认为"数字化"所包含的某种观念是包含着把全球化、后工业化进程中所发生的社会运动强行拉入到工业社会的思维和解释框架中去的思想倾向的。如果是这样的话，肯定是对全球化、后工业化中的各种历史性事件所做出的严重误读。就全球化、后工业化已经呈现出的各种迹象来看，拒绝抽象已经成为一个明显的趋势，对一般性、普遍性的追求正在失去合理性。"数字化"的概念所包含的抽象内涵是与这一基本趋势相背离的，而且势必会渗入人的思维方式中，并使人对全球化、后工业化运动做出错误的认识、理解和把握。这样的话，在作用于实践时，就会促使全球化、后工业化运动偏离方向，至少是会为全球化、后工业化运动的顺利开展平添多种障碍。其实，所谓"数字化"，仅仅是符号化的一个方面，而且，我们也只能在符号化的意义上去把握那些被称作为"数字化"的现象。唯有如此，才是合理的和正确的。

在评价人文科学的数字化问题时，福柯指出："人们设法根据数学来定义这个实证性：或者人们设法让这个实证性尽可能接近数学，通过清点人的科学中可以数学化的一切东西，并假定不易于接受一种类似形式化的一切尚未接受其科学实证性；或者相反，人们设法细心地把可数学化的领域与另一个不可还原为可数学化的领域区分开来，这是因为这另一个领域是阐释之地，因为我们在其中特别应用了领悟的方法，因为这另一个领域紧缩在知识的临床极点周围。"① 事实上，这个所谓"另一个领域"是不被科学所接纳的，而且，在现代科学语境中，是极少有人愿意去触碰这个领域的。在人文科学的研究中，由于科学话语征服了几乎所有的研究者，以至于他们更愿意使用数学工具和满足于形式化方面的探讨。对此，福柯尖刻地指出，数学化并不构成人文科学的基本特征，而且它是与其他科学所共有的，"在人的科学的历史的先天性中，并没有揭示出数学的一种新形式或数学在人的领域中的突然前行，而是显示出了智力训练的一种退隐，智力训练自己的统一的领域的分离，并且表明相关于最小的可能的差异线性秩序……在这个意义上讲，人的出现与人文科学的建构（即使这只是以一种筹划的形式）都是一种'非数学化'的相关物"②。

　　人文科学的数学（字）化所造就的是"傻瓜"型的研究，大量生产出来的成果在增强了对人的形式化的理解时却使人的实质性的方面流失了，因之影响而做出的社会建构，导致了价值失落，使公平、正义等都变成了与人的实质性要求无关的设定。这就是福柯所指出的："设想人文科学在人们想把概率演算应用于政治舆论的现象并使用对数去度量日益增强的感觉强度的时候，已确定了自己最彻底的筹划并开创了自己实证的历史，这就对基本的事件起了表面的副作用。"③ 其实，更为深远的消极影响要远远大于那种迅即呈现出来的"表面的副作用"。在某种意义上，人的总体上的生存环境的恶化、贫富差异的扩大化、怨恨和仇视等的强化，都至少可以说是这种实证研究的间接后果。

　　根据哈贝马斯的看法，在自然科学被认为是唯一的科学的背景下，胡塞尔突出强调日常实践的偶然性语境，"针对理性化的测量、因果假定、数学以及其中实际的技术化倾向，胡塞尔坚持认为，生活世界是现实领域，能够发挥原始作用。从生活世界的角度出发，胡塞尔对自然科学客观主义遗忘自

---

　　① ［法］米歇尔·福柯：《词与物——人文科学考古学》，莫伟民译，上海三联书店 2001 年版，第455 页。

　　② ［法］米歇尔·福柯：《词与物——人文科学考古学》，莫伟民译，上海三联书店 2001 年版，第456 页。

　　③ ［法］米歇尔·福柯：《词与物——人文科学考古学》，莫伟民译，上海三联书店 2001 年版，第457 页。

我的理想化进行了深入的批判。"① 就此而言，确实是难能可贵的。显然，生活世界的存在是一个基本现实，科学没有理由将这个世界排除在自己的视线之外，从而将其拱手让与宗教。然而，近代科学范式一旦被用于理解生活世界时，立马就遇到难以自圆其说的尴尬，甚至遇到了解释危机的问题。特别是在对我们生活于其中的日常生活领域的把握上，除了哲学和神学之外，科学几乎连去触碰它都不敢。这就是日常生活领域长期以来一直处于科学视野之外的原因。

其实，胡塞尔只是对启蒙思想做出了再解读，可以认为，在近代社会早期，"启蒙概念是一个纽带，把科学的进步观念与认为科学也致力于道德完善的信念联系在一起。启蒙要求人们在与教会、国家等传统暴力机器的斗争过程中，拿出自己的勇气，运用自己的知性，也就是运用自己的自主性和成熟性。"② 所以，近代早期表现为一个富于批判精神、朝气十足的社会。然而，随着科学精神被人无限夸大，随着社会按照科学精神去建构而满足了人们的合理性追求，随着"道德实践的成见实际上已经被科学的批判力量动摇了"，科学与道德相联系的信念被抛弃了。在实践上，也表现为科学抛弃了道德、排斥了道德。至此，这场启蒙运动开始步入歧途，由这场启蒙运动所开辟的社会建构之路也转入了片面发展的歧途。

所以，现代科学无论是在自然的还是人文的、无机的还是有机的、生物的还是社会的领域中，都现实地显现出了形式化。对此，福柯以其知识考古所做出的解释是："在这一能或不能对经验加以形式化作交错或同时的双重确证中，也许我们将发现这一深刻事件的走向：在 18 世纪末，这个事件使综合的可能性脱离了表象空间。正是这一事件把形式化或数字化置于所有近代科学设想的核心处；正是这一事件同样说明了为什么经验之过早的数学化或素朴的形式化类似'前批判'的独断论并回到了观念学的陈词滥调。"③ 当我们上述指出人类认识史的连续性时，其实就包含着这样的判断：康德的

① ［德］尤尔根·哈贝马斯：《后形而上学思想》，曹卫东等译，译林出版社 2001 年版，第 75 页。

② ［德］尤尔根·哈贝马斯：《交往行为理论》，世纪出版集团、上海人民出版社 2005 年版，第 145 页。

③ ［法］米歇尔·福柯：《词与物——人文科学考古学》，莫伟民译，上海三联书店 2001 年版，第 321—322 页。

批判哲学并不是平地长出的参天大树,"前批判时期"的科学探索为之提供了肥沃的土壤。但是,福柯显然是把"批判哲学"作为近代科学史上的分水岭来看的。在"批判哲学"出现前,科学由于尚未从相似性思维的母体中分娩而出,因而存在着被现代科学贬为独断论的因素,甚至这是它的基本特征之一。在"批判哲学"产生之后,于分立并行的两大科学体系中,都可以看到严谨而清楚明白的逻辑证明,无论是逻辑保持了自己的本色还是表现为数目字,都获得了形式合理性。所以,不是独断论的。

在分析性思维的语境中,"独断论"显然是一个贬义词。然而,如果我们走出分析论的语境,如果我们拥有了相似性思维,当断则断难道不是行动者的优秀品质?总是做出正确判断并当机立断难道不是反映了行动者的非凡能力?不难理解,在高度复杂性和高度不确定性条件下,敢于决断恰恰包含着责任担当的勇气,也是不愿错过任何一次行动机会的主动性和积极性。如果说这是"独断"的话,那恰恰是高度复杂性和高度不确定性条件下的行动品质,也是思维品质。我们相信,科学的发展不会终止于全球化、后工业化运动,在全球化、后工业化所指向的后工业社会中,随着相似性思维替代了分析性思维在科学活动中的地位后,所谓"独断论"问题的讨论也就会消失。因为,并不存在着可以作为批判和攻击目标的所谓"独断论"。

鉴于社会科学已经完全失去了自身的独立性,仅仅是反映在自然科学之镜中的一种镜像,阿明希望不要再去使用"社会科学"的概念了。在阿明看来,如果说"科学"是指关于自然研究的理论,那么,对于社会研究而言,最好不要使用"科学"一词。因为,"科学"理性地对待研究和准备作用的对象,倘若关于社会的研究也像关于自然的研究那样,"在某种程度上也是有害的,它将使社会管理沦落到牲畜照管的水平上,从而毁掉人类的自由。人类社会的解放与对自然的控制这双重目标(两者被理解为相对而存在的)必然意味着,要拒绝自我标榜理性管理的虚假声明,即使这些主张得到了社会科学的支持——这些科学被大肆渲染为科学的、客观的,因而也是有效的。"①

---

① [埃及] 萨米尔·阿明:《全球化时代的资本主义——对当代社会的管理》,丁开杰等译,中国人民大学出版社 2013 年版,第 118—119 页。

我们不同意阿明这种对"科学"做出的如此狭义的理解，关于社会以及人的研究也应该属于科学。只不过它是一种从属于人的解放的科学，而不是千方百计地把人纳入控制铁律之中。具体说来，社会科学在面对许多问题时是可以运用理性的分析方法的，但不应仅仅从属于分析性思维。对于社会科学而言，相似性思维有着同等重要的价值，甚至需要让分析性思维从属于相似性思维，成为相似性思维去驾驭那些稳定的、复杂性程度较低的和秩序特征明显的研究对象时的补充性因素和辅助手段。也就是说，对于低度复杂性和低度不确定性条件下的事物或事务，可以运用分析性思维，而在高度复杂性和高度不确定性条件下，分析性思维就需要让位于相似性思维。即便是在高度复杂性和高度不确定性条件下从事认识活动，许多事项也需要求助于分析的手段。我们认为，相似性思维并不完全拒绝分析，反而会把分析作为自身的一个手段来加以运用。也就是说，在相似性思维作为一种思维方式而实现了对分析性思维的替代后，分析性思维中的分析将会被相似性思维所吸纳。

第二节　反思分析性思维

一、分析性思维的生成

尽管现代科学的源头可以追溯到 16 世纪，但在福柯看来，"在 19 世纪初，一个知识的排列被构成了，在这个知识的排列中不仅出现了经济学的历史性（相关于生产形式），人类存在的限定性（相关于匮乏和劳动），而且还出现了大写的历史终结期限——无论它是不确定的放慢速度，还是彻底的颠倒。大写的历史、人类学以及生成变化的悬置都是依据这样一个形式而相互属于的，即这个形式为 19 世纪的思想确定了其主要的网络之一。"[①] 福柯认为，其后两个世纪的发展，都是在这一知识排列图表中行进的。一方面，把所有的空白处都补充了起来，即把没有填满的部分填满；另一方面，对已经填满但尚显模糊的部分进行了再探索，使之清晰和变得更加多彩。所以，

----

① ［法］米歇尔·福柯：《词与物——人文科学考古学》，莫伟民译，上海三联书店 2001 年版，第341 页。

知识体系被型构得更加坚固牢实，分析性思维也成功地实现了对每一个思考着的头脑所进行的格式化，成为既有的思维定式。

的确如此，认为社会科学是在 19 世纪建立起来的，这一点是合乎科学发展史的实际的。如果说福柯眼中的知识体系是指社会科学研究的成果，那么，福柯把 19 世纪初作为现代知识生产的起点实际上是包含着某种暗示的，那就是，现代社会科学是与特定的历史条件联系在一起的。显然，知识是由科学生产出来的，而科学知识的生产方式则是思维。也就是说，恰是科学之中所包含的思维方式成了知识的来源。在某种意义上，科学本身就是由它所包含的思维方式形塑出来的。在现代科学中，特别是在现代社会科学中，所包含的最为基本的思维方式是分析性思维。它不仅形塑了现代科学，而且也一直是以现代科学研究的最为基本的特征表现出来的。

工业社会在科学方面所取得的成就，都可以归功于分析性思维，正是这一思维方式决定了科学成为社会进步的杠杆。然而，到了 20 世纪末，要求对知识进行重新排列的声音已经压制不住了，而且，对知识的重新甄选也势在必行。虽然已经成为一种思维定式的分析性思维千方百计地阻挠对知识进行重新排列的进程，但它收获的则是全球风险社会和危机事件频发的结果，以至于它能够成功阻挠知识进步的信心也开始减弱了。正是在这一条件下，我们需要对现代科学中占支配性地位的分析性思维进行反思。

在回顾现代科学生成过程时，福柯看到，在 18 世纪与 19 世纪的"世纪之交发生变化并经受无可挽回的变化的，就是知识本身，作为认识主体与认识对象之间预先的和共有的存在方式；如果人们着手于研究生产的成本，如果人们不再使用理想的和初始的物物交换的场景来分析价值的形成，那是因为在考古学层面上，生产作为知识空间中的基本形式，已经取代了交换，生产一方面使得新的可认识的对象（如资本）呈现出来，另一方面又规定了新的概念和新的方法（如生产形式的分析）"[1]。"于是——这是事件的另一阶段——知识的实证性改变了其性质和形式。"[2] 在此过程中，相似性思维

---

[1] ［法］米歇尔·福柯：《词与物——人文科学考古学》，莫伟民译，上海三联书店 2001 年版，第 328 页。

[2] ［法］米歇尔·福柯：《词与物——人文科学考古学》，莫伟民译，上海三联书店 2001 年版，第 327 页。

被完全剔除了出去，世界的新图谱被分析性思维的线索编织了起来，拥有了一种新的思维方式。新的思维方式的出现也就意味着必然会引入一系列新的概念并运用一整套完全不同的方法去重新图绘出一个不同的世界。然而，人们没有意识到的是，重新绘制出来的这个世界是通过人们的思维、思想、理论和科学再造出来的，是一个主体中心主义的世界。也就是说，主体处于这个世界的中心，而这个世界的其他各种构成要素都是环绕在主体周围而供主体支配的。可是，人们却以为这个世界还是原本的那个世界。

对此，福柯明确地指出："如果人们在居维埃的基础上研究生物的内在组织结构，并且人们为之使用了比较解剖学方法，那是因为大写的生命，作为知识的基本形式，使得新的对象（如特性与功能的关系）和新的方法（如对类似的寻求）呈现出来。最后，如果格里姆和博普设法定义元音交替或辅音变化的法则，那是因为作为知识方式的大写话语也被大写的语言所取代，大写的语言定义了直至那时尚未明显的对象（语法体系在其中彼此类似的语言家族）并规定了尚未被使用的方法（对辅音和元音的转换规则做出分析）。"① 在这个由人所建构起来的世界中，抽象、分析、归纳以及再综合等等方法都得到了越来越娴熟的应用，从而使表象中的那些芜杂因素都可以轻易地得以删除，深蕴于表象背后的同一性都能够得以揭示。因而，在每个领地中，我们都看到了"大写的生命"或大写的某物。

与此同时，相似性思维失落了，想象、类比、隐喻等被人们忘却了，以至于我们所看到的是，"我们决不能从生产、生命和语言中寻求这样的对象，即这些对象凭其自己的影响并在自主坚持的影响下，从外部把自己强加给一种长期以来对它们视而不见的认识之上；我们也绝不能从生产、生命和语言中寻求这样的概念，即这些概念是逐渐建造起来的，归功于新的方法，得力于迈向其合理性的科学的进展。正是这些基本的知识方式才铁板一块地支撑着新科学技术与新对象之间次要的和派生的相关性。可能，这些基本方式的构成深埋于考古学层面的深处；然而，我们可以通过李嘉图的经济学著作，居维埃的生物学著作和博普的语文学著作来觉察其

---

① ［法］米歇尔·福柯：《词与物——人文科学考古学》，莫伟民译，上海三联书店 2001 年版，第328 页。

某些征兆。"①

关于分析性思维的生成过程，福柯试图给出准确的年代定位。根据福柯的看法，西方"18世纪的最后几年被一种与在17世纪初摧毁文艺复兴思想的东西相对称的间断性所中断；于是，包含相似性在内的巨大循环形式被拆散和打开了，以致同一性图表能够展开；并且现在轮到这个图表将被取消了，知识处于一个新空间内。间断性就其原则、初始的分裂而言，也像那个把帕拉塞尔斯循环与笛卡尔秩序区分开来的东西一样捉摸不透"。② 在这里，留下了启蒙风暴到来前的宁静，因而，在历史教科书中，这是思想的空白页。对于这一思想史上的突变，福柯提出了一系列设问："认识论排列的这个意外的变幻不定，相互关联的诸确实性的流变，更为深层的是这些确实性的存在方式的改变，这些东西突然来自何方？思想脱离先前栖居的地区——普通语法、自然史、财富——并任凭不到20年前在认识的灿烂区域被设定和确证的一切跌入谬误、幻想、非知识，这是怎么一回事呢？突变突然地确定，物并不以相同的方式而被描述、陈述、刻画、分类和认识，并且在词的空隙或通过它们的透明性，呈现给知识的不再是财富、生物和话语，而是截然不同的存在；这些突变遵从什么样的事件、什么样的规律呢？对知识考古学来说，连续性区域中的这个深沉的切口，尽管必须得到分析并且是细致的分析，但不能用单一言语来'说明'甚或记录。它是一个激进的事件，分布在所有可见的知识表面上，并且我们有可能一步步注意到它的标记、震颤和结果。思想只有在它自己的历史的根基处重新认识自身，才能完全确信无疑地为这一事件的独立真理提供基础。"③

其实，在这个"历史的根基处"所发生的就是思维方式的变革，即从相似性思维向分析性思维的转变。而且，对于这场思想突变本身，也无法通过分析的手段去追溯到"历史的根基处"，而是需要在相似性思维中去加以

---

① ［法］米歇尔·福柯：《词与物——人文科学考古学》，莫伟民译，上海三联书店2001年版，第328—329页。

② ［法］米歇尔·福柯：《词与物——人文科学考古学》，莫伟民译，上海三联书店2001年版，第283页。

③ ［法］米歇尔·福柯：《词与物——人文科学考古学》，莫伟民译，上海三联书店2001年版，第284页。

领悟的。另一方面，我们也必须看到，类似于福柯所描述的那场发生于 19 世纪初的突变，也在今天为我们再一次遭遇。实际上，自 20 世纪 80 年代开始，全球化、后工业化运动正在为这场突变的发生施加越来越重的压力。也许在接下来的 30 年时间内，又一场人类认识史的突变就会发生并且完成。而且，可以相信，这场突变将是相似性思维的光荣回归，是替代分析性思维的过程。

我们也许会对福柯所确认的时间节点表示怀疑，即质问福柯为什么要把 18 世纪的最后几年作为思维方式变革的界碑。但是，我们也确实看到，在 19 世纪和 20 世纪的科学研究以及社会实践中，一种可以命名为分析性思维的思维方式一直处于支配性的地位。如果说我们在工业社会所持有的基本观念是：人类的全部活动都无非是认识世界和改造世界（实际上，这不应是人类社会活动的全部），那么，我们就可以在分析性思维所追求的认识客观性、观察精确性和推理严密性中得到证明。正是分析性思维，给予我们认识世界和改造世界的力量。或者说，正是分析性思维成了我们认识世界和改造世界的基本途径。就分析性思维的运行路径来看，它是从表象出发的，而且分析性思维的这一运行路径在近代早期也是以思维演进史的形式出现的。可以说，在直到 18 世纪末的整个近代早期的科学发展中，分析性思维的形成期都表现出了这种从事物的表象深入事物的内部去的特征。那就是，"在客体及其存在的可能性条件中寻找经验的可能条件，而在先验反思中，经验客体的可能性条件等同于经验本身的可能性条件"[1]。

具体地说，我们也同意福柯的看法，分析性思维的定型是在康德哲学中完成的，其路径就是："从批判出发——更确切地说，从与表象相关的存在之移位出发，康德主义对之做出了最早的哲学陈述——一个基本的相关性确立起来了：一方面有客体之形而上学，或更精确地说，从未可客观化之基础的形而上学：客体是从这个基础上找到我们的表面的知识的；另一方面，哲学为自身设定了唯一的任务：观察性上赋予实证认识的一切。"[2] 在对现代

---

[1]　[法] 米歇尔·福柯：《词与物——人文科学考古学》，莫伟民译，上海三联书店 2001 年版，第 318 页。

[2]　[法] 米歇尔·福柯：《词与物——人文科学考古学》，莫伟民译，上海三联书店 2001 年版，第 320 页。

哲学的具体考察中，也许会形成关于历史主义与科学主义分立并行的两条发展路径的认识。但是，它们都应看作发源于康德哲学的，在思维方式上，都可以列入分析性思维的范畴。也就是说，虽然工业社会的思想、理论乃至方法是多样的，但在其深层，即在思维方式的层面上，却都是从属于分析性思维的。所以，我们也把分析性思维看作工业社会这个历史阶段中特有的思维方式。

由于从现代科学中发现了分析性思维，也就使我们能够在整体上去把握现代社会科学的全貌了。那就是，在近代以来的社会科学发展史上，由于科学主义与历史主义共享了同一种思维方式，才会让我们看到，"这对它们双方是如何相互支持和相互加强的；正是在实证认识的宝库中，'基础'之形而上学或客观'先验物'之形而上学才会发现其攻击点；相反，正是在不可认识的基础与可认识物的合理性之间的区分中，实证主义才发现了其证据"①。科学主义与历史主义的相互支持和相互加强，汇成了现代科学以及社会发展的轨迹，而它们的对立，则为科学发展以及社会发展提供了一种重要的驱动力。因而，工业社会所取得的辉煌成就，应当说都应主要归功于分析性思维。而康德之所以会屡屡被人提及，正在于他为这种思维方式的定型做出了贡献。

总之，在18世纪末和19世纪初，人类开始了建构新世界的行程。如果说此前的世界是作为认识对象而被动地接受人们去从中解读出对人类有价值的因素的话，那么，自此时起，人类开始在所获得的知识的基础上去建构世界。人类之所以可以这样做或能够这样做，是因为拥有了分析性思维方式。有了这种思维方式，也就有了认识对象并获得真理的信心。同样，也是因为有了这种思维方式，就可以分析打碎的世界并重新将碎片拼接起来，即重构了世界。今天，我们所拥有的或者说生活于其中的世界，就是从福柯所判定的那个起点开始重新建构起来的。

然而，在20世纪与21世纪的交替过程中，全球化、后工业化预示着人类再度开始了重构世界的行程。它是否意味着人类需要拥有一种不同于分析

---

① ［法］米歇尔·福柯：《词与物——人文科学考古学》，莫伟民译，上海三联书店2001年版，第320页。

性思维的新的思维方式呢？答案是肯定的，而且我们已经给出。全球化、后工业化意味着工业社会传统的终止和新的传统的开始。在工业社会与后工业社会之间，肯定存在着断裂，思想、文化以及它们的物化形态，都必将在断裂的另一侧开始新的建构行程。其中，思维方式的变革也是必有的事项。也许我们目前还不能确定可以用来建构后工业社会的思维方式究竟是什么样子，或者说，人们可能会对我们命名的"相似性思维"投来怀疑的眼光，但是，对工业社会中处于支配地位的分析性思维进行反思则是必要的。如果我们不耽于反思，而是希望在新的思维方式的建构方面做些事情，那就需要对这种新的思维方式进行大胆构想。就我们将新的思维方式命名为相似性思维而言，就是希望通过这个名称去暗示新的思维方式建构的方向。

二、分析性思维的方法

虽然福柯把康德看作现代科学发展的分水岭，而我们却发现，在康德那里却包含着现代科学发展的两个可能性方向。因为，在从知性向理性过渡的过程中留下了两种可能性：一种是成为工具理性；另一种是走向价值理性。在康德那里，其实已经试图去对理性加以具体化的定义，所以，他提出了纯粹理性和实践理性。就康德同时把这两种理性都包容在自己的思想体系之中而言，显然是不相信一种理性可以排斥甚至消灭另一种理性的。合理的理解应当是，康德的三大批判区分出了认识的领域、实践的领域和审美的领域，纯粹理性与实践理性的区别仅仅在于前者适用于认识的领域而后者则适用于实践的领域。

在 20 世纪的社会科学研究中，我们看到，康德的"纯粹理性"和"实践理性"都因为其形式模糊和内容不确定而被抛弃了，代之而发展出了工具理性和价值理性两个相似的概念。但是，在工具理性和价值理性概念的形成中，我们已经可以明显地看到，是在抽象的逻辑中所达成的结果。也就是说，是康德《纯粹理性批判》中的逻辑获得了话语霸权的地位，而《实践理性批判》中的逻辑则受到了无情地扼杀。正是由于这个原因，福柯才会在现代知识的演变中看到分析性思维凯歌行进的道路。的确，在起自康德的现代思想成长中，特别是在认识论范式中，分析性思维窃取了支配性地位。虽然在此过程中也形成了价值理性的概念，但是，无论是在科学研究中还是在社会建构实践中，价值理性都受到了忽视和排斥。所以，我们在社会建构以及一切社会活动的展开中所看到的都是工具理性，特别是在社会治理过程中，工具理性成了"理性"的代名词。

工具理性的概念是由马克斯·韦伯确立起来的，或者说，是韦伯赋予了这个概念以确定性的内涵并使这个概念流行了起来。我们知道，18世纪的启蒙运动所突出的是"解放"的主题，因而，我们也将其看作一场"解放的启蒙"。解放的启蒙让"人们不必去顾及自然的生命及其内在价值；上帝明确地规定了世界应由我们来统治（实质就是'掠夺'）。如果我们不去掠夺自然，那就等于说我们没能意识到我们心中的规定"。① 所以，"理性"一词在这场运动中只是用以与"神性"相对立的批判性概念，并没有自己的特定内涵。康德的贡献就在于试图去给予理性以明确的定义。虽然这是一种具有学究气的做法，却完成了基于理性而从"解放"向"管理"的过渡。

显然，随着解放的启蒙彻底打碎了中世纪的观念后，也就开启了人征服自然的行程，而且，人也是在对自然的征服中去证明自身的价值的。从人对自然的征服开始，一个具有必然性的行动逻辑就是：首先是对自然的征服，然后回射到了社会和回射到了人与人之间的关系上，从而表现为国家对国家、民族对民族、人对人的征服。当然，人们可以争辩说，解放的启蒙是发生在近代社会的，而人对自然的征服以及人对人的征服是亘古就有的。但是，我们不应忘记的是，在解放的启蒙尚未发生以前，人对自然的征服以及人对人的征服都有一个相应的缓冲和矫正机制与之相伴随。到了近代，从解放的启蒙完成后而开始的征服运动，无论是在对自然的征服还是在对他人的征服方面，都走上了绝对化的方向。在前现代的社会中，"整个自然不过是一块涂上宗教符号与意象的画布"，因而浸染着神圣的光环，但当解放的启蒙戳穿了所有神圣的光环后，"从自然的身上剥下这些投影，把它变成中性的世界，可以任他的科学来控制"②。

这样一来，一切神秘的东西都是必须加以祛除的，而且，在祛除了一切神秘的东西之后，所致力于建构的就是明确的、可以把握的工具以及为了利

---

① ［美］大卫·雷·格里芬：《后现代精神》，王成兵译，中央编译出版社1998年版，第219页。
② ［美］威廉·白瑞德：《非理性的人》，彭镜禧译，黑龙江教育出版社1988年版，第23页。

用工具的各种各样的社会设置。正是在这样一个逻辑中，工具理性成功地实现了对理性的替代。而韦伯的官僚制理论，也恰恰是在工具理性行进的道路变得越来越宽广时候被推展到了我们面前。就 20 世纪来看，整个世界都因为是基于工具理性而作出的安排，从而转化成了一个"物化"的世界。相应地，"生活世界"失落了。如果说生活世界还存在的话，那也只是一个被"殖民化"了的世界。这样一来，人所生存的世界如果分成自然和社会两个方面的话，那么，在自然的方面，是一个为我服务、任我征服的对象；在社会的方面，则是"一个管理着人所创造的机器技术的复杂的社会机器"①，而人在这个世界中或在实现着对这个世界的征服过程中，则完全变成了"单向度的人"，由于受到了工具理性的格式化，也成了工具。

在现代社会科学研究中，如上所说，当学者们把关注的重心放在社会实践方面的时候，往往会在功能的意义上把分析性思维理解成工具理性；当学者们希望从社会实践中去解读科学观念和科学成果得到了应用的状况时，则会把分析性思维的表现形式称作技术理性。实际上，我们在科学叙事中经常使用的工具理性和技术理性概念所指的都是分析性思维，至少，可以说是直接根源于分析性思维的。工具理性可以看作对分析性思维的功能性描述，而技术理性则是对分析性思维的动态特征的描述。所以，我们才会看到，一旦分析性思维以技术理性的形式出现，就会在科学研究活动中以实证的研究方法出现，并被运用到社会科学各领域，甚至实现了对社会科学的全面重塑。结果，社会科学在显得非常"科学"的同时，也呈现给了我们无比烦琐的一面。科学了，也烦琐了。

在研究对象的复杂性程度较低的情况下，科学的烦琐一面还没有显示出其消极性，即使显示出了消极性，人们也能够接受和容忍。也就是说，人们能够承受科学所表现出来的烦琐的一面，甚至人们会在某种程度上乐意于接受科学的这一烦琐的一面。但是，随着研究对象复杂性程度的增长，如果实证方法不能使科学变得更加烦琐的话，就根本无法实现对研究对象的科学把握，所形成的研究结论也就肯定是错误的，而且是极其有害的。如果实证方

---

① ［美］埃里希·弗洛姆："资本主义下的异化问题"，载《国外学者论人和人道主义》，社会科学文献出版社 1991 年版，第 226 页。

法也因研究对象的复杂化而促进科学烦琐化，就会让科学本身变成问题，不仅会成为极小的小圈子的娱乐性游戏，而且会形成话语垄断。如果这种话语垄断被传播到政治以及社会过程中，或者对各类决策形成影响，势必会使近代以来确立起的民主体制受到致命的冲击，甚至会终结人类社会民主化的进程。

科学研究是致力于知识生产的活动，特别是在科学研究活动中，在通过运用分析性思维去解剖完整的研究对象时，在去进行分析、抽象而深入表象的内部时，在去一层又一层地把握各种各样的要素然后加以量化并加以演算时，获得了对每一个未知世界的征服，使得知识生产变得无比高效。正是这种包含着和充分应用了分析性思维的科学，把人类引入了"知识社会"。必须承认，我们尊重知识，也为知识社会的到来而抱有无限期望。但是，如果知识在实证方法的驱使下成为一种权力，那是让人非常担心的，特别是知识窃取了政治权力的位置，将意味着一个新的集权时代的来临。

当然，柏拉图所向往的哲学王应当是有知识的，是因为有知识而有智慧，但是，哲学王的智慧是包含着道德内容的。与之不同，实证方法所形塑的科学仅仅提供知识，这种知识是反道德的。因而，当这种知识与权力结合或者转化为权力时，那是极其可怕的事情。可以断定，知识的集权将比人类历史上的任何一种形式的集权都更加恐怖。也正是因为这一原因，我们对实证方法抱有怀疑的态度，认为科学不应成为实证方法的俘虏。科学应当是简单的而不是烦琐的，而且，科学如果变得烦琐的话，范式变革也就必将到来。在社会实践中，我们也同样看到了这一点，那就是凭借着专门化的知识而把事情做得烦琐时，其中一定包含着不道德的意图。科学在变得烦琐的时候，也同样会走向反道德的方向。

基于分析性思维的科学研究活动惯常于从建立假设开始。一些经典假设也被视为公理，成为推理的起点，并被认为是不证自明的。或者说，它无法通过逻辑演绎和逻辑推理来证明其得以产生的原因。这样一来，我们就必须追问，这些假设或公理得以提出的思维基础是什么？显然不是分析性思维自身所能提供的，而是需要另一种思维方式去为分析性思维的展开提供这样一个前提的，我们将这种思维称作相似性思维。也就是说，分析性思维原初的起点恰恰是由相似性思维提供的。正是有了假设，分析性思维在科学研究活动中发展出来的实证研究方法才能得以展开。不过，我们也清楚地看到，在分析一些简单的问题时，实证方法的效力往往能够得到充分的体现，特别是对于那些一目了然的事情，运用实证方法去加以研究，往往会强有力地证明人们一眼看上去所得出的结论是正确的；相反，如果问题比较复杂，运用实证方法去加以研究，最有价值的结论就是告诉我们多种可能性中的一种。如果它给出了一个明确而果断的结论，肯定是一个错误的判断，也基本上是一个包含着无穷后患的判断。所以，实证方法所展示给我们的是这样一种情况：在我们不需要方法的时候，它可以成为非常有用的科学方法；在我们需要方法的时候，它是毫无用处的方法，甚至可能是有害的方法。

当然，在关于方法的研究中，学者们对运用实证方法的研究做出了区分，认为实证研究可以区分为量化研究和质性研究。通过制作模型而进行数据处理属于量化研究的范畴，而调查访谈和案例分析则属于质性研究的范畴。其实，这两种研究方式都需要通过分析、抽象等手段去寻找同一性、普遍性的因素，进而形成所追求的具有真理性的结论。从 20 世纪的科学研究活动来看，量化研究一直受到高度推崇，而在第二次世界大战后，质性研究逐渐地得到了越来越多的社会科学研究者的青睐。之所以量化研究较早地成为科学研究者的主要研究方法，是因为近代早期的科学家就已经形成了某种认为"自然喜欢数字"的观念，而分析性思维在透过事物（件）的表象而去把握其内部的诸要素时，也必须求助数字这种专业语言。所以，定量分析方法在对社会现象的考察中的广泛应用，给社会科学带来了新气象，使社会科学的许多意见和结论显得不是某种臆测而是科学的研究成果。

但是，量化研究之所以较早地在社会科学中得到推崇和广泛应用，说明这种研究方法是科学方法中的一种低级水平的方法。不仅如此，量化研究还是有着特定的适用范围的。正如我们上面所指出的，在微观的、具体的问题上，它的确能够给予我们不可怀疑的科学意见和结论。而且，在低度复杂性和低度不确定性的条件下，也确实增强了社会研究的科学魅力。然而，在高度复杂性和高度不确定性条件下，在牵涉到需要对宏观社会问题发表意见的时候，寄托于用数字说明问题的方法，要么造成误导，要么陷入失语状态。所以，社会科学在简单的、具体的、微观的问题上可以表现出对数字的偏好。但是，如果这种偏好不加节制地表现在全部社会科学研究中的话，必将造成社会科学名誉扫地的后果。到那时，算命先生可能也要比社会科学家的名声好上百倍。同样，在高度复杂性和高度不确定性条件下，事物（件）之间的联系往往并不从属于决定论的因果律，而且，事物（件）本身的流动也拒绝静态的分析，从而使质性研究不可能从具体的案例分析中去获得同一性、普遍性的因素，研究成果往往并不具有推广的价值。

实际上，实证研究经常性地呈现出某种自反的结果。比如，关于"经济人"的假设显然是在对人的分析中产生的一种联想。即对完整的人加以抽象，从中发现人的"理性经济人"要素，并进一步地通过联想的方式而用"经济人"的概念置换了"人"的概念。所谓"理性经济人"，就是把他人与自我都当作一种工具来看待的人，这里的"理性"也就是工具理性。关于"经济人"的问题，一些实证研究也有着这样的发现："经济组织和市场一体化程度在群体层次上的差异很大程度上解释了不同社会之间个体行为的差异——市场一体化程度越高，对合作的支付越高，实验博弈中的合作水平也越高。"① 人的差异意味着并不是所有的人都经济人，即便是经济人，在程度上也是有差别的。

这样一来，经济人假设就受到了明显的挑战。如果说在经济组织和市场活动中都发现了人并不仅仅是经济人的话，那么，在其他方面的社会活动中，不难想象，人不是经济人的现象会更为广泛、更为普遍。在某种意义上，可以说人并不能仅仅被看作经济动物，或者说，人首先是社会存在物。为了健全的社会，人可能愿意付出相对于他自己的更高的所谓合作成本。只要人的必要生存条件得到保障，他肯定是愿意追求人际和谐以及共同行动的高效的，并愿意为之做出一些付出，而不是斤斤计较。当然，如果基本的社会制度和体制迫使人们必须斤斤计较的话，那就是另一种情况了。所以，通过实证研究既可以证明人是"经济人"，也可以证明人是"社会人"。就这两种人都能够得到实证研究的证明来看，不仅不能说明科学的价值，反而让人感到科学是没有什么用处的。因为，不去研究，我们也能够清楚地知道，这两种人都是存在于现实生活中的。

---

① ［美］赫伯特·金迪斯、萨缪·鲍尔斯等：《走向统一的社会科学——来自桑塔费学派的看法》，浙江大学跨学科社会科学研究中心译，上海人民出版社 2005 年版，第 31 页。

现实情况在我们的感性知觉中也经常性地告诉我们，人的个体生存状况和社会条件决定了人或者更多地关注自身利益或者更多地关注与他人间的顺利合作。一旦我们把社会条件设定为使人成为"经济人"或者"社会人"的决定性影响因素的话，就等于说，人是可以造就的和可以改变的。那样的话，我们就不再会满足于从"经济人"或"社会人"出发去展开理论研究和实践安排，而是会把着眼点放在社会建构上，即致力于制度等社会设置的改善和重建方面，以营造出一种可以造就有道德的、愿意合作甚至渴望合作的人。到此为止，我们还是在静态思考中去得出上述结论。也就是说，我们是把社会以及社会中的人的行为都作为静态观察和思考的对象来看待的，在一定程度上，还是对分析性思维的应用。如果我们看到了这些对象不是静态的，而是处在高速运动和变化中的，就会发现，"经济人"的自利谋划必然会导向机会主义。无论机会主义在一次或多次付诸行动时取得了何等合目的性的成功，其中也必然是包含着大概率危险的。机会主义行为不是与他人的博弈，也不是在人群中的博弈，而是与风险之间的游戏。所以，社会的高速运行和变化本身所造就的就是一种"经济人"无法立足的环境，从而迫使人告别"经济人"定位。

由此看来，实证研究的这种自反性结论充分说明，分析性思维并不能保证科学研究总是走在形成科学真理的道路上。不仅是因为这种思维方式所造就的理论始终包含着无法避免的悖论，而且，这种思维方式的物化成果——特别是以制度、体制和运行机制的形式出现的社会设置——也总是把人以及与人相关的一切都置于矛盾的状态之中。比如，当人把他人作为工具对待时，也就无法避免自己沦落为他人的工具，而在工具理性置换了理性并成为唯一合理的理性时，一切人成为一切人的工具就是社会运动的现实。这就是运用分析性思维进行社会建构的后果。

三、另一种形式的科学

在现代化进程中，出于认识自然以及认识社会的需要，科学发展走上了分析性思维建构的康庄大道。而且，这也已经被证实是一条正确道路，即从表象出发而超越表象和扬弃表象，从而把握事物的普遍性和同一性的实质性内容。正是分析性思维方式，造就了现代科学和整个现代社会。分析性思维的优势就在于，它在对研究对象的静态分析中祛除了表象上纷繁复杂的枝枝蔓蔓，使人们能够把握那些构成了事物（件）最基本和最主要的要素或因素。然后，在重新拼接的过程复制了事物（件）。而且，被复制出来的事物（件）比它的原始状态更具有合理性和合目的性。同样，分析性思维在对运动中的事物（件）的动态把握中也更能够准确地找出事物（件）的前因后果，从而让人们可以通过对原因的干预而获得合目性的后果。工业社会在物质文明、组织管理和社会治理等各方面的巨大成功，都证明了分析性思维在促进人类社会进步的过程中发挥了积极作用。

就分析性思维是首先在观念中打碎世界然后再在观念中和在观念指导下的行动中再造世界而言，是包含着怀疑、轻视和排斥世界的表象这样一重内涵的。也就是说，就像康德早已指明的那样，感性材料是杂乱的和不可信的。分析性思维以同样的态度对待世界的表象，并形成了一种思维定式，让人们以为科学就是这个样子的。不过，我们在此也希望提出另一个设想：科学能否直接基于世界的表象去再造世界呢？从属于和包含着分析性思维的科学史显然会对我们的问题作出否定的回答。但是，在（除了当代各个门派的抽象的）许多艺术实践中，我们看到直接基于世界表象的再造是可能的。但在康德那里，艺术与理性无缘，无论是纯粹理性还是实践理性，都不可能通向艺术，即使在对艺术的研究中去模拟认识论的路线，也只能从中发现判断力并形成一个从审美再到艺术生产的过程。所以，科学与艺术属于两个门类，科学包含着理性，而艺术则根源于判断力。当然，从一些当代绘画中，我们也看到如毕加索一类的画家试图去表现分析性思维，而且，在科学被神化了的时代，这种绘画也得到了人们的激赏，甚至将其评价为哲学。但是，在一个外行人看来，它既不是艺术也不是哲学，甚至不比智障人士的涂鸦更高明。

我们相信，从属于和包含着分析性思维的科学肯定不是科学的唯一形式，人类必将发现另一种形式的科学。可以认为，现代科学是适应人类工业社会的生产和生活的需要而建构起来的，从属于和包含着分析性思维的科学所取得的巨大成功也证明了它恰好契合了人类在工业社会这个历史阶段的生产和生活要求，也体现了这个历史阶段中的人的认识水平。一旦人类历史实现了对工业社会的超越，那么，我们对另一种科学的设想就应当视为一种合理的想象。事实上，20 世纪后期开始，随着人类的科学研究从围绕着认识的主题开展活动转向了对创新主题的强调，艺术与科学的边界正在变得模糊。

我们知道，工业社会的基本特征可以界定为低度复杂性和低度不确定性，基于分析性思维的全部静态的或动态的研究工作都是在这一低度复杂性和低度不确定性条件下进行的。如果人类并不耽于低度复杂性和低度不确定性的条件下，而是在发展的行程中进入了高度复杂性和高度不确定性状态，那么，这种从属于和包含着分析性思维的科学还具有我们所看到的那种适应性吗？还会继续在人类的生产和生活中表现出曾经的那种巨大成功吗？因此，我们有理由断言，分析性思维在工业社会中所取得的成功并不能证明不存在直接基于表象的主观世界建构的可能性。如果基于表象的主观世界建构是可能的话，那么，在投射到了生产和生活等社会实践中去的时候，就意味着人类拥有了一种不同于工业社会的再造世界的方式。这种再造世界的方式中肯定是包含着科学的，是一种不同于现代科学的科学。

我们相信，在高度复杂性和高度不确定性条件下，当寻求普遍性和同一性的道路不再行得通的时候，直接地基于表象去进行主观世界建构的道路就必然会被探索出来。20 世纪后期以来，人类实际上已经进入了高度复杂性和高度不确定性的状态，而分析性思维却牢牢地禁锢着人们的头脑。特别是在分析性思维结构化为社会科学的稳定范式时，不仅妨碍了人们的科学探索，而且也对人的社会——特别是社会治理——实践造成了极大的约束。束缚住了人们的手脚，放任人类社会陷入风险社会，无奈地面对危机事件的频繁发生。在这种条件下，出于走出风险社会的需要，我们也应当尝试一种基于表象的主观世界建构方式。也就是说，需要发展出一种新型的科学，并用于我们的生产和生活实践。显而易见，这是一条必须探索的道路，而且也是我们在高度复杂性和高度不确定性这样一个无可选择的条件下必须做出的选择。

就分析性思维的成长而言，福柯在对康德的分析中无疑揭示了其深层奥秘。福柯指出："康德并不是通过一种内在的挖掘（这个挖掘逐渐在表象之间的关联上进行，直至纯粹的感受），而是在诸条件的基础上来建立表象之间的关联的，这些条件能定义这个关联具有的普遍有效的形式。通过这样的引导其问题，康德就绕开了表象本身和在表象中被给出的东西，以致力于无论什么样的表象却能据以被给出的基础。因此，这并不是表象本身，依据它们自己的游戏规则。能够在自我的基础上被展开，并在单一运动的基础上被分解（通过分析）和再组合（通过综合）；只有经验判断或经验的观察才能建立在表象的内容的基础之上。任何其他的联系如果要成为普遍的，就都必须建立在所有经验以外的基础上，却要建立在使得经验成为可能的先天条件之中。"① 康德是因为天才地感知（尽管康德是轻视感知的）到了工业社会的生产和生活要求才开辟出了这样一条科学发展的道路——"建立在使得经验成为可能的先天条件之中"却又"建立在所有经验以外的基础上"。而在全球化、后工业化进程中，在人类社会已经呈现出了高度复杂性和高度不确定性的状态时，特别是在人类深受危机事件频发的困扰时，探索另一种形式的科学及其发展道路显然已经成为一项迫切性很强的任务。

正如福柯所指出的，康德的纯粹理性的起点就是那些在真理性上并不可靠的经验，为了向真理迈进，就需要知性范畴来加以整理。一旦开始了这个行程，就会发现，知性所提供的"这些范畴还使得意识与表象之间的分裂成为可能，这个分裂是整个有关人的当代知识所具有的特征。这些范畴确定了经验性借以在表象中能被复制的方式，但这是以并不呈现给意识的形式而进行的（功能、冲突和意义都是生命、需求和语言借以在表象中能被复制的方式，但这是以一种能完全成为无意识的形式而进行的）；另一方面，这些范畴定义了基本的限定性借以能以一种实证和经验的（但并不向朴素意识透明的）形式而被呈现给表象的方式（规范、规则和体系都没有呈现给日常经验：它们贯穿着这个经验，引起了部分的意识，但只能通过一种反思知识才能被完全阐明）"。②

然而，在这样做的时候，被限定的表象却与事物相分离，表象与事物之间有了差距，表象甚至不再是它所表象物的表象，以至于认识的真理性成为一个可疑的问题。也正因为如此，分析性思维遇到了一个自反性的结果。那

---

① ［法］米歇尔·福柯：《词与物——人文科学考古学》，莫伟民译，上海三联书店 2001 年版，第 316 页。

② ［法］米歇尔·福柯：《词与物——人文科学考古学》，莫伟民译，上海三联书店 2001 年版，第 473 页。

就是，知性范畴在对感觉材料的整理中所提供的只是真理性认识的可能性而不是必然性。在某种意义上，所提供给我们的只是我们自以为是的真理性认识。当然，在低度复杂性和低度不确定条件下，对象的确定性以及静态观察和分析的充分可能性，使获致真理性认识的几率要大一些。然而，在高度复杂性和高度不确定性条件下，这种几率则变得极小。这样一来，实际上就对分析性思维的合理性提出了挑战。也就是说，在高度复杂性和高度不确定性条件下，康德所指示的认识论路径变得不适应了，先验范畴不仅无法发挥达到真理性认识的功能，反而恰恰会对认识形成误导。

在高度复杂性和高度不确定性条件下，认识将会更多地以对表象进行直观的方式出现。这就是福柯所说的："对人文科学来说，表象并不简单地是一个对象……表象甚至就是人文科学的领域，就是整个人文科学的领域；表象是这个知识形式的一般基础，这个知识形式正是在表象的基础上才成为可能的。"[①] 实际上，不止是人文科学，几乎所有在高度复杂性和高度不确定性背景下产生的适应于认识高度复杂性和高度不确定性需要的科学，都将直接从表象出发而去直接地把握表象。而且，也只有这种直接地从表象出发而对表象的把握，才能够有益于在高度复杂性和高度不确定性条件下所开展的行动。或者说，为高度复杂性和高度不确定性条件下的社会实践提供科学支持。

在现代社会，对真理的追求不仅是一种科学观念，而且也是包含在社会建构和开展社会活动中的一种意识形态。它不仅凝固成了分析性思维的认识论模式，而且在组织管理、社会治理等几乎所有的集体行动中都表现为时时意欲增强的控制冲动。从属于和包含着分析性思维的现代科学在终极追求上就是要实现对认识对象的控制，自然科学认识自然规律无非是要利用所认识到的规律而实现对自然现象的控制，社会科学自从产生之日起，就同样是服务于控制的目的的，即希望实现对社会的控制。"社会思想分享了现代自然科学'了解自然的目的是为了控制它'这一冲动，并使之更加适合人类的需要；在社会科学这里，'控制自然'首先意味着控制人类本身，也意味着

---

① ［法］米歇尔·福柯：《词与物——人文科学考古学》，莫伟民译，上海三联书店2001年版，第474页。

引导和改善任何一个人类个体的行动轨迹。"①

可是，我们是否想到人类将进化到一个无须控制的时代？在这个时代中，不是以认识为行动的前提，而是以创造性的行动来诠释人的存在及其生活。那样的话，也就无须通过认识对象而实现对它的控制，而是应当让自由意志得到充分的展现，积极地创造一切对人类的生活和存在有价值的物品。比如，创造一个虚拟世界，从而打破自然和社会这两个世界施加于人的限制。这样一来，深藏于科学之中的那种终极性的控制追求也就失去了意义。也就是说，创造性的时代需要服务于这个时代的科学，而在现代化进程中生成的科学，恰恰无法承载创造性的时代所提出的要求，甚至会表现出与这个时代的格格不入。另一方面，当现代化的道路走到尽头的时候，社会呈现出的高度复杂性和高度不确定性也向现代科学的控制追求提出了挑战，使控制变得不再可能。因为，高度复杂性和高度不确定性施加于人类的是偶然性，从而使追求必然性和发现必然性的现代科学变得无所适从了。所以，科学必须通过自我扬弃而实现转型，至少是要抛弃那种深植于科学之中的控制追求。在这里，我们所表达的也许仅仅是一个设想，却是非常必要的。

---

① ［英］齐格蒙特·鲍曼：《被围困的社会》，郇建立译，江苏人民出版社 2006 年版，第 7 页。

第　十　章

话语的重建

　　全球化、后工业化对社会科学研究提出了严峻挑战。我们现在所拥有的是在工业社会的历史阶段中建立起来的社会科学体系，显然不能够有效解决全球化、后工业化中出现的新的社会问题，以至于我们必须从现实出发致力于社会科学的重建。中国是在改革开放的进程中开始恢复社会科学研究的，在30多年的历程中，主要是向西方发达国家学习和借鉴已有的成果并应用于解决中国社会发展中的一些问题。可是，中国的改革开放在时间点上恰与全球化、后工业化进程相契合。这又决定了中国的社会科学研究不能仅仅满足于学习和借鉴，而是需要走一条自主创新的道路。中国在改革开放的时代所承担的是工业化和后工业化双重历史性的转型任务，这是人类历史上从未有过的，它要求中国的社会科学研究必须承担起建构中国话语的任务。如果中国的社会科学研究从全球化、后工业化的现实出发去致力于理论探索，那么，所建立起来的中国话语也就会是具有世界性的，将会成为中国社会科学研究者为人类作出的一项贡献。

第一节　面向未来的社会科学

一、应当走出历史

在社会科学研究上，中国正在走进一个全面创新的时代。一个人要想在这个时代的社会科学研究中有所作为，就需要找到自己的位置。中国的社会科学发展之所以进入了一个全面创新的时代，是由两个方面的原因决定的：

其一，中国的社会科学研究走过了 30 年的学习与借鉴路程，就如社会生活的每一个领域和每一个方面都如饥似渴地汲取国外的一切先进经验一样，社会科学研究也借用西方的思想、理论和方法，努力学着西方学者的样子去开展科学活动。可以说，中国的社会科学发展历程也是中国社会的缩影，甚至可以认为扮演了中国社会近 30 年发展道路上的急先锋的角色。但是，今天看来，无论是在实践中学习与借鉴而来的先进经验，还是以科学研究的名义所进行的阅读和移植，都只能解决"面上"的问题。也就是说，国外的先进经验以及理论只有在解决那些具有普遍性、一般性的问题时才能显现出效力，对于产生在中国实际中的特殊的、具体的问题来说，只有通过自主创新去加以解决。

其二，人类社会正走在全球化、后工业化的征程上，这是人类社会的一个全新历史阶段的开启。虽然中国社会依然有着繁重的工业化任务，但后工业化的压力也通过全球化运动而传导到了中国社会，以至于中国社会的实践和社会科学研究也必须承担起如何走向后工业社会的课题。面对人类社会的一个全新历史阶段的到来，一切行动都应寄托于创新，或者说，创新是一切行动都应获得的基本特征。

上述两个方面既是中国社会科学研究的环境，也是中国社会科学研究的主题，从而使中国社会科学研究开启了一个创新的时代。其实，在全球化、后工业化的背景下，一切新出现的社会问题都不同于以往。这就决定了社会科学研究需要引入全球化、后工业化的视角去认识问题并提出新的解决方案。也就是说，传统的理论以及解决问题的方案都不再适用，而是需要基于全球化、后工业化的现实去进行新的理论建构和实践方案设计。而且，我们明显地感受到，全球化、后工业化显现出来的一个非常突出的特征就是，人类社会正在从自然演进、自在发展的进程转变为自觉建构的行程。它决定了社会科学研究只有服务于这一社会自觉建构的需要才能有所作为。这就是中国的社会科学研究者当前应当承担起来的任务。

鲍曼在评价亚里士多德的时候试图告诉我们什么是真正的亚里士多德精神。在鲍曼看来，能够称得上亚里士多德精神的就是他能够"作为一个敏锐的观察者和勤奋的记录者"① 去记录着他的时代所发生的重大事件的活动。在谈论亚里士多德的思想时，在人文的意义上，也许亚里士多德思想有着永恒的价值，任何时候都能够给人以启发；而在科学的意义上，应当说亚里士多德的思想在今天已经没有什么价值了，而且其思想的许多方面都是与我们时代所拥有的那些基本信条相冲突的。但是，鲍曼所指出的亚里士多德那种孜孜不倦地观察和记录他那个时代的精神，无疑为我们树立了一个永恒的榜样。

其实，历史上的任何一位能够保留在我们记忆中的伟大思想家也都复制了亚里士多德的榜样。我们今天所要学习和需要努力去做的，正是像他们一样，观察和记录时代的现实，而不是像鹦鹉学舌那样一遍又一遍地学说前人的名句典章。对于人类历史上的每一个思想丰碑，我们礼敬，但更需要超越，任何希望躺在前人怀抱中去享用伟人思想恩惠的做法都是不可取的。历史上的任何一位伟大圣人都没有提供解决我们时代特有问题的现成方案，所以，我们需要在思想上超越每一位值得我们敬仰的伟大思想家。事实上，历史上每一位伟大的思想家也都是这样做的，他们都通过自己的贡献而超越了前人，他们令人崇敬的一切都是在对前人的超越中做出的，而这一点恰恰是需要我们学习的。

应当承认，在前人的思想中包含着一些具有永恒价值的智慧，这些智慧对于科学研究来说是必要的。在每一个时代，前人的智慧都会在科学研究中发挥巨大的启迪作用。正是由于这个原因，我们总是带着敬仰的态度去看前人的那些伟大思想。但是，我们必须清醒地认识到，如果需要在前人的智慧与我们所面对的既存社会现实之间去做出选择的话，我们将把视线落在现实之上。我们所要研究和所要思考的是现实，或者说是为了解决现实中的问题而开展科学研究。如果不是出于解决现实问题的需要，我们也没有必要去学习前人的思想和理论了。

可以认为，任何智慧以及智慧的物化形态都是在具体的历史条件下产生的成果，而不是普遍适用于人类社会的每一个历史阶段的。在人类社会的发展中，如果我们打算举步前行的话，就只有扬弃和否定既有成果。而且，也

---

① ［英］齐格蒙特·鲍曼：《被围困的社会》，郇建立译，江苏人民出版社2006年版，第33页。

只有这样做才是有智慧的行动。其实，"智慧"一词本身是空洞的，它看似高深莫测，而实际上却是捉摸不定的。我们在面对当下的社会现实采取行动的时候，是不能满足于前人的智慧的，我们也绝不追求那种在与前人的比较中而显得更有智慧的境界。或者说，我们不应去考虑能否在社会行动的问题上比前人做得更好。我们所应追求的，仅仅限于能够解决当下的问题。在今天，我们的追求就是，能够建构起适应全球化、后工业化要求的共同行动模式，能够应对社会的高度复杂性和高度不确定性对我们的生存提出的挑战，能够扭转人类在风险社会中陷得越来越深的局面。

尽管人类是从古老的文明历史中走来的，但是，社会进步的轨迹所呈现给我们的一直是这样一个经验，永远都是把那些曾经辉煌的文明成就抛在后面。我们应当为了前人的伟大思想和所创造的文明成就而骄傲，但我们却不能复制前人的行为及其经验。比如，儒家思想曾经为中国农业社会缔造了诸多令人景仰的盛世，却不意味着能够解决全球化条件下的哪怕最微小的一个问题。在规范网络行为还是倡导网络言论自由的问题上，所有古圣先贤的作品中都没有只言片语可以成为依据；面对一个匿名的世界，仁、义、礼、智、信失去了承载者。既然如此，我们又如何能够依据它们去开展社会治理呢？显然，儒家思想是农业社会这一历史阶段中最伟大的文化成就，在这一思想的指导下所取得的辉煌农业文明自不待言。然而，当人类进入工业社会后，儒家思想就不可能再引导人类文明的进步，反而成了一个沉重的压得人无法喘息的包袱。中国清末在"守制"与"维新"之间的争论本身，就反映出一个沉重的包袱是如何压垮了一个民族。

在一段时期内，一些亚洲国家曾津津乐道儒家思想对工业化的积极意义，这其中，有些人是出于对那些不适应工业文明的落后因素进行情感辩护的目的，而更多真诚和盲信的人则是因为对工业文明中消极方面的不满而表达出了一种怀旧情绪，也不排除在全球化凯歌行进的过程中所存在的一些过分渲染儒家思想的文字之中包含着某些狭隘民族主义心理。当然，我们也不排除，存在着出于意识形态宣教的需要去谈论儒家思想的，是希望用儒家思想中那些支持权威的教义去证明政治控制的合法性。事实上，正如我们已经指出的，儒家思想曾经在现代化的过程中阻碍了民族前进的脚步，如果不是简单地借用"儒"的名义的话，它的任何一个方面的内容都不可能转生为适应工业化要求的文化体系，也不可能成为引导社会进步的动力。

不用说儒家思想史上从来也没有一位思想家看到过互联网是什么东西和如何通过微信去与朋友交流，更不用说儒家学说的创建者不可能看到过一群装扮成"斯巴达勇士"的外国人在北京的王府井街头游行了。所以，即使儒家思想在现实的社会秩序建构方面能够发挥一些作用，也是在思想层面实现的，而在向社会设置的转化方面，可以说是根本无路可走。所以，我们认为，儒家思想所代表的是农业文明的顶峰。在工业社会，发挥主导性积极作用的则是另一种思想体系，是可以转化为民主和法治等社会设置的思想体系。同样道理，当人类走进后工业社会时，工业社会中的思想文化体系也将会为一种新型的思想文化体系所取代。

历史的轴线是分阶段的，每一个阶段的社会构成方式以及存在形态都是不一样的。在农业社会，人类是生活在家元共同体中的，而在工业社会，人类则生活在族阈共同体中。这两种共同体无论在性质上还是在运行方式上，都是完全不同的。当然，家元共同体与族阈共同体都会为共同体确立起边界。但家元共同体的边界更多地根源于自然的原因，如地理特征、风俗习惯、血缘标识等，这些都是家元共同体确立边界的基本依据。与之不同，族阈共同体的边界是由人建构起来的，取决于控制力的强弱、文化以及意识形态认同、财产拥有状况、专业化的行为偏好等因素。边界意味着隔离，隔断了边界两边的交往和互动。如谢尔顿·S.法沃林所看到的："不管是起到包容的作用还是排斥的作用，边界都有助于形成一种封闭性领域的观念，在这种领域中占主导的是相似性——本地人之间的相似性，本乡人之间的相似性，本民族之间的相似性，或者拥有同等权利的公民之间的相似性等。人们之所以重视相似性，是因为它看起来是团结的首要要素。而团结则被认为是集体权力的首要因素。然而，在19世纪，边界被历史的文化意义上的集体认同联系在一起，并以民族的形式出现。民族主义过去和今天都是边界的主要扩散因素。民族主义把政治引向追求同质认同的方向，有时候，这种追求可以通过类如种族清洗或者强加正统宗教的方式加速进行。"[①]

---

① ［美］塞拉·本哈比主编：《民主与差异：挑战政治的边界》，黄相怀、严海兵等译，中央编译出版社2009年版，第32—33页。

然而，随着全球化、后工业化运动的兴起，各种各样的边界都正在被突破。在"全球化"一词的本来含义中，民族国家的边界正在越来越多关切全球事务的人们所突破。在后工业化的意义上，国家与社会、政府与公众间的边界因非政府组织的迅速成长而变得越来越模糊，各专业领域的边界正在因新技术的广泛运用和"傻瓜"技术的推广而变得名存实亡，学科间的边界正在被交叉学科的迅速涌现而踏平……"现代社会存在大量的避开或者超越边界的现象，比如电子交流，它经常被用来证明后现代社会的实际存在。如果情况属实的话，这将不仅对国家的未来、国家的政治观念产生重要影响，而且对后现代思想中的民主与非民主倾向也将产生重要影响。"① 不同历史阶段的社会是如此之不同，我们如何能够把某个历史阶段的某种思想、某种行为模式、某种社会治理经验看作普遍有效的呢？

即便是在对工业社会思想成就和科学成果的反思之中，也有越来越多的学者提出批判意见。我们看到，昂格尔面对贯穿于整个近代以来的社会并长期处于主流地位的自由主义就表达了这样一种意见："当代各种社会科学已经与自由主义诸观念渐行渐远。每一个学科都以不依赖于其先驱者的形而上学偏见为荣。"② 在这种情况下，即便是中国社会的发展处于市场经济体制建立的初期，也不应以自由主义的原教旨主义姿态出现，更何况我们在全球化的条件下并不拥有市场经济自由成长的环境。事实上，在全球化的条件下，一国经济甚至政治的运行都是如此紧密地与国际因素关联在一起，受到国际环境的影响。这与西方社会近代早期社会发展和市场成长的条件迥然不同，用自由主义的观念来框定当前一国经济、政治和社会的发展道路，必然会造成非常严重的消极后果。因而，基于自由主义观念而建立起来的社会治理模式也显然不具有复制的意义，即便这种社会治理模式中的制度和运行机制，也不会因为某些学者宣布其是"普世价值"而能够适应中国社会治理的要求。其实，对于社会科学的研究者，无论你如何激情肆溢，也不管你如何慷慨激昂，只要你是在宣扬或表达捍卫某个陈旧的教条，都是缺乏创新勇

① ［美］塞拉·本哈比主编：《民主与差异：挑战政治的边界》，黄相怀、严海兵等译，中央编译出版社 2009 年版，第 36—37 页。
② ［美］罗伯托·曼戈拉·昂格尔：《知识与政治》，支振峰译，中国政法大学出版社 2009 年版，第 11 页。

气的人。在科学追求的意义上，是个懦夫。

我们看到，当组织制度主义思考官僚制的生成原因时指出，官僚制组织"是由社会中的理性神话的扩散而导致的，这反过来又影响了整个现代制度系统的演化"。[①] 学者们认为，在 18 世纪的启蒙思想家高歌理性的时候是要打破人类历史上的一切神话，特别是要打破在中世纪被制度化的神话体系，因而运用理性之火去将所有的神话焚毁。可是，启蒙思想家们没有想到的是，当他们祛除了一种神话的时候，其实是制造了另一种神话。在启蒙思想所开创的世俗国度中，"当社会中的关系网络变得密集和相互联结时，越来越多的理性神话就出现了。其中，一些神话的涵盖面相当广泛。例如，普遍主义价值观原则、自由契约原则，以及现代官僚组织中的专家意见原则，对于各种职业、组织程序和组织实践，都是高度适用的。其他神话则规定了组织具体的结构要素。这些神话可能来自范围较小的情景，却被运用于各种不同的情景中。"[②] 在中国的社会科学研究中，就存在着两类神话，一类是来自中国古代文明体系的；而另一类则是来自西方近代早期的。社会科学研究者在宣示和捍卫自己的神话时往往把另一类神话的讲述者看作对手甚至敌人，相互之间展开激烈的辩驳，甚至希望求助于某种权威而将对手置于死地。其实，他们都是缺乏创新勇气的人。

任何神话得以产生并能得到人们的接受和信服，都有着特定的历史条件来提供支持，甚至需要在特定的具体场景中去理解那些神话。在工业社会的历史条件下，或者说，在工业化、城市化、脱域化的场景中，造就了理性的神话。而在今天全球化、后工业化的场景中，理性神话的破灭则是必然的。我们没有必要为了维护工业社会的理性神话而拒斥全球化、后工业化的历史运动，更不应当受到工业社会理性神话的蛊惑而放弃迎接后工业化的挑战。其实，在所谓"普世价值"的问题上，也是如此。如果把近代以来在西方形成的工业文明当作一个文化价值体系来看的话，它在西方的成功并不意味着致力于追赶西方发达国家的后发展国家可以模仿和复制，"……我们不能

---

① ［美］迈耶·罗恩：《制度化的组织：作为神话与仪式的正式结构》，载［美］鲍威尔、迪马吉奥主编：《组织分析的新制度主义》，姚伟译，上海人民出版社 2008 年版，第 52 页。

② ［美］迈耶·罗恩：《制度化的组织：作为神话与仪式的正式结构》，载［美］鲍威尔、迪马吉奥主编：《组织分析的新制度主义》，姚伟译，上海人民出版社 2008 年版，第 52 页。

接受这样一类文化特征，这些文化特征在其最初产生的国家里业已丧失功用……牧场那边的青草并不是更绿，情况就是这样，即使其色彩引人注目，即使对于这种色彩的研究会令人获益。"① 更何况我们已经被置于全球化、后工业化运动之中，作为工业文明典范的文化价值体系在最初产生它的国家里已经敷之不灵，也已经成为西方国家抛之不去的包袱，为什么我们却要硬把它视作某种"普世价值"呢？这不仅是我们无法理解的，其实也是许多西方学者不予认同的做法。在这个问题上，如果说中国还有学者乐意于去宣布他发现了什么"普世价值"的话，那就不是缺乏创新勇气的问题了，而是需要对他的智力进行一番检查。

当我们回顾历史的时候，是从历史上所创造的成果出发认识其发展过程的。然而，当我们构想未来的时候，则需要把着眼点放在走向未来的过程上，需要在对这个过程的构思、规划中去推测结果。如果不是这样的话，而是首先构想未来社会的蓝图，然后再寻找实现路径，就会陷入空想主义。所以，研究历史与构想未来的方法是不同的，或者说思维逻辑恰恰是相反的。我们都知道，历史研究并不是出于纯粹的学术兴趣，而是服务于现实的，特别是服务于我们根据历史轨迹去规划未来的目的。我们对历史发展轨迹的把握，往往只能求助于已经凝固下来的历史发展成果，透过这些已经静止的历史发展成果去复现历史的动态过程。但是，当我们面向未来时，尚无成果呈现，在很大程度上，未来社会是什么样子和以什么样的形式出现，取决于我们的选择和创造。当我们基于历史经验去做出选择和基于既有资源去进行创造时，有可能发现具有现实性和合理性的未来。但是，在这样做的时候，历史的经验和现实中的资源必须得到良好的结合。在某种意义上，现实中的资源更具有决定性，它是从历史上去发现有价值的和有现实意义的经验时所应依靠的根据。

我们的选择和创造首先是一个向未来伸展开来的运动，我们全部思维的重心，都应放置在这个运动的过程上。这才是我们面向未来应取的态度和方法。在全球化、后工业化背景下，我们比任何时候都更加深切地体会到，传

---

① ［法］米歇尔·克罗齐耶：《法令不能改变社会》，张月译，上海人民出版社 2007 年版，第 26 页。

统的科学研究往往较为注重对已经发生的事件做出解释，静态地去把握事件背后的原因。在行动上，人们往往囿于传统的霸权主义思路，总以为采取单边行动就可以实现对世界的控制。但是，在全球化、后工业化的条件下，在世界的相互依存性愈来愈强的时候，由于任一事件的结果都可能有着更广泛的全球性影响。这就决定了科学研究必须更多地关注事件的未来，即动态地去考察可能发生的事件以及未来走向，而不是去首先描述一个未来，然而再去发现走向未来的道路。这就是我们所说的从现实出发。

二、只能走创新之路

弗雷泽认为，社会科学研究必须首先弄清自己是在一个什么样的框架中去认识问题。"在今天的世界，我们所有人都受制于众多的不同的管理结构，一些是地方性的、一些是区域性的、一些是全球性的。因此，我们需要去划定不同问题的不同框架的界限。"[①] 其实，当我们需要对具体问题发表意见时，还会发现不同框架交叠的状况，从而使我们的研究不得不运用一种复杂性思维去把握对象。从中国社会科学的研究来看，在改革开放初期，我们所面对的主要问题是作为工业社会的社会科学理论和思想的缺失，而西方是工业社会的发源地，也是工业社会的主要发达国家的集中场所，所以，中国的社会科学活动更多地表现出了向西方学习和借鉴的状况。这在特定的历史阶段中是必要的。事实上，我们在学习和借鉴的过程中积累了知识，掌握了一些现代性的科学方法，也拉近了我们与西方发达国家社会科学研究的距离。

但是，当我们走过了这个阶段后，就应注意防止这种学习和借鉴成为一种惯性，避免出现路径依赖。尽管任何时候向西方发达国家学习和借鉴都是必要的，但不应拘泥于学习和借鉴，更不应定位在无选择地移植西方社会科学研究成果的位置上。其实，在我们经历了学习和借鉴的阶段后，也因为社会的发展，已经把我们带入了一个新的历史阶段。在这个历史阶段中，我们开始遇到诸多西方国家也同样存在的新问题。而且，这些问题是整个世界都

---

① ［美］南茜·弗雷泽：《正义的尺度——全球化世界中政治空间的再认识》，欧阳英译，上海人民出版社 2009 年版，第 75 页。

需要共同面对的问题。对于这些问题的解决，西方国家从既有的理论和思想出发也不足以发现可行的方案。事实上，既成的一切理论和思想都不足以成为社会科学研究工作的依据。因而，中国的社会科学研究者需要站在与西方学者同样的起跑线上，去用自己的探索和创新去为人类的进步事业做出贡献。

总体来看，当前中国的社会科学研究必须考虑到所处的背景，这个背景可以概括为两个方面：其一，全球化。它决定了我们的社会科学研究必须拥有全球视野，关注全球性的重大问题。但是，全球视野还需要有一个明确的、具体的视角，我们认为，这个视角应是中国视角。其二，后工业化。就整个人类社会而言，在20世纪后期进入了一个全面转型的时期，这一点在进入新世纪之后变得越来越清晰。也就是说，人类正在走进一个全新的历史阶段，既有的理论、思想以及经验都不足以在开拓走向未来的道路方面形成充分的支持，唯有探索和创新才能引领人类前行。

全球化已经是一个社会现实，它决定了中国的社会科学研究不应是地域性的研究，而是需要把全球都纳入我们的视野之中。世界上今天发生在某个地方的事件或出现在某个国家的问题可能与我们没有什么关系，但是，明天就可能是我们必须面对的问题。所以，我们需要把眼光投向世界，需要拥有全球视野。事实上，全球化增进了世界的互动，国家之间、地区之间的联系变得越来越密切，许多问题都具有全球性。在这种情况下，我们的社会科学研究的高度是由视野的宽度决定的。然而，全球视野却应得到本土视角的支持，或者说，我们只有拥有了本土视角，全球视野才是可靠的和有保障的。其实，在社会科学研究中，面对同一个问题，研究视角的不同，所得出的结论和提出的解决问题方案都会有着巨大的差异。如果希望中国的社会科学研究能够为解决现实问题提供有价值的成果，就不能从西方的或其他的视角出发，而是需要有一个本土视角。没有本土视角，我们就不可能为人类科学的发展提供新的要素，就不可能有新的发现，也就不可能在全球化进程中找到我们的位置。

当然，科学有着一些一般性的原理，科学研究工作也需要遵循一些一般性的规律，但这些都不能代替视角。能否拥有了一个本土化的和新的视角，科学研究工作的结果就会完全不一样。我们经常谈论也深深地感受到，中国近 30 年来的社会科学研究虽然呈现出繁荣的景象，却又存在着创新不足的问题。其实，根本原因就在于一个真正属于中国的视角没有建立起来。所以，我们认为，当前中国社会科学研究迫切需要解决的问题就是应首先确立起本土视角。同时，我们也应认识到，本土视角并不是与全球化运动相冲突的，反而恰恰是在全球化条件下必须具有的。或者说，正是因为我们处在全球化背景下，才需要拥有本土视角。在全球化运动尚未开展之时，西方国家在资本主义世界化进程中确立起的话语霸权是不允许任何本土视角存在的；同样，在由西方国家所主宰的体系中，一切问题的解决都可以套用西方经验，也没有必要确立本土视角。正是全球化，给予了我们确立本土视角的机遇；也正是因为全球化，才有可能让我们确立本土视角的做法获得来自于全球的知识和智力支持。

进一步地说，全球化是与个性化联系在一起的，毋宁说全球化是个性化的另一个面相，全球化运动决定了每一项新的社会问题的解决都需要在本土视角中才能发现合乎实际的解决方案。如果说在现代化——资本主义世界化——进程中所实现的知识扩散已经把源于西方的科学、理论、思想以及价值观普及到了世界，那么，每一个民族、每一个国家如果希望在科学研究中做出自己独特的贡献，就必须确立起一个本土视角。中国的社会科学研究，应当拥有全球视野，但更应有着优先服务于解决中国问题的追求，中国的社会科学研究应当满足中国的需要。在某种意义上，中国学者只有首先解决了中国问题，才能对世界做出贡献，其成果才有可能具有全球性的价值。如果中国学者所做的研究在解决中国问题方面取得了成功，那么，所形成的理论、思想和经验就可以推广到世界上的许多地区，甚至可以树立起一个样板，让其他国家认识到并加以学习和借鉴。至少，这应当是中国社会科学研究的一个理想，或者说是一个值得追求的境界。

在工业社会的历史背景下，在现代性的意义上，西方国家处在发达国家的状态中，也处在世界体系的中心，无论是在政治、经济还是在科学研究方面，都提供了值得学习和借鉴的成果。特别是当一个国家制定了"追赶"策略时，学习和借鉴西方国家的几乎所有方面的成就都在不言之中。但是，人类社会是处在发展之中的，它不会永远停留在工业社会这个历史阶段中。事实上，自 20 世纪 80 年代开始，人类已经进入了全球化、后工业化的进程之中，工业社会所创造的一切，都需要在全球化、后工业化进程中去重新审视和接受检验。这样一来，如果仅仅定位于对西方国家的学习和借鉴的话，就会丧失自觉和主动去探索走向未来道路的勇气，就不会积极地去应对全球化、后工业化的挑战，从而惰于创新。

库恩在描述科学发展的路径时指出，"一个科学共同体，遵循他们一致接受的范式，从事常规科学研究，解决疑难；当许多疑难解决不了时，就产生危机；于是就发生科学革命，产生新的范式，形成新的科学共同体，解决过去解决不了的疑难。"[①] 如果我们定位于对西方的学习和借鉴的话，就会在科学研究中把我们自己融入西方国家的科学共同体之中，从而失去自我。那样的话，在世界的中心—边缘结构中，我们实际上是处在科学研究系统的边缘的，永远不可能获得话语权。结果，就会放弃一切面向未来的探索，从而等待着西方国家的科学研究取得新成果，然后再加以学习和借鉴。

全球化、后工业化意味着人类社会的又一次伟大的历史转型，在这场运动中，每一个民族、每一个国家甚至每一个人都是站在同一个起跑线上的，在探索走向未来的道路方面，是平等的。再者，我们在历史上也看到，没有创造出伟大农业文明的西方国家在现代化的过程中却走在了前列，而拥有着辉煌农业文明的中华民族却在现代化的进程中落在了后面。这说明，在全球化、后工业化进程中，工业社会中的欠发达或后发展国家是有可能通过自己的努力探索和大胆创新而走到世界的前列去的，而社会科学研究恰恰应当担负起这项使命。从科学研究在全球化、后工业化进程中的表现来看，即使是在西方国家，我们也能看到这样一种状况：在近代以来科学发展中形成的科学共同体正在极力运用作为科学发展成果的思维方式、研究方法和被无数次证明行之有效的工具去解决我们这个时代遇到的问题，但是，整个科学共同体都经常性地受到一些疑难问题的困扰，而且，这些疑难问题正在积累起来，对既有的科学范式构成挑战。当然，我们也看到科学工作者往往通过艰苦的努力而在攻克某一疑难问题方面取得成就，但是，单个疑难问题的解决却无法改变科学研究的现状，无法使科学发展走出现有的困境。

---

① ［美］托马斯·库恩：《必要的张力》，范岱年、纪树立译，北京大学出版社 2004 年版，第372 页。

在这种情况下，如果我们满足于对西方国家科学研究成果的学习和借鉴的话，那会是一种什么样的状况呢？其实，人类走到了一个需要通过一场科学革命去建构新的科学范式的时刻，需要形成新的科学共同体去系统化地处理无法解决的全部疑难问题。这也就意味着我们是完全可以通过建立新的科学共同体去承担起面向未来的科学探索的。而且，这也正是"科学创新"一词所包含的最为基本的内容。当然，科学研究需要得到既有知识资源的支持，在此意义上，我们向西方国家学习那些具有现代性的知识，甚至将其整个知识体系接受过来，都是必要的。但是，科学的发展更多地倚重于现实的需要，特别是社会科学研究，唯有在解决现实问题的过程中才能取得新的进展。

一般说来，科学的发展是与社会的发展同步的，或者说，科学发展与社会发展处在一个互动的过程中。就此而言，当前西方国家科学研究中遇到的许多疑难问题都可以说是根源于社会的历史性转型。由于社会转型正在不断地推展出全新的问题，使既有的科学范式遇到了解释上的困难，更不用说去寻求综合性的、系统化的和根本性的解决方案。所以说，当前社会科学研究中所遭遇的困境是由社会发展造成的，是社会的历史性转型向科学发展提出了全新要求。对这一问题的解决，唯有通过范式变迁去寻找新的认识问题的视角，去创建新的理论。只有这样，才能满足全新的社会建构之需要。我们也必须看到，既有的知识体系，特别是内蕴于既有知识体系中的思维方式、科学研究方法等，都已经以科学研究工作者的行为模式而凝固了起来，会以科学研究者的行为惯性表现出来，以至于让维护既有科学范式的力量显得非常强大，而打破既有科学范式的力量往往会受到排斥和压制。然而，如果科学研究不是从既有的理论出发，而是从现实的需要出发去认识和解决现实问题，那么，既有科学范式的异己力量就会迅速成长起来。

在地域的意义上，中国的社会科学研究者虽然极力要挤进西方现代科学共同体之中，而且这也是得到了权威部门鼓励和支持的。但就当前的情况来看，尚不成功。对于全球化、后工业化时代中面向未来的科学研究而言，这种不成功也许是幸运的，因为，那将意味着另一个科学共同体能够成长起来，并成为打破既有科学范式的力量。当然，从中国科学研究管理部门的一些做法来看，有可能让我们丧失这样的机遇。因为，一些科学研究管理部门并不是要求研究者去解决现实问题，而是出于某种"民族自尊心"的考虑，要求科学研究与国际并轨。这实际上是凭借着资源分配等方面的权威而去把中国的社会科学研究者送入西方既有的科学共同体之中。如果这种权威意志取得了成功，将是中国社会科学发展中最为悲哀的事件，也是整个人类科学发展的不幸事件。因为，中国社会科学研究者被权威部门要求去证明自己可以像西方学者一样掌握西方的话语和叙事能力，而不是去解决人类社会发展中出现的新的现实问题。

联系科学研究对象来看，在近代早期的思想叙事中，自然是有着很重的分量的。对社会关系的认识，甚至对人的心智的把握，都需要在与自然的比较中做出。在某种意义上，自然是一个坐标，或者是一个参照物。然而，经历了工业社会数百年的发展，自然已经变得面目全非了，我们已经失去了原初的自然，以至于以往我们曾经拥有的那种自然的观念正在悄悄地发生改变。此时，我们的社会科学研究似乎已经无法在自然的参照系中去确立研究对象，也无法在与自然的比较中去形成理论并阐发思想。由于自然的具体性逐渐游离出了人们的视野，以至于出现了昂格尔所说的这样一种情况："人文主义学科总是预设了这样一个特定的共同体或者传统的存在：一个关于共享的理解与价值的共同体或者传统。它们属于那个共同体或者传统。要运用象征性的方法，看来人们就要被迫屈从于那些客观性与普遍性的特征，而现代科学最为沉溺于其中的就是追求客观性与普遍性。"[①] 不仅是人文主义学科，而且整个社会科学，即使是那些远离人文主义的社会科学部门，也都同样具有这一特征。正是由于这个原因，科学研究更多地表现出用既有的教条去框定现实，总是从客观性的存在中选取那些具有普遍性的因素去制定科学教义，并要求我们必须接受。

这种一眼看去的客观性和普遍性其实所证明的是历史，是在对已经发生了的事件的解析中发现的，是运用既有的理论和分析框架去从事研究而达成的认识。因而，包含着努力用历史来形塑现实的潜台词，其实际结果就是封闭了社会实践通向未来的道路。当然，客观性、普遍性是科学研究必须奉行

① ［美］罗伯托·曼戈拉·昂格尔：《知识与政治》，支振锋译，中国政法大学出版社2009年版，第165页。

的原则，但它绝不意味着只能容纳科学抽象，而是同时需要为想象留下广阔空间。想象并不专属于艺术等创作活动，它也同样是科学研究必须倚重的基本途径。特别是关于未来的构想以及所有创新性的科学探讨，离开了想象就会一无所获。在这里，客观性、普遍性是想象的前提，而不是想象的结果，更不是想象的障碍。具有客观性的事实以及具有普遍性的观念根源于历史，所携带的则是想象赖以成长的养分，滋养和激励着想象，从而使人类走向未来的征程更加平稳和健康。

科学研究中的想象不同于艺术创作中的想象，但是，在遵从普遍性又超越普遍性的意义上，则是一致的。也就是说，科学研究中的想象呈现给我们的是具体的形态，甚至会像艺术创作中的想象那样呈现给我们某种具体的形象。尽管它可能是模糊的，但是，一个基本的社会目标总是可以想象的。那是因为，基本的社会现实提供了如何改造它并超越它的方向。我们在今天所面对的是由人建构和被人改造了的世界，而且这个世界呈现给我们的是高度复杂性和高度不确定性，风险无处不在和危机事件频发。所有这些，不仅对我们的感官形成了巨大冲击，而且也确实威胁到了我们的生存。在此情况下，我们所应致力于寻求的就是确立起能够有效应对危机的行动模式，以便将人类引领出风险状态。所以，在全球化、后工业化进程中，我们的社会科学研究，应把着力点放在发现新型的行动模式建构方案方面。而在这样做的时候，学习和借鉴只是必要的准备，是获取支持我们的想象的能量，是为了排除前人或他人已经做过的创新而避免做出重复创新的事情。

三、在解构中再建构

当我们说人类失去了原本的自然世界的时候，实际上是说，我们现在生活于其中的世界是由人类的实践活动建构起来的世界。准确地说，它是在走出中世纪的过程中开始动工并在其后的几个世纪中逐渐建构起来的。因而，这个世界中的风险以及危机事件频发也是人类建构的结果。但是，我们不禁要问一下，近代以来的人们建构这个世界所使用的是什么样的材料？其答案显然需要到文艺复兴运动以及启蒙运动那里去寻找。结果，我们发现，作为这个世界建构材料的，首先是"人"，然后是"个人"。

在文艺复兴时期发现了"人"，并开始萌发使用这种建构材料去建构我们的世界的朦胧意向；到了启蒙时期，"人"则被界定为"个人"，并成了这个世界的建构材料。所以，"个人"就是建构起了我们这个世界的"砖石"。再到后来，"个人"也被分解开来，学者们通过分析而从"个人"之中抽象出了"理性经济人"。由于这个世界是应用"个人"的材料建构起来的，所以，在社会的运行中就会看到这样一幅图景：每个人都为了自己的利益考虑和从自己的利益出发，反过来，在理论中就又推导出了"囚徒困境"。如果这个假设不成立，或者说，理性经济人的假设不成立，那么，我们根本就不会看到"囚徒困境"的问题。当然，现实能够给理性经济人的假设提供强有力的支持。但是，如果我们对现实发问，即这个现实是怎样生成的？答案就是再清楚不过的了。那就是，恰恰是由于人的自私的和利己的本性被作为一种毋庸置疑的假设而被提出后建构了我们的社会。

　　社会是建构起来的，尤其是近代以来的社会，是在先有了系统化的理论之后才得以建构的。在近代早期的理论中，无论是人性还是人权的设定，都包含着原子化个人的自利追求之内涵。所以，在人性和人权的基础上所建构起来的社会也能够对经济人假设提供强有力的支持。正是从这个假设出发，而且又似乎是现实地考量人的利己心以及行为在程度上的不同，才发现了"囚徒困境"的问题。如果我们提出另一个假设，那就是近代以来的全部社会建构都是违背人的"类本性"的，又当如何？事实上，当全球化、后工业化把人的共生共在的问题推展到人面前时，才让我们对马克思关于人的"类本性"的构想有了更为深切的领悟。

　　当我们从马克思所构想的人的"类本性"出发去思考合作的问题时，就不再是一个首先破解"囚徒困境"的问题了。因为，正如我们所说，只是因为有了自私自利的人的本性的假设，才会导致"囚徒困境"，这种"囚徒困境"才妨碍了人的合作。如果从人的类本性出发，根本就不可能出现"囚徒困境"的问题。而且，人对人的开放以及充分的信息共享，都避免了"囚徒困境"，以至于这个问题不再会成为合作的障碍。扩大而言，对于人的共生共在来说，成本—收益等行为上的利益得失将是一些微不足道的问题。如果人不是以原子化个人的形式出现，而是以类的形式存在，个人行为的利益得失就不会成为时时关注和重点权衡的问题。这样的话，人们就会乐意于合作和乐意去自觉地消除那些根源于作为个人的自身所拥有的合作障碍。

由于我们的世界是以"个人"为材料而建构起来的，在科学是对现实的反映这个意义上，也就产生了个人主义的研究方法。因而，在理解意识、观念等现象时，学者们往往"将社会意识的形式打碎成个体的信念，然后他又将这些信念分为某些所谓的各不相同的观念，一些是描述性的，其他的则是规范性的。以此方式，他能够给这样一个观念似乎有理的外表，这个观念是：总而言之，那些关于世界像什么的陈述，与那些认为世界应该是什么的观念是不同的东西"。① 虽然昂格尔指出那"是不同的东西"，但是，由于世界是按照人们的观念塑造出来的，描述越是客观，就越能够看到这个世界有着天然的自私自利特征。人们把这种描述看作是科学，在科学研究中不带任何偏见。可以想象，每一个从事社会科学研究的人都信誓旦旦地说，我没有带着自私自利的有色眼镜去做研究工作，我是通过研究发现了人的自私自利带来了"囚徒困境"。的确，就社会科学研究来看是科学的，是对世界的准确描述，可是，被描述的客观世界却是按照人的观念建构起来的。你作为一个社会科学研究工作者，你充分地理解了这个社会的建构原则和出发点，那是因为，你心灵深处所存在着的那个自私自利的本性早在300年前就被前人发现了，当你在研究工作中再度发现了那个发现与你的心灵是如此的契合，你为这一原则的运用而难掩心中的激动。在你的心灵深处，存在着一种不道德和反道德的渴望，你对一切谈论道德和构想道德社会的做法，都从心底里生出一种反感和厌恶。那就是你，也反映到了你在社会科学研究中的取舍上了。总之，有道德的人渴望道德，而不道德的人必然厌恶道德，因为，道德使他的自私自利本性显得丑陋，让他心中不爽。

之所以人类在20世纪后期以来陷入风险社会，在很大程度上，就是因为社会科学研究没有像昂格尔所指出的那样，带着"世界应当是什么的观念"去开展研究，而是根据分析的方法去描述世界，以对客观性的追求去如实地反映世界，结果，这种研究证明了这个用"个人"的材料建构起来的世界具有自私自利的本性，然后，再根据这种认识去开展行动。这样一

---

① ［美］罗伯托·曼戈拉·昂格尔：《知识与政治》，支振峰译，中国政法大学出版社2009年版，第178页。

来，当人们在行动中实现了其直接目的时，却引发了更多更难以应付的新问题，并使这些问题不断地累积起来直至发生了质变。正是由于这个原因，我们在客观上得到了一个风险社会的回报。就此而言，我们怎能接受分析方法是科学方法的判断呢？所以，科学并不是自我标榜的，也不是表面看来的那样与客观事实相符合，甚至不能说是在某个层面上形成了真知。科学应当得到实践的证明，特别是在运用于实践的时候不发生负向的效果，不会在解决问题时引发更大、更多、更难解决的问题。只有这个时候，我们才能判定什么是科学的。

昂格尔认为，"正是在我们将社会生活中的那些整体打破成为一些无穷小的部分时，我们才有了忽略其历史性特征的趋向。举例言之，在社会存在层面上的经济生活中的市场组织，与在省思层面上的对个人和群体间关系的个人主义观的接受，是相互联系着的。由于经济被认为是不计其数的尽管相互依赖但又相互分离的个体决定的产物，因此它的法则显然就是必要的。它们不是由个体所创造的，因此它们原本根本就不必被创造出来。相似地，当言语蜕变为无数能够作为其例证的言语行为时，并且语言史被解释为这些行为彼此之间互惠的影响时，语言就呈现出这样一副样子：它好像是那种绝非被创制出来的东西。它采取了一种自然力量的形式，这种形式是通过其自身的动力学而前进的。在所有这两种情形中，分析与个人主义的原则共同作用，以一种自然的图景来塑造社会。由于无视社会整体之间的统一性，以及由于忘了历史的主要主体乃是集体主体，它们将社会生活的某些特定情形作为非人类的必然性而呈现出来。"① 的确，个人主义把社会作为个人之和，认为个人的创造累加起来就构成了全部社会成果。这其实是一种非常简单的算术思维，是在社会与个体之间做加减法。如果把社会作为一个有机体来看的话，特别是把社会看作存在于人的行动之中的，那么，个人主义的社会科学研究方法以及基于个人主义的社会建构，就会暴露出明显的逻辑缺陷。事实上，我们这个世界之所以变成了风险社会，之所以会危机事件频发，已经对个人主义的社会建构原则做出了最好的回答。

---

① ［美］罗伯托·曼戈拉·昂格尔：《知识与政治》，支振峰译，中国政法大学出版社2009年版，第179页。

在个人主义语境中，社会科学研究会经常遇到关于个人主义与集体主义的争论。对此问题，我们已经做出了多次分析，认为它们表面上看来属于不同的理论取向，而在实际上，个人主义和集体主义都只是工业社会的产物。在前工业社会中，尚未实现科学自觉，因而，并不存在着可以明确归类的个人主义或集体主义的思想方法和思维方式。只是到了工业社会，在科学及其研究方法的成长中，才逐渐生成了或者说分化出了这两种思想方法和思维方式。我们说这两种思想方法和思维方式产生和存在于工业社会的形成和发展过程中，所要表明的是它们对于工业社会的适应性。无论是个人主义的分析还是集体主义的综合，都从属于对科学研究对象进行静态把握的需要。在低度复杂性和低度不确定性条件下，这两种方法都是可行的，也都是必要的，是难分轩轻的。在高度复杂性和高度不确定性条件下，就需要去动态地把握科学研究对象了。这就让我们看到，正是这一看似简单的基本要求，宣告了上述两种方法都不再适用。所以，在全球化、后工业化进程中，科学研究也面临着终结工业社会科学研究方法的任务。对于社会科学而言，超越个人主义也同时超越集体主义的思想方法和思维方式，则是一项不可回避的任务。

20世纪后期以来，即便在西方，学者们对近代以来的社会建构原则和科学研究方法也进行了深度反思。其中，许多人不乏受到了个人主义文化熏染的学者，但他们毫不犹豫地指出社会科学研究从个人出发的不合理性，而且，越来越多的研究发现，"个体人格的获得是劳动分工的一种自然结果，同样也是一种文化的转型"①。对此，弗利南德和阿尔弗德作了详尽的描述："我们的个人选择和能动者概念完全是现代的产物。一些人类学家关于非西方社会的研究，多次报告了非西方社会中关于自我和其他个人的零散知识和口头解释，比现代西方社会更为具体、较少抽象性和更具情景依赖性。在这些非西方社会中的人们，不太可能抛开他们占据的角色以及他们所处的环境来界定个人概念。比如，印度人就与西方人不同。在印度，这些概念要依赖于即时的、特定时空中的社会背景，并不存在抽象的忠诚和勇气等个人特性。在这类社会中，并不存在排除了社会背景、排除了个人的价值观和个人

---

① ［美］弗利南德、阿尔弗德：《把社会因素重新纳入研究之中：符号、实践与制度矛盾》，载［美］鲍威尔、迪马吉奥主编：《组织分析的新制度主义》，姚伟译，上海人民出版社2008年版，第261页。

本身价值的作为一个独特实体的抽象个人概念，或者说这种个人概念还没有很好地形成。西方与非西方社会中存在的这些差异，与不同社会所使用的不同语言工具、信息封闭或认知限制没有必然联系。如在日本这个高度产业化的国家中，个人主义就是一个从外部引入的概念；对于这个词，在日本没有很恰当的词语来翻译。日语中与个人主义相对应的词，实际上把个人主义解释为贬义的自我中心主义。不管何种原因，在某些社会中，并不存在抽象的个人概念，就更不用说价值概念了。"① 所以，我们希望在社会科学研究中引入共同体的视角。也就是说，我们的社会科学不仅应当以共同体为研究对象，而是需要借助于共同体的概念去观察社会和个人，从共同体的角度去认识和理解社会以及个人。②

　　然而，这样做是困难的。因为，既有的和流行的社会科学研究是如此之深地陷入了个人主义的窠臼。正如弗利南德和阿尔弗德在评价当前的社会科学研究时所指出的："当前的社会科学正在把社会因素排除在理论研究之外，或者说正处在从社会中退却的过程中。这种理论退却采取了两种途径，一种是走向功利主义的个人理论，另一种是走向以权力为导向的组织理论。"③ 对于这种把社会因素排除在社会科学研究之外的状况，弗利南德和阿尔弗德认为是无法容忍的。因为，所谓社会科学，在本意上就是研究社会的，无论是个人还是组织，都需要在特定的社会背景中才是有意义的，才是社会科学的研究对象。如果把这些因素制作成脱离社会的孤立的存在，对它们进行研究本身，实际上就是对社会科学的背叛。

　　大致是在第二次世界大战后，人们就开始越来越明显地感受到社会科学研究正在向自然科学靠拢，极力把社会科学装扮得自然科学一样具有客观性。因而，在社会科学研究中，总是去排除社会中的一切无法纳入分析性思维之中的因素，总是试图去首先界定出如自然科学一样的研究对象。应当承

　　① 〔美〕弗利南德、阿尔弗德：《把社会因素重新纳入研究之中：符号、实践与制度矛盾》，载〔美〕鲍威尔、迪马吉奥主编：《组织分析的新制度主义》，姚伟译，上海人民出版社 2008 年版，第260 页。

　　② 张康之、张乾友：《共同体的进化》，中国社会科学出版社 2012 年版，第 1—16 页。

　　③ 〔美〕弗利南德、阿尔弗德：《把社会因素重新纳入研究之中：符号、实践与制度矛盾》，载〔美〕鲍威尔、迪马吉奥主编：《组织分析的新制度主义》，姚伟译，上海人民出版社 2008 年版，第252 页。

认，社会科学研究一直都没有离开社会，一直在言说社会中的人和事。但是，经过社会科学研究者改造过的作为研究对象的社会已经不再具有任何社会特征了，而是对社会进行分析分解后所塑造出来的一个与社会无关的社会科学研究对象。所以说，"当前的社会科学正在把社会因素排除在理论研究之外"了。而且，这种社会科学研究又求助于人们已经养成的一种对科学的迷信而对社会实践施加影响，人们也深信社会科学研究成果是指引他们摆脱一切社会问题困扰的希望。可是，社会科学却对社会中的一切行动造成误导，即把人类导向了风险社会。

在社会科学研究中包含着对历史的梳理。但是，我们所看到的却是，社会科学中的所有回溯式的研究都不是服务于实践的，而是服务于理论的理解。因为，在既有的理论中，必然包含着根源于历史的某些因素，这些因素的真实情况又往往无法在平面展开的相关概念中获得确切的理解，以至于产生了到其历史上的起源处去寻找答案的冲动。回溯式研究的价值仅限于此。如果以为回溯式研究能够给我们提供某些有益的行动方案的话，那显然是夸大了这种研究的意义。事实上，会失望的，而且，肯定会失望的。当然，回溯式研究也被广泛地运用于对某些既成的社会现象的分析，即便如此，这种研究的发现也只有在被放置到当下的时代背景以及复杂关系中才能获得正确的理解。另一方面，分析性思维的本性也反映在执着地迷恋于去解开各种各样的谜语，因而，也促使一些学者愿意为回溯式研究倾注感情。正如在日常生活中一样，解开谜语的活动仅仅满足了一些人的求知欲。或者，造成了智力训练的效果，而不是能够直接增益于实践的活动。然而，社会科学研究最为重要的实践意义是要形成观点，"首先有观点，无论正确与否，都只有观点；借助这些观点人们随后才能创造事物。这些创造，观点正确就符合现实，不然就不符合：但两种情况中，没有任何东西，没有任何对象是就自身给定的……"①

在简单的、确定的社会中，同质性的事件基本上是在日常发生的事件中占主流的那些事件，归类起来也会呈现出较为简单的情况，即其类型较少。

---

① ［瑞士］费尔迪南·德·索绪尔：《普通语言学手稿》，于秀英译，南京大学出版社 2011 年版，第 171 页。

相应地，处理起来也就会有大量经验可以借鉴，处理方法的可复制性也较明显。当社会具有了复杂性和不确定性特征后，同质性事件明显地减少，这也反映出社会的差异化。但是，如果说社会处在低度复杂性和低度不确定性条件下，尽管满眼所见的都是差异，而绝大部分差异都是可以在对事物、事件的分析中得到主观上的消除的。也就是说，可以在表象的差异背后发现同一性，特别是在范围确定、系统稳定且相对封闭的情况下，寻找并发现同一性都不是很难的事情。借助于分析性思维以及在这一思维方式的基础上成长起来的一整套科学研究方法，经过相应的努力，是能够把握同一性的。然后，基于同一性去做出社会治理的相关安排，是可以找到对非同质性事件的同一对待之方式和途径的。虽然非同质性事件间的差异会与同一性和普遍性的治理方式、方法不相一致，或者说，同一性和普遍性会使非同质性事件的形式上的共同点得到了把握的同时而导致部分质的流失或隐匿。但是，在低度不复杂性和低度不确定性条件下，这种质的流失或隐匿并不会立即置同一性和普遍性的社会治理方式、方法于尴尬的境地，只有在极少的特殊情况下才会如此。

一般说来，在同一性、普遍性的社会治理方式、方法作用于非同质性事件的过程中，非同质性事件质的方面的流失以及差异与同一性的不相一致，都要在一段时间之后才会反映为现实的社会矛盾和冲突。然而，社会的高度复杂性和高度不确定性使这种情况完全改观了，其一，在高度复杂性和高度不确定性条件下，一方面，同质性事件可能会完全游离于我们的视野之外，每一个事件的出场，都可能有着全新的面目；另一方面，在非同质性事件中，可能无法运用分析性思维去寻求并把握同一性，因而，也无法建立起拥有同一性和普遍性的社会治理方式、方法。其二，系统的稳定性在高度复杂性和高度不确定性条件下有可能荡然无存，我们面对的所有系统都可能具有高度开放性，系统边界极其模糊，系统内外的各种因素处在高度互动之中，相互激荡而时时处处生成非同质性事件。因而，使同一性、普遍性的社会治理方式、方法变得派不上用场。也就是说，面对具有高度复杂性和高度不确定性特征的差异化世界，应对非同质性的事件，是需要去运用具体的应对方式和方法的。这就是社会科学研究在今天必须确立的基本立场和出发点，也同时是社会科学研究的基本内容和努力方向。

昂格尔指出:"问题、方法以及经验,构成了思想的'深层结构'。这个'深层结构'是允许各种各样的哲学观点存在的空间,基于它,部分的潜在经验才是启发性的,并且一连串的难题才得以被追索。"① 在全球化、后工业化进程中,如果不是对某个理论进行批判,而是对已经失去现实意义的理论进行整体批判,是需要把握其"深层结构"的。同样,在新的理论建构中,也需要从"深层结构"着手,只有从"深层结构"出发,才不会抱着书本做学问,才不会受到既有思想的束缚。比如,我们在全球化、后工业化进程中思考社会治理模式变革时提出了服务型政府的构想,对于这一构想向实践的转化,肯定需要得到社会科学研究的支持。而在这项研究工作中,是需要紧紧地抓住问题、方法和经验这三个方面的。也就是说,服务型政府研究所致力于解决的问题就是后工业化进程中所呈现出来的问题,所要运用的方法就是从现实出发的方法,所要依靠的经验就是处理后工业化进程中的那些新问题的经验,特别是人们适应日常生活变动的经验。问题、方法和经验作为"深层结构"是连为一体的,在服务型政府研究以及理论建构中,我们不可能在扬弃旧理论的时候而使用其方法,更不可能从作为旧理论基础的经验出发,服务型政府研究及其理论建构需要在后工业化的背景下去把握全新的问题、方法和经验,只有将这一新的"深层结构"握在手中,才能走上创新之路。这一点其实是适用于整个社会科学研究的,而且适用于对全球化、后工业化背景下的一切问题的研究。

第二节　建立起中国话语

一、实践呼唤中国话语

改革开放以来,中国的经济社会发展取得了全球瞩目的成就,这一点已经没有人会表示怀疑。但是,正如我们一再指出的,中国的社会科学研究在何种意义上是与其相称的? 可能是难以做出乐观估计的。我们甚至可以作出

---

① [美]罗伯托·曼戈拉·昂格尔:《知识与政治》,支振峰译,中国政法大学出版社2009年版,第11页。

这样一个判断，那就是中国改革开放以来所取得的巨大经济社会发展成就得益于社会治理实践者的智慧，而不是社会科学研究提供了支持。尽管我们可以指出一些社会科学研究成果转化成了方针政策，但是，作为一个有中国特色的也可以为世界学习和借鉴的社会科学体系并没有出现。或者说，没有建立起属于中国的话语体系。在这种情况下，无论有多少具体的、可操作性的研究成果转化为了国家的方针政策，也不意味着中国的社会科学研究对中国的经济社会建设产生了实质性影响。我们当前必须认识到，我们是不应长期地把中国的社会治理以及经济社会发展寄托于实践者的智慧之上的。因为那是非常不可靠的，甚至是危险的。我们迫切需要把实践者的智慧转化为社会科学理论，形成理论体系甚至话语体系。只有那样，我们才能够乐观地看待国家的发展前景。

客观地说，中国的社会科学研究与这种要求相距甚远。为什么会这样？是因为中国的社会科学研究工作者有意无意地忽视或轻视了中国经验，或者说，过多地把科学研究看作是从西方理论和思想出发进行逻辑演绎的工作。也正是由于这个原因，才会有着强烈的希望西方认同的要求。其实，中国改革开放的实践恰好发生在全球化、后工业化进程中，随着全球化、后工业化步伐的加快，越来越多新出现的社会问题超出的工业社会科学体系的观察视界和理解能力。可以说，许多新出现的社会问题不仅对于我们来说是全新的，而且对于西方国家来说也同样是全新的。在走向未来那片未知的水域时，每一个国家、地区都应在同一个起点上开始新征程的探索。认识到了这一点，中国的社会科学研究就会走向创新之路，就会致力于解决中国问题的同时也表现出对每一个全球性重大问题的关切。

在中国，有着两个方面的丰厚学术资源：首先是中国的传统。无论是在文化方面还是在社会治理实践方面，中国传统中都有着许多可以进行总结的经验。事实上，来自于中国传统的知识和思想能够构成一个不同于西方近代的话语体系。如果我们在现代视角中把中国传统制作成一个话语体系并基于这个话语进行思考的话，是可以在社会科学研究中创造出不同于西方的学术成果的。但是，从中国传统出发去开展社会科学研究还是一个低层次的要求，它只意味着中国的社会科学研究者能够提供一些西方社会科学理论和思想中没有的东西。所以，我们还应认识到中国还拥有的另一种学术资源，那就是中国改革开放以来的实践经验。它们是一些活的素材，是在解决当下现实问题中形成的，而且，其中很大一部分是有生命力的。其实，我们的社会科学研究更应从这里出发，特别应当看到的是，中国改革开放后在经济社会发展方面走出了一条新路。因为，在中国改革开放之时，西方国家已经开始感受到了全球化、后工业化的压力，西方国家的诸多改革从根本上说是要解决全球化、后工业化进程中出现的新问题。在此过程中，中国社会既需要补工业化的课，又同时遭遇了与西方国家同样的全球化、后工业化压力。因而，在 30 多年的改革开放中，中国社会其实是把工业化与后工业化两步并作一步走的。

从人类发展史上看，从世界范围看，只有中国同时承担起了工业化和后工业化两项课题，而且在此过程中取得了辉煌成就。这说明，在中国改革开放以来的经济社会建设成就中，是肯定包含着极其可贵的经验的，而且是独特的。正是这些，需要中国的社会科学研究工作者去加以总结和分析，并从这些经验出发去进行理论和学术创新。也就是说，从中国改革开放后的经济社会发展成就来看，不会有人怀疑我们处在一个伟大的时代，为什么在这样一个伟大的时代中没有相应的理论、思想和学术成果相伴呢？在这个方面缺失的情况下，我们怎么能够说这是一个伟大的时代呢？显然，我们时代中的社会科学研究工作者不应在这个时代缺位。即便我们缺乏创新能力，也应踏踏实实地总结改革开放后经济社会发展的成就，从中找到一些可以传诸后世的经验。其实，我们正处在一个需要创新的时代，是因为全球化、后工业化把我们引进了这样一个新的时代。在全球化、后工业化进程中，我们所遇到的各种各样的问题都具有全新的性质，即便是人类的生活方式、交往方式等，都面临着需要加以重建的要求。特别是在社会的高度复杂性和高度不确定性条件下，在受到危机事件频发等问题的困扰时，我们需要通过社会科学研究的学术和理论创新去为我们描绘走向未来的道路。这是中国学者应当承担起来的使命，也是一项不可推卸的责任。如果我们能够做到这一点的话，那将是一个让人想起来无比伟大的科学事业。

马克思指出："人应该在实践中证明自己思维的真理性，即自己思维的现实性和力量，自己思维的此岸性。关于离开实践的思维的现实性或非现实性的争论，是一个纯粹经院哲学的问题。"① 理论研究离开了现实，是没有什么意义的。即使我们在学习和借鉴西方国家理论探索成果的时候，也需要从中国的现实出发，需要让学习和借鉴从属于解决中国现实问题的目的，而且应是朝着积极解决中国现实问题的方向的。当然，这是一个底线意义上的社会科学研究，是在既有的西方语境中展开的，使用的是西方话语，运用的是西方国家所建立起来的工业社会科学体系中的概念和范畴。我们已经指出，中国社会是在全球化、后工业化进程中启动了工业化进程的，在我们承担起繁重的工业化任务时，又需要与世界一道承担起全球化、后工业化的课题。一个国家或民族在社会发展中同时承担起两个不同历史阶段的发展任务，这在人类历史上没有见到过的，因而，不仅对实践者的智慧提出了很高的要求，而且对于社会科学研究来说，也是一项挑战。

至少，中国的社会科学研究既需要在西方话语之中又必须跳出这个话语体系，以科学的态度去面对中国社会所承担的两项任务。就中国社会处在工业化、城市化进程之中而言，社会科学研究需要对从西方学习和借鉴而来的知识、经验等进行本土化改造，使之适合于中国实践的需要。但是，中国社会如果不同时承担起全球化、后工业化的课题，就会永远处在追赶西方发达国家的行程中。同样，如果中国的社会科学仅仅满足于对从西方国家学习和借鉴而来的科学研究成果进行加工改造的话，也就永远不可能拥有一个属于自己的话语体系。再者，即便是在学习和借鉴的意义上，一个国家的特殊性也是社会科学研究者必须充分考虑的因素。我们知道，在近代社会的开端，尽管工业化打破了农业社会的地域分隔，而在民族国家兴起后，依然是把世界分割为不同的共同体。在这种情况下，正如黑格尔所说的："一个民族除非用自己的语言来习知那最优秀的东西，否则这些东西就不会真正成为它的财富，它还将是野蛮的。"② 语言的不同其实也是思维上的差异，这些差异是妨碍那些最优秀的因素交流的原因。

就科学在近代以来的社会中的行进过程看，尽管在自然科学的领域已经形成了全球统一的语言，但在社会科学的领域中，人们之间的交流受到了语

---

① 《马克思恩格斯选集》第 1 卷，人民出版社 1995 年版，第 58—59 页。

② ［德］黑格尔：《致 J. H. 沃斯的信》，载苗力田编：《黑格尔通信百封》，上海人民出版社 1981 年版，第 202 页。

言以及语言背后的思维方式的隔离，误读和误解是时常发生的事情。在社会科学的研究中，我们也常常阅读外文著作，而且也有大量的著作被翻译过来。不用去问这些翻译过来的著作具有多大的可靠性，就是在我们直接阅读外文著作的时候，也会发现，在每一次阅读之间都会发现巨大的差异，即使那些我们认为已经理解了的东西，又在多大程度上是对原意的真实理解？显然是非常可疑的。基于这种情况，我们相信，一个国家要想从另一个国家那里学习那些最优秀的东西，是一件非常困难的事情。比如，民主作为一种制度和生活方式，在那些原创的国家里，对于组织和完善社会生活来说，已经被证明是一种优良的方式，但到了那些学习和模仿的国度，不仅不是组织和完善社会生活的有效手段，反而经常性地演变成具有破坏性的闹剧，尽管这些国家会以为自己完全理解和学得了那些民主原创国家的"真经"。更何况我们现在同时面对着全球化、后工业化这样一个历史性社会转型的任务，西方国家既有的理论及其社会设置都不包含这一因素，耽于学习和借鉴的话，实际上是一种拒绝了针对全球化、后工业化新课题进行探索和创新的做法。

当然，我们也应看到，自 20 世纪 80 年代中期起，中国的社会科学研究经历了从自觉到自主的发展历程。在将近 30 年的时间里，中国的社会科学自觉主要表现在学习和借鉴方面，它使中国的社会科学发展在一个较短的时期内就达到了可以自信地去与发达国家学者对话的水平。近些年来，关于社会科学研究本土化的话题经常被人们提起。就此作为一个话题而言，说明中国的社会科学发展开始从自觉的过程转向自主的轨道，意味着即将开启学术创新的进程。撇开意识形态的因素不谈，我们经常说科学无国界，如果社会科学也能归入科学范畴中去的话，我们的研究应是无国界的。但是，科学却有一个为谁服务的问题，比如，能够转化为先进武器的相关研究如果提供给恐怖主义者，那是一种什么情况？为什么国际社会有着核不扩散条约？这本身就说明科学研究的成果应当由谁来掌握是一个问题。

鉴于此，中国的社会科学研究是否应当优先服务于中国经济社会的发展，这应当是一个不言自明的问题。其实，与自然科学的研究有所不同，社会科学的研究更应专注于具体的问题，是因为在具体问题的研究中达到了较为深入的地步，取得了科学成果，才能够对人类社会的发展做出贡献。在某种意义上，社会科学的地域性色彩更加明显一些，这决定了中国的社会科学研究应当首先表现出本土关怀。但是，仅有本土关怀还是不够的，如果囿于西方话语去观察中国现实，是不可能取得合乎中国实际的科学研究成果的，更不用说去作用于中国的经济发展和社会建构实践了。事实上，在西方的社会科学话语中，存在着诸多在今天看来非常可疑的因素，特别是作为社会科学通则的关于人性的假设，在今天这样一个高度复杂性和高度不确定性的社会条件下，不仅不能成为指导实践的科学原理，反而是有害的。

我们认为，在高度复杂性和高度不确定性条件下，人们被空前地捆绑在了一起，社会科学研究所要提供的应当是关于人的共生共在的方案，而个人主义的原则以及人是自私自利的看法都妨碍了社会科学研究者去探索人的共生共在的可能性。当然，在近代社会早期，面对神的高尚而承认人的自私自利本性是需要有勇气的，但是，这一假设却被制作成了普遍性的原理，为整个人文社会科学体系所遵从，并成功地物化为现实的制度、规则、规范等几乎全部社会设置。如果人是自私自利的这一假设是在近代早期关于人性的认识尚不充分的条件下建立起来的，更多地带有批判神性、否定神性的"赌气"的色彩，那么，在人类进入工业社会之后，社会发展的行程却陷入了从这一假设出发的路径依赖，而且，在早期的观念得到不断强化的时候，也对人加以形塑了，从而使人的行为更多地表现出自私的一面，以至于社会学研究的新发现也无助于使之改变。结果，社会的发展陷入一种恶性循环，每过一段时间就会发现人的自私自利把社会引向某个不可操控的局面的临界点。如果说这在工业社会的低度复杂性和低度不确定性条件下还不至于达到失控的地步，而且也总是能够找到新的方法和手段去解决诸如经济危机、社会危机的问题，并重新把社会的运行拉入正常的轨道上来，那么，在全球化、后工业化所带来的社会高度复杂性和高度不确定性条件下，基于近代早期人性假设而做出的全部社会设置都正在显现出去功能化的迹象。

然而，在中国市场经济建立的过程中，学者们是那样地倾注热情去鼓吹那些直接根源于西方近代早期的粗浅理论，而且，由于他们的努力而形塑了这个社会和形塑了这个社会中的人，到了这个时候，他们却又为腐败、食品安全、诚信缺失等各种各样的社会现象而义愤填膺。他们在理论上的全部追求，他们对某种西方理论的浅薄搬弄，在一段不算怎么长的时间里就已经自尝其果。可是，他们却意识不到这一点，反而变本加厉地指向社会基本制度等方面。如果再一次取得了成功的话，一种什么样的后果将会在不久的将来等待着我们？虽然我们已经习惯于一些小规模的社会治理合法性危机、金融危机、股市灾变等，但是，如果我们的社会科学研究仍然走在基于人的自私自利的假设开拓出来的道路上，就可能会面对一个极其不确定的未来。就中国社会尚未获得西方国家那样的抵御或应对各种危机的能力来看，对西方话语的依赖可能是致命的。所以，在中国的社会科学研究中去自觉地建立中国话语显得尤其迫切。

二、建立中国话语的机遇

我们之所以把人类历史发展的轨迹分成农业社会、工业社会和后工业社会三个基本阶段，是因为这样做可以方便我们去抓住其演变的基本规律。如果不是这样的话，而是不放过历史车轮碾过的每一处辙痕，我们就会失去对历史本质的理解。即使我们不去谈论所谓历史本质的问题，而是只在工具的意义上去看待这一社会科学研究框架，也同样可以看到托夫勒所说的我们所使用的这一分析框架的有用性。托夫勒说："显而易见，农业文明是由十分不同的文化所组成，工业化的发展，到现在也经历了它许多成功的阶段。有人无疑可以把过去和未来劈成十二段，或者三十八段，一百五十七段。但是，把历史这样再细分成许多片段，我们将失去考察它主要部分的可能，要研究那么多的课题，或者需要整整一个图书馆，来代替单独出版的一本书。因此，作一些比较简单的区分，即使是粗糙一些，也是很有用处的。"① 更为重要的是，关于农业社会、工业社会和后工业社会的历史阶段划分可以使我们实现对时代的历史定位，也就是说，我们正处在从工业社会向后工业社会转变的历史时期，我们的社会科学研究所要承担的是探索走向后工业社会的道路。

在人类历史上，工业社会是最为辉煌的历史阶段，人类在这个历史阶段中所取得的伟大成就令人无比陶醉，而所有值得赞美的成就又都应归功于启蒙思想家们的社会设计方案。然而，近一个时期，学者们却发现了诸多足以否定启蒙思想的社会现实。比如，以经济领域为例，"最近几十年，一些由

---

① ［美］阿尔温·托夫勒：《第三次浪潮》，朱志焱等译，新华出版社 1997 年版，"序言"第 5 页。

于缺乏关键信息而无法完全契约化的经济活动大量增加，于是，不完全契约理论和策略行为被推到了前台"①。经济活动如此，其他社会活动就更不用说了。随着社会的复杂性和不确定性程度的迅速增长，契约作为人的关系的中介，作为规范人们社会活动的设置，呈现出功能弱化的趋势，大量的社会活动已经无法在人们的契约关系中来加以理解，也无法通过契约去加以规范。这是一个不能不令人深思的问题。

我们知道，在从农业社会向工业社会的转变过程中，随着传统、习俗、习惯、道德等对人的活动的规范功能的削弱，契约填补了这个空场。尽管在社会的意义上依然存在着非契约化的领域，也有着大量未被纳入契约规范中的社会活动，而在经济领域和几乎所有经济活动中，都充分地实现了契约化。在某种意义上，工业社会是可以称作契约化的社会的，其实，法治就是依契约而行的。现在，在后工业化进程中，契约在经济活动中所呈现出了规范功能弱化的趋势，这无疑是具有颠覆性意义的。如果说在工业社会已经充分契约化的经济领域中都出现了许多无法契约化的经济活动，那么，在其他的社会领域中，特别是在社会治理的领域中，还能依据契约而行吗？当然，对于那些承担着繁重的工业化补课任务的国家来说，建立健全法治会显得更为迫切。但是，如果看不到后工业化进程中已经呈现出来的非契约化趋势的话，法治建设就会失去战略意义，甚至可以说是一种缺乏战略规划的行动。

显然，在后工业化进程中，社会的复杂性和不确定性程度会不断地攀升。实际上，我们已经面对着一个高度复杂性和高度不确定性的社会，它使既有的社会治理方式显得呆板、僵化。"经济学家越来越意识到很多社会问题是由无法转换为理性经济人模型的行为造成的，这样，基于理性经济人模型的政策往往是不准确的，甚至充满误导。这其中，包括了对公共资源的管理、社会资本的本质及其价值、犯罪、吸毒、歧视、风险行为、福利状况等等。"② 既然经济学家已经开始思考这些问题了，那么，社会学家、政治学家以及所有关心社会治理问题的学者们如果依然抱着契约不放的话，岂不显

① ［美］赫伯特·金迪斯、萨缪·鲍尔斯等：《走向统一的社会科学——来自桑塔费学派的看法》，浙江大学跨学科社会科学研究中心译，上海人民出版社 2005 年版，第 120 页。

② ［美］赫伯特·金迪斯、萨缪·鲍尔斯等：《走向统一的社会科学——来自桑塔费学派的看法》，浙江大学跨学科社会科学研究中心译，上海人民出版社 2005 年版，第 120 页。

得迂腐了。对于这一现象，福克斯和米勒的意见可以说一语中的："理论前提制约着理解事物的方式。例如，如果没有类似'因果决定论'和'效用最大化的理性人'这样的假设，命令—控制型的官僚制将是无稽之谈。这些基础的假设和前提决定着我们的理解、基于理解产生的诉求以及由此而设想的行为的可能性。我们发现，在大多数公共行为的理论研究领域带有偏见的基础假设导致了当前还在继续的认知危机。"① 正是既有的理论妨碍了我们对新的社会现象的认识和把握，甚至在 20 世纪 80 年代开始的全球性改革浪潮中产生了诸多小处有效而大处失灵的方案，把人类加速引入了风险社会。

　　从社会学和政治学的视角去看，我们可以断言，社会并不是一个交易场所。尽管在工业化的过程中已经成功地将社会中的一大部分改造成了交易场所，让契约于其中发挥支柱作用，为了保证契约这根支柱屹立不倒甚至不发生动摇，又把人形塑为理性经济人。随着契约向社会的其他领域扩张，理性经济人也侵入了政治以及广泛的社会生活领域，从而为社会治理中的法治合理性提供了充分证明。然而，契约以及作为契约得以成立的理性经济人从来也未完全征服整个社会，以至于那些不可契约化的社会活动在不利于它生存的环境下顽强地延续着生命。到了工业社会后期，这种生命苏醒了和开始复活了，并以强劲的势头伸展和蔓延，以至于渗透进了契约王国的核心地带——经济领域。首先是一些经济活动的非完全契约化，或者，即使为交易活动的展开而订立契约，也未打算或无法完全执行；接着，非契约化的经济活动大量增加，以至于许多交易活动更乐意于打着"非营利"的旗号进行。所有这些，都向工业社会的治理模式提出了挑战，一旦积聚起足够的能量，就会发起一场总攻。所以，非契约化的社会治理模式设计已经势在必行。在此条件下，对契约精神的信仰和践行，如果不是出于一种临时性的策略考虑，就无异于在人类通向未来的道路上设置障碍物。这就是全球化、后工业化引发的社会变化，西方国家的学者们感知到了这种变化，对于中国的社会科学研究者来说，也应正视这些变化。唯有如此，才能在全球化、后工业化

---

　　① ［美］查尔斯·J. 福克斯、休·T. 米勒：《后现代公共行政——话语指向》，楚艳红译，中国人民大学出版社 2002 年版，第 8 页。

进程中作出真正属于自己的探索，并表达出自己的独立见解。

福克斯和米勒在评价政治学研究的状况时指出："政治学，在我们中一些人的生命里，曾一度是一个学科，研究的是单一的公共世界。它在逻辑实证主义哲学那里有坚固的（现在看起来是神秘的）认识论基础。它有一套方法论叫行为主义，是被那个基础证明为有道理的。"① 也许是因为政治学这门学科的稳定性决定了它的研究论题以及所涉猎的政治现实"不论其特殊性是什么或会发展成什么，都有共同标志的著作、概念，享有盛名的作者被适当神圣化，成为美国政治学协会的主席。能被每个人读到的合法杂志为数极少，而在这些合法杂志上发表文章是走向民族认知、名望和任期的通行证。这对于政治学而言似乎是高级现代主义的时刻，它如同美国世纪一样已持续了大约 25 年"。②

然而，在福克斯和米勒看来，"有关美国政体的良好假设向它提出了一个不可信的、典型的疑问"③。"政治学现在不再是前面所描写的那个意义上的学科。它的'现实性'削弱了，因为它的基础遭到怀疑，方法论遭到挑战，它的认识变得有疑问，而这一疑问是由于各种事件（如：越南、水门、暗杀、选举人、冷漠）和由事件发展的强有力的批评所引发的。"④ 到了 20 世纪后期，政治学的考察对象变得不再稳定，一切与美国政治体系联系在一起的原则都受到了质疑，以至于奥巴马完全凭着空洞无物的 change 这样一个口号而赢得选举。它说明，选民是何等渴求打破既有的一切和希望变革。在面向未来的变革中，人类在工业社会这个历史阶段中所建构起来的社会设置愈是健全，变革的难度就会越大，科学研究中的创新亦如此。这说明，面对这样一场伟大的历史变革运动，中国学者在一切回应全球化、后工业化挑战的社会科学研究中不仅没有劣势，反而处在优势地位上。所以，中国学者

---

① ［美］查尔斯·J. 福克斯、休·T. 米勒：《后现代公共行政——话语指向》，楚艳红译，中国人民大学出版社 2002 年版，第 60 页。

② ［美］查尔斯·J. 福克斯、休·T. 米勒：《后现代公共行政——话语指向》，楚艳红译，中国人民大学出版社 2002 年版，第 60 页。

③ ［美］查尔斯·J. 福克斯、休·T. 米勒：《后现代公共行政——话语指向》，楚艳红译，中国人民大学出版社 2002 年版，第 60 页。

④ ［美］查尔斯·J. 福克斯、休·T. 米勒：《后现代公共行政——话语指向》，楚艳红译，中国人民大学出版社 2002 年版，第 60 页。

一旦获得了社会科学自主性而不是亦步亦趋地追随西方科学研究的新动态，就能够建立起社会科学的中国话语。

在中国社会科学的话语建构中，也许福克斯和米勒的这样一个意见是有启发意义的："一个有充足生命力的规范理论应该有以下几个特征。第一，它应该有一个认识论或本体论的立场，以思考后现代思想家据以反对基础主义、普遍主义、元叙事和物化的正典，并被我们当作摧毁性的批评武器加以接受的东西。第二，它必须具有建设性，必须是正面的；我们期望它有助于引导，而不是阻碍引导。第三，尽管要超越既定的模式，但一种规范理论还是应该建立在已存在的可能性基础之上。也就是说，我们需要从既定的实践中梳理出正面的或者说有解放意义的潜力，通过在规范理论中对它们进行评价来确认它们的有效性——我们要在有关目前的粗糙的现实主义与渐渐促成它的非乌托邦的前景之间寻求一种平衡。"① 当然，我们今天所面对的还不是如何检验理论的问题，而是一个如何建构理论的问题。从实践出发，从现实的要求出发，则是一个必须坚守的社会科学研究原则。我们今天遇到了最大现实就是全球化、后工业化进程中的社会高度复杂性和高度不确定性，它施加于我们巨大的生存压力，要求我们必须改变以往的生活、行为方式及其观念，必须把人的共生共在放在一个突出的位置上。同时，社会的高度复杂性和高度不确定性又以无限的可能性而给予我们巨大的想象空间，只要我们摆脱了既有的话语束缚，就可以在社会科学研究中自由无碍地开展自主创新。

当然，社会科学研究工作一旦落实到具体的对象上就会表现出两种不同的情况：一种研究是出于认识、了解的需要；而另一种研究则是出于探索的需要。比如，在西方学者们对各民族文化的研究中，往往满足于认识和了解。因此，我们可以把美国人的所谓汉学研究比喻为一种文物赏玩性质的活动，如果中国人在其中解读出传播中国文化，那肯定是一种一厢情愿的误解。而中国学者去研究中国文化，其动机就完全不同了，与任何一位哪怕最不济的中国学者相比，最伟大的西方汉学家在中国文化的研究动机上都乏善

---

① ［美］查尔斯·J. 福克斯、休·T. 米勒：《后现代公共行政——话语指向》，楚艳红译，中国人民大学出版社 2002 年版，第 72 页。

可陈，尽管他们的研究成果可能是有价值的。当然，如果考虑到一切社会科学研究的现实意义的话，那么，西方汉学家的研究也只是为了寻找与中国人沟通、对话的途径，绝不是出于帮助中国人延续香火或发展其文化精要的动机。所以，中国经济社会发展中的问题需要由中国的社会科学研究者去探索解决方案。尽管在出版市场上可以看到西方汉学家们的作品得到热捧，但是，如果我们想从中去发现解决中国问题的方案的话，只能说是一种缘木求鱼的做法。

也就是说，在全球化、后工业化进程中，中国的社会科学研究应当对两个方面的课题做出区分：其一，是中国社会工业化、城市化方面的课题。在这方面，西方既有的理论和实践经验是应当加以学习和借鉴的，但是，需要加以甄别并发现那些适用于中国社会的因素；其二，是在全球化、后工业化进程中推展出来的新课题。在这方面，中国学者的研究工作是与西方学者站在同一个起跑线上的，都必须通过探索和创新去承担起社会科学研究的使命。然而，这两个方面又是如此紧密和如此复杂地夹缠在一起，从而要求中国的研究者必须将它们结合在一起。只有当我们将这两个方面结合起来，才能以我们的研究成果去解决现实问题。中国的现实问题是发生在中国的，而且是发生在中国当下的，我们不可能从西方历史上的某些理论或思想中去找到解决中国现实问题的方案，也不能指望当代西方学者对中国的研究能够提供给我们解决问题的途径。然而，我们却经常看到，一旦中国遇到了某个方面的问题时，就会首先去搜寻西方学者的意见，甚至会因为某个诺贝尔奖得主说了什么而不得不按照其意见去做。

一般而言，对既有的社会现象进行研究，需要考虑各个学派关于这一社会现象的各种观点，需要对各个学派所使用的独特方法和理论视角进行审查，然后再去确立自己的学术立场。然而，当我们的研究工作所关注的是一项前人尚未研究过的全新的社会现象的时候，上述研究路径就是不适用的。面对生成中的新的社会现象，需要研究者拥有开放性的想象力，需要展开积极活跃的想象，并尽可能对想象做出充分的描述。我们已经指出，中国社会在改革开放过程中所走的是一条把工业化和后工业化两个项课题同时承担的道路，这是人类历史上从未有过的，它本身就是一个全新的现象。对这一现象的科学研究没有理由在任何既成的理论思路中进行，而是需要通过全新的理论建构和话语建构去认识和理解中国改革开放以来的经济、社会发展。特别是走向未来的行程，是需要社会科学的自主创新去加以探索的。假如中国在走向未来的行程中遭遇了什么难以渡过的危机，在很大程度上，就是因为中国的社会科学研究工作者满足于简单地搬用西方理论而没有尽到自主创新的责任，更不用说建立起属于中国的社会科学话语体系了。

三、面向未来的理论探索

当马克思在工业社会的背景下去分析人的社会关系时，从中发现了生产关系的基础性地位。这对于理解工业社会而言，的确是最为重要的切入点。因为，从生产关系入手是可以形成对人的社会关系、人的行为动因、社会的总体状况以及运行规律的科学把握。所以，马克思主义提供了科学的唯物史观。然而，在人类社会走出工业社会而向后工业社会迈进的时候，我们的研究工作就需要科学地对待马克思给予我们的这一科学研究出发点，绝不能教条主义地对待它。可以预见，在一个相当长的历史时期内，生产关系都依然会是人的社会关系中的基础性关系，但它的基础性地位在人的社会关系总体中也正在发生量的变化。人的其他社会关系对生产关系的依赖度，或者说人的其他社会关系受到生产关系决定的状况，都在发生改变。比如，在全球化、后工业化进程中出现的许多危机事件面前，人们需要首先构建的是人们的合作关系。如果说在生产关系中，作为合作低级形态的协作关系只是生产关系中的一个方面的内容，那么，在新的历史条件下，不仅协作关系正在为真正的合作关系所取代，而且合作关系已经成为社会关系中的最为基础性的关系。

当合作关系被突出到了一个显著位置时，即使生产关系依然是非常重要的，也会被要求赋予新的性质，从而让生产关系也在形式上甚至性质上具有合作关系的特征和内容。在这里，甚至可以设想，生产关系也已经转化成了合作关系。也许不是生产关系自身转化成了合作关系，而是高度复杂性和高度不确定性条件下的普遍性合作要求促进了生产关系的变革。也就是说，全球化、后工业化将会促使人的社会关系结构发生变化，一些原先受到忽视甚至受到压抑的社会关系将会在人的社会关系体系中显性化，从而转化为主要的或基本的社会关系。实际上，在全球化、后工业化进程中，我们越来越多地看到人以及物的流动性引发的新型社会关系更直接地影响着我们的生活。随着符号消费市场的不断扩张，我们看到生产已经具有了不同于马克思时代的那种生产方式，因为信息的传播已经成了符号生产的重要途径。认识到这一点，就是对马克思主义哲学基本原理的灵活运用，就是从实际出发去正确对待马克思主义哲学基本原理的科学态度。进而言之，也只有做到了这一点，才能在全球化、后工业化进程中去正确地把握人的社会关系的基本状况，从而科学地规划共同行动的方案。

人类在 20 世纪 80 年代开始了全球化、后工业化进程，但是，作为一场历史性的社会转型运动，即便已经走过了几十年的路程，还只能说尚处于启始阶段。所以，它的消极方面会显得更加突出，会让人们感受的更为强烈。当前，全球化展现出了诸多消极的方面，比如，冒险资本在全球的自由流动，特别是这些资本与民族国家中的权力阶层的公开的或隐蔽的联姻，扩大了贫富之间的鸿沟，在全球的范围把人们朝着两极的方向拉扯。而且，一些地区性的风险也被迅速地传播到全球，使整个世界变得更加不安宁。但是，所有这些都不可能阻碍全球化、后工业化的进程。因为，全球化、后工业化是整个工业社会历史阶段中所积累起来的能量得以释放的基本途径。对于人类历史而言，工业社会在释放自己积累起来的能量的过程中实现自我否定将是一个具有必然性的历史趋势。面对全球化、后工业化，我们唯一的选择就是正视它，并寻求科学合理的制度安排去抑制它的消极影响。

根据鲍曼的看法，虽然全球化所预示的答案并不是"马上就能找到"的，但是，"'联结'成一个全球性的力量之网也许是可以采取的既有风险，也有前途的措施，因为它提供了更多的发展机遇和更大的发展空间"①。特别是对于处在世界体系中心—边缘结构中的那些边缘国家而言，这是一个打破中心—边缘结构并终结依附关系的机遇。也就是说，全球化开辟了一个新的发展空间，它在冲击着既有的世界体系中心—边缘结构，并将导致这一结构的解体。或者说，全球化把原先那些针对边缘国家封闭的发展道路打通了，从而使边缘国家不再需要在对中心国家的依附中去寻求发展机遇。在此

---

① ［英］齐格蒙特·鲍曼：《被围困的社会》，郇建立译，江苏人民出版社 2006 年版，"引言"第 10 页。

过程中，来自中心的力量必然会有着强烈的维护既有世界中心—边缘结构的愿望。我们也相信，中心国的社会科学家们有可能坚持独立自主的研究而不是效命于所在国的政治，但其科学生态和话语环境又不可能不影响到他们看问题的角度和某些先入为主的观点。如果这种情况肯定会发生的话，也就意味着只有边缘国的社会科学研究者才能够顺应全球化、后工业化的要求而开展真正独立自主的探索。

人类的认识史已经证明，科学是处在一个不断进步的发展过程中的，科学研究永远不会止于某种既成的状态。比如，哈贝马斯在系统地叙述了马克斯·韦伯的合理化理论之后，不无感慨地说："我们用客观化的立场根本无法把握内在自然的主体性。面对社会和内在自然的规范立场描述的是一种道德—实践合理性的结构，有了这种结构，知识生产就可以采用系统化的法律观念和道德观念的形式。"① 与韦伯相比，哈贝马斯在认识上前进了一大步。因为，哈贝马斯在这里实际上区分出外在自然和内在自然，认为内在自然作为自然的一部分或一种形式是有着自身的特殊性的。从而让人们认识到，在对内在自然的研究中，近代以来考察自然的客观性视角和方法都是不适用的。

正是在此意义上，哈贝马斯宣布："我们怀疑能够用合理的方法去构造非客观化的自然，比如用自然哲学的认识形式，它们可以和现代自然科学形成竞争关系。"② 这说明科学研究必须拥有一种进步的观念，要随时准备超越前人的科学贡献。同样，我们接着哈贝马斯的关于内在自然的论述去做出更为深入的思考时，就会发现，我们关于人的完整性或对完整的人的思考将会把我们引向对人的三重存在——物理存在、精神存在和道德存在——的发现。这样一来，也就使哈贝马斯关于"内在自然主体性"的描述显得非常模糊了。也就是说，哈贝马斯没有认识到完整的人是包含着物理存在、精神存在和道德存在的，是由这三重存在所构成的，而是沿着寻找人的主体性的现实基础的思路区分出外在自然和内在自然。所以，我们肯定哈贝马斯在人类认识史上做出了一项很大的贡献，但他的"内在自然"的表述显然又是

① ［德］尤尔根·哈贝马斯：《交往行为理论》，曹卫东译，上海人民出版社 2004 年版，第 229 页。
② ［德］尤尔根·哈贝马斯：《交往行为理论》，曹卫东译，上海人民出版社 2004 年版，第 229 页。

非常笼统的。依据这种笼统的"内在自然"的表述，显然是无法在建构高度复杂性和高度不确定性条件下的行动者方面找到可操作性方案的。然而，在人的三重存在得以完整地解读后，探索建构高度复杂性和高度不确定性条件下的行动者的方案也许就呼之欲出了。从我们所举的这一例子来看，也能够说明，只要从全球化、后工业化的现实出发，中国的社会科学研究是大有可为的。

　　科学创新是非常艰难的，会受到各种各样的因素所制约。而且，制约科学创新的因素会形成一个复杂的机制，其中，既有的思维惯性发挥着极大的阻碍作用。比如，在合作治理的研究中，我们就发现这种阻碍创新的力量是以扭曲目标的形式出现的。我们知道，20世纪后期以来，关于合作的研究逐渐地成为理论探讨的热点。但是，人们在关注合作的问题时主要是在行为的意义来看合作的，所以，理论探讨更多地放在了什么原因引发合作的问题上了。在这方面的探讨中，人们往往举出人的动机、意图、知识以及人际间的信任等因素。显然，这些因素都对人们的合作行为产生着重要影响，但是，有了这些因素也不意味着合作行为就一定会发生，更不意味着人们之间可以在这些因素的诱发下建立起合作关系。比如，知识这一因素自从人的经验能够得到记忆就开始存在，并影响着人的行为。或者说，在人类历史上的任何一个阶段中，知识都是与人相伴的因素。然而，长期以来，人们并没有在知识的基础上建立起普遍性合作关系。

　　就中国儒家的思想而言，其中显然包含着丰富的对于人们之间的合作有着启发意义的思想闪光，但是，在儒家思想的基础上建构起来的中国农业社会并没有呈现出合作行为普遍化的景象，更不用说建立起了普遍性的合作关系了。在工业社会的起点上，一些空想主义者也对合作的问题给予了极大的关注。可是，在工业社会的建构过程中，人们却将这一思想完全抛弃了。20世纪后期以来所出现的新的一波关注合作问题的理论研究热潮也并不意味着能够把我们导向合作的社会。事实上，就迄今为止的理论研究更多地把合作作为一种行为而不是社会关系来看待，是不可能在合作关系的建构方面发挥建设性的积极影响的。同样，人的能力和动机、意图也都不能单独引发合作行为，更不可能造就出合作关系。显然，对于全球化、后工业进程中的合作关系建构而言，人的能力、动机、意图以及知识等因素都是重要的，而且，就合作行为而言，会因为合作者的能力的提升而使合作变得合理和高效，会因为合作者的合作动机而使合作具有很高的有机性。但是，如果没有建立起合作关系的话，那么，合作行为就是一种偶发性的而不是稳定的行为。至于合作关系的建构，则取决于社会结构、制度和运行机制等方面都拥有一种合作的合目的性内涵，即体现出合作价值方面的内容，成为合作行为得以发生的必然性空间。

再者，虽然人们之间的相互信任和共同责任意识对于合作关系的确立和合作行动的开展发挥着至关重要的作用，但仅有这些还是不够的。所以，对合作关系和合作行为的考察还需要从客观的社会结构以及作为物化形态的制度、体制和运行机制出发。具体地说，全球化、后工业化所指向的后工业社会将是一个合作的社会，这个社会所拥有的结构、制度和运行机制都是基于合作关系建构起来的。反过来，它们又会对合作关系的生成发挥着促进作用，使合作关系成为这个社会的普遍性的和基本的社会关系，进而引发了普遍性的合作行为。可是，从目前人们的讨论中看，学者们对如何建构合作关系的问题似乎都不愿意去触及，而是让所有的探讨都停留在对合作行为的分析上。之所以如此，是因为对合作行为的分析可以在"因果"框架中进行，能够使决定论的逻辑顺畅地展开。

同样的情况也发生在服务型政府的理论研究中。我们已经指出，中国的行政改革是发生在全球化、后工业化进程中的，在对中国行政改革目标的思考中，我们提出了服务型政府建设的构想。可是，服务型政府的理论建构却遇到这样的困难，那就是随着"服务型政府"的概念得到了权威部门的推荐而引发了一些跟风的学者盗用这一概念去追名逐利，而不是从全球化、后工业社化进程中的现实需要出发去创造性地研究服务型政府建设的问题。在近代西方话语霸权面前，这些跟风的学者不愿意看到服务型政府的概念所包含着的解构话语霸权的性质，而是用这一概念去增强近代西方的话语霸权，强行地把服务型政府建设拉入旧的思想框架中，指认启蒙思想家的作品中已经包含了服务型政府的完整设计方案。或者，从人的经济人假设出发去思考服务型政府建设的路径。

面对服务型政府研究的虚假热潮而给真正的科学探索制造的困难，也许昂格尔的一段话所指示的是另一条正确的研究路径："最开始的一步是重建整个学说的设计，并要理解其各个部分之间的关系。除非绘出了体系的地图，否则我们会因未能体会它们的前提与含义而误解我们自己的观念。不仅如此，我们将会因接受不一致的观点（我们未能意识到这种不一致）而受到指责，或者因默认我们以为不可避免的悖论而受到谴责，而实际上它们只是我们无须依赖的前提假定之结果。"① 然而，从服务型政府研究的实际情况来看，学者们并不打算"重建整个学说"，而是强行地把服务型政府这一全新的概念拉入旧的理论解释框架之中，努力去证明服务型政府是根源于近代启蒙思想的政府形态。毫无疑问，近代以来的西方国家政府无论是自由主义还是福利国家的设计方案在理论源头上都可以回溯到启蒙思想，但是，没有任何一位西方学者指认他们的政府是服务型政府，而中国学者却要到西方话语中去寻找服务型政府建设的理论基础，只能说明智力依附已经超出了西方国家的预期。

其实，关于服务型政府的研究恰恰是建立中国话语的良好契机，在这项研究工作中，只有那些敢于向近代思想传统挑战的人才能有所作为，而从全球化、后工业化的现实出发则是理论创新的唯一法宝。现实是完整的，它能够给予致力于服务型政府研究的学者以实现对传统思想整体批判的力量，也会增强这些学者理论创新的勇气。相反，"一个将单一理论事实上的各个不同方面视为许多各自完全不同的原则的人，将会被诱入歧途，幻想可以去除某一个而无须拒绝所有其他的，或者去接受某一个而无须与剩下的那些相符合"②。理论是抽象的，所谓原则，也是在理论抽象中获得的。对于一个学者而言，如果打算从事理论创新的工作，就不能从既有的思想和理论出发。假如他把既有的理论作为思维活动的前提对待，势必会从理论中撷取某项具体的原则，并用这一原则排斥其他原则。这样的话，不用说他无法实现理论创新，即便是对既有的思想及其理论，也无法做到完整的把握。所以，服务型政府研究必须秉持从全球化、后工业化的现实出发的态度，只有沿着这条道路，才能够建立起中国话语，而且是有着全球视野和后工业社会指向的中

---

① ［美］罗伯托·曼戈拉·昂格尔：《知识与政治》，支振峰译，中国政法大学出版社 2009 年版，第 8 页。

② ［美］罗伯托·曼戈拉·昂格尔：《知识与政治》，支振峰译，中国政法大学出版社 2009 年版，第 8 页。

国话语。

全球化、后工业化是一场终结工业社会和开启后工业社会门扉的运动。在此过程中，重建社会科学话语的行动受到排斥和压制是难以避免的，即使假意的追捧也会包藏着试图改变理论创新方向的动机。正如霍布斯的《利维坦》在 1651 年发表时遇到了那些对亚里士多德思想怀有感情的人的激烈反对一样，在今天，当我们基于全球化、后工业化的现实而去进行理论创新时，也必将遭遇怀疑的眼光。所有这些，在人类历史的每一转型时期，都是非常正常的现象。这是因为，历史转型过程中推展出的新的要求即使被人们认识到了，也会面对着因为旧的理论束缚着人的头脑而凝结成的巨大怀疑创新、反对创新的力量。正如清朝遗民剪了辫子就不知如何是好一样，你让那些已经习惯于旧的理论及其思维方式的人去直面新的世界，他也感到极大的不适。但是，历史已经证明，辫子剪了之后，人会觉得更加清爽，而那些宁愿掉头也不愿剪辫子的人，却成了粪土。

主要参考文献

1. ［美］阿尔蒙德等：《比较政治学：体系、过程和政策》，曹沛霖等译，上海译文出版社 1987 年版。

2. ［美］阿克塞尔罗德：《合作的复杂性：基于参与者竞争与合作的模型》，梁捷等译，上海人民出版社 2008 年版。

3. ［埃及］阿明：《全球化时代的资本主义——对当代社会的管理》，丁开杰等译，中国人民大学出版社 2013 年版。

4. ［美］昂格尔：《知识与政治》，支振峰译，中国政法大学出版社 2009 年版。

5. ［美］艾赅博、百里枫：《揭开行政之恶》，白锐译，中央编译出版社 2009 年版。

6. ［德］埃利亚斯：《个体的社会》，翟三江、陆兴华译，译林出版社 2003 年版。

7. 包利民编：《当代社会契约论》，江苏人民出版社 2008 年版。

8. ［德］鲍曼：《道德的市场》，肖君等译，中国社会科学出版社 2003 年版。

9. ［英］鲍曼：《被围困的社会》，郇建立译，江苏人民出版社 2006 年版。

10. ［美］鲍威尔、迪马吉奥主编：《组织分析的新制度主义》，姚伟译，上海人民出版社 2008 年版。

11. ［美］白瑞德：《非理性的人》，彭镜禧译，黑龙江教育出版社 1988 年版。

12. ［美］本哈比主编：《民主与差异：挑战政治的边界》，黄相怀、严海兵等译，中央编译出版社 2009 年版。

13. ［美］达尔：《谁统治——一个美国城市的民主和权力》，范春辉、张宇译，江苏人民出版社 2011 年版。

14. ［美］达尔、期泰恩布里克纳：《现代政治分析》，吴勇译，中国人民大学出版社 2012 年版。

15. ［德］狄尔泰：《人文科学导论》，赵稀方译，华夏出版社 2004 年版。

16. ［美］法默尔：《公共行政的语言——官僚制、现代性和后现代性》，吴琼译，中国人民大学出版社 2005 年版。

17. ［美］芳汀：《构建虚拟政府——信息技术与制度创新》，邵国松译，中国人民大学出版社 2010 年版。

18. ［法］福柯：《词与物——人文科学考古学》，莫伟民译，上海三联书店 2001 年版。

19. ［美］福克斯、米勒：《后现代公共行政——话语指向》，楚艳红等译，中国人民大学出版社 2002 年版。

20. ［美］弗雷泽：《正义的尺度——全球化世界中政治空间的再认识》，欧阳英译，上海人民出版社 2009 年版。

21. ［美］弗雷泽：《正义的中断——对“后社会主义”状况的批判性反思》，于海青译，上海人民出版社 2009 年版。

22. ［美］费耶阿本德：《知识、科学与相对主义》，陈健译，江苏人民出版社 2006 年版。

23. ［美］格里芬：《后现代精神》，王成兵译，中央编译出版社 1998 年版。

24. ［英］胡德：《国家的艺术：文化、修辞与公共管理》，彭勃等译，上海人民出版社 2009 年版。

25. ［德］哈贝马斯：《后形而上学思想》，曹卫东等译，译林出版社 2001 年版。

26. ［德］哈贝马斯：《交往行为理论》，上海人民出版社 2005 年版。

27. ［美］哈拉尔：《新资本主义》，冯韵文等译，社会科学文献出版社 1999 年版。

28. ［英］吉登斯:《现代性的后果》,译林出版社 2000 年版。

29. ［美］金迪斯、鲍尔斯等:《走向统一的社会科学——来自桑塔费学派的看法》,浙江大学跨学科社会科学研究中心译,上海人民出版社 2005 年版。

30. ［加］金里卡:《当代政治哲学》,刘莘译,上海三联书店 2003 年版。

31. ［英］卡瓦拉罗:《文化理论关键词》,张卫东等译,江苏人民出版社 2006 年版。

32. ［德］康德:《历史理性批判文集》,商务印书馆 1996 年版。

33. ［法］克罗齐耶:《法令不能改变社会》,张月译,上海人民出版社 2007 年版。

34. ［法］克罗齐耶、费埃德伯格:《行动者与系统——集体行动的政治学》,张月等译,上海人民出版社 2007 年版。

35. ［美］库恩:《必要的张力》,范岱年、纪树立译,北京大学出版社 2004 年版。

36. ［英］库利:《人类本性与社会秩序》,包凡一、王源译,华夏出版社 1999 年版。

37. ［美］罗尔斯:《正义论》,何怀宏等译,中国社会科学出版社 1988 年年版。

38. ［美］罗尔斯:《作为公平的正义——正义新论》,姚大志译,上海三联书店 2002 年版。

39. ［英］洛克:《政府论》,叶启芳、瞿菊农译,商务印书馆 1964 年版。

40. ［奥］米塞斯:《官僚体制》,冯克利等译,新星出版社 2007 年版。

41. 苗力田编:《黑格尔通信百封》,上海人民出版社 1981 年版。

42. ［美］佩特曼:《参与和民主理论》,陈尧译,上海人民出版社 2006 年版。

43. ［比利时］普利高津:《确定性的终结》,湛敏译,上海科技教育出版社 1999 年版。

44. ［美］施韦卡特:《反对资本主义》,李智等译,中国人民大学出版社 2013 年版。

45. ［美］桑内特:《公共人的衰落》,李继宏译,上海译文出版社 2008

年版。

46. ［瑞士］索绪尔：《普通语言学手稿》,于秀英译,南京大学出版社2011年版。

47. ［美］汤普森：《行动中的组织——行政理论的社会科学基础》,敬义嘉译,上海人民出版社2007年版。

48. ［美］唐斯：《官僚制内幕》,郭小聪等译,中国人民大学出版社2006年版。

49. 佟德志编：《宪政与民主》,江苏人民出版社2008年版。

50. ［美］托夫勒：《第三次浪潮》,朱志焱等译,新华出版社1997年版。

51. ［美］沃伦编：《民主与信任》,吴辉译,华夏出版社2004年版。

52. 郑也夫：《信任论》,中国广播电视出版社2001年版。

53. 周辅成编：《西方伦理学名著选辑》,商务印书馆1987年版。

责任编辑:洪　琼
封面设计:肖　辉　孙文君
版式设计:肖　辉　周方亚

图书在版编目(CIP)数据

为了人的共生共在/张康之 著. -北京:人民出版社,2016.4(2017.4 重印)
(国家哲学社会科学成果文库)
ISBN 978－7－01－015610－1

Ⅰ.①为…　Ⅱ.①张…　Ⅲ.①政治哲学　Ⅳ.①D0

中国版本图书馆 CIP 数据核字(2015)第 302083 号

为了人的共生共在
WEILE REN DE GONGSHENG GONGZAI

张康之　著

人民出版社 出版发行
(100706　北京市东城区隆福寺街 99 号)

北京中科印刷有限公司印刷　新华书店经销

2016 年 4 月第 1 版　2017 年 4 月北京第 2 次印刷
开本:710 毫米×1000 毫米 1/16　印张:25.25
字数:420 千字　印数:1,501-2,000 册

ISBN 978－7－01－015610－1　定价:94.00 元

邮购地址 100706　北京市东城区隆福寺街 99 号
人民东方图书销售中心　电话 (010)65250042　65289539